한국 근대 산업의 형성 03

한국 근대 공업사 1876~1945

한국 근대 산업의 형성 03

한국 근대 공업사
1876~1945

배성준 지음

푸른역사

책을 내면서

16년 동안 몸담았던 직장을 정년퇴임하면서 비로소 나의 이름이 새겨진 한 권의 연구서를 세상에 내놓는다. 직물업으로 석사학위 논문을 작성하면서 공업 연구에 발을 들여놓았고 경성공업 연구로 박사학위 논문을 제출한 것이 1998년이니, 어느새 20여 년의 세월이 훌쩍 지나버렸다. '불혹不惑'의 나이에 가까워서야 겨우 공부에 뜻을 두었고, '지천명知天命'의 나이에도 자신이 있어야 할 자리를 찾지 못하다가, '이순耳順'의 나이가 되어서야 글쓰기를 통해서 배워 나가야 한다는 걸 깨닫는다. 깨달음이 한참 늦었기에 이제야 해묵은 고민과 풀리지 않는 생각의 보따리를 세상으로 보낸다.

대학원에서 공업 연구를 시작하게 된 계기는 한국사회성격 논쟁과 현실 사회주의의 붕괴를 겪으면서 나 자신의 삶과 한국사회를 규정하는 자본주의라는 모순에 가득 찬 현실을 이해하기 위함이었다. 자본주의의 역사와 정세에 대한 관심은 도서관과 문서보관소의 자료더미를 뒤지기보다는 구조와 역사를 해명하는 이론으로 기울게 만들었다. 고

김진균 선생님의 후의로 서울사회과학연구소에서 윤소영 선생님의 가르침을 받으면서 한국사의 좁은 울타리를 벗어나서 자본주의 역사라는 넓은 바다에 다다를 수 있었고, 식민지 자본주의의 본원적 축적과 자본주의 발전의 특수성에 대한 탐구로 나아갈 수 있었다. 그렇지만 공부에 게을렀던 탓에 민중사에 대한 고민이 자본주의 역사에 대한 이해와 더불어 깊어지지 못하고 변죽만 울릴 뿐이었다.

'서사연 사건'으로 서울사회과학연구소가 해체된 이후, 대학원 연구실에서 박사학위 논문을 위한 식민지 시기 공업 연구에 들어갔다. 당시의 문제의식은 한국사회성격 논쟁에 비추어 식민지 근대화 논쟁이 후퇴한 지점, 즉 한국사학계의 수탈론이 가진 민족주의적 관점과 경제사학계의 근대화론이 가진 개발경제학적 관점을 모두 비판하고, 마르크스주의적 재생산의 관점에서 식민지 시기 공업의 생산과정과 공업화의 특수성을 해명하는 것이었다. 공업 연구에 착수한 문제의식은 거창하였지만 가능한 빠른 시간에 연구자로서의 통과의례를 마치려는 생각에서, 자료를 구하기 손쉬운 서울을 대상으로 잡아 공장 통계 위주로 업종 전반의 시계열적 변동을 분석하였다. 조선인 회사나 업종을 대상으로 하던 당시의 연구 풍토에서 한 지역의 공업 전체를 대상으로 하였다는 점에서 새로운 시도였지만, 생산과정 분석에 대한 이론적 탐구나 개별 회사의 경영 자료에 대한 세밀한 분석 없이 공장 통계에 대한 피상적인 분석에 그치다 보니 당초의 문제의식과는 동떨어진 글이 되고 말았다.

통과의례를 거친 후, 민족주의 비판을 근대 비판이라는 보다 근원적인 문제의식 안에서 풀어가려는 생각에서 '서발턴 연구 집단Subaltern

Studies Group'의 역사학 비판 작업에 주목하였다. 인도에 대한 기존의 양대 역사서술인 민족주의 역사서술과 마르크스주의 역사서술을 해체하고 엘리트 지배 담론이 은폐하였던 서발턴의 역사를 새롭게 구성하는 이들의 작업은 민중사 이래 역사학 지평의 전환을 모색하고 있던 상황에서 하나의 대안으로 다가왔다. 김택현 선생님이 앞장서고 안준범, 안효상과 함께했던 《트랜스토리아》 발간 작업은 역사유물론의 비판적 재사유라는 문제의식 속에서 포스트식민주의의 여러 갈래를 공부하는 계기가 되었다. 포스트식민주의의 유럽중심주의 비판과 역사주의 비판을 검토하면서 탄생부터 식민지와 연루되어 있는 자본주의 역사를 재구성하는 것이 핵심이라는 점을 깨달았지만, 공부가 모자랐던 탓인지 생각도 글도 제자리를 맴돌 뿐이었다. 그 사이에 '간도문제'라는 생소한 주제를 들고서 '2~3년 경험해 보자'라고 들어갔던 고구려연구재단이 동북아역사재단으로 개편되고, 어영부영하는 사이에 몇 년이 금세 지나갔다. 뒤늦게 네덜란드 레이던대학교의 동아시아연구센터에서 박사후연구원으로 심기일전할 기회가 있었지만 언어의 장벽에 막혀 별다른 성과 없이 귀국해야 했다.

이 책을 간행하게 된 계기는 2014년부터 3년간 한국학중앙연구원의 한국학진흥사업에서 '한국 근대 산업의 형성' 과제가 연구지원을 받은 것이다. 우연히 산업사 과제 중 하나인 공업사 집필자로 참여하게 되었고, 논지도 자료도 허술한 탓에 보완할 엄두를 내지 못했던 박사학위 논문을 돌아볼 기회가 되었다. 이 책은 박사학위 논문을 기반으로 하였지만, 공업 전반과 지역 공업을 모두 다루어야 했기에 체제와 내용이 크게 바뀌었다. 박사학위 논문 이후 20여 년 세월이 담겨야 마땅하지만 조각보를 몇 개 덧댄 꼴이 되고 말았다. 공부를 시작한 이래 이론과 자료의 결합을 통한 추상에서 구체로의 상승을 꿈꾸었지만, 여전히 이 상과는 동떨어진 책을 내놓으며 다시 배움의 출발점에 섰을 뿐이라고 스스로를 위로한다.

책을 내기까지 참으로 많은 분들의 보살핌을 받았다. 박사학위 논문 지도교수이신 권태억 선생님은 자유분방한 분위기 속에서 연구자로 성장할 수 있게 배려해 주셨고, 고 김진균 선생님은 언제나 따뜻한 손길을 건네시며 연구는 현장에서 이루어져야 하는 것임을 일깨워 주셨다. 그동안 몸담았던 연구소의 선후배들, 직장의 동료들도 많은 가르침과 도움을 주었다. 또한 산업사 총서 발간을 선뜻 맡아 주신 푸른역사의 박혜숙 사장님과 촉박한 제출 시한을 맞추어 주신 디자인웰의 구선미 대표님께 감사의 마음을 전한다.

부모님은 공부하고 글쓰기에 게으른 아들을 평생 대견해 하시고 보살펴 주셨으며, 장인, 장모님은 명절에나 들르는 사위를 언제나 환대해 주셨다. 아내는 20여 년간 한결같이 곁을 지켜 주었고, 아들은 어느새 든든한 모습이 되었다. 이 책을 손꼽아 기다리셨을 돌아가신 아버님의 영전에, 그리고 요양병원에 누워 계신 어머님께 이 책을 바친다.

2022년 6월
배성준 삼가 씀

차례

연보

수록 표·그림

서론

역사주의 너머의
근대성/식민성

민족과 발전

식민지에서 산업화 또는 근대화의 역사를 쓰려고 할 때 '민족'이라는 주체와 '발전'이라는 관념을 피해갈 수 있을까.[1] 식민지에서 산업화의 주인공은 정치적 주권을 상실한 피지배 민족이어야 하고, 피지배 민족을 주인공으로 하는 발전의 과정이어야 한다는 지극히 당연한 인식. 그러나 이러한 인식은 아이러니한 결론에 이른다. 식민지를 지배하는 것은 제국주의 민족이기에 식민지에서 산업화의 주인공은 제국주의 민족일 수밖에 없다. 따라서 피지배 민족을 주인공으로 하는 산업화는 있을 수 없으며, 식민지에서 산업화의 역사는 불가능하다는 결론. 그렇지만 주인공이 없다고 해서 산업화가 이루어지지 않은 것은 아니다. 자신의 필요에 의해서든, 식민지를 '문명화'시킬 목적에서든 제국주의 민족은 식민지에서 산업화를 추진하였고 식민지를 변화시켰다. 그렇다면 식민지에서 제국주의 민족에 의해서 이루어진 산업화를 어떻게 볼 것인가?

식민지의 산업화에 대한 통상적 인식, 즉 민족이라는 주체를 중심에 놓고 발전을 바라볼 때 식민지에서의 산업화는 '기형적인 것'으로 보인다. 제국주의 민족이 주인공인 산업화는 피지배 민족의 부와 노동력을 빼앗는 산업화일 뿐이기에 기형적 또는 파행적인 것이다. 식민지 경제에서 나타나는 부정적인 현상은 모두 기형적인 것으로 취급되며, 식민지로 전락하지 않았다면 생기지 않았을 현상으로 치부된다. 제국주의 민족에 의한 산업화가 기형적인 것이기에 독립 이후 해방된 민족에 의한 산업화는 정상적인 것이 된다. 과연 독립된 이후의 산업화과정은 정상적인 것일까? 독립된 국가도 산업화의 방향과 정도가 다르기 때문에 어느 국가의 산업화과정이 정상적이라고 단정할 수는 없다. 가장 선진적인 국가를 따라가는 것이 가장 정상적이라고 할 수 있을지 모르지만, 독립된 국가의 산업화에 대한 장밋빛 전망만 있을 뿐이다.

이처럼 민족을 중심으로 식민지의 산업화를 인식하는 방식은 식민지의 산업화에 대한 역사적 분석을 가로막는 동시에 독립 이후 산업화가 직면하는 어려움을 망각하게 한다. 그렇다면 발전을 중심에 두고 민족을 바라보는 것은 어떨까? 우선 식민지에서의 발전은 경제성장이 곧 경제발전을 의미하는 선진국이나 후발(자본주의)국과는 다르다. 식민지에서의 발전은 제국주의에 의한 식민지 점령과 식민지 경영을 통해서 이루어지기 때문에 제국주의와 식민지와의 관계 속에서 이루어진다. 이러한 관계 속에서 발전을 규정하는 핵심적인 개념이 '문명'과 '근대' 그리고 '종속'이다. 19세기에 프랑스는 식민 지배를 정당화하기 위하여 동화주의와 더불어 자신들의 우월한 문명을 식민지에 전파해야 한다는 '문명화 사명'을 내세웠다.[2] 문명화 사명은 제국주의 열강들에 의하여 다양한 형태로 변주되었으며, 제국주의의 우월한 문명을 과시하기 위하여 식민지 지배층과 이주민의 거주지를 중심으로 개발이 이루어졌다. 식민지에서 자원 수탈을 위하여 건설된 무역항, 철도역은 문명이 확산되는 통로로 간주되었다.

문명화 사명의 20세기 판본이 '근대화론modernization theory'이다. 제2차 세계대전 직후 미국은 식민지에서 독립된 신생국들을 자본주의 세계질서에 편입시키기 위하여 신생국에 대한 원조/차관을 통하여 경제발전을 촉진하는 근대화론을 생산하였다. 전통사회에서 대중소비사회로의 "도약"을 제시한 로스토우W. Rostow의 경제성장단계론을 필두로 하는 근대화론은 산업화와 기술발전을 통하여 전통사회에서 근대사회로의 이행을 주장하였다. 미국에서 생산된 근대화론이 신생국에 수출됨으로써 경제발전을 통하여 후진국이 선진국이 걸어갔던 경로를 따라서 발전할 것이라는 생각이 확산되었다.[3]

근대화론이 제기하는 신생국의 발전 모델을 정면에서 비판한 것이 종속이론dependency theory이다. 아프리카와 라틴아메리카의 신생국 및 발전도상국에서 예견된 발전이 이루어지지 않고 교역조건 악화, 대외의존도 심화, 인플레이션에 따른 부채 위기가 초래되자, 1960년대 라틴아메리카의 경제학자들을 중심으로 라틴아메리카에는 선진국의 발전과정과는 본질적으로 다른 '저발전underdevelopment'의 구조가 역사적으로 형성되어 왔음이 제기되었다. 나아가 이러한 저발전은 선진국의 발전에 의하여 만들어진 것이라는 점에서 중심-주변(프레비시) 또는 중추-위성(프랑크) 관계를 통하여 종속과 저발전의 현실을 설명하였다. 종속이론은 근대화론에 대항하면서 자본주의 세계체제로부터의 단절

('탈종속')을 주장하였지만 근대화론과 마르크스주의 양쪽의 비판과 더불어 군부정권의 등장으로 인하여 쇠퇴하였다.[4]

문명과 근대로의 이행을 내세운 근대화론과 저개발과 종속의 현실을 보여준 종속이론은 후진국(신생국·개발도상국)의 경제 현실과 발전 전망에 대해서는 대립하지만 양자 모두 발전에 대한 관념은 공유하고 있다. 후진사회가 일정한 시간이 흐르면 선진사회에 도달할 것이라는 생각. 이러한 발전에 대한 관념에 기반해서 근대화론은 서구를 모델로 전통사회에서 근대사회로의 발전이라는 경로를 제시하였고, 종속이론은 저발전을 벗어나서 선진국에 도달할 수 있는 새로운 발전의 경로를 모색하였다. 이처럼 발전을 중심에 둔다면 발전의 주체가 식민지 민족인지 제국주의 민족인지는 중요하지 않다. 이들 민족이 식민지에서 또는 독립 이후 전개되는 발전 양상이나 발전 경로와 어떠한 관계를 가지는가라는 점이 중요할 뿐이다. 이때 민족이라는 주체는 '민족경제', '민족자본' 같은 경제적 개념으로 등장하거나, 발전과는 직접적 관련이 없는 정치적 개념으로 치부되기도 한다. 발전을 중심에 두고 민족을 바라볼 때 민족 주체는 전능한 힘을 잃어버리고 발전에 규정되는 위치에 놓이게 된다.

그러나 민족에서 발전으로 무게중심을 이동한다고 해서 곤경이 해소되는 것은 아니다. 발전을 중심에 놓고 식민지 산업화의 역사를 쓰려고 할 때 가장 근본적이고 핵심적인 곤경은 발전이라는 관념 자체에 있다. 발전 관념은 18세기 유럽의 계몽주의에서 생겨나서 역사주의historicism의 핵심으로 자리 잡았다. 근대성의 모태라고도 할 수 있는 계몽주의는 보편타당한 이성, 사유하는 개인, 과학적이고 기계론적인 자연관, 낙관적인 진보사관을 토대로 하여 이성의 실현으로서 인류의 역사는 무한하게 진보하는 것이라는 관념을 만들었다. 무한히 진보하는 역사라는 관념은 역사주의로 이어졌다. 계몽주의와 마찬가지로 역사주의라는 용어역시 길고 복잡한 역사를 가지는데, 역사주의 인식에서 핵심적인 부분은 어떠한 대상을 총체성의 견지에서, 그리고 그 대상이 시간을 거쳐 발전하는 것으로 인식한다는 점이다.[5] 이러한 인식에는 대상을 파악하는 방식과 발전에 대한 관념이 서로 연관되어 있다. 역사주의가 파악하는 대상은 자신의 본질을 핵심으로 하는 총체이고 역사는 이러한 본질이 전개되는 과정, 즉 이성의 자기실현과정으로서 보편사이다. 대상의 본질이 전개되는 과정은 직선이든 선형이든 간에 시간이 지나면서 발전해 나가는 과정인데, 여기에서 경과하는 시간은, 늘 무엇인가로 채워지기를 기다리는 "동질적인, 비어 있는 시간homogeneous empty time"이다.

역사주의의 발전 및 시간에 대한 관념은 산업화/근대화의 역사, 자본주의의 역사, 민족주의의 역사 같은 장르에서 서술의 기초가 되어 왔다. 문명의 전파를 통하여 야만사회를 문명사회로 바꾸어야 한다는 논리나 경제성장을 통하여 전통사회를 근대사회로 바꾸어야 한다는 논리는 서구와 비서구 사이에 존재하는 '차이'를 단순히 시간적 차이로 환원시킨다. 현재의 서구사회는 비서구사회의 미래이며, 서구와 동일한 발전과정을 밟아서 도달할 수 있을 것이라는 관념. 문명화 사명에서 출발하여 근대화론과 종속이론은 물론이고 제국주의의 식민 지배에 저항했던 민족주의 세력과 사회주의 세력조차 이러한 관념에서 자유로울 수 없었다. 민족주의는 식민 지배 이전에 근대사회로 성장할 수 있는 싹이 있었지만 제국주의에 의해서 꺾였으며, 독립 이후 다시 근대사회로 발전할 수 있을 것이라고 생각했다. 마르크스주의 역시 민족 주체가 계급으로 분열되어 있음을 인식하였지만 계급 주체의 '미성숙'이 '미완未完'의 부르주아 발전 때문이라고 생각했다.

근대성과 식민성

역사주의적 통념에 근본적 비판을 가한 것이 '포스트식민주의post-colonialism'이다. 에드워드 사이드가 《오리엔탈리즘Orientalism》에서 동양에 대한 서양의 재현을 비판적으로 분석한 이래, 서구 학계를 중심으로 식민 담론과 식민 권력에 대한 비판적 분석을 고유한 과제로 설정한 '포스트식민 연구'가 출발하였다. 포스트식민 연구는 포스트구조주의 이론을 전유하고 아시아, 아프리카, 라틴아메리카에서 전개된 반식민 투쟁의 역사와 결합하면서 포스트식민주의라는 복잡한 흐름을 형성하였으며, 로버트 영Robert J. C. Young의 규정처럼 포스트식민주의는 "서발턴들이나 박탈당한 사람들에게서 유래하는, 우리 모두의 삶을 지배하는 조건들과 가치들을 변화시키려고 하는 그런 저항적 인식/지식들에 관한 일반적 이름"[6]이 되었다. 포스트식민주의는 서구의 식민 지배가 시작된 이래 지속적으로 전개된 반식민 투쟁의 실천과 이론에 기반하여 성립되었기에 비판의 초점은 식민주의/제국주의를 뒷받침해 왔던 유럽중심주의, 근대성, 역사주의 같은 통념이다.

포스트식민적 입장에서 역사주의를 비판한다는 것은 "역사를 어떤 가능한 것이 단일한 미래로 향함으로써 현실적인 것이 되는 발전의 과정으로 생각하는 법을 배우지 말아야 한다는 것"[7]이다. 역사주의와 단절하기 위해서는 역사적 시간이 단일하거나 동질적인 것이 아니라 이질적이고 복수라는 인식, 어떤 경험이나 현상을 본질로 환원하거나 민족이나 계급 같은 단일한 정체성으로 환원하는 지배 담론에 틈새와 균열을 내는 '차이'가 존재한다는 인식 같은, 사고의 발본적 전환이 필요하다. 이러한 전환 위에서 서구를 단일한 역사발전의 미래 또는 도달해야 할 근대로 간주하고 비서구(식민지)를 어떠한 것의 '미완', '불완전함', '지체', '결여'라고 파악하는 역사주의 및 서구중심주의 인식을 비판하고, 비서구(식민지)에서 근대성의 실현을 지연시키거나 중단시키는 이질적이고 불연속적인 역사, 근대성과 보편사의 서사가 은폐하거나 배제하는 '식민적 차이colonial difference'에 주목한다. 포스트식민적 입장에서 역사적 시간은 경험적 실체가 아니라 인식에 의해서 구성되는 개념이다. 그리고 이질적이고 분산적인 시간들로 구성되는 역사는 단일하고 연속적인 통일체가 아니라 각각의 고유한 시간을 가진 층위들과 계열들로 구성되는 탈중심화된 복합체이다. 이러한 이해 위에서 제기되는 문제는 탈중심화된 복합체와 복합체 내에서 각각의 고유한 시간을 가지는 층위들과 계열들을 역사의 대상으로 포착하는 것이고, 이들 사이의 관계를 탐구하는 것이다.

역사적으로 특수한 생산양식인 자본주의를 대상으로 하여 자본주의의 구조와 역사에 대한 논리적·역사적 분석을 개시한 것은 마르크스였지만, 역사적 자본주의에 대한 본격적 분석은 아날학파의 브로델Fernand Braudel과 그의 작업을 계승한 월러스틴Immaneul Wallerstein에 의해서 이루어졌다. 이들을 포스트식민적 흐름으로 포괄하는 것은 논란이 있겠지만, 역사적 탐구의 공간을 국민국가 너머로 확장하고 '장기 지속longue durée'을 통하여 자본주의의 고유한 시간과 복합적 구조를 분석함으로써 탈중심화된 복합체로서 자본주의의 역사를 분석할 수 있는 기반을 마련해 주었다. 브로델은 자본주의를 하층의 물질문명, 그 위의 시장경제, 상층의 자본주의로 구성되는 삼층 구조로 파악하고, 장기 지속과 콩종크튀르conjoncture라는 상이한 시간대의 중첩을 통하여 자본주의 역사를 구성하였다. 월러스틴은 브로델의 자본주의 이해를 계승하면서도 브로델과는 달리 자본주의를 세계경제, 국가간체제, 지구문화로 구성되는 삼층 구조로 제시하였다. '끝없는 자본축적'을 목적으로 하는 세계경제world-economy는 기축적 분업을 통하여 중심부와 주변부를 통합하는 장기 지속의 시간대이다. 그 위에 헤게모니 국가를 중심으로 위계화된 국가간체제inter-state system가 존재하며, 헤게모니 국가의 교체에 따라 변동하는 중기적 시간대를 구성한다. 지구문화geoculture는 인종, 민족, 종족 등 다양한 정체성과 이념을 구성하며, 국가를 매개로 하여 지역으로 구체화되는 주체들의 세력관계가 특정한 시간대를 만들어 낸다.[8]

자본주의 세계체제에 통합된 서구와 비서구(식민지)의 총체화된 역사를 해체한 것은 서발턴 연구 집단의 일원인 차크라바르티Dipesh Chakrabarty이다. 그는 '유럽을 지방화하기' 프로젝트를 통하여 서구가 가진 근대성과 보편성의 자리를 박탈하고 식민지 인도에서 발견되는 이질적이고 파편적인 역사를 부각시킨다. 그에 따르면 자본주의 역사는 보편적이고 필연적인 역사('역사 1History 1')와 이질적이고 파편적인 역사들('역사 2들History 2s')로 구성된다. 역사 2들은 역사 1의 내부에 있는 구성적 존재로서, 역사 1을 지연시키고 변경시킴으로써 역사적 차이를 드러내는 근거가 된다.[9] 여기에서 중요한 것은 역사 1과 역사 2들의 관계인데, 양자의 관계는 동일자와 타자의 관계와 유사하다. 동일자와 타자는 서로 대립하지만, 타자가 동일자에 의해서 타자로 구성되고 동일자 또한 타자와 관계 속에서 동일자로 구성된다는 점에서, 타자는 동일자의 외부에 존재하는 것이 아니다. 타자는 동일자의 내부에서 작동하며, 양자는 상호의존적 관계이다. 푸코처럼 이성의 역사와 광기의 역사를 동일자와 타자의 관계로 파악할 수 있듯이, 역사 1과 역사 2들의 관계도 서로 대립하지만 상호의존하는 관계이다. 이러한 점에서 차크라바르티가 말하는 유럽의 지방화는 "두 개의 모순적 관점 사이의 대화를 항구적인 긴장상태에 두려고 분투하는 것"[10]이다.

역사 1과 역사 2들의 관계에 대한 이해는 근대성과 식민성의 관계를 풀어나가는 데에도 유효한 길잡이가 된다. 근대성과 식민성 문제는 1990년대 미국 동아시아 학계에서 식민지 근대성colonial modernity 개념을 제기하면서 논란이 되었다. 포스트식민 연구에서 근대성 비판의 관점에서 다양한 대안적인 근대성이 제기되었는데, 타니 바로우Tani E. Barlow는 식민지 근대성 개념을 통하여 미국의 동아시아 지역 연구가 가지는 근대주의적 경향을 비판하였다.[11] 또한 미국의 한국학 연구자들도 식민지 근대성 개념을 수용하여 한국 학계의 민족주의 역사서술을 비판하고, "식민주의, 근대성, 민족주의 사이의 복합적인 관계에 주목"하였다.[12] 이처럼 1990년대 미국의 동아시아 학계에서 제기된 식민지 근대성 개념은 한국, 일본, 홍콩, 타이완 등 동아시아 각국으로 파급되었으며, 식민성과 근대성의 불가분한 관계에 대한 인식은 동아시아에서 탈식민 연구의 전제조건으로 자리 잡았다.

한편 1990년대 후반 미국과 라틴아메리카에서 활동하는 연구자들을 중심으로 세계체제론과 포스트식민주의의 유럽중심적인 시각을 비판하고 근대성에 대한 발본적 비판이 제기되었다.[13] 페루의 사회학자 아니발 키하노Anibal Quijano는 1980년대 말에 근대성의 이면으로서 '식민성' 개념을 제기하였다. 그는 월러스틴과의 공동저술에서 "장기 16세기에 아메리카the Americas는 하나의 지리사회적 구성물로서 탄생하였다. 아메리카라는 지리사회적 실체의 창안은 근대 세계체제의 구성의 필수적 행위였다. 아메리카는 이미 존재하고 있던 자본주의 세계경제에 편입된 것이 아니었다. 아메리카 없이 자본주의 세계경제는 있을 수 없다"[14]라고 아메리카가 자본주의 세계경제의 구성에 필요불가결한 존재였으며, 자본주의는 애초부터 근대적/식민적 세계체제라고 주장하였다.

식민성에 대한 키하노의 탐구는 라틴아메리카의 탈식민 연구 decolonial studies로 이어졌다. 1990년대 후반 '라틴아메리카 근대성/식민성 연구기획Latin American Modernity/Coloniality Research Program'이 결성되고 식민성의 관점에서 16세기 근대성의 탄생에서 시작하여 가톨릭화, 문명화, 근대화, 세계화에 이르는 근대적/식민적 세계체제의 역사가 탐구되었다. 이들에 따르면 근대적/식민적 세계체제의 형성과 더불어 인종적 위계를 중심으로 구축되는 계층화된 지배 형태인 '권력의 식민성coloniality of power'이 생겨났고, 권력의 식민성이 근대성의 신화에 가려진 비서구의 타자에 대한 인식, 즉 '식민적 차이'를 낳았다. 이러한 관점에서 미뇰로Walter D. Mignolo는 자본주의에는 근대성으로 구성되는 일면적이고 단밀도single density를 가진 패러다임과 근대성/식민성으로 구성되는 양면적이고 배밀도double density를 가진 패러다임이 공존하며, 근대적/식민적 세계체제로서 자본주의 역사는 연대기적인 직선적 과정이 아니라 '역사적―구조적 이질성'이 상호작용하는 역사라고 파악하였다.[15]

라틴아메리카 근대성/식민성 연구기획의 관점에서는 유럽과 미국을 무대로 하는 포스트식민적 연구가 근대성 내부에서 근대성을 비판하거나 해체하기 때문에, 대안적 근대성에 머무르고 근대성의 신화에 의하여 억압되거나 은폐된 비서구(식민지)의 현실을 간과한다고 본다. 따라서 라틴아메리카에서 바라보는 식민성의 관점이 근대성에 대한 보다 근본적인 비판이자 대안이라고 주장한다. 그렇지만 근대성을 구성하는 기반으로서 역사주의를 비판하는 차크라바르티와 미뇰로의 인식은 그리 멀지 않다. 양자 모두 시간과 역사의 이질성에 대한 인식을 기반으로 하고 있으며, 역사 1과 역사 2들로 구성되는 자본주의의 역사는 근대성과 식민성으로 구성되는 근대적/식민적 세계체제의 역사와 상통한다. 역사 1과 근대성, 역사 2들과 식민성이 일대일 대응관계는 아니지만, 총체화된 보편사와 이질적인 지역사의 상호관계 속에서 자본주의의 역사를 이해한다는 점에서 일맥상통하다. 차이가 드러나는 곳은 이론보다 실천인데, 차크라바르티가 상이한 삶의 실천들을 총체화하지 않으면서 '지금 현재'를 살아가려는 전략을 제기하는 반면,[16] 미뇰로를 비롯한 라틴아메리카의 탈식민 연구는 식민성과 단절하는 탈식민적 사유와 실천을 제기한다.[17]

한국에서도 포스트식민주의의 수용과 더불어 근대성에 대한 비판적인 인식이 제기되었고, 미국 동아시아 학계의 식민지 근대성 논의가 파급되었다. 1990년대를 전후하여 영문학자들에 의해서 포스트식민 연구가 소개되기 시작하였고, 《오리엔탈리즘》을 비롯한 대표적인 포스트식민 이론가들의 저작이 번역되면서 근대성과 식민성, 식민주의와 민족주의의 관계에 대한 문제제기가 이루어졌다. 푸코의 규율권력 개념에 입각하여 서구적 근대성을 비판한 《근대주체와 식민지 규율권력》은 '서구적 근대'와는 다른 '식민지적 근대'를 설정하고 '식민지적 근대'의 특질을 식민지 규율권력을 통하여 '황국 신민'이라는 근대 주체를 생산하였다는 점에서 찾음으로써 식민지 근대성 논의의 출발점이 되었다.[18] 이와 더불어 1990년대 중반부터 식민지 시기 경제변동을 둘러싸고 전개된 식민지 근대화 논쟁도 식민지 근대성 논의가 수용되는 계기가 되었다. 식민지 근대화 논쟁은 1990년대 초반 한·일의 경제사 연구자로 조직된 '한국근대경제사연구회'에서 내재적 발전론에 입각한 한국사학계의 식민지 시기 인식을 비판하고 '식민지 근대화론', 즉 한국의 급속한 경제성장의 토대를 식민지 시기의 근대화에서 찾고자 하는 논의를 제기하면서 시작되었다. 식민지 시기 경제변동을 둘러싸고 전통적인 '수탈론'과 '식민지 근대화론'이 대립하면서 논쟁은 답보상태에 머물렀지만, 논쟁을 통하여 식민지 사회에 수탈과 개발의 측면이 공존한다는 점이 받아들여지면서 식민지에서의 근대화 또는 식민지 근대성에 대한 문제가 제기되었다.[19]

이처럼 식민지 근대성 논의는 식민지 시기의 근대화/근대성에 대한 문제제기에서 비롯되었고, 기존의 민족주의 인식을 비판하고 식민지에서 근대성과 식민성이 상호작용하는 복잡하고 다양한 현실에 접근할 수 있는 길을 열어주었다. 식민지 근대성 논의는 식민지 시기 일상생활 연구, 식민지 공공성 연구, 문학과 문화연구의 식민지 근대 연구 등의 분야에서 전개되었다. 식민지 규율권력 연구를 잇는 식민지 일상생활 연구는 지배와 저항, 강압과 동의의 관계에 주목하여 "일상생활의 영역에서 일제가 강제한 각종 규제와 통제가 어떻게 수행되었는지, 조선인이 이에 대하여 어떻게 균열을 내고 그 틈새를 이용하였는지"를 분석하였다.[20] 또한 '식민지 회색지대'에서 출발한 식민지 공공성 연구는 협력과 저항이 교차하는 식민지 회색지대에서 사회적 역동성을 포착하기 위하여 전차노선, 상하수도, 차지·차가, 공동묘지, 사회사업 등 공공영역에 대한 탐구로 구체화되었다.[21] 문학과 문화연구에서는 식민지 시기에 생산된 텍스트를 대상으로 식민지 도시민들의 일상적인 경험과 정서를 분석함으로써 근대성의 복합적 측면과 식민주의의 내면화에 주목하였다.[22] 이처럼 식민지 근대성 논의는 기존의 민족주의 인식에 가려진 공간, 즉 억압과 저항의 사이, 강제와 동의의 사이, 지배체제와 일상생활의 사이에 위치한 불안정하고 복합적인 영역을 발굴하였고, '딴스홀'이나 '모던뽀이' 같은 도시 풍속 연구는 식민지 시기를 새롭게 부각시키면서 대중의 관심을 끌었다.

그렇지만 포스트식민주의가 '탈'식민인가 식민 '이후'인가 같은 용어 번역부터 논란이 있었듯이, 식민지 근대성 논의와 관련해서도 개념과 대상의 모호함, 탈민족의 과잉, 식민지와 식민지 이후의 관계 설정, 풍속사 연구의 속류화 등의 문제가 제기되었다. 식민지 근대성 논의는 식민지에서 근대의 존재를 부정하였던 민족주의 인식을 비판하고 식민지에서 나타나는 근대의 존재를 인식하고 이를 연구 대상으로 삼았다는 점에서 의미가 크다.[23] 그럼에도 식민지 근대성 논의의 진전을 가로막는 근본적인 이유는 식민지 근대성 개념의 모호함에 있다. 우선 용어를 보더라도 colonial modernity에 대한 단일한 번역어가 있는 것이 아니라 '식민지 근대(성)', '식민지적 근대(성)', '식민지의 근대(성)', '식민지성과 근대성' 등 약간씩 다른 용어가 사용되고 있으며, 식민지와 근대(성)을 붙여 쓰는 경우보다는 띄어 쓰는 경우가 훨씬 많다. 이러한 용어 사용은 식민성과 근대성을 결합된 하나의 개념으로 보기보다는 '식민지의 근대성', 즉 식민지(시기)에 나타나는 근대성의 특수한 형태로 이해하는 경우가 많음을 보여준다.

식민지 근대성 개념은 식민지에 근대적 요소가 존재함을 인식하고, 근대성이 발현하는 특수한 양상을 분석하는 데 초점이 맞추어져 있는데, 크게 두 가지 이해방식이 있다. 하나는 '식민지 지배라는 맥락에서 전개된 근대성',[24] '서구적 근대와 대비되는 식민지적 근대',[25] '자주적 근대와 식민지적 근대'[26] 같은 이해로서, 식민지에서 발현하는 근대성을 서구적 근대성의 변형된 형태로 인식하는 것이다. 이러한 이해는 근대성의 양면성과 식민지 현실의 복합성을 인식한다는 점에서 근대화론을 넘어서는 것이지만, 서구적 근대가 근대성의 기준이 된다는 점에서 여전히 역사주의 인식의 지평에 머무르는 한계가 있다. 또한 식민지에서 새로운 문물, 제도의 도입으로 인한 사회 전반의 변화상 일체를 식민지 근대성 개념으로 포괄하기 때문에 개념의 유효성 문제가 제기될 수 있다.

다른 하나는 "근대가 동반하는 고유한 식민성",[27] "근대성과 식민성의 관계"[28]같이 근대성과 식민성의 관계 속에서 식민지 근대성을 이해하려는 방식이다. 이러한 이해는 근대성과 식민성이 불가분의 관계임을 인식하지만, 근대성과 식민성의 상호관계에 대한 인식을 진전시키지 못하고 추상적인 선언에 머무는 경우가 많다. 또한 근대성과 식민성의 관계를 분석하는 경우에도 근대성과 대비되는 식민성을 상정하고 근대성은 긍정적인 요소나 측면, 식민성은 부정적인 요소나 측면으로 이해하거나 식민성을 근대성의 부산물 또는 파생물, 즉 서구에서 생겨난 근대성이 식민지라는 조건 속에서 변형되거나 새롭게 만들어진 산물로 이해하곤 한다. 이러한 곤란 때문에 식민지 근대성은 "아직은 견고한 지시 대상도, 잘 배치된 이웃개념들도 확보하지 못한 문제제기로서만 존재"[29]한다고 말해진다.

이상에서 한국의 식민지 근대성에 대한 논의를 개관해 볼 때, 식민지 근대성 개념의 모호함을 제거하면서 근대성과 식민성의 관계를 탐구하기 위해서는 식민성의 규명에 중점을 두면서 근대성과 식민성의 관계를 풀어나가는 것이 필요하다. 이에 부합하는 것이 라틴아메리카 탈식민 연구의 근대성/식민성 인식인데, '식민성은 근대성을 구성하기 때문에 식민성 없이는 근대성도 없다'라는 명제 아래 자본주의는 애초부터 근대적/식민적 세계체제로 출발하였다고 보았다. 이러한 발본적인 인식이 식민지를 경험한 한국에서 근대적/식민적 세계체제로서 자본주의의 역사를 인식하는 기반이 될 수 있을 것이다. 또한 식민지 근대성 개념이 동아시아 지역 연구에 대한 반성에서 출발하였다는 점에 주목한다면, 식민지 조선에 국한된 식민지 근대성 논의의 한계를 극복하는 것이 필요하다. 시야를 동아시아로 넓힌다면 동아시아에서 제국주의 열강과의 식민적 조우colonial encounter는 라틴아메리카와 마찬가지로 근대적/식민적 세계체제가 형성되는 출발점이었다. 동아시아에서 식민적 조우 이후 근대적/식민적 세계체제로의 이행을 검토하는 것은 발전을 핵심으로 하는 역사주의 인식을 넘어서 근대성과 식민성의 동시적 형성을 규명하기 위한 지평을 열어준다.

동아시아 자본주의의 근대적/식민적 형성

근대화의 서사narrative에서 개항은 동아시아에서 근대를 여는 사건이자 서구를 모델로 한 근대화의 출발점이다. 아편전쟁과 난징조약(1842)을 시발로 페리함대 원정과 미일화친조약(1854), 코친차이나 원정과 사이공조약(1862), 운요호 사건과 조일수호조규(1876) 등 쇄국에서 개항으로의 전환은 동아시아 각국이 자본주의 세계체제에 편입되는 계기이자 불평등조약체제에 편입되는 기점이 되었다. 개항으로 인한 내우외환의 위기감 속에서 동아시아 각국은 국민국가를 형성하고 부국강병을 달성하기 위한 근대적 개혁에 나섰으며, 일본은 근대화를 달성하고 열강의 반열에 올라선 반면, 한국과 중국은 근대화에 실패하고 (반)식민지로 전락하였다. 자본주의 맹아론은 근대화의 서사를 개항 이전의 시기로 연장하며, 식민지 근대화론은 식민지에서 출발하는 근대화의 서사를 식민지 이후로 연장한다.

  이처럼 개항과 식민화를 관통하는 근대화의 서사는 동아시아 각국이 처한 독자적인 정세를 무시하고 일본의 근대화를 사후적으로 합리화한다. 개항장을 명시한 통상조약의 문구는 무색무취하지만 이에 이르는 과정은 제국주의 열강의 군사적 도발로 점철되어 있으며, 일본이 근대화로 나아가는 길은 영국의 전폭적인 지원과 더불어 청일전쟁과 러일전쟁이라는 두 차례의 침략전쟁을 담보한 것이었다. 또한 근대화에 '성공'한 일본의 사례를 기준으로 근대화에 '실패'한 조선이나 중국에게 무엇이 결여되었는가를 찾는 방식은 일본의 '성공'을 부각시킬 뿐이다. 더욱 근본적인 문제는 근대화의 서사가 지니는 역사주의 및 유럽중심주의 인식이다. 동아시아의 근대화는 서구를 모델로 하는 단선적인 발전과정으로 간주되었고, 서구를 모방한 일본의 성공적인 근대화는 동아시아의 미개한 국가가 도달해야 할 미래가 되었다.

이러한 근대화의 서사를 극복하기 위해서는 월러스틴의 세계체제 분석이 유용한 기반이 될 수 있다. 월러스틴은 자본주의가 유럽의 독특한 내재적 특징으로 인하여 발생한 것이라는 역사주의적 인식을 기각하고, 자본주의 세계체제가 16세기에 유럽에서 우연히 등장하여 19세기에 지구 전체로 확장되었다고 주장하였다. 월러스틴의 세계체제 분석은 '하나의 역사적 세계체제'로서 자본주의 역사를 이해하기 위한 풍부한 이론적·실증적 기반을 제공하였지만, 18세기까지 자본주의 세계체제 바깥에 독자적인 세계로 존재했던 동아시아 세계에는 관심을 두지 않았다. 월러스틴은 자본주의 세계경제 외부에 세계제국들world-empires, 세계경제들world-economies, 소체제들minisystems 같은 역사적 체제들이 자본주의 세계체제와 공존하였다고 보았다. 그렇지만 연구대상을 자본주의 세계체제에 한정하고 16세기에 자본주의가 세계경제로 등장하면서 나타난 세계사상의 단절에 주목하였기 때문에, 동아시아 세계는 관심 밖이었다.[30]

20세기 후반 동아시아에서 신흥공업국의 출현 및 중국의 경제적 부상은 미국과 일본의 동아시아 연구자들로 하여금 동아시아 세계의 역동성 및 근대 이행의 독자성에 주목하게 만들었다. 캘리포니아 학파의 대분기Great Divergence 연구와 일본 학자들의 동아시아 발전 경로 연구는 동아시아의 선진 지역이 도달한 경제수준이 산업혁명 전야의 유럽 선진 지역과 비교해서 결코 뒤지지 않는 수준이었다는 사실을 발견하고, 유럽의 산업혁명에 비견되는 동아시아에서 경제발전의 경로를 탐구하는 작업이었다. 포메란츠K. Pomeranz와 웡R. B. Wong(王國斌)은 명청대 중국 및 동아시아 선진 지역에 유럽과 마찬가지로 농촌수공업과 시장경제 발전, 인구증가 같은 '원공업화原工業化'[31] 양상이 존재하였으며, 노동분업과 시장에 기반한 '스미스적 성장Smithian Growth'[32]이 진행되었다고 보았다. 19세기 들어 유럽이 산업혁명을 통하여 스미스적 성장의 한계를 돌파하면서 중국과 유럽 간에 대분기가 발생하는데, 이러한 돌파는 아메리카 식민지를 획득하고 석탄자원을 저렴하게 이용할 수 있었던 영국에서 여러 우연들이 결합한 결과라고 보았다.[33]

　스기하라 가오루杉原薰는 하야미 아키라速水融의 '근면혁명勤勉革命' 개념을 활용하여 에도시대의 근면혁명에서 비롯되는 일본의 산업화과정을 '노동집약적 산업화labor-intensive industrialization'로 개념화하였다. 스기하라는 에도시대의 노동집약적 소농경영에서 비롯되는 근면혁명을 기반으로, 메이지시대 풍부한 고품질 노동에 노동집약적 기술을 결합하는 공업화를 거쳐 제국주의로 부상하는 일본의 산업화과정을 노동집약적 산업화 경로로 개념화하고, 이를 일본의 사례를 넘어 유럽의 산업혁명(=자본집약적 산업화 경로)과 대비되는 동아시아의 산업화 경로로 제시하였다.[34] 하마시타 다케시浜下武志와 가와카츠 헤이타川勝平太의 아시아 교역권 연구는 동아시아의 노동집약적 산업화를 무역네트워크의 측면에서 뒷받침하였다. 가와카츠는 면업에서 영국형 면업체계(장섬유 면화–가는 면사–얇은 면직물)와는 상이한 동아시아형 면업체계(단섬유 면화–굵은 면사–두터운 면직물)를 발견하고 아시아 시장에 공통적인 물산복합物産複合의 존재를 탐구하였으며, 스기하라는 이에 1880년대 이래 동아시아에서 공업생산품과 원료·식량 같은 제1차 생산품을 교환하는 '공업화형 무역'이 출현하였다고 주장하였다.[35]

이처럼 대분기 연구와 동아시아 발전 경로 연구는 공동작업과 상호작용을 거치면서 중국, 일본을 비롯한 동아시아의 선진 지역에서 출현하는 근면혁명, 스미스적 성장, 노동집약적 산업화 같은 일련의 경로를 도출함으로써 동아시아에서 근대 이행의 길을 모색하였다.[36] 19세기 유럽과 동아시아가 도달한 경제수준과 성장의 동력에 주목하는 이들의 논의는 세계체제 분석에서 놓치고 있는 동아시아에서 근대 이행의 경로를 부각시키는 역할을 하였다. 이러한 연구에 대하여 명청대 중국의 경제성장이 "발전 없는 성장"이었다는 황쭝즈黃宗智와 브레너R. Brenner의 비판이 대표적이다.[37] 특히 황쭝즈는 세계 수준의 노동집약적 기술과 생산력을 가진 청대 중국에서 노동 투여가 늘어났지만 노동생산성은 하락하고 저임금의 과잉인구가 구조화되는 '내권적 성장involutionary growth'이 초래되었다고 보았다. 청대 중국경제에서 나타나는 성장의 문제를 보완하는 것이 에도시대에서 메이지시대로 이어지는 일본의 산업화인데, 문제는 일본의 산업화를 노동집약적 산업화로 설명하기 곤란하다는 점이다. 일본의 산업화과정에서 근면혁명의 경로와 노동집약적 산업화 경로가 맺는 관계도 모호할 뿐더러, 19세기 후반의 노동집약적 산업화와 제1차 세계대전 이후의 자본집약적 산업화 사이에도 비약이 존재한다.[38] 이러한 곤란 때문에 브리스P. Vries는 노동집약적 산업화를 동아시아의 고유한 경로나 별도의 산업화 경로로 간주하기보다 국가 간 부존자원endowed resources의 차이를 반영하는 "과도적이고 일시적인" 형태로 간주한다.[39]

보다 근본적으로 서구의 자본집약적 산업화 경로에 대비되는 동아시아의 노동집약적 산업화 경로는 유럽중심주의와 서구적 근대성을 상대화하는 것처럼 보이지만 서구를 기준으로 동아시아에서 새로운 발전 모델을 제시한다는 점에서 서구적 근대성과 역사주의 인식을 강화시키는 데 기여한다. 더욱이 노동집약적 산업화 경로가 동아시아의 고유한 발전 경로로 격상되면서 동아시아에서의 식민화 및 식민주의 문제가 주변적이거나 부수적인 것으로 치부되어 버린다. 스기하라에 따르면, 노동집약적 산업화가 성공할 수 있었던 것은 아시아 간 무역이 서구로부터 상대적 자립성을 가지기 때문이다. 즉 아시아에서는 역사적·문화적 전통 속에서 생겨난 의식주체계 및 이에 기반한 물산복합이 존재하였고, 이를 토대로 20세기 들어 일본의 공산품과 식량·원료를 교환하는 아시아 내부의 무역과 분업체제가 성립되었다.[40] 이러한 이해 위에서 타이완과 조선의 식민화 및 안행형 발전 모델Flying Geese Model에 대한 설명으로 이어지는데, 영국이 산업혁명과 같은 돌파를 위해서 아메리카로부터 연료와 원료를 획득한 것과 마찬가지로 일본은 타이완과 조선의 식민화를 통해서 공산품을 수출하고 식량과 원료를 수입할 수 있었으며, 일본의 기술 이전으로 중국을 시작으로 조선, 타이완에서 수입대체 산업화가 개시되었다는 것이다.[42] 이러한 논지에 따르면 일본을 비롯한 제국주의 열강에 의한 동아시아의 식민화는 지역 간 무역 및 분업체계 형성의 계기로 간주될 뿐이다.

　동아시아의 경제성장과 산업화에 대한 연구가 가지는 이러한 한계를 넘어서기 위해서는 '장기 16세기(1450~1640)'에 아메리카가 자본주의 세계경제의 형성에 필요불가결한 존재였듯이, 인도의 식민화가 영국이 헤게모니 국가로 등장하는 '장기 19세기(1730~1914)'에 필요불가결한 존재였다는 인식이 핵심적이다. 이러한 인식에 기반해서 동아시아의 근대적/식민적 세계체제로의 편입과 동아시아에서 국가간체제의 형성 문제를 살펴보자. 산업혁명 이전까지 영국의 동인도회사가 수입하는 대표적 상품은 인도산 면직물이었으며, 산업혁명이 영국의 면직물에서 시작된 것도 인도산 면직물과의 경쟁 때문이었다. 18세기 중반 영국이 벵골 지방을 식민지화하면서 전통적인 면직물업을 파괴하고 인도를 전업적인 목화 재배지로 만들어 영국의 면직물업에 면화를 공급하는 원료 공급지로 삼았다. 이에 따라 인도는 면직물 수출국에서 영국산 면직물의 수입국으로 전락하였으며, 18세기 후반부터 영국으로 대량 수입되던 중국산 차의 대금을 지불하기 위하여 벵골 지방에서 아편을 재배하여 중국에 수출하기 시작하였다.[43] 중국의 무역은 차, 비단, 도자기 같은 상품을 유럽으로 수출하고 유럽에서 중국으로 아메리카 은이 유입되는 형태였지만, 19세기 들어 인도산 아편의 중국 유입은 300여 년간 지속되어 오던 중국의 은 유입을 은 유출로 역전시켰다. 영국은 인도산 아편을 중국에 판매한 대금으로 중국산 차를 구매하였고, 인도에서 수입한 면화로 생산한 면직물을 인도를 비롯한 세계 각지로 판매해서 수익을 올렸다. 이렇게 인도의 식민화를 계기로 영국의 면직물, 중국의 차, 인도의 아편과 면화가 맞물리면서 유럽과 아시아를 연결하는 분업구조가 창출되었다.

인도산 아편의 유입으로 중국경제가 자본주의 세계경제에 통합되었지만 동아시아 내부의 무역과 분업체계에 미치는 영향은 미약하였다. 개항 이전 중국과 동아시아 각국의 교역은 조공무역과 호시무역互市貿易으로 이루어졌다. 조선과 청 사이에는 역관과 상인이 참가하는 사행무역 이외에도 국경 지역의 호시무역이 이루어졌으며, 임진왜란 이후 조공체제에서 이탈한 일본은 나가사키를 통한 직교역 및 조선과 류큐琉球를 통한 간접교역을 통하여 청과의 호시무역이 이루어졌다. 대표적인 교역품은 장난江南의 비단이었다. 장난에서 생산된 비단은 중국 상인에 의하여 나가사키로 수출되거나 베이징으로 운송된 후 조공사절에 의하여 조선에 유입되었으며, 초량왜관에서 쓰시마對馬를 통하여 일본으로 수출되었다. 비단 수입의 대가로 조선의 인삼, 일본의 홍동紅銅이 수출되었지만 은 유출이 늘어나자 조선에서는 중국산 비단을 사치품으로 규정하여 수입을 금지하는 조치를 내렸으며, 일본에서는 수입을 제한하고 잠사업과 견직물업을 장려함으로써 중국산 생사와 비단에 대한 수입대체를 시도하였다.[44] 이러한 동아시아 교역은 인도산 아편의 유입이 중국과 말레이반도 남단의 영국령 식민지에 한정되고 동아시아 교역권 전반으로 확대되지 않았다는 점이나, 청대의 대표적인 국지적 시장권에 속했던 푸젠福建 설탕과 장난 면화의 교역이라는 유통망이 개항 때까지 유지되었다는 점[45]에서 보듯이, 자본주의 세계경제가 동아시아 경제를 통합하였지만 내부의 교역과 분업체계를 재편할 정도에는 이르지 못하였다.

중국 정부의 아편 몰수를 빌미로 일어난 아편전쟁은 중국 중심의 조공무역체계가 붕괴되고 동아시아 국가들이 국가간체제로 편입되는 계기가 되었다. 난징조약을 시작으로 동아시아 각국이 쇄국에서 개항으로 전환하면서 불평등조약이라는 형태로 국가간체제의 위계질서 속으로 편입되었다. 동아시아 국가들이 국가간체제에 편입되는 과정에서 특징적인 점은 후발 주자들의 '따라잡기catch-up'[46] 경쟁이 일어났다는 것이다. 베스트팔렌조약(1648)으로 제도화된 유럽의 국가간체제가 국가 간의 끝없는 군비 경쟁과 지리적 팽창을 추구하는 경향을 가진 데 비하여 중국 중심의 조공체제는 조공권을 유지하고 국경의 안정을 도모하는 경향을 가졌기에, 해방海防과 쇄국鎖國에서 부국강병을 위한 군비 경쟁으로의 전환은 이례적인 것이었다.[47] 개항으로 인한 내우외환의 위기감 속에서 동아시아 각국은 앞다투어 서구의 선진기술과 제도를 수용하여 '문명국가'로 발돋움하기 위한 부국강병과 식산흥업殖産興業에 나섰다. 동아시아에서 국민국가의 형성과 국가간체제로의 편입은 발전 관념을 확산시키면서 국가 간의 따라잡기 경쟁을 자연스러운 것으로 만들었다. 헤게모니 국가인 영국이 걸어온 산업화의 길은 발전 관념에 뒷받침되면서 따라잡기의 이상적 모델로 설정되었으며, 근대적 개혁을 통한 국민국가의 형성과 이를 매개로 한 국가간체제 내에서의 지위 상승은 내우외환의 위기를 타개할 최선의 방책이 되었다.

동아시아에서 국가간체제에 진입하기 위한 경쟁은 중국과 일본 간의 군비 경쟁으로 나타났다. 이는 내정개혁을 통한 불평등조약 개정이 많은 시간을 필요로 하였고, 내우외환의 위기에 대처하고 내정개혁의 지속성을 확보하기 위해서도 군비 증강이 우선적으로 요구되었기 때문이다. 중국에서는 두 차례의 아편전쟁과 태평천국군 진압에서 서구식 병기의 우수성을 절감한 양무파 관료의 주도로 근대적 군수공장이 건설되었다. 1861년 최초의 근대적 병기공장인 안칭군계소安慶軍械所가 설립된 데 이어 장난기기제조총국江南機器製造總局, 진링기기국金陵機器局, 푸저우선정국福州船政局, 톈진기기제조국天津機器製造局 같은 대규모 관영 병기창과 조선소가 건설되었다. 1874년 일본의 타이완 침공 및 '육방陸防·해방海防' 논쟁은 양무운동이 '사이장기師夷長技(서양의 장기를 배워서 중국의 장기로 만드는 것)' 수준을 넘어서 서구, 러시아, 일본 같은 해상세력에 대항하여 연해 방어를 위주로 하는 방어적 해방으로 나아가는 계기가 되었다.[48] 즈리총독直隸總督 리훙장李鴻章은 장난기기제조총국과 푸저우선정국에서 제조된 구식 소형 병선으로는 서구의 병선에 대적할 수 없음을 인식하고, 기술 격차가 큰 서구보다는 일본을 겨냥한 해군 증강에 나섰다. 1875년에 북양해군을 창설하고 푸저우선정학당福州船政學堂과 톈진해군학당天津水師學堂을 설립하여 해군장교를 육성하였으며, 군수공장 및 선박용 연료로 석탄 수요가 증가하자 탄광기업인 카이핑광무국開平鑛務局을 설립하고, 석탄 운반을 위하여 탕산唐山 카이핑-톈진 쉬꺼좡胥各莊 간 철도를 부설하였다.

청조는 아편전쟁과 난징조약 체결을 "양이洋夷를 정무征撫"한 정도로 생각한 반면, 일본의 바쿠후幕府는 청조의 패전에 따른 개항을 쇄국정책에 대한 위협으로 받아들였고, 페리함대의 무력시위와 미일화친조약 체결을 서구의 기술을 수용하여 군비를 강화하는 계기로 삼았다. 사가번佐賀藩에서는 반사로를 설치하여 철제 대포를 생산하였고, 미토번

水戸藩에서는 최초의 근대식 조선소인 이시카와지마조선소石川島造船所 (1853)를 설립하였다. 바쿠후는 나가사키에 해군전습소를 세우고 네덜란드로부터 연습함과 교관을 지원받아 해군을 양성하였으며, 나가사키 용철소長崎鎔鐵所, 세키구치제조소關口製造所, 요코스카제철소橫須賀製鐵所 등의 직영 병기공장과 조선소를 설립하였다. 메이지정부는 바쿠후의 군수공장을 인수하여 군공창軍工廠의 기반을 마련하는 한편, 공부성工部省을 중심으로 관영공장 건설을 통한 식산흥업정책을 추진하였다. 1886년 청국 주력함의 나가사키 기항을 계기로 해군 증강이 이루어져 청일전쟁 직전에는 청국 주력함에 대적할 수 있는 4천 톤급 순양함을 갖추었다.[49]

동아시아 세계의 국가간체계로의 편입 및 지위 상승을 위한 따라잡기 경쟁에서 주목해야 할 점은 중앙아시아에서 주도권을 다투고 있던 러시아와 영국의 개입이다. 크림전쟁(1856)의 패배로 흑해를 통한 지중해 진출이 가로막힌 러시아는 베이징조약(1860)으로 연해주를 획득하면서 동아시아와 태평양으로 관심을 돌리게 되었다. 러시아는 유럽과 연해주를 연결하기 위하여 시베리아횡단철도 건설에 착수하는 한편, 태평양 연안의 부동항을 확보하고 이를 시베리아횡단철도와 연결함으로써 동아시아에서 지역 열강으로서의 지위를 확보하고자 하였다. 이러한 러시아의 남하를 저지하고 나선 것은 영국이었다. 아프가니스탄에서 러시아와 대립하던 영국은 1885년 한반도 남단의 거문도를 불법 점령함으로써 러시아를 견제하였다. 대한해협에 위치한 거문도는 러시아함대가 블라디보스토크에서 태평양으로 나아가는 출구에 해당하기 때문에 영국은 거문도를 점령함으로써 러시아 함대의 태평양 진출을 저지하는 동시에 한반도 문제를 아프가니스탄 문제와 연동시키고자 하였다.[50] 시베리아횡단철도 부설이 시작되자 일본 군부는 한반도에 대한 이권 확보를 위하여 부산에서 의주에 이르는 한반도 종단철도 건설에 나섰고, 영국은 징펑철도京奉鐵道 부설에 나서는 한편, 청일전쟁 발발 직전 '영일통상항해조약'을 체결하여 일본을 지원하였다.

청일전쟁을 계기로 만주와 한반도를 둘러싸고 러시아와 일본의 경쟁이 표면화되었다. 러시아는 니콜라이 2세의 지원 아래 일본을 겨냥한 태평양함대 증강을 추진하였고, 블라디보스토크의 단점을 보완할 부동항인 동시에 대한해협의 통제권을 확보할 수 있는 마산포 조차를 기도하였다. 삼국간섭을 주도하여 일본의 랴오둥반도 획득을 저지한 러시아는 1896년 6월 러청협정을 통하여 만주를 관통하여 시베리아횡단철도와 연결되는 동청철도 부설권을 획득하였다. 또한 독일의 자오저우만膠州灣 점령에 대응하여 러시아는 뤼순을 점령하고 1898년에 랴오둥반도 남단의 뤼순과 다롄만에 대한 조차권과 더불어 동청철도와 뤼순을 연결시키는 남만주지선 부설권을 획득하였다.[51] 1900년 의화단이 만주로 확산되면서 부설 중이던 동청철도를 파괴하자 이를 보호한다는 명목으로 러시아 군대가 만주를 점령하고 이권 확보에 나서자 일본과의 전쟁 위기가 고조되었다. 러시아의 만주 점령에 대한 대응은 영일동맹(1902)의 체결로 나타났다. 영국이 일본에게 동맹관계 성립을 타진한 것은 러시아가 청국에게 뤼순과 다롄만의 조차를 요구할 무렵이었지만, 실질적인 동맹관계는 러시아가 철병을 연기하면서 만주를 독점적으로 지배하려던 움직임을 보이면서 이루어졌다. 이처럼 1880년대 이후 동아시아에서 러시아와 영국이 국가 간 경쟁에 뛰어듦에 따라 영·

러 대립을 근간으로 하는 그레이트게임Great Game이 동아시아로 확산되었고, 영국의 지원을 얻은 일본이 청일전쟁과 러일전쟁에서 승리함으로써 국가간체계에서 지위 상승에 성공할 수 있었다.

한편 동아시아의 개항장을 중심으로 외국 상품이 유입되면서 교역에 변화가 일어났는데, 19세기 후반 동아시아 내부의 교역과 분업체계에 근본적인 재편을 초래한 계기는 인도산 면사의 중국 및 일본 유입이었다. 인도에서 면사 생산이 시작된 계기는 인도의 식민화로 인하여 농가에서 면화를 재배하고 방적, 직포를 거쳐 면직물을 생산하는 전통적인 면직물 생산체계가 붕괴되었기 때문이었다. 영국산 면직물이 유입되면서 면화 수출을 위한 전업적 면화 재배가 이루어졌고, 수출하고 남은 저품질의 면화와 면직물업에서 나온 저임금 노동력을 활용하여 방적업이 시작되었다. 방적업은 주요 면화 재배지인 봄베이(현 뭄바이)를 중심으로 발흥하였고, 1870년대 후반부터 인도산 면사가 중국시장에 수출되기 시작하였다. 이렇게 방적공장에서 생산된 태사太絲(굵은 면사)가 기존의 면직물업을 확대시키면서 영국에서 수입된 고급 면직물과 국내산 태사로 생산된 저급 면직물이 병립하는 생산·유통의 '이중구조dual structure'가 형성되었다. 면업의 이중구조는 1910년대에도 유지되었는데, 1913년에 인도는 주로 25번수 이하의 태사를 생산하여 중국으로 5천 7백만 파운드의 태사를 수출하는 한편, 영국으로부터 2천 7백만 파운드의 세사細絲(가는 면사)와 4천만 파운드의 고급 면직물을 수입하였다.[52]

1870년대 후반부터 중국 및 일본시장으로 수출되기 시작한 인도산 면사는 1890년대 들어 아편을 능가하는 최대의 수출품목이 되었으며,

일본과 중국으로 유입된 인도산 면사는 재래 면사를 대체하여 전통 면직물업의 원료가 되었다. 인도산 면사의 유입은 중국과 일본에서 전통적 면직물 생산체계를 해체하여 자본주의 세계경제의 분업체계에 편입시키는 한편, 재래 면직물의 생산 확대와 더불어 방적업의 발흥을 가져왔다. 인도산 면사와의 경쟁을 위한 근대적 방적업은 중국보다 일본에서 먼저 시작되었다. 1870년대 메이지정부는 2,000추錘 규모의 방적공장을 설립하여 민간에 불하하였지만 실패하였고, 1880년대에 자본금 25만 원의 주식회사로 출발한 오사카방적의 성공을 모델로 1만 추 이상의 규모를 가진 방적회사가 다수 설립되어 방적업 발흥을 선도하였다.[53] 1890년대에 인도산 면사에 대항하기 위하여 뮬방적기에서 링방적기로 전환하면서 일본산 태사太絲의 중국 수출이 시작되었다. 1890년대 후반에는 면사 수출이 면사 수입을 능가하여 면사는 생사 다음가는 주요 수출품목이 되었으며, 1914년에는 중국시장에서 일본산 면사가 인도산 면사를 추월하였다. 1890년대에 방적공장에서 역직기를 갖추고 면직물을 대량생산하는 방적겸영직포紡績兼營織布가 등장하면서 1909년에는 면직물 수출이 면직물 수입을 능가하게 되었지만, 제1차 세계대전 전까지 돈야제問屋制(putting-out system)에 기반한 재래 면직물업이 상당한 비중을 차지하고 있었다.[54]

중국에서는 양무운동 후기인 1890년에 3만 5,000추 규모에 530대의 역직기를 갖춘 상하이기기직포국上海機器織布局이 조업을 개시하고 대규모 사창紗廠이 잇달아 설립됨으로써 상하이를 중심으로 방적업이 발흥하였다.[55] 제1차 세계대전 발발로 아시아를 향한 서구의 공산품 수출이 급감함에 따라 중국에서 사창 설립 붐이 일어났다. 1914년부터

1922년까지 54개의 사창이 설립되었으며, 1910년대 말에는 면사의 수입대체가 이루어졌다. 1913년을 정점으로 수입 면사의 비중이 감소하기 시작하여 1913년에 38퍼센트이던 면사 자급율이 1918년에는 70퍼센트에 달하였다. 그렇지만 중국의 면사 생산은 20번수 이하의 태사에 집중되었고 세사와 고급 면직물은 여전히 수입에 의존하였다.[56] 중국에서는 일찍부터 영국을 비롯한 외국계 방적회사가 들어왔으며, 제1차 세계대전을 계기로 일본 방적자본의 중국 진출이 본격화되었다. 일본 방적자본은 상하이를 근거지로 톈진, 칭다오, 탕산 및 동북 지역으로 세력을 확대하였는데, 1913년의 11만 추에서 1918년에는 24만 추, 1925년에는 130만 추로 증가하여 중국 방직업의 3분의 1에 달하는 큰 비중을 차지하였다.[57]

이상에서 살펴본 것처럼 영국이 헤게모니 국가로 등장한 '장기 19세기'에 인도의 식민화와 인도산 아편의 중국 유입을 계기로 동아시아는 자본주의 세계경제에 편입되었다. 개항을 통하여 동아시아 각국은 국가간체제에 편입되면서 지위 상승을 위한 군비 경쟁 및 산업화 경쟁이 개시되었다. 대표적인 대중소비재 산업인 면업을 중심으로 하는 동아시아의 산업화는 식민지 인도에서 출발하였다. 식민 지배 아래 전통적인 면직물 생산체계가 붕괴되고 영국의 면화 공급지이자 면직물 상품 시장으로 재편된 결과, 생산에서 근대 방적업과 재래 면직물업, 시장에서 영국산 고급 면직물과 인도산 저급 면직물이 병존하는 '이중구조'가 출현하였다. 인도산 아편을 대신하여 인도산 면사가 동아시아로 수출됨에 따라 중국, 일본을 비롯한 동아시아 각국으로 유사한 형태의 산업화가 파급되었다.

동아시아의 면업에서도 차이와 위계가 존재하였다. 인도에서 방적업이 발흥하고 면사의 수입대체가 이루어진 것처럼 일본과 중국에서도 방적업의 발흥으로 1910년대 들어 면사의 수입대체가 이루어졌다. 반면 식민지로 전락한 조선에서는 1930년대 일본 방적자본이 진출하기 전까지 근대적 방적업이 존재하지 않았다. 방적업의 발흥으로 면사의 수입대체를 달성한 중국과 일본 간에도 중국산 면사와 면직물이 저급한 제품 생산에 머무른 데 비하여 일본산 면사와 면직물은 이러한 한계를 돌파하였다는 차이가 있다. 중국의 면사 생산은 1920년대까지도 20번수 이하의 태사에 집중되었고 세사와 고급 면직물은 수입에 의존하였으며, 인도에서도 1910년대까지 25번수 이하의 면사와 하급 면직물 생산이 대부분이었다. 반면 일본에서는 제1차 세계대전을 계기로 면방적 독점체제를 확립하고 60번수 이상의 면사와 염색, 가공을 거친 고급 면직물의 생산으로 나아갔다.[58] 또한 인도의 농촌 지역까지 대리점을 구축하여 면화의 안정적 공급을 도모하였다.[59] 이러한 일본의 돌파가 가능했던 것은 영국의 지원을 업고서 두 차례의 전쟁에 승리하여 열강의 일원으로 지위 상승이 이루어졌기 때문이었다.

조일수호조규로 뒤늦게 개항한 조선이 맞이한 정세는 중국과 일본을 중심으로 군비 경쟁과 산업화 경쟁이 개시되는 국면이었다. 조선도 서둘러 군비 경쟁과 산업화 경쟁에 나섰지만 자원과 자본의 열세, 개혁세력의 취약함, 중국과 일본의 간섭 등으로 인하여 국가간체제의 위계질서에서 최하층에 놓이게 되었다. 이에 따라 산업화의 추진도 한계를 가질 수밖에 없었다. 방적업을 일으키고 자국의 수입대체와 더불어 해외 시장으로 수출하기 시작한 일본이나 중국과는 달리, 청일전쟁을 계기로 일본의 면제품 시장으로 편입된 조선은 일본과 중국의 초기 투자에 필적할 규모의 자본도, 이를 지원할 강력한 국가도 존재하지 않았기에 수입대체 산업화의 길도 수출지향 산업화의 길도 가로막혀 있었다. 러일전쟁의 결과 조선은 일본의 식민지로 전락하였고, 전통적인 면직물 생산체계의 파괴와 더불어 일본의 면화공급지이자 면제품시장으로 편성되었다. 조선총독부는 일본 방적업에 원료 공급을 위하여 한국의 재래면 대신 미국 육지면 재배사업을 추진하였으며, 식민지 조선에서 방적업의 발흥은 1930년대 일본 독점자본의 진출을 기다려야 했다.

식민지 공업 연구의
흐름

식민지 시기 공업에 대한 연구는 1930년대 농공병진정책에 따른 조선 경제의 전환이 가시화되고 이를 '조선의 산업혁명'이라고 상찬하던 시기부터 시작되었다. 이후 해방과 분단, 1960~70년대 경제성장, 1990년대 탈냉전과 식민지 근대화 논쟁을 거치면서 연구성과가 축적되고 연구의 지향과 내용이 변화되어 왔다. 그간의 쟁점을 검토하고 연구성과를 정리하기 위하여 공업 연구가 출발하는 1930년대부터 지금에 이르기까지 식민지 시기 공업에 대한 연구를 크게 5개의 시기 — 1930년대 조선 공업화와 조선 공업 연구, 해방 직후 경제건설과 조선 공업 인식, 1960~70년대 내재적 발전론과 식민지 공업 연구, 1980~90년대 식민지 사회성격 논쟁과 식민지 공업 연구, 2000년대 이후 '식민지 근대성'론과 식민지 공업 연구 — 로 구분하고, 이를 기반으로 시기별 식민지 시기 공업 연구의 흐름과 쟁점을 살펴보기로 하자.

1930년대 조선 공업화와 조선 공업 연구

식민지 시기 공업 분야는 독자적인 영역이라기보다는 조선경제 또는 조선 산업을 구성하는 일부라는 인식이 강하였다. 1920년대까지 공업의 비중이 미미하였기 때문에 공업 분야는 개별적인 분야로 다루어지지 못하고 조선 산업이나 조선경제의 일부로서, 또한 상공업이나 광공업 등 인접 분야와 함께 다루어졌다. 공업 분야가 독립된 영역으로 다루어진 것은 1930년대 전반부터이며,[60] 그 배경에는 조선총독부의 '조선 공업화' 정책과 일본자본의 진출에 따른 조선경제의 '공업화'가 있었다.

1930년대 대공황의 극복과 조선경제의 변화를 '조선 공업화'로 개념화한 것은 경제평론가이자 경제 관료였던 다카하시 카메키치高橋龜吉이다. 그는 1935년에 한 달가량 조선을 돌아보고 다카하시경제연구소 연구원들과 《현대조선경제론現代朝鮮經濟論》을 집필하였는데, 여기에서, 대공황 이후 세계경제의 블록화 추세 속에서 일본경제의 재편성과 만주국 수립은 조선의 공업화로의 일대 전환을 가져왔다고 파악하고, 조선경제의 질적 변화를 초래한 '조선 공업화'에 주목하였다.[61] 경성제국대학 법문학부 교수 스즈키 다케오鈴木武雄는 1930년대 초반 원시산업단계에서 근대 공업화단계로의 급속한 이행을 '조선 산업혁명'으로 규정하였다. 그는 1929년 11월 부전강발전소의 송전 개시와 1930년 1월 조선질소 흥남공장의 조업 개시를 영국 산업혁명에 비견되는 '조선 산업혁명'의 제일보라고 지칭하고 만주사변 이후 '조선 공업화'의 단계에 들어섰다고 파악하였다.[62] 그는 산업총생산액에서 공산액 비중의 현저한 증대, 공장공업 생산액의 현저한 증대, 일본자본의 유입에 따른 근대적 대공장의 증대를 조선 공업화로 파악하고, 중일전쟁 이후 조선 경제는 식민지 경제로서의 성격을 탈피하여 일만日滿블록경제에서 일본경제의 대륙전위, 즉 '대륙병참기지'가 되었다고 파악하였다.[63] 일본인 경제연구자들이 제기한 산업혁명론과 병참기지론은 일제의 식민정책과 대륙침략을 이데올로기적으로 뒷받침하였으며, 일본의 공업화정책과 일본자본의 진출이 조선경제의 근대화를 가져왔다는 인식을 형성하였다.

반면 조선인 경제연구자들은 1930년대 조선 공업화를 "기형적 산업혁명"이라고 평가하였다. 이미 1930년대 전반에《동아일보》는 조선이 경험하고 있는 산업혁명이 "조선 본위로 되지 못하고 주위의 산업관계 특히 일본의 산업관계에 견제되고 조선인 외의 대자본에 의하여 행하게 됨으로 기형적이 되지 않을 수 없는", 서구의 산업혁명과는 다른 '기형적 산업혁명'이라고 보았다.[64] 이여성·김세용도《숫자조선연구》에서 "완전히 초기적 수공업시대에 있던 조선에 고도의 기계상품이 조수같이 밀려들어 온 것은 바로 건설 없는 산업혁명을 의미"하는 '기형적 산업혁명'이라고 비판하고, 재벌 위주 대공업의 우월성과 조선인 공업의 열악성을 조선 공업의 특질이라고 파악하였다.[65] 인정식은 현재 조선사회의 변화를 "농업조선에서 농공병진의 조선으로의 발전"으로 규정하고, 이러한 발전이 일본자본에 의한 조선 공업의 독점, 조선 공업의 이중성(가내공업의 보존과 대공업의 이식), 조선인 기업의 영세성과 전근대성을 낳았다고 파악하였다.[66]

해방 직후 경제건설과 조선 공업 인식

해방 직후 독립국가의 새로운 경제체제를 형성하기 위한 경제재건 방안은 식민지 조선경제에 대한 평가 위에서 제기되었다. 해방정국에서 좌파와 우파의 경제적 지향은 상이했지만 식민지 시기 공업화의 성격과 관련하여 일본경제에의 종속성과 민족자본의 억압, 국내 공업 간 유기적 연관성이 결여된 기형적 구조, 군수공업적 성격 등을 식민지 공업화의 특성으로 파악하는 데에는 별다른 차이가 없었다.[67] 이러한 식민지 공업화에 대한 성격 규정에 기반하여 농업에서는 반봉건적 지주소작관계의 철폐, 공업에서는 일본경제에 종속된 기형적 공업구조의 청산이 과제로 제기되었고, 토지개혁과 중요 산업 국유화를 통하여 자립적 경제체제를 구축하고자 하였다.

우파에 비하여 좌파 경제연구자의 조선경제 연구에서 식민지 조선경제에 대한 성격 규정이 명확해지고 조선 공업화에 대한 비판적 인식이 심화되었다. 이기수는 일본 독점자본에 의하여 이식, 발전된 조선 공업의 결함으로 공업 각 부문 간의 연관적 발전 결여, 기간공업의 발전 결핍, 기술자 부족을 들었으며, 일본 독점자본의 지배 아래 민족산업자본의 발전이 저지된 반면 노동자계급이 성장하였다는 점에 주목하였다.[68] 전석담은 식민지적 생산관계를 '반봉건적 농업생산관계의 확대재생산과 광공업 발달의 식민지적 파행성'으로 정리하고, "조선은 일본의 소위 '대륙병참기지'로서 그 전시적인 요구에 의하여 급작히 건설된 한 개의 보충적인 공업 지역에 지나지 않았"기 때문에 "조선의 공업은 자립적인 유기적 연관과 균형을 이루지 못하고, 자본적으로나 기술적으로나 일본의 생산체계의 일 분지로서 타율적인 기형적 발전을 한 것"이라고 설명하였다.[69] 권태섭은 군사적·반봉건적 일본자본주의의 일부로서의 조선경제, 일본 독점자본(=금융자본)에 의한 잉여가치의 수탈에 중점을 두면서, 조선 공업의 발전과정을 3개의 단계 — 제1단계 단초적 제국주의적 시기=토착 가내수공업의 과도적 보속保續시기(1906~1917), 제2단계 본격적 독점자본에의 완숙기=조선 가내공업의 붕괴와 본격적인 자본수출기(191~1931), 제3단계 고도독점자본의 일반적 위기와 본격적인 자본수출=전시 군수산업을 기축으로 한 기형적인 조선 공업의 발전(1932~1945.8) — 로 구분하였다. 그는 조선 공업의 식민지적 특질을 파행적 발전과정이 낳은 공업 구성의 전도적 형태와 기형적 구조 및 일본 독점자본에의 예속성으로 요약하고, 반공反工정책 및 일본 독점자본에 의하여 민족자본의 발전이 억압, 저지당하였다고 보았다.[70]

1960~70년대 내재적 발전론과 식민지 공업 연구

분단과 한국전쟁을 거치면서 사회구성체적 관점에서의 조선경제 연구가 소멸하고, 1960년대 들어 근대화론이 수용되면서 경제사학계를 중심으로 민족자본의 존재가능성을 탐구하는 연구가 시작되었다. 1963년 7월 '한국경제사학회'가 결성되어 경제사학자뿐만 아니라 이론경제학자, 경영경제학자, 한국사학자 등이 공동으로 한국사의 체계화를 모색할 수 있게 되었으며, 후진국 개발론, 기업사 연구 같은 최신 동향이 소개되었다.[71] 특히 1967년 12월과 1968년 3월 두 차례에 걸쳐 한국 경제사학회 주최로 '한국사의 시대구분 문제'를 주제로 한 학술회의가 개최되고, 1967년 12월 "한국사를 과학적으로 연구하고 이를 더욱 발전시킴으로써 한국사의 올바른 체계를 세우는 것"을 목표로 하여 '한국사연구회'가 결성되면서 한국사의 주체적·발전적 체계화를 위한 연구가 본격화되었다.

　한국경제사학회의 주요 구성원이었던 조기준은 한국 재벌사 연구의 일환으로 민족자본의 성립 가능성을 탐구하였다. 그는 개항 이후 발생한 근대 산업자본이 구래의 수공업적 기반과 무관하며, 새롭게 형성되는 민족자본도 조선정부의 보수성과 일본자본의 진출로 성장하지 못했다고 결론지었다.[72] 반면 최호진은 조선 후기부터 1960년대까지 한국 공업의 근대화과정을 검토하면서 "19세기 이후의 이조 말에 있어서는 일반 민중의 수요가 많았던 도자기공업, 유기공업, 제지공업 부문에 근대적 생산양식의 단초적 형태인 공장제 수공업의 경영 형태가 발생[73]하고 있었다"고 하여 수공업에서 근대화의 단초를 제기하였다. 또한 식민지 시기 공업의 근대화과정을 "왜곡된 공업화과정"으로 규정하면서 1930년대 일본 군수공업자본의 이식에 의한 조선 공업의 발전이 일본자본주의 생산체계의 일 분지로서 타율적·기형적인 것이고 자립적·유기적 연관을 결여하고 있다는 점에서 한국 공업의 "기형성과 불구성"을 식민지 공업의 전형적인 속성으로 파악하였다.[74] 이 밖에도 김의환은 부산 공업 관련 자료를 정리하고 조선 후기에서 1960년대에 이르는 부산 지역 공업의 발전과정을 분석함으로써 지역 공업 연구를 개척하였다. 그는 조선 후기 수공업 부문에서 완만히 발전하던 근대화로의 제 요인은 개항 이후 일본인에 의한 근대공업 발흥으로 몰락하였고, 식민지 시기 부산의 토착공업은 기형적·불구적 발전의 길을 걸었음을 규명하였다.[75]

1960년대에 제기된 민족자본 연구는 1970년대 들어 민족기업의 성장, 발전, 쇠락을 해명하기 위하여 개별 기업이나 기업가 연구로 확대, 심화되었다. 조기준은 18세기 농업, 상업, 수공업에서 나타난 근대 지향적인 모습이 19세기에 침체되었기에 개항 이후의 한국 근대사는 "식민지 민족의 반제투쟁이 근대화의 척도"가 되어야 한다고 주장하고, 1880년대부터 설립되는 근대적 민족기업이 식민지 지배 이래 일본자본의 진출에 대항하여 성장, 위축, 정리되는 과정을 서술하였다.[76] 또한 경성방직, 평양 고무신·양말공업 등 한국의 근대공업을 건설한 기업가의 민족의식에 주목하여 그들의 활동을 정리하였다.[77] 조기준의 민족자본 연구는 경영학계의 한국 기업가 연구로 이어졌는데, 고승제는 직포업, 연초제조업, 제지업, 비누공업, 고무공업 등의 분야에서 한국인 기업의 경영활동을 분석하였으며,[78] 황명수는 해방 이전 민족기업과 일본인 기업, 그리고 해방 이후 기업과 기업가의 경영활동을 정리하였다.[79]

한국사연구회 결성과 더불어 한국사학계에서도 식민사관을 비판하고 주체적·발전적 관점에서 한국사를 체계화하려는 연구가 본격화하였으며, 1970년대를 거치면서 '내재적 발전론'으로 체계화되었다.[80] 통상 '수탈론'이라고 불리는 식민지상은 내재적 발전론의 관점에서의 식민지 인식을 집약하는 용어이다. 이에 따르면 조선 후기에서 한말에 걸쳐 축적된 내재적 발전의 기초가 일제의 식민지 지배로 파괴되었고, 한국인들은 자신들의 존재와 전망을 부정하는 일제의 식민지 지배에 저항하는 주체로 묘사되었다. 수탈론의 식민지상은 일제의 수탈정책 대 한민족의 저항이라는 대립구도로 나타나며, 경제적 측면에서는 제국주 의경제 대 민족경제(민족자본) 또는 일본인 자본 대 조선인 자본이라는 이분법으로 나타난다.[81] 수탈론은 독립운동사 연구와 민족자본 연구에 서 전형적으로 나타나지만 단순한 대립구도는 곧 비판되었고 연구성과 가 축적됨에 따라 민족자본이 놓인 복합적 조건, 즉 식민지라는 구조적 조건, 도시와 농촌이라는 지역적 조건, 자금과 시장이라는 상황적 조건 에 규정되는 자본가의 이해관계에 주목하였다.

권태억은 개별 기업 연구에 편중된 민족자본 연구를 자본주의화의 선도 업종이자 조선인의 대표적 업종인 직물업에 대한 연구로 심화시 켰다. 그는 면직물시장 상황과 직기의 변천에 주목하여 청일전쟁 직후 서울을 비롯한 도시 지역에서 수입 방적사와 개량직기를 이용한 기업 으로서의 직물업이 발흥하였으며, 1910년대에 일제 방직자본의 빈틈 을 활용하여 직물업이 시장을 개척해 나갔지만 영세한 자본과 협소한 시장 때문에 성장의 한계에 직면하였음을 규명하였다.[82] 그리고 이를 토대로 식민지 시기 농촌 직물업의 장기간 존속과 전업화 경향, 도시 직물업의 확대와 공장제 공업으로 발전 추세를 분석한 결과, 예속적이 지 않은 민족자본의 발전 가능성은 거의 없었다고 주장하였다.[83]

1960년대 후반 일본에서도 '조선사연구회'를 중심으로 조선 공업 화와 민족자본에 대한 연구가 이루어졌다. 고바야시 히데오小林英夫 는 1930년대 전반 전기사업을 중심으로 한 공업화의 기반 형성과정과 1930년대 후반 조선 산업의 군사적 재편성과정을 검토하면서 조선 공 업화는 일본 독점자본의 진출에 따른 위로부터의 자본주의적 생산관계의 강권적 구축과정이었고 이러한 과정이 조선 공업의 파행성을 낳았다고 주장하였다.[84] 가지무라 히데키梶村秀樹는 식민지 시기 대표적인 조선인 업종인 평양의 메리야스공업을 대상으로 1906년에서 1945년에 이르는 메리야스공업의 발흥, 기업화, 동화의 과정에 대한 분석을 통하여 식민권력의 규제와 협소하고 불안정한 축적 기반으로 인하여 개별적인 민족자본가는 존재할 수 있지만 범주로서의 민족자본은 존재하기 어렵다고 평가하였다.[85] 또한 조선 공업의 군사적 재편성에 주요한 역할을 담당하였던 일본의 신흥재벌인 닛치츠日窒의 사업활동과 자본축적, 그리고 일본질소비료 흥남공장의 노동력 구성에 대한 연구도 진행되었다.[86] 이러한 연구는 한국에서 내재적 발전론의 형성을 촉진하였으며,[87] 내재적 발전론을 주변부에서의 '종속발전'론으로 이론화함으로써 자본주의 세계경제 속에 위치지우려는 가지무라 히데키의 시도는 이후 한국사회성격 논쟁과 접속되었다.[88]

1980~90년대 식민지 사회성격 논쟁과 식민지 공업 연구

1980년대 이후 식민지 시기 조선경제 연구에 지대한 영향을 미친 것은 '한국사회성격 논쟁'이었다. 80년대 중반에 전개된 '한국사회성격 논쟁'은 민주화운동의 고양을 타고 변혁운동의 전망과 목표를 과학적으로 수립하기 위한 작업의 일환으로 전개되었는데, 이 논쟁의 일부로서 '식민지 사회성격 논쟁'이 전개되었다.[89] 한국사회성격 논쟁에서는 '식민지반봉건사회론'과 '신식민지국가독점자본주의론'이 주요한 대립축을 형성하였으며, 한국에서 자본주의의 발전을 어떻게 파악할 것인가를 둘러싸고 19세기에서 현재에 이르는 자본주의 발전과정에 대한 이론적·실증적 쟁점이 제기되었다. 이미 식민지반봉건론자들이 자신들의 편향을 인정하고 식민지반봉건사회를 자본주의로의 과도기로 규정하는 것으로 일단락되었기에, 식민지에서 자본주의의 발전과정, 즉 토지조사사업을 중심으로 한 본원적 축적과정, 식민지 시기 공업의 성격 및 민족자본 범주의 유효성 등에 대한 문제가 제기되었다. 식민지 시기 공업의 성격과 관련해서는 1920년대 자본주의적 생산양식의 이식 및 1930년대 자유경쟁단계의 비월飛越을 통한 독점자본의 지배라는 문제 제기만 이루어졌으며,[90] 민족자본가 범주가 갖는 이론적·역사적 위상이 논란이 되었다. 민족자본가 논쟁은 민주주의혁명에서 민족부르주아의 계급적 성격을 둘러싸고 전개되었지만, 민족부르주아의 역사적 조건을 검토하면서 소유주의 국적이나 자본의 규모, 또는 시장 문제에 따라 민족자본 여부를 규정하는 견해를 비판하고 민족자본 범주와 규정을 위해서 중소자본의 역사적 조건과 정치적 태도에 대한 검토가 필요함을 제기하였다.[91]

한국사회성격 논쟁 및 식민지 사회성격 논쟁에 영향을 받으면서 식민지 시기 공업 연구가 심화되었다. 한편으로는 내재적 발전론의 관점에서 조선인 자본가 및 조선인 경영 업종에 대한 연구가 진행되었으며, 다른 한편으로는 민족자본 연구에서 1930년대 공업화와 전시공업 연구로 연구의 지반이 확장되었다. 업종별로는 연초업, 고무공업, 주조업 등에서 조선인 공업이 형성, 발전, 몰락하는 과정이 규명되었다.[92] 전우용은 1930년대 공업화과정에서 조선인 자본가가 예속성을 띠면서 성장하는 자본가와 몰락하는 토착자본가로 분리되어 간다고 보았으며,[93] 김인호는 태평양전쟁 시기 조선 공업의 전시 재편성에 따른 조선인 자본의 친일화와 저항의 양면성을 검토하였다.[94] 이들 연구는 업종별로 식민지 시기 조선인 자본의 궤적을 천착하거나 1930년대 이후 조선인 자본의 분화과정을 분석함으로써 민족자본이 놓인 복합적인 조건에 대한 분석을 진전시켰다.

한편 경제사 연구자 중심으로 내재적 발전론을 비판하면서 1960~70년대 한국의 급속한 경제성장에 주목하고 그 토대를 일제 시기에서 찾고자 하는 연구들이 제출되었다. 1987년 10월 교토대학 경제학부의 나카무라 사토루中村哲와 서울대학교 경제학과의 안병직을 중심으로 한·일 경제사 연구자로 조직된 '한국근대경제사연구회'가 결성되었으며, 이들은 내재적 발전론에 입각한 기존의 근대사 인식을 비판하고 조선사회의 구조적 파악 및 일본 근대사와 비교를 통하여 새로운 근대사 인식을 제시하고자 하였다.[95] 안병직은 나카무라 사토루의 '중진자본주의론'을 수용하여 '저개발국→중진자본주의→선진자본주의'라는 발전 모델에 기반한 '중진자본주의론'을 제기하였으며, 이영훈은 자본주의 맹아론을 비판하고 나카무라 사토루와 미야지마 히로시宮嶋博史가 제기한 '소농사회론'에 기반하여 근대 이행의 특수성을 탐구하였다.[96] 도요타재단의 지원을 받은 한국근대경제사연구회는 1993년까지 4권의 연구결과물을 간행하였고, 1987년 8월 안병직과 이대근을 중심으로 서울대 경제학과 대학원의 한국경제사 연구모임의 구성원이 주축이 되어 '낙성대경제연구실'을 설립하면서 한국근대경제사연구회의 지향과 성과가 이어졌다.

한국근대경제사연구회와 '낙성대경제연구소'[97]의 연구성과는 '식민
지 근대화론'으로 통칭할 수 있는데, 이들 연구는 식민지 시기 무역, 자
본, 시장 등의 측면에서 한국사회의 근대화가 진행되었으며, 교육기회
의 확대와 경영 및 노동 경험의 축적을 통하여 한국인 자본가, 노동자
가 성장하였음을 주장하였다. 안병직은 식민지적 고용구조를 비판하고
1930년대 조선인 노동자가 양적 · 질적으로 발전하였다고 주장하였고,[98]
주익종은 평양의 메리야스공업을 대상으로 조선인 자본이 식민지 상황
에 능동적으로 대처하면서 자본을 축적하는 과정을 규명하였다.[99] 김낙
년은 식민지 시기 조선경제를 민족 개념이 아닌 지역 개념으로 파악해
야 한다는 관점 아래 1930년대 공업화의 기반은 농업 잉여의 증대와 자
본 전화에서 나왔으며, 국내 분업 관련이 확대되는 방향으로 공업화가
전개되었다고 주장하였다.[100] 호리 가즈오堀和生는 공업화와 자본주의
화를 동일시하면서 국민경제를 형성하지 못한 식민지 조선에서 본원적
축적을 통한 자본주의적 사회적 분업의 진전을 토대로 1920~30년대에
자본주의 생산양식이 성립되었으며, 이렇게 형성된 자본주의는 일본자
본주의에 포섭되면서도 조선 특유의 구조를 가진다고 주장하였다.[101]

　식민지 근대화론의 이러한 입론을 둘러싸고 1990년대 중반에 식민
지 근대화 논쟁이 전개되었다. 1995년《역사비평》의 '식민지 근대화론
을 비판한다' 특집을 계기로 하여 식민지 근대화론에 대한 비판이 시
작되었으며, 식민지 근대화론에 대한 비판 및 식민지 근대화 논쟁에 대
한 비평이 이어졌다. 많은 논자들이 '수탈/개발'의 이분법과 잘못된 대
립구도를 비판하면서 식민지 사회에서 수탈과 개발의 양면이 공존함을
인식하고, 이에 기반하여 식민지에 출현하는 근대의 문제를 풀어 나가

고자 하였다.[102] 식민지 근대화 논쟁의 영향 아래 이루어진 민족기업 연구는 조선인 회사·공장과 일본인 회사·공장을 아우르는 계통적·구조적 연구로 심화되었다. 전우용은 개항부터 회사령이 폐지되는 1920년까지 회사 설립에 대한 계통적 연구를 시도하여 이 시기에 회사 설립을 주도한 것은 관료자본이며, 대한제국시기의 특권 대상인층이 러일전쟁 이후 예속자본가로 전화하였음을 규명하였다.[103] 오미일은 산업발전사 연구방법에 기초하여 한말 토착자본의 재편에서 1910년대 중·후반 토착자본의 산업자본화에 이르는 과정을 그들의 정치적 성향 및 경제운동론과 관련하여 규명하였다.[104] 김경남은 1920~30년대 면방대기업이 일관생산체계를 갖추고 광폭면직물 독점생산체제를 확립하는 과정 및 1930~40년대 조면업·방적업·직포업의 재편성을 통한 저급 면직물 생산지화 과정을 고찰하였으며,[105] 배성준은 공업구조를 중심으로 경성 지역 공업을 분석하여 1920년대 소비재 공업으로 형성된 경성 공업이 1930년대 식민지적 이중구조를 형성하였고, 이후 공업 재편과 군수공업화를 거치면서도 이러한 구조는 유지되었음을 규명하였다.[106]

2000년대 이후 '식민지 근대성'론과 식민지 공업 연구

1990년대 들어 '포스트모던postmodern' 논의가 수용되면서 근대성에 대한 논의가 활발하게 이루어졌으며, 식민지 근대화 논쟁도 이러한 분위기에 영향을 받기 시작하였다. 비록 식민지 근대화 논쟁이 포스트근대주의가 제기하는 근대성 문제와 무관하게 진행되었지만 논쟁의 한계를 지적하면서 '식민지'와 '근대'에 대한 새로운 모색을 요청하는 문제제기가 있었으며, 근대성에 대한 비판을 통하여 식민지 근대화 논쟁의 인식틀을 근본적으로 재검토하고자 하는 논의도 제기되었다. 김진균·정근식은 푸코의 규율권력 논의에 입각해서 '서구적 근대'와는 다른 '식민지적 근대'를 설정하고 일제는 강압적이고 폭력적인 규율권력을 통하여 식민지 조선 민중을 "근대 주체"로 생산하였다는 도발적인 문제제기를 하였다.[107] 이들은 식민지체제 아래 근대적 규율의 형성과 관련하여 가족, 학교, 공장 등의 사례를 검토하였지만 자료와 구성의 한계로 말미암아 기존의 식민지상을 극복하지 못하였다. 윤해동은 민족주의 역사학이 가진 '친일/반일'의 이분법을 비판하면서 식민지 '회색지대'에서 사회적 역동성을 포착하기 위한 '식민지 공공성' 개념을 제기하였으며, 전차노선, 상하수도, 차지·차가, 공동묘지, 사회사업 등 식민지 공공영역에 대한 탐구로 구체화되었다.[108]

식민지 근대성에 대한 문제제기와 식민지 근대화 논쟁의 문제틀을 넘어서기 위한 이러한 시도는 식민지 공업에 대한 기존의 연구방식에 변화를 가져왔다. 업종별 공업이나 조선인 자본가, 조선인 노동자에 대한 연구에서 벗어나서 경제통계에 대한 담론적 분석이 시도되었으며, 도시사와 연계한 지역 공업 및 지역 자본가에 대한 연구가 제출되었다. 먼저 낙성대경제연구소의 통계자료 구축과 관련하여 경제통계에 대한 담론적 접근이 이루어졌다. 낙성대경제연구소는 식민지 근대화론 제기에 이어 조선 후기에서 오늘날까지 경제의 장기 추세에 대한 시계열적 자료를 구축함으로써 경제성장의 경로를 해명하려는 연구를 계속해 왔다.[109] 이에 대하여 '국민계정체계system of national accounts' 추계를 통한 식민지 시기 경제성장의 해명이라는 방법론을 비판하면서, 식민지 시기 경제통계가 만들어지는 과정에 대한 분석과 통계를 둘러싼 담론적 분석이 이루어졌다. 박명규·서호철은 조선총독부의 통계기구에서 통계체계가 형성되는 과정과 관련하여 식민지성을 규명하고자 하였으며,[110] 송규진은 조선총독부 통계행정기구, 통계담당자 및 통계보고의 변천을 통하여 경제통계가 생산되는 조건을 해명하였다.[111] 김인수는 일제가 생산한 농정통계를 둘러싼 논쟁에서 통계의 가공에 따른 해석의 다양성을 제기함으로써 경제통계에 대한 담론 분석의 길을 열었으며,[112] 조형근은 식민권력이 구축한 통계지식의 성격이 식민지 근대적 '경제적 상상'의 구축이라는 관점에서 1910년 전후의 시장통계를 분석하였다.[113] 김윤희는 1920년대 '조선경제'에서 '조선인 경제'를 분리했던 민족경제 담론이 '생산증대–소득증대–소비확대–경제발전'의 선순환적 관계라는 국민경제적 상상을 재현하는 것이라고 파악하였다.[114] 이러한 작업은 식민지 시기 공업통계를 비롯한 경제통계에 대한 개량경제학적 접근을 비판하는 동시에 산업의 재생산구조에 접근하기 위한 경제통계의 조건을 해명하고자 했다는 점에서 의미가 크다. 또한 허수열은 민족 문제가 식민지 조선경제를 이해하는 데 가장 본질적인 것이라는 입장에서 통계수치를 활용한 실증에 기초하여 조선경제가 개발되었다는 '현상' 밑에 숨어 있는 민족 차별과 불평등의 '본질'을 규명하고자 하였다.[115]

한편 일상 및 '로컬local'에 대한 문제의식과 더불어 식민지 근대성을 규명하기 위한 작업의 일환으로 지역 공업 및 지역 자본가 연구가 이루어졌다. 서울, 마산, 부산, 인천, 원산 등 식민지 도시를 중심으로 이루어진 도시사 연구는 식민지 시기의 도시 형성과 산업화과정에서 큰 비중을 차지하고 있었던 일본인의 역할에 주목하였으며,[116] 이러한 식민지 도시에 대한 연구의 축적에 기반하여 지역 공업 연구, 특히 부산 지역을 중심으로 공업 발전과 기업활동에 대한 연구가 진행되었다. 오미일은 한국에서 근대성과 식민성의 기원을 찾아서 인천, 원산 등의 개항장 도시에서 전개되는 조선인 자본가층의 활동을 고찰하였고,[117] 박영구는 부산 지역 공업통계를 정비하고 1910년에서 1944년까지 부산 제조업의 변천과정을 추적함으로써 제조업 생산기지로서 부산의 성장 잠재력과 한계를 고찰하였다.[118] 김승은 식민지 시기 부산의 일본인 청주·소주 제조업자와 조선인 탁주 제조업자의 변천을 통하여 근대 주조업의 발상지인 부산의 주조업 실태를 살펴보았으며,[119] 배석만·김동철은 부산의 일본인 경영 도자기 회사인 '일본경질도기(주)'의 기업 경영을 분석하였다.[120] 이렇게 부산 지역을 중심으로 이루어진 지역 공업과 지역 기업에 대한 연구는 부산 지역을 중심으로 일본인 자본가 연구로 확산되었다. 김동철과 배석만은 일본경질도기(주)를 경영하였던 가시이 겐타로香椎源太郎의 자본축적 활동,[121] 전성현은 오이케 추스케大池忠助의 자본축적 활동,[122] 이가연은 후쿠나가 마사지로福永政治郎의 자본축적 활동을 고찰하였다.[123]

이 밖에도 업종별 연구가 확산되면서 공업의 내부구조 및 분업구조에 대한 분석이 진척되었다. 배석만은 산업사 연구의 관점에서 식민지 이식산업으로 출발하여 군수공업으로 성장한 조선업의 전개과정을 분석하였으며, 특히 1930년대 조선총독부가 주도한 '식민지 공업화'가 1940년대 들어 군부가 주도하는 '군수공업화'로 전환되어 갔음을 규

명하였다.[124] 류상윤은 중소직물업을 대상으로 1910년대부터 1950년
대까지 수요 증가에 따른 계기적 성장을 확인하고 1920년대부터 수입
대체가 진행되었으며 1930년대에 대구와 영변을 중심으로 직물산지
가 형성되었음을 밝혔다.[125] 김선웅은 전시체제기 인조섬유업에 대한
분석을 통하여 조선은 옛기술인 인견사를 생산하고 일본은 신기술인
스프를 생산하는 식민지적 분업구조를 형성하였음을 규명하였으며,[126]
배석만은 일본제철 청진제철소와 조선제철주식회사의 설립과정에 대
한 분석을 통하여 전시체제기 엔블록 물자동원의 한계로 일본–강재,
조선–선철의 제철업 생산구조가 형성되었음을 규명하였다.[127]

이상에서 살펴본 것처럼 식민지 공업 연구는 1980~90년대 한국사
회성격 논쟁과 식민지 근대화 논쟁을 거치면서 식민지 시기 공업의 위
상과 성격에 대한 문제제기가 이루어지고 업종별로 상당한 연구성과
가 축적되었다. 내재적 발전론에 입각한 이분법적 인식 — 제국주의경
제와 민족경제를 구분하고 일본상품·일본자본의 침투로 민족자본이
몰락하였다는 구도 — 은 논쟁을 경과하면서 식민지 자본주의를 둘러
싼 이론적·실증적 쟁점으로 심화되었으며, 식민지 자본주의의 발전과
정 및 식민지 자본주의의 잉여수탈구조에 대한 해명이 과제로 제기되
었다. 특히 식민지 근대화 논쟁을 거치면서 수탈론의 이분법적 인식과
근대화론의 경제성장론이 비판되고, 식민지 시기 공업의 위상과 성격
을 둘러싼 다양한 쟁점들 — 식민권력과 (독점)자본의 문제, 식민정책
과 시장의 문제, 식민지 공업화의 성격, 민족 차별과 불평등 문제, 식민
지 시기 공업의 시기 구분 문제(특히 1937년 전시통제 이전과 이후의 차별
성) 등 — 이 제기되었다.[128] 이와 더불어 연구사 정리에서 개관한 것처

럼 식민지 시기 공업의 업종별 구성과 변천에 대한 연구, 개별 기업에 대한 연구, 조선인 자본가 및 일본인 자본가에 대한 연구를 비롯하여 최근 지역별 공업과 지역 자본가에 대한 연구 등 다양한 성과가 축적되었다.

이처럼 1980~90년대를 경과하면서 식민지 시기 공업 연구에서 많은 성과가 축적되었지만 포스트식민적 관점 또는 근대성/식민성의 관점에서 식민지 자본주의 연구와 관련하여 다양한 이론적·실증적 과제가 제기된다. 첫째, 식민지 자본주의의 형성, 변형은 단선적 발전과정이 아니라 근대적/식민적 세계체제를 구성하는 이질적이고 복합적인 과정이다. 기존의 연구에서는 단선적인 발전과정 속에서 식민지의 공업을 바라보았다. 한국사학계의 민족자본론이든 경제사학계의 경제성장론이든, 발전 관념을 토대로 서구를 모델로 하여 식민지의 공업을 분석하였기 때문에 '왜곡', '일탈', '파행', '지체', '결여' 같은 부정적 평가가 지배적이었다. 그렇지만 단선적인 발전 관념에서 벗어나 식민지의 현실을 바라보면 다양한 시간대를 발견할 수 있다. 일본에서 건너온 조선총독부의 고위 관료가 경험하는 시간대와 지방 면사무소의 말단 행정원이 경험하는 시간대, 그리고 농촌에서 농사짓는 농부의 시간대가 다르듯이, 경성에 들어온 일본 독점자본 계통의 대공장에서 자본이 1회전하는 시간(최초 투입한 자본이 생산 및 유통과정을 거쳐 회수되는 데 걸리는 시간)과 중소공장에서 1회전하는 시간, 그리고 가내수공업장에서 1회전하는 시간은 다르다. 또한 자본주의 세계경제에서 주기적으로 발생하는 불황은 식민지의 어떤 공장, 회사라도 피해갈 수 없지만 경기순환에 미치는 작용과 반작용은 대공장과 중소공장, 가내사업장이 각기 다르다. 이처럼 이질적인 시간대가 겹겹이 쌓여서 만드는 식민지 공업의 복합적 구조와 경기순환에 따른 변형은 단선적 발전의 관념으로는 포착할 수 없는 것이다.

둘째, 식민지 자본주의의 이질적 시간대와 복합적 구조를 규정하는 힘은 국가간체제의 위계에서 나온다. 식민지 자본주의는 일국적인 차원이 아니라 자본주의 세계경제의 일부로서, 국가간체제의 위계 속에서 형성된다. 동아시아 국가들이 국가간체제에 편입되면서 위계의 최하층에 속하는 국가들이 식민화되고 식민지와 식민 본국 사이에 식민지 관계가 형성되었다. 식민지 관계 속에서 식민지는 식민 본국의 식량·원료 공급지이자 상품시장으로, 그리고 자본수출지로 개편되었다. 20세기 초반 한국, 중국, 일본이 식민지, 반식민지, 후발국으로 나누어진 것도 청일전쟁, 러일전쟁을 경과하면서 국가간체제에서 차지하는 위치가 변화한 것에서 비롯되었다. 근대성/식민성의 관점에서 말하자면, 식민지 관계의 형성은 근대적/식민적 세계체제에서 '권력의 식민성'의 결과로서 '식민지적 차이'가 발생하는 과정이자, 지배의 구조로서 '역사적−구조적 종속historico−structural dependency'이 형성되는 과정이다.[129]

셋째, 식민지 자본주의는 식민 본국과 식민지에 걸치는 재생산구조를 가진다. 식민화와 더불어 식민지 관계가 형성되면서 식민지의 전통적인 생산체계가 붕괴되고 식민 본국의 생산 및 유통체계와 연결됨으로써 상품의 생산이 비로소 완결된다. 대표적인 것이 대중소비재인 면직물인데, 식민지에서 생산된 면화가 수출되어 식민 본국의 방적공장에 원료로 제공되고, 식민 본국에서 생산된 면사가 바로 면직물의 원료가 되거나 식민지로 다시 수출되어 식민지 직물공장에 원료로 제공됨으로써 면직물 생산이 완결된다. 식민지 조선에서는 제1차 세계대전을 계기로 일본에서 자본수출이 시작되면서 생산의 측면에서 식민지의 중소공장이 식민지 본국에서 건너온 대공장과 병존하고, 유통의 측면에서 식민지에서 생산된 저급 상품과 식민지 본국에서 수입된 고급 상품이 병존하게 된다. 이처럼 식민지와 식민 본국을 연결하는 생산 및 유통체계로 인하여 만들어지는 식민지의 이중구조는 식민지에서 완결되지 않는 식민지의 독특한 재생산구조의 일면을 보여준다.

넷째, 식민지 자본주의를 구성하는 복합적 구조는 공간 속에 배치된다. 역사주의의 발전 관념이 서구와 비서구(식민지)의 공간적 차이를 시간적 차이로 환원시키는 방식으로 서구에 특권적 위치를 부여하였다면, 식민지 자본주의의 구체적인 배치와 작동을 보여주는 공간에 대한 탐구는 기존의 단일성과 통일성을 해체한다. 식민화와 더불어 식민지의 전통적인 생산체계가 해체되면서 식민지의 공간은 식민 본국과의 관계에 따라 새롭게 배치된다. 식민지 조선에서 공간 배치에 커다란 영향을 미친 것은 일본에서 건너온 일본인 거류민이었다. 일본인 거류민은 기존의 시가지 주변에 거류지를 만들거나 철도역을 중심으로 새로운 시가지를 형성하였고, 일본인 거류지가 확산되고 상공업 투자가 확대되면서 식민지의 공간을 재편해 나갔다. 특히 일본인이 집중적으로 거주하였던 식민지 도시는 조선인 토착민이 거주하는 전통도시와 일본인 거류민이 거주하는 근대도시가 공존하는 도시의 '이중구조'가 나타났다. 이러한 도시의 이중구조는 산업에서 전통산업과 근대산업, 중소공장과 대공장이 병존하는 이중구조가 출현하는 계기가 되었다.

이상의 문제의식과 연구사 정리에 기반하여 본 연구에서는 식민지 자본주의의 근대적/식민적 형성이라는 관점에서 식민지 공업의 재생산 구조를 해명하고자 한다. 이를 위하여 우선 '식민지 공업colonial industry' 개념을 통해서 식민지 시기 공업의 독특한 성격을 제기하고자 한다. '식민지 공업'이란 통상적으로 식민지 시기에 존재하는 공업 또는 식민지 지배하의 공업을 의미하지만, 이러한 일반적인 의미로는 식민지 관계 속에서 새롭게 형성되는 공업의 독특한 성격에 접근하기 곤란하다. 따라서 '식민지 공업'이라는 개념을 사용하여 식민지 자본주의에 고유한 공업의 구조와 특성을 탐구하고자 한다.

'식민지 공업'이란 식민지 관계 속에서 새롭게 형성된 공업을 말한다. 식민화 이전에도 전통적 공업 부문과 이식된 근대적 공업 부문이 존재하였고 이들 중 상당수는 식민화 이후에도 존속하였다. 그렇지만 식민화 이전에 이들이 차지하는 위상 및 다른 부문과 맺는 관계는 식민화 이후 근본적으로 변화한다. 식민지가 식민 본국의 식량·원료 공급지로 재편되면서 원료가공업이 국내적 연관을 벗어나서 식민 본국과의 연관 속에 들어가는 것처럼, 전통적인 수공업도 산업과 시장의 전반의 재편 속에서 새롭게 등장하는 식민지 공업의 일부로 재편된다. 특히 식민 본국과 인접한 식민지 조선은 일본인 거류민의 사업 투자와 조선 및 만주시장을 겨냥한 일본자본의 투자 확대로 회사, 공장의 설립이 지속적으로 증대하였다. 이러한 추세는 외부적으로는 식민 본국에 대한 종속, 내부적으로는 불평등의 확대와 산업예비군의 창출을 동반하였으며, 식민 본국에서 산업화가 낳은 모순과 위기를 식민지로 전가함으로써 식민지의 위기를 초래하였다.

식민지 공업 개념과 더불어 공업의 재생산구조를 해명하기 위하여 식민지 공업의 내부 구성을 분석 대상으로 삼고자 한다. 공업의 내부 구성은 중공업과 경공업, 대공업과 중소공업, 관영공업과 민영공업 등 다양한 방식으로 접근할 수 있지만, 여기에서는 생산방식의 차이에 따라 공장제공업factory system과 가내수공업으로 구분하는 방식과 생산과정에서의 역할에 따라 자본 구성과 노동력 구성으로 구분하는 방식을 활용하고자 한다.

우선 생산방식을 기준으로 한다면, 공장제공업을 통상적인 규모별 분류에 따라 대공업과 중소공업으로 나누고 여기에 가내수공업을 추가하여 [대공업-중소공업-가내공업]으로 내부 구성을 파악할 수 있다. 대공업과 중소공업에 대한 구분은 나라마다 시기마다 다르지만, 식민지 시기 일본의 공장통계에 따라 5인 이상의 노동자를 고용한 제조장을 공장으로 간주하고, 노동자수 100인을 대공업과 중소공업을 나누는 기준으로 삼기로 한다.[130] 이에 따라 고용 노동자수 100인 이상을 대공업, 5~99인을 중소공업으로 구분하며, 중소공업 내에서도 30~99인을 중공업, 5~29인을 소공업으로 구분한다. 가내수공업은 공업 분류상 중소공업에 포함되기도 하지만,[131] 통상적으로 공장통계에 속하지 않는 제조장을 가내수공업으로 간주하였다. 식민지 시기에는 공장제공업에 대비되는 개념으로서 가내공업과 더불어 '가정공업家庭工業'이라는 용어가 사용되었다.[132]

생산과정에서의 역할에 따라 내부 구성을 살피는 것은 생산방식에 따른 이해를 보완하고 재생산구조의 분석에 접근하기 위함이다. 일반적으로 자본관계를 재생산하는 산업자본의 순환은 [화폐자본의 투하와 생산자본(노동력과 생산수단)의 구매→상품자본의 생산→상품자본의 판매와 화폐자본의 회수]로 구성된다. 이러한 순환에서 기업가가 생산에 투입하는 자본과 생산과정을 작동시키는 노동력이 핵심적 역할을 하기 때문에 '자본 구성'[133]과 '노동력 구성'은 생산 및 재생산의 분석에 필수적인 요소이다. 그렇지만 각종 통계자료에 나오는 회사, 공장에 대한 단편적인 현황을 가지고는 자본 구성을 분석하기 어렵기 때문에, 회사, 공장의 자본금과 생산액에 대한 시계열적 통계를 통하여 대략적이나마 자본 구성의 추이를 살펴보고자 한다. 이에 비하여 노동력 구성은 공장통계에 나오는 종업자從業者의 국적별, 성별, 연령별 현황을 통하여 시계열적 파악이 가능하다.

다음으로 식민지 공업의 공간적 배치를 탐구하기 위하여 경성과 부산을 대상으로 지역 공업의 역사를 탐구하고자 한다. 기존의 연구에서는 식민지 조선의 공업 전반에 대한 업종별 분석이 대부분이었기에 지역 공업을 대상으로 하는 연구는 드물었으며, 지역 공업을 다루는 경우에도 전반적인 추세를 설명하기 위한 사례에 불과하였다. 평양의 메리야스업 같은 선구적 연구를 예외로 한다면, 지역 공업의 역사를 다루는 연구는 축적된 것이 거의 없는 실정이다. 여기에서 경성과 부산을 분석 대상으로 선택한 것은 식민지 공업의 발흥이 일본인 거류민을 중심으로 하는 '식민지 도시'[134]의 형성과 중첩되기 때문이다.

식민지 도시는 경성, 평양, 개성 같이 전통적 도시 위에 겹쳐지면서 형성된 도시와 부산, 인천, 원산 같이 식민 지배와 더불어 새롭게 형성된 도시로 구분할 수 있는데,[135] 경성이 전자의 전형이라면 부산은 후자의 전형이라고 할 수 있다. 경성은 러일전쟁에서 강제병합, 경성부京城府 설치와 부역 재편을 거치면서 전통적인 역사 도시와 새롭게 조성된 용산의 군사기지를 통합시킨 식민지적 이중도시로 성립되었으며,[136] 이에 따라 종로 시전을 중심으로 하는 전통적인 수공업 중심지가 해체되고 일본인 거류지인 남촌南村[137]과 철도기지인 용산을 중심으로 식민지 공업이 발흥하였다. 부산은 전통 도시인 동래에서 멀리 떨어진 초량 왜관에 일본인 조계지가 설치되었고 러일전쟁 이후 부산항이 경부철도와 관부연락선이 연결되는 교통의 요지가 되면서 항구도시이자 식민지 도시로 성립되었다. 이에 따라 동래의 전통적인 수공업은 해체되고 일본인 조계지와 부산항 매립지를 중심으로 식민지 공업이 발흥하였다. 이처럼 지역에서 식민지 공업의 형성은 식민지 도시의 형성과 밀접한 관계를 가지고 있기 때문에 개별 지역의 공업은 조선 전체의 공업에 통합되지 않은 독특함을 가지고 있다. 경성과 부산, 2개 지역에 불과하지만, 지역 공업에 대한 분석은 지방에서 중앙, 전통에서 근대라는 단선적인 발전 관념으로는 포착하기 어려운, 식민지 공업의 근대적/식민적 형성의 구체적인 양상을 포착할 수 있을 것이다. 특히 경성 지역에 대한 분석은 식민지 수도이자 식민지 도시의 하나인 경성에서 발흥하는 식민지 공업의 이질적이고 복합적인 모습을 보여줄 것이다.

본 연구는 식민지 공업에 대한 시기 구분을 토대로 구성되었다. 식민지 공업에 대한 시기 구분을 살펴보자면, 초기의 것으로 대표적인 것은 권태섭의 시기 구분이다. 권태섭은 조선 공업의 발전과정을 3개의 시기, 즉 단초적 제국주의적 시기=토착 가내수공업의 과도적 보속保續 시기(1906~1917), 본격적 독점자본에의 완숙기=조선 가내공업의 붕괴와 본격적인 자본수출기(1918~1931), 고도독점자본의 일반적 위기와 본격적인 자본수출기=전시군수산업을 기축으로 한 기형적인 조선 공업의 발전기(1932~1945.8)로 구분하였다.[138] 권태섭은 러일전쟁과 제1차 세계대전, 중일전쟁을 계기로 하는 일본자본주의의 단계적 발전과 이에 따른 조선 공업의 변화를 중심으로 시기 구분하는 점이 특징적이다. 그의 시기 구분은 식민지 경제의 예속성이라는 관점에서 식민지 경제에 미치는 제국주의경제의 영향력을 중심으로 이루어졌다는 점에서 식민지 공업의 시기 구분에 대한 하나의 기준을 제공해 준다. 박현채도 이와 유사하게 "식민화의 경제적 의미는 종주국 경제의 재생산권에로의 식민지 편입에서 주어진"다고 파악하고, 한국에서 일본자본의 운동을 중심으로 식민지하 한국경제를 3개의 시기, 즉 자본의 원시적 축적기(1905~1918), 산업자본단계(1918~1929), 금융자본단계(1929~1945)로 시기 구분하였다.[139] 한국사회성격 논쟁의 성과를 반영한 《한국에서의 자본주의 발전》에서는 식민지 자본주의의 형성, 발전을 중심으로 한국자본주의의 발전과정을 3개의 시기, 즉 식민지적 본원적 축적(1905~10년대), 자본주의적 생산양식의 이식과 발전(1920년대), 식민지 자본주의의 발전(1930년대~1945.8)으로 구분하고 있다. 식민지의 출발을 러일전쟁 직후로 파악한 것은 이전의 시기 구분과 동일하지만, 1920년을 전후로 시기를 구분한 것은 식민지 수탈을 위한 제도적 정비와 토지조사사업을 통한 본원적 축적이 일단락되고 경공업 자본의 이식이라는 형태로 자본주의적 생산양식의 이식이 시작되었다는 점에 주목하였기 때문이다.[140]

이상의 시기 구분에서 공통적인 점은 식민지 자본주의의 기점을 러일전쟁을 계기로 한 제국주의경제에의 예속과 본원적 축적으로 잡으며, 1929년의 대공황을 계기로 하는 일본자본주의의 변화와 독점자본의 조선 진출을 중요한 전환점으로 본다는 것이다. 통상적으로 1910년의 강제병합을 식민지의 기점으로 보지만 식민지 자본주의의 관점에서는 러일전쟁과 더불어 식민지적 본원적 축적이 시작되고 식민지 자본주의로의 전환이 이루어졌다고 파악한다. 러일전쟁으로 인한 군사적 점령과 더불어 화폐제도 및 재정·금융제도 전반에 걸친 재편작업은 식민지 공업의 발흥을 위한 기반 조성이라는 점에서 식민지 자본주의 및 식민지 공업의 출발점이라고 볼 수 있다. 차이가 나는 점은 일본자본주의의 독점단계로의 이행과 그에 따른 식민지 자본주의 변화를 1910년대 후반을 기점으로 잡을 것인가 아니면 1920년대 초반을 기점으로 잡을 것인가라는 점이다. 1910년대 후반으로 구분하는 것은 일본자본주의의 변화에 중점을 두는 것이고, 1920년대 초반으로 구분하는 것은 식민지 자본주의의 변화에 중점을 두는 것이다. 또한 1930년대 이후의 시기에서 1937년 중일전쟁 발발을 계기로 하는 전시통제로의 이행 및 군수산업화를 다시 구분할 것인가라는 점도 검토할 여지가 있다.

이 책에서는 대상 시기를 조선경제가 자본주의 세계경제에 편입되는 1876년 개항 무렵에서 태평양전쟁의 결과 식민지 공업이 붕괴되는 1945년까지로 잡았다. 먼저 개항에서 러일전쟁에 이르는 시기를 공업화의 모색기로 파악하고, 러일전쟁 이후 식민지 공업의 역사적 변화과정을 3개의 시기, 즉 식민지 공업의 형성기(1905~1920년대 중반), 식민지 공업의 재편기(1920년대 후반~1936), 전시통제로의 이행과 군수공업화(1937~1945)로 구분하여 파악하고자 한다. 러일전쟁을 식민지 자본주의의 출발점로 보는 것은 여타 시기 구분과 동일하지만, 1920년대 후반을 식민지 공업의 재편기로 잡은 것은 새로운 시도이다. 1910년대 후반 일본자본주의의 변화나 대전호황의 여파로 인한 공업의 팽창을 기준으로 삼는 것도 하나의 방편이지만, 식민지 공업의 형성과정이 러일전쟁 직후의 발흥기를 거쳐 대전호황의 여파로 인한 공장 설립 붐, 그리고 1920년대 초반의 공황을 거치는 긴 과정이었다는 점을 고려하였다. 또한 대공황을 계기로 한 식민지 자본주의의 변화가 이미 1920년대 후반부터 시작되었으며, 전시통제경제로 이행이 대공황과 이에 대한 정책적 대응의 결산이라는 관점에서 중일전쟁 발발 이후 전시통제경제로의 이행을 별도의 시기로 구분하였다. 이로써 전시통제에 따른 군수공업화가 식민지 공업에 미친 영향을 부각시키고자 하였다.

이 책은 이상에서 검토한 식민지 공업의 시기 구분에 따라 구성되었다. 먼저 제1부에서는 개항을 계기로 조선경제가 자본주의 세계경제에 편입되고 공장공업이 출현하는 과정을 다룬다. 식산흥업정책을 통하여 관영공업화를 추진하는 과정(제2장), 한성과 동래(부산)의 수공업 현황 및 공장공업이 출현하는 양상(제3장)을 중심으로 중앙과 지역에서 공장 공업이 출현하는 과정을 분석하고 관영공업화가 실패한 원인을 검토하고자 하였다. 제2부에서는 러일전쟁을 계기로 조선경제가 식민지 자본주의로 전환되면서 식민지 공업이 형성되는 과정을 다룬다. 러일전쟁 이후 화폐와 철도를 매개로 식민지 자본주의로 전환한 조선경제를 조건으로 하여(제1장), 개항장과 도시를 기반으로 식민지 공업이 발흥, 정착하는 과정(제2장)을 분석하였다. 또한 경성과 부산에서 소비재 공업이 발흥하는 과정을 통하여 식민지 공업의 도시별 차이와 공간적 배치(제3장, 제4장)에 주목하였다.

제3부에서는 대공황을 계기로 경제정책이 전환되면서 식민지 공업이 재편되는 과정을 다룬다. 공황을 계기로 산미증식에서 농공병진으로 정책 전환과 더불어 식민지 공업의 내부 구성에 변화가 초래되었고(제1장), 경성과 부산이 조공업지대로 재편되는 과정을 중심으로 식민지 공업의 재생산구조(제2장, 제3장)를 분석한다. 특히 경성을 대상으로 식민지 도시공업의 생산설비, 작업과정, 노동력 구성에 대한 분석은 식민지 공업의 재생산구조를 밝히려는 시도이다. 제4부에서는 중일전쟁의 발발로 전시통제가 시작되고 군수공업화가 추진되는 과정을 다룬다. 중일전쟁을 계기로 조선경제는 일본의 경제통제에 편입되었으며, 경제통제의 진행과정 속에서 공업조합을 중심으로 공업통제 및 군수공업화가 진행되는 과정을 검토한다(제1장). 그리고 경성과 부산에서 공업조합의 설립에서 기업정비에 이르는 과정을 대상으로 공업통제 및 군수공업화의 지역별 현황을 검토하며, 특히 경인공업지대를 통하여

군수공업화의 한계를 살펴보고자 한다.

　식민지 공업의 업종 분류는《조선총독부통계연보》의 공장 분류를 기준으로 하여 약간의 조정을 가하였다. 일본에서는 1899년의 공장통계부터 공장 분류를 대분류, 중분류, 소분류로 나누고 대분류는 염직, 기계, 화학, 음식물, 기타, 특별공장의 6개로 구분하였다.[141] 반면《조선총독부통계연보》에서는 일본의 중분류에 해당하는 업종 분류를 사용하여 공장통계를 작성해 오다가, 1929년부터 대분류, 소분류로 나누어 공장통계를 작성하였다. 즉 방직공업, 금속공업, 기계기구공업, 요업, 화학공업, 제재·목제품공업, 인쇄·제본업, 식료품공업, 가스·전기업, 기타 공업의 10개 업종으로 공장을 대분류하고, 다시 업종별로 소분류하는 방식으로 공장통계를 처리하였다. 본 연구에서는《조선총독부통계연보》의 대분류를 수용하되, 소분류는 대상 지역의 특수성을 고려하여 92개 업종을 선정하였다. 뒤에 수록된 [부표]는 이러한 과정을 거쳐 작성한 공업 분류 기준표이다.

　자료 구성은 먼저 공장에 대한 기본통계를 시계열에 따라 구성하였다. 경성의 기본적인 공장통계는《경기도통계연보京畿道統計年報》,《경성공장표京城工場表》,《상공누년통계표商工累年統計書》,《경성의 공산과 공장京城の工産と工場》,《경성상공회의소통계연보京城商工會議所統計年報》,《경성의 공장과 공산京城の工場と工産》,《경성부세일반京城府勢一斑》,《경성의 공장조사京城における工場調査》 등을 이용하여 작성하였다. 그리고 부산의 기본적인 공장통계는《경상남도통계연보慶尙南道統計年報》,《부산의 산업釜山の産業》,《부산상공안내釜山商工案內》,《부산항경제통계요람釜山港經濟統計要覽》,《부산상공회의소통계연보釜山商工會議所統

計年報》,《부산부세요람 釜山府勢要覽》,《부산항세일반釜山港勢一斑》 등을 이용하여 작성하였다. 전시통제기의 공업 실태는《경성부의 생활필수품배급통제의 실정京城府ニ於ケル生活必需品配給統制ノ實情》,《경성부중소상공업실태조사보고京城府內中小商工業實態調査報告 第1分冊: 轉廢業問題に就て》등의 조사보고서와《금조련조사휘보金組聯調査彙報》,《조선공업조합朝鮮工業組合》등의 잡지류 및《경제치안주보經濟治安週報》,《경제정보經濟情報》등을 통하여 분석하였다.

다만 자료마다 조사 기준의 상이함, 1929년 통계조사 기준 변경, 관영공장의 포함 여부, 부역 변경 등의 요인을 고려하여 시기별 공장 현황을 조정하였다. 이렇게 만든 공장통계에 기반하여 경성상공회의소, 부산상업회의소, 조선공업협회朝鮮工業協會, 조선공업조합중앙회朝鮮工業組合中央會 등 상공업 관련 단체에서 발간하는 각종 잡지 및 중앙과 지방의 신문을 이용하여 시기별 공업의 구체적인 변동상을 파악하였다.

I
개항과
공업화의 모색
(1876~1904)

개항과
자본주의 세계경제로의 편입

개항 직전 외국산 직물의 유입과 수공업

18세기 후반 인도산 아편의 유입을 계기로 중국이 자본주의 세계경제에 편입되면서 동아시아 세계의 일부인 조선도 자본주의 세계경제에 편입되었다. 그렇지만 개항까지 서구 상품의 유입이 국내 분업체계에 미치는 영향력은 미미하였다. 국내시장에 청국 상품과 더불어 서양의 일용품과 직물류가 유통되기 시작한 것은 19세기 들어서이다. 대청무역의 대표적 상품인 중국산 비단의 거래가 늘어나고 서양산 직물이 시중에 유통되자 시전市廛에 등록되지 않은 직물의 판매권을 둘러싸고 시전 상인들 사이에 분쟁이 발생하였다. 1840~50년대 한성의 백목전白木廛 상인들은 외국산 면직물의 유통으로 피해를 입자, "서양 직물이 들어온 이후로 국산 직물이 무용지물이 되어 실업에 이르니 연상燕商의 수입과 거래를 일체 금하거나 시전에 전속시켜야 한다"라고 중국무역을 담당하는 상인들의 수입과 거래를 금지할 것을 요청하였다. 그러나 이미 정유결처丁酉決處(1837)로 중국산 및 서양산 직물에 대한 자유판매를 결정하였기 때문에 시전 상인의 요구는 받아들여지지 않았다.[1] 외국산 직물의 유통 금지 요구와 더불어 관할권 분쟁이 시전 사이에, 시전과 난전亂廛 사이에 계속되었지만 외국산 직물은 시장에서 자유롭게 유통되었고, 점차 수입과 유통이 증가하였다.[2]

그렇지만 사치풍조에 대한 정부의 단속 때문에 외국산 직물의 수입과 유통은 제한적일 수밖에 없었다. 조정에서는 외국에서 들어온 고급 비단의 사용을 사치풍조라고 간주하고 중국산 비단의 수입과 사용을 금지하였는데, 대표적인 조치가 18세기 중반의 '금문령禁紋令'이었다. 1746년 영조는 사치풍조를 개혁하기 위하여 문단紋緞(무늬 있는 비단)의 사용을 금하고, 상방원尙方院에 적의翟衣와 명복明服을 제외한 모든 직조를 중단하도록 명하였다.[3] 금문령은 정조대에도 계속되었는데, 이는 사치풍조가 유교적 왕도정치에 반하는 것이기도 했지만 청일 간의 직교역으로 일본에서 은 유입이 격감함에 따라 은 유출을 줄이려고 했기 때문이기도 하다. 이처럼 사치풍조를 배격하기 위하여 중국산 고급 비단의 사용을 금하는 명령은 이후에도 되풀이되었으나 국내산 직물의 생산 진작으로 이어지지는 못하였다. 1860년대에는 사치풍조 배격이 서양세력의 침투와 연관되면서 서양산 직물의 거래와 사용이 금지되었다. 1866년 서해에서 이양선이 출몰하자 조정에서는 서양과 통상의 길이 열리면 백성들이 오랑캐가 될 것이기 때문에 사치를 좋아하는 무리들이 서양 물건을 거래하고 사용하는 것을 금지해야 한다는 상소가 있었고, 이에 따라 서양 물품이 거래되는 의주와 동래에서 서양 물품의 교역을 금하도록 명하였다.[4] 1874년에는 국경 지역인 경원慶源에서 잠매潛賣하던 서

양산 직물을 압수하여 거리에서 불태워 버리는 일까지 있었다.[5]

한편 18세기 후반 통공발매 실시로 시전 상인의 금난전권이 약화되면서 수공업자에 대한 관청과 시전의 구속이 약화되었다. 《대전통편大典通編》에서 "외공장外工匠의 경우 대장臺帳을 본도本道에 보관하는 규정이 없고 관아에서 부릴 일이 있으면 사공私工을 고용"한다고 명시하여 관장官匠에서 사장私匠으로의 대체가 공인되었고, 수공업자들이 생산물에 대하여 단가로 책정된 공전工錢을 받게 됨으로써 관청의 구속에서 벗어나 생산활동에 전념할 수 있었다.[6] 수공업자가 관청의 구속에서 벗어나서 직접 생산물의 판매에 나서자 시전 상인과의 관계도 이전의 종속관계에서 경쟁관계로 바뀌었다. 수공업자는 시전 상인에게 소속되어 공전을 받는 처지가 되기도 했지만, 제조장 앞에 점포를 벌여 직접 생

[표 1-1] 1830년대 장시에 거래된 수공업제품

	면포	명주	마포	철물	유기	자기	목물	지물	연초	자리	신발
경기	32	–	20	9	4	–	11	2	18	12	1
충청	10	2	9	5	2	–	3	1	23	12	–
전라	40	8	23	15	4	17	11	19	15	25	3
경상	68	14	49	16	26	25	19	18	45	14	1
강원	24	8	21	2	–	–	–	3	4	–	8
황해	23	5	15	3	6	8	8	1	22	14	–
평안	42	9	1	41	35	–	36	3	41	2	–
함경	14	–	13	5	4	–	7	–	13	7	–
계	253	46	150	96	81	50	92	47	181	86	13

* 출전: 《林園經濟志》 倪圭志 卷四, 殖貨 八域場市條.

산물을 판매하거나 생산물에 대한 공인권貢人權을 획득하는 사례도 생겨났다. 일부 수공업자들은 절초전切草廛,[7] 이엄전耳掩廛,[8] 도자전刀子廛,[9] 잡철전雜鐵廛[10] 같은 시전을 직접 운영하였고, 염계染契 같은 공인계[11]를 설립하거나 자신의 생산물에 대한 공인권을 획득하기도 하였다.[12]

수공업자의 생산 및 판매 활동이 활발해지면서 장시에서 수공업품 거래가 활성화되었다. 19세기의 수공업 생산량을 확인할 수는 없지만 장시에서 거래되는 수공업제품을 통하여 유통의 규모를 짐작할 수 있다. 전국 장시에서 거래되는 수공업제품은 지역마다 다소 차이가 있는데, 통상 면포, 명주, 마포, 유기, 철물, 자기, 토기, 목제품, 죽제품, 종이제품, 연초, 삿자리, 신발 등이 거래되고 있었다.

[표 1-1]에서 1830년대 장시에서 거래되고 있는 수공업제품을 살펴보면, 면포가 거래되고 있는 장시는 253개소이고 철물과 유기를 거래하고 있는 곳이 각각 96개소, 81개소였다. 당시 쌀을 거래하고 있는 장시의 수가 259개소, 콩을 거래하고 있는 장시가 165개소인 점에서 미루어 19세기 초반 장시를 통한 수공업제품의 거래가 광범위하고 활발하게 이루어지고 있음을 짐작할 수 있다.

개항 이후 외국산 면직물의 유입과 분업체계의 재편

18세기 후반 중국과 더불어 자본주의 세계경제에 편입한 이래, 조선사회의 분업체계 전반에 걸친 광범위한 변동을 초래한 것은 개항을 계기로 한 외국산 면직물의 유입이었다. 1876년 2월 조일수호조규 체결로 부산이 개항된 데 이어 원산(1880), 인천(1883)이 개방되었고, 개항장에 일본인 조계가 설치되어 일본 상인이 들어오기 시작하였다. 미쓰비시 三菱기선회사는 개항 직후 '나가사키長崎－쓰시마対馬－부산'을 연결하는 정기항로를 개설하였고, 1881년에는 '고베神戸－부산－원산－블라디보스토크'를 연결하는 정기항로를 신설하였다. 1883년 인천 개항이 이루어지고 해관海關에서 관세를 징수하기 전까지 면직물의 수입은 부산 개항장의 일본 상인이 독점하였는데, 1877년부터 1882년까지 일본으로부터 수입액 총 554만 엔 중에서 면제품 수입액이 460만 엔이고, 그중 면직물의 수입이 260만 엔이었다.[13] 개항 이후 주로 수입된 것은 카네킨canequine(金巾)[14]이라는 영국산 면직물인데, 서양에서 들어온 옥과 같이 깨끗한 천이라고 해서 '서양목西洋木', '옥양목玉洋木'이라 불렀다. 일본 상인이 수입하는 면직물은 대부분 영국산 면직물의 중계무역인데, 상하이에서 구입하여 나가사키를 경유해서 부산으로 들어왔다.

1882년 7월 임오군란이 발발하자 청국 군인과 함께 청국 상인이 들어왔으며, 8월 〈조청상민수륙무역장정朝淸商民水陸貿易章程〉 체결로 청국 상인들이 한성과 양화진에 점포를 개설하고 지방관의 허가를 받아 개항장 밖에서 통상할 수 있게 되었다. 1883년 8월 영국계 이허양행怡和洋行이 '상하이－인천－부산－나가사키'를 잇는 정기항로를 개설하여 월 2회 운항하였으며, 청국의 윤선초상국輪船招商局과 독일계 스창양행世昌洋行도 '상하이－인천' 간에 정기항로를 개설하였다. 특히 1885년에 부임한 위안스카이袁世凱의 적극적인 지원 아래 청국 상인이 세력을 확대해 나감에 따라 영국산 면직물의 수입을 둘러싸고 청국 상인과 일본 상인의 경쟁이 전개되었다. 1890년대 들어 조선의 대일무역수지

는 흑자를 보일 때도 있었지만 대청 무역수지는 늘 적자를 면치 못하였
는데, 이러한 현상은 일본 상인들이 영국산 면직물의 중계무역과 함께
쌀, 콩을 대량으로 구입한 반면 청국 상인들은 영국산 면직물의 중계무
역에 주력했기 때문이었다. 더구나 청국 상인들은 상하이, 홍콩에서 영
국산 면직물을 직접 구입했기 때문에 일본 상인에 비하여 가격 경쟁력
이 높았다.[15] 영국산 면직물 수입은 인천이 개항되면서 급증하여 1880
년대 후반에는 연 100만 엔을 넘어섰으며, 카네킨 이외에도 한랭사寒
冷絲,[16] 모슬린muslin,[17] 일본목면日本木綿 등 다양한 제품이 수입되었다.
특히 1890년대 초부터 수입되기 시작한 '일본목면'은 일본의 직물업

[표 1-2] 개항기 대일·대청 무역 현황(1883~1903)(단위: 천 엔)

구분 연도	대일				대청	
	수출		수입		수출	수입
	총액	쌀	총액	면제품		
1883	1,656	46(2.8)	2,178	913(41.9)		
1885	388	16(4.0)	1,672	1,122(67.1)	9	301
1887	805	90(11.2)	2,815	1,894(67.3)	18	732
1889	1,234	78(6.3)	3,378	1,709(50.6)	109	1,085
1891	3,366	1,820(54.1)	5,265	2,875(54.7)	136	2,044
1893	1,698	367(21.6)	3,880	1,733(44.7)	134	1,906
1895	2,482	739(29.8)	8,088	4,714(58.3)	92	2,120
1897	8,974	5,557(61.9)	10,068	5,273(52.4)		
1899	4,998	1,418(28.4)	10,308	5,384(52.2)		
1901	8,462	4,195(49.6)	14,822	6,183(41.7)		
1903	9,478	4,225(44.6)	18,375	6,009(32.7)	1,549	5,359

* 비고: 하원호, 《근대 경제사 연구》, 신서원, 1997, 21쪽; 《한국사》 11, 한길사, 268쪽

산지에서 생산된 수공업제품으로, 조선시장을 목표로 하여 조선산 면직물의 형태와 품질을 모방한 것이었다.[18]

청일전쟁에서 일본이 승리한 결과, 청국 상인을 지원하던 청국 세력이 약화되면서 일본 상인들이 조선무역에서 압도적 우위를 차지하였다. 대일무역에서 수출의 증가보다 수입의 증가폭이 더욱 커서 무역 적자가 확대되었는데, 농산품인 쌀을 수출하고 공산품인 면직물을 수입하는 무역 형태가 출현하였다. 산업화 단계에 있던 일본이 자국 노동자의 저임금을 유지하기 위하여 조선 쌀을 대량으로 수입함에 따라 1890년대 들어 쌀 수출이 크게 늘어났으며, 개항장에는 수출용 쌀을 가공하는 정미소가 들어섰다. 개항장에서 가공된 쌀은 오사카大阪로 운송되어 방직공장 노동자의 식량으로 제공되었고, 오사카, 고베 등지의 방직공장에서 생산한 면직물은 부산과 인천으로 수입되었다.[19] 영국산 면직물이 일본산 면직물로 대체되면서 면직물 수입이 늘어났다. 1890년대 초부터 들어온 일본목면은 청일전쟁 이후 수입이 크게 증가하였으며, 이와 더불어 일본산 카네킨과 천축포天竺布[20]가 수입되었다. 일본산 카네킨은 영국산 카네킨보다 두텁고 튼튼해서 일본산 천축포, 일본목면과 더불어 조선에 수입되는 대표적인 면직물이 되었다.[21]

청일전쟁 이전에 수입된 영국산 면직물은 재질이 곱고 외관이 뛰어나지만 내구성이 떨어져 중류층 이상에서만 소비되는 사치품의 성격이 강했다. 반면 청일전쟁 이후 수입되는 일본산 면직물은 조선산 면직물과 품질이 유사하고 내구력과 가격 면에서도 경쟁력을 가졌기 때문에 조선산 면직물 시장을 잠식해 들어갔다. 수입 면제품의 비중을 일본과 비교해 보면, 일본에서는 1870년대 중반 국내 면직물 시장에서 수입 면직물이 차지하는 비중이 40퍼센트에 달하였지만, 이후 국내 생산이 증대하면서 수입 면직물의 비중은 점차 저하하였다.[22] 반면 조선에서는 청일전쟁 이전 국내 면직물 시장에서 수입 면직물이 차지하는 비중이 20~25퍼센트 정도였지만, 1900년경에는 일본 면직물의 비중이 40퍼센트에 달하였고, 1908년경에는 60퍼센트를 상회하게 되었다.[23]

이러한 일본산 면직물의 시장 잠식은 농가의 전통적인 면직물 생산체계, 즉 '면작棉作-방사紡絲-직포織布'에 이르는 일관생산체계의 해체를 초래하였다. 1900년대 들어 일본으로 면화 수출이 크게 증가하였고, 면화 작황이 나빠지면 가격이 좋은 수출용 콩 재배로 전환하는 농가가 늘어났다. 이에 따라 수출용 농산물을 판매한 돈으로 수입 면사를 구입하여 직물을 짜거나, 수입 면사를 재래 면사와 혼용하여 국내산 면직물의 경쟁력을 높이려는 농가도 생겨났다.[24] 1899년 모리야 사부로森彌三郎의 부산 면직물 상황 보고에는,

최근 곡물의 가격이 등귀하여 대두작大豆作이 증가하고 면작지가 감소하였다. …… 자작지自作地의 면화로써 목면을 제조하는 것은 자못 일수日數를 요하고 한 필을 제작해도 그 이윤은 겨우 20전 내외에 그쳐서 …… 도리어 일본목면을 구매하는 것이 편리함을 깨달아 날로 조선목면 제조가 감퇴하는 경향이 생기고 따라서 일본목면의 수요자가 더욱 증가하는 기운 …… [25]

이라고 재래 면직물의 생산이 위축되는 상황을 설명하고 있다. 농가에서 면직물 생산에 수입 방적사를 활용한 것은 청일전쟁 이후 저렴한 일

본산 면사가 대량으로 들어오는 것에 대한 면직물 생산 농가의 자구책이었다. 수입 방적사를 이용한 면직물 생산이 왕성하였던 곳은 경기도, 충청도, 황해도 지역인데, 이들 지역은 전라도와 경상도에서 면화를 공급받아 면직물을 생산하였기 때문에 수입 방적사를 사용하기가 용이하였다.[26]

개항 이후 수입된 영국산 및 일본산 면직물과 면사는 도시뿐 아니라 농촌까지 보급되어 전통적인 면직물 생산체계를 해체하고 조선사회를 자본주의 세계경제의 주변부로 편입시켜 나갔다. 면업에서의 변화와 더불어 담배, 성냥, 그릇, 비누, 바늘, 기름 같은 '양품洋品'이 수입되어 널리 사용되었다. 청일전쟁 이후 외국 상품의 수입이 크게 늘어나자 언론에서는 일상용품을 수입에 의존하는 상황을 전하면서,

지금 조선에서 그중 많이 쓰는 옷감이 모두 3분의 2는 외국 것을 사서 입고 켜는 기름이 외국 기름이요 쓰는 성냥이 외국 성냥이요 조선 종이는 비싸기도 하려니와 판박이는 데는 쓸 수 없게 만드는 고로 각처 신문사와 그외 종이 많이 쓰는 데서는 외국 종이를 여러 천원 어치씩을 해마다 사다 쓰며 조선 사람이 유리를 외국 사람들 같이 쓰지 아니하나 조금씩 쓰는 것이라도 모두 외국 것을 사다 쓰며 심지어 사기까지라도 외국 것을 모두 쓰니 국중에 사람 몇백 명이 농사 말직이나 하여 쌀 섬 콩 말이나 만들어 생계를 하게 하나 그 돈이 모두 매일 항용하는 물건 사 쓰기에 다 없어지니 어찌 국중에 돈이 많이 있으리오.[27]

라고 나라의 허약함과 백성의 빈곤함을 우려하였다.

식산흥업정책과
공장공업의 출현

식산흥업정책의 추진과 좌절

1880년대 식산흥업정책과 관영공장의 출현

함포외교에 의해 강제된 개항 및 만국공법체제로의 전환에 따른 위기
감 속에서 개화파는 적극적인 문호개방 및 근대적 기계와 기술의 도입
을 통한 부국강병이 필요함을 주장하였다. 정부에서도 근대화 추진을
위한 개혁기구를 설치하여 무비자강과 대외통상을 통한 부국강병을 실
현하고자 하였다. 부국강병은 유교적 정치이념을 실현하기 위한 정책
목표로서 중요시되어 왔으며, 메이지정부 역시 불평등조약을 개정하고
'문명국가'를 실현하기 위하여 부국강병을 국책으로 내걸었다. 《한성
주보漢城周報》에서는 부국강병을 설명하면서

(1) 대개 나라를 강하게 하고 백성을 부하게 하는 방도는 물산物産을 증
식시키는 데 있다.[28]

(2) 대개 민산民産을 만드는 방법은 넷이 있는데, 농農·상桑·공工·상商이다. 농자農者는 농사일에 부지런하고, 상자桑者는 양잠과 제직에 부지런하고, 공자工者는 제조에 부지런하고, 상자商者는 장사에 부지런하고, 각기 그 업을 가지고 재화를 늘리고 이롭게 사용하여 삶을 두텁게 하면 백성은 넉넉하게 되고 나라는 부강해진다. 지금 서구 열국들이 천하에서 부강을 독차지하는 것은 토지의 광협廣狹도 아니고 인민의 다과多寡도 아니며 백성의 재산을 만들고 재화를 증식했기 때문이다.[29]

(3) 지금 부강을 도모하고자 하는 자는 언제나 농상農桑은 반드시 수거修擧해야 하고 공업工業은 반드시 정교精巧해야 하며 상무는 반드시 진흥振興해야 한다고 말한다. 그러나 상무는 재용財用이 없으면 진흥할 수 없고 공업도 재용이 없으면 정교할 수 없고 농상도 재용이 없으면 수거할 수 없다. 그러므로 나라를 잘 다스리는 자는 재용으로써 선무先務를 삼아서 생산하는 자는 늘리고 먹는 자는 줄이며 생산은 빨리 하고 소비는 천천히 한다면 재용이 항상 足하다. …… 부강의 요체는 재용을 날로 넉넉하게 하는 데 있지 않겠는가.[30]

라고 재정을 풍족하게 하고, 이를 기반으로 농업, 양잠, 공업, 상업을 진흥하여 백성의 재산을 늘리는 것이 부국강병의 요체라고 보았다.

정부는 부국강병을 실현하기 위한 방책으로서 식산흥업殖産興業에 착수하였다.[31] 1880년 12월 군비 강화와 대외 통상을 총괄하는 통리기무아문統理機務衙門을 설치하고, 이듬해 일본으로 조사시찰단朝士視察團, 청국으로 영선사領選使를 보내어 선진문물을 견학하고 근대적 군제 도입과 병기 제조를 추진하였다. 또한 고종은 1882년 8월에 교서를 내려 부국강병을 위한 서양기계의 도입과 제조를 강조한 데 이어, 1884년 9월에는 양잠, 제직, 도자기·벽돌 제조, 제지, 제다製茶 등을 위한 기구 설치를 지시하는 교서를 내렸다. 이에 따라 1883년에서 1885년에 걸쳐 기기국機器局(병기 제조)과 전환국典圜局(화폐 주조)의 설립을 시작으로 박문국博文局(인쇄), 삼호파리국三湖玻璃局(유리), 순화국順和局(연초), 잠상공사蠶桑公司(양잠), 전운국轉運局(해운), 광무국礦務局(광산), 직조국織造局(직물) 같은 관영기구와 제조장이 설립되었으며, 1880년대 후반에 조지국造紙局(제지), 종상소種桑所(양잠·제사), 제약소製藥所(화약), 제분소製粉所 같은 관영기구와 제조장이 설립되었다.[32]

1880년대에 설립된 관영기구와 제조장은 외국인 기술자를 고용하고 근대적 기계를 도입하여 운영에 착수함으로써 근대적 공장공업의 효시가 되었다. 이 시기에 설립된 관영기구는 "○○국局", 산하의 제조장은 "○○창廠" 또는 "○○소所"로 불리었는데, 당시 출현한 관영기구의 대표적인 형태가 통리기무아문 산하의 기기국이다. [그림 1–1]에서 기기국의 조직을 보면, 기기국은 병기를 제조하는 공장에 해당하는 기기창과 이를 관리, 감독하는 기구인 기기국으로 구성되었다.[33]

기기국을 총괄하는 총판總辦은 통리군국사무아문과 통리교섭통상사무아문의 고위 관리가 맡았고, 기기창을 총괄하는 방판幫辦은 기기국 방판 중에서 병기 제조를 감독할 수 있는 관리가 겸임하였다. 영선사로 유학생 일행을 데리고 톈진에 갔던 김윤식金允植이 기기국 총판에 임명되었고, 영선종사관으로 병기 제조용 기계 도입을 추진하였던 김명균金明均이 기기국 방판 겸 기기창 방판으로 기기창 설립을 담당하였다. 1887년 10월에 완공된 기기창은 번사창翻沙廠, 숙철창熟鐵廠, 목양창木樣廠, 동모창銅冒廠 등 4개의 제조장과 창고庫房로 구성되었고, 12 마력의 증기기관을 비롯하여 소총제조기, 동모제조기, 탄환제조기 및 소총 수리 기구를 갖추었다.[34] 기기국의 조직과 제조장은 청국의 톈진 기기제조국을 모방한 것으로, 톈진기기제조국에 유학하였던 유학생과 톈진기기제조국에서 초빙한 4명의 중국인 기술자에 의하여 소총 제작 을 시도하였다.

또한 기기국 산하에 화약을 제조하기 위한 제약소가 설립되었다. 제 약소는 일본의 육군제약소[35]를 모델로 한 것으로, 1889년 일본의 기술 지원 아래 가평에 제약소를 건립하였다. 기술자 육성을 위하여 일본 육 군제약소에 유학생 4명을 파견하였고, 1891년에는 제약기계를 도입하 여 화약 제조에 나섰다.[36]

기기국과 마찬가지로 전환국, 박문국, 삼호파리국, 연화연무국, 직조 국, 조지국 등의 관영기구도 관리 기구와 제조장이라는 이원적 구조로 설립되었다. 전환국은 1887년 10월에 조폐창造幣廠을 건립하고 독일에 서 주전용 기계를 도입하여 당오전을 주조하였으며, 박문국은 인쇄소 를 두고 일본에서 활자 및 활판인쇄기계를 도입하여 《한성순보》를 발 간하였다. 순화국은 1883년에 서양식 권연초捲煙草 제조를 위하여 설립 되었는데, 권연국卷烟局, 연무국烟務局이라고도 불렀다.[37] 직조국은 중국 인 직공을 고용하고 중국에서 직조용 기계를 구입하여 견직물을 생산 하였고, 조지국은 일본에서 제지용 기계를 도입하여 종이를 생산하였 지만, 직조국과 조지국의 제조장에 대해서는 전해지는 기록이 없다. 잠 상공사는 설립에 이르지 못하였고, 독일인 메르텐스Maertens를 고빙하 여 양잠, 제사시설을 갖춘 종상소를 개설하였지만 1889년 메르텐스의

기기국機器局
총판總辦
방판幇辦
위원委員
사사司事

기기창機器廠			
방판幇辦			
번사창飜沙廠	숙철창熟鐵廠	목양창木樣廠	동모창銅冒廠
감동監董	감동	감동	감동

* 출전: 김정기, 〈1880년대 기기국·기기창의 설치〉, 《한국학보》 10, 1978, 109쪽.

[그림 1-1] 기기국의 조직

[그림 1-2] 기기창 산하 번사창 전경
(현 서울특별시 종로구 삼청동 소재, 서울시 유형문화재 제51호)

계약이 해지되면서 중단되었다.[38] 삼호파리국은 통리교섭통상사무아문 산하에 설치되었지만 유리 생산을 위한 제조장은 세워지지 않았다.

식산흥업정책의 일환으로 설립된 관영 제조장은 대부분 1880년대 말에서 1890년대 초에 운영을 중단하거나 폐지되었다. 박문국은 인쇄소를 운영하여 《한성순보》(1883.10~1884.12) 및 《한성주보》(1886.1~1888.7)를 발간하였지만, 신문 발간용 세금도 징수되지 않고 구독료도 납부되지 않아서 신문 간행이 중지되고 박문국도 1888년 7월에 폐지되었다.[39] 직조국은 1880년대 말까지 직조용 기계와 면사·견사를 구입하였지만, 1891년 들어 수개월째 제조장 가동이 중단되고 청국인 기술자의 급료도 지급하지 못하는 등 자금 부족으로 허덕이다가 결국 청국인 기술자의 밀린 급료를 지급하고 해고함으로써 폐지되었다.[40] 조지국은 1891년에 종이 생산에 필요한 기계를 일본에서 도입한 이후, 기록이 없는 것으로 보아 곧 운영이 중단된 것으로 보인다.[41] 기기국의 경우 1890년대 들어 병기 제조보다는 병기 수입에 치중함으로써 총기 수리로 명맥을 이어갔다. 1894년 6월 관제개정으로 군무아문軍務衙門 관할이 되었다가 1895년 3월 군부 포공국砲工局에서 병기·탄약 제조를 관할하게 되면서 폐지되었다.[42] 관영기구와 제조장의 설립 및 운영에 대해서 《황성신문》에서는

농상공의 어떤 사업을 물론하고 그 시초에는 거관巨款을 들여 맹렬히 창설한 일을 전도前途의 발달을 기다리지 않고 당장에 이익이 없음을 혐탄嫌歎하여 갑자기 폐지하니 창망蒼茫한 가산家産이 혼잡한 인소人笑만 남는지라. …… 우리 대한정부에서 10여 년 동안 경영한 사업이 많지 않으

나 몇 건이라도 지금까지 실시만 하였으면 약간의 효과를 볼 수 있었겠지만 다 유시무종有始無終하여 한 건도 성취한 것이 없으니 지극히 애석하도다. 최초에 잠업蠶業을 설시할 량으로 거관巨款을 들여 청국 상종桑種을 들여와서 국도 근처에 광종廣種하고 직조국을 설치하여 기계를 준비하고 프랑스인德國人과 청국인淸國人을 고빙하여 일이 년간 잠시 하더니 폐지하여 버리고 뽕나무는 다 뽑아버리고 기계는 다 파괴하여 지금은 하나도 없는 모양이오. 또 가평지에 제약소를 설시하여 여간 약환藥丸을 제조한다 하더니 지금은 외국 탄환을 무용貿用하는 모양이오. 기타 사소한 사업이라도 유종有終한 바가 없어서 기계국 근처를 지나면 기계 썩는 수취銹臭에 사람이 정비正鼻하고 지나가 어려운지라.[43]

라고 정부에서 추진한 관영사업이 '유시무종' 하였음을 한탄하고 있다.

1880년대 정부 주도의 식산흥업정책이 실패한 원인으로 정부의 재정난에 따른 운영자금 부족, 관영사업 운영에 대한 경험 부족, 외국기술에의 의존 등 여러 요인들이 거론되었다.[44] 그중에서도 재정난에 따른 자금 부족이 가장 직접적인 요인으로 지목되는데, 재원으로 삼은 해관세는 절반 이상이 차관 상환금으로 사용되었고, 잡세는 제대로 징수되지 않았음이 밝혀졌다. 그렇지만 보다 근본적인 문제는 국가주도적 산업화에 대한 인식의 결여와 식산흥업정책에 대한 외세의 개입이었다. 후발 자본주의국가의 산업화 모델이라고 할 수 있는 국가주도적 산업화는 국가가 시장에 전략적으로 개입하여 특정 산업을 집중 육성하는 역할을 수행한다.[45] 식산흥업정책을 추진하는 정부는 설정한 목표에 따라 대규모 투자를 통하여 군수산업이나 기간산업을 집중적으로 육성하였으며, 투자에 필요한 재원은 관세, 공채, 외채 등을 통하여 조달하였다. 일본의 경우 메이지정부는 바쿠후의 병기공장과 조선소를 기반으로 도쿄·오사카의 포병공창, 요코스카해군공창, 해군조병창을 건설하였고, 1884년 4개 육해군 공창에 종사하는 노동자는 6,000명을 넘어섰다.[46] 공부성工部省의 식산흥업 비용은 공채로 모집한 기업기금 1,000만 엔으로 조달되어 주로 광산, 철도, 전기, 제조업 분야에 투자되었으며, 철도부설 자금은 1870년에 해관세 수입과 철도 수익을 담보로 영국계 오리엔탈은행Oriental Bank Co.에서 외채 100만 파운드를 도입하였다.[47] 중국의 경우 1860년대에 설립된 4대 관영 군수공장에 종사하는 노동자는 6,700명에 이르렀다.[48] 군수공장에 소요되는 비용은 군사비와 해관세에서 나왔는데, 푸저우선정국에서 1869년 화륜선 완니안 칭호萬年淸號를 완성한 이래 1874년까지 15척의 화륜선을 제작하는 데 모두 535만 냥이 투자되었다.[49] 이처럼 일본과 중국에서는 군수산업을 중심으로 관영공장에 대한 집중적인 투자가 이루어진 반면, 조선에서는 소규모 관영공장 건설이 시도되었다. 주력 분야인 기기창의 설비에 들어간 비용은 1만 냥 남짓이었고, 기기창에 설치된 증기기관은 12마력에 불과하였다. 당시 식산흥업정책을 추진하는 개화파 관료가 일본과 중국을 시찰하고 식산흥업정책의 추진에 막대한 비용이 소요된다는 사실을 인지하고 있었음을 감안한다면,[50] 식산흥업정책의 실패는 후발국의 국가주도적 산업화에 대한 인식과 이를 효과적으로 달성하기 위한 제도적 요소가 결여되었기 때문이다.

식산흥업정책의 실패는 또한 청국의 개입과 결부되어 있다. 고종이 군비 강화를 위하여 근대적 무기 도입을 요청할 무렵 청도 일본을 경계하고 조선을 속방으로 유지하기 위하여 조선정부에게 군비 강화를 종용하였고 영선사 파견 및 기기창 건설로 귀결되었다.[51] 그렇지만 청국의 군수공장을 모델로 하여 청국의 주도 아래 추진된 기기창 건설은 청의 대조선정책의 테두리 내에서 규정될 수밖에 없다는 근본적인 한계를 가진다. 청의 대조선 군비증강책이 임오군란 이후 무기원조책으로 변화되고 조선정부도 무기 수입에 의존함에 따라 병기 제작을 목표로 하였던 기기창의 준공이 크게 지연되었으며, 준공된 이후에도 병기 제작보다는 병기 수리에 치중하였다.[52] 식산흥업 자금 마련을 위한 은행 설립도 청국의 간섭으로 좌절되었다. 1887년 주미공사 앨런N. H. Allen을 통한 200만 달러 차관 교섭, 1889년 외교고문 데니D. N. Denny를 통한 프랑스 은행과의 200만 달러 차관 교섭 및 타운센드양행 및 메디슨양행을 통한 200만 냥 차관 교섭이 청국의 방해로 무산되었다.[53]

대한제국기 식산흥업정책의 추진과 좌절

1894년 농민군을 진압하기 위하여 출병한 일본군이 내정개혁을 강요하는 상황에서 수립된 갑오정권은 개혁기구인 군국기무처軍國機務處를 설치하고 근대적 개혁을 추진하였다. 갑오정권은 군주의 권한을 약화시키고 의정부의 권한을 강화하여 내각 중심의 입헌군주제를 지향하는 한편, 재정 및 화폐 개혁을 통하여 재원을 확보하고 민간자본 육성을 통하여 식산흥업을 추진한다는 방침을 세웠다. 이를 위하여 은본위제 도입, 왕실과 정부 재정의 분리, 탁지아문으로 재정 일원화 등을 통하여 제도적 기반을 정비하는 한편, 특권적 상업체계를 폐지하고 민간회사를 보호, 육성하고자 하였다.[54] 그러나 이러한 방침은 일본에 의존한

개혁이라는 태생적인 한계를 지니고 있었으며, 단명한 개화파 정권 때문에 별다른 성과를 거두지 못하고 중단되었다. 〈신식화폐발행장정〉을 통한 은본위제 시행은 일본화폐가 자유롭게 유통되는 계기가 되었을 뿐이며, 철도, 전신, 광산을 관할하는 공무아문工務衙門이 설치되었지만 일본의 압력으로 이내 농상아문農商衙門으로 통합되었다. 1880년대 식산흥업정책에서 중심적 역할을 맡았던 기기국이 1895년의 관제개정으로 폐지된 것은 갑오개혁기 식산흥업정책의 지향을 잘 보여준다.

러시아 공사관에서 경운궁으로 환궁한 고종이 1897년 10월 국호를 '대한'으로 정하고 황제로 즉위하면서 식산흥업정책은 새로운 전기를 맞이하였다. 대한제국정부는 강력한 왕권을 바탕으로 열강의 이권침탈로부터 국내의 산업기반을 보호하는 한편, 기술인력을 양성하고 기간산업 및 수입대체산업의 육성을 통하여 식산흥업을 달성하고자 하였다. 민간에서도 청일전쟁 이후 저렴한 일본산 면직물이 대량 유입되어 면직물 시장을 잠식해 나감에 따라 실업교육의 중요성을 강조하고, 국부의 원천을 공업에서 찾아야 한다는 논의가 대두하였다. 당시 《독립신문》에서는 각종 일상용품을 수입에 의존하는 상황을 우려하면서,

일년에 들어오는 세입 3분의 2는 백성을 위하여 쓰고 3분의 1로 관인의 월봉을 주되 이 돈을 들여 첫째 학교를 설시하고 둘째 각양 제조소를 설립하여 일 없는 사람을 제조소로 보내어 업을 배우게 하고 새로 나는 어린 아이들은 학교에 보내어 공부하게 하면 업 없던 사람이 업을 얻어 의식지계가 되고 후생들이 공부하여 장래 부강지계를 닦으리니 이에서 더 좋은 일이 어디 있으리오. …… 지금 전국에 상업과 공업은 다 타국 사람

에게 빼앗긴 것이, 입는 것과 가진 것과 쓰는 것이 다 외국 물건이라. 입는 서양목과 서양사와 각색 비단과 켜는 기름과 성냥과 먹는 권연초와 밥 담아 먹는 사기그릇과 차는 시계와 앉는 교의와 보는 거울과 닦는 비누와 쓰는 종이와 까는 보료와 타는 인력거와 신는 서양신과 머리에 쓰는 삽보와 보는 서책과 심지어 쌀 넣는 멱서리까지 남의 나라 것을 사 쓰고 나는 아무 것도 팔아 남의 돈 빼앗을 것이 없고 다만 곡식을 만들어 조금씩 수출하니 그것이 몇 푼이나 되리오.[55]

라고 학교와 공장의 설립이 시급함을 강조하였다. 또한《황성신문》에서는 "부강의 근본은 농공상의 교육에 있다"라는 논설을 통하여 부국강병을 위한 실업교육이 필요함을 강조하였다.[56]

대한제국기의 식산흥업정책은 이러한 요구를 기반으로 하여 추진되었다. 1880년대 식산흥업정책이 관영기구와 제조장 설치라는 방식으로 진행되었다면, 1890년대 후반의 식산흥업정책은 기술인력 양성과 관료가 주도하는 민간회사 설립이라는 방식으로 이루어졌다. 정부의 기술인력 양성책으로서 우선 1898년 5월에 농상공부 주관으로 "인민의 공예를 양성하고 이익을 진취해 갈 목적"으로 직조권업장織造勸業場을 설립하였고,[57] 1901년에는 잠업과시험장을 설립하여 기술교육에 나섰다. 1899년에서 1900년에 걸쳐 우무학당郵務學堂, 전무학당電務學堂, 광무학교礦務學校를 설립하고, 상공학교商工學校 관제를 제정하여 상업, 광업, 공업, 통신업에 걸친 기술자 양성체계를 마련하였다.[58] 민간에서도 1900년에 낙영학교樂英學校에 철도학과가 개설되고 1901년에 사립 철도학교가 설립되어 교습생을 모집하였다.[59]

[표 1-3] 대한제국기 관영공장 및 관료 회사 현황(1897~1904)

설립연도	명칭	업종	비고
1896	기계창	병기	군부 포공국
	독립신문사	인쇄	관료(서재필)
1897	대조선저마제사회사	직물	관료(안형수, 이근배, 이채연)
	대한직조공장	직물	관료(안형수)
	번자회사	도자기	관료(김종한)
	마차회사	마차철도	관료(안형수, 이완용, 이근배)+상인
1898	한성전기회사	전기	황실+외국자본
	황성신문사	인쇄	관료(남궁억)
1899	종로직조사	직물	관료(민병석), 직조단포주식회사
	한상방적고본회사	직물	관료(김가진, 윤덕영)
	향연합자회사	연초	관료(이재순)
	대한철도회사	철도	관료(김종한, 이근배, 이재순), 대한국내철도용달회사
1900	한성제직회사	직물	관료(정동식)
	대한제국인공양잠합자회사	양잠	관료(김가진, 박정양)+상인
	서북철도국	철도	궁내부
	인쇄국	인쇄	농상공부
	정미소	정미	궁내부
1902	직조창	직물	궁내부
	유리창	유리	삭자제조소, 궁내부
1903	자기창	도자기	사기제조소, 궁내부
	신석연초합명회사	연초	관료(최석조)

* 출전: 전우용, 《한국 회사의 탄생》, 서울대학교출판문화원, 2011, [부록 1]에서 재구성.

기술인력 양성과 더불어 직물, 연초, 철도 등의 업종에서 관료 주도로 공업 관련 회사가 설립되었다. 1897년에 최초의 공업계 회사인 대조선저마제사회사大朝鮮苧麻製絲會社가 저마사苧麻絲 수출을 목표로 설립이 추진되었고, 관료 주도로 대한직조공장大韓織造工場과 한상방적고본회사漢上紡績股本會社도 설립을 시도하였지만 실현되지 못했다. 1900년에 관료와 백목전白木廛 상인이 설립한 종로직조사鍾路織造社가 직물 생산에 들어갔으며, 1901년에는 한성제직회사가 직물 생산을 개시하였다. 한성제직회사는 협폭직기 50대, 광폭직기 10여 대를 설치하고 원동기를 사용하였으며, 종로직조사도 직기의 성능이 한성제직회사와 유사하였다.[60] 연초업에서는 1899년에 설립된 향연합자회사香烟合資會社가 일본에서 각연초용 기계를 도입하여 담배 생산에 들어갔으며, 1903년에는 신석연초합명회사信錫煙草合名會社가 담배 생산을 시작하였다.[61] 그 밖에도 번자회사燔磁會社가 설립되어 분원의 자기 생산과 판매를 총괄하였으며,[62] 독립신문사와 황성신문사는 사내에 인쇄소를 두고 신문을 간행하였다. 마차철도를 부설하기 위하여 관료를 중심으로 마차회사馬車會社가 설립되었고,[63] 경의철도 부설을 위하여 대한철도회사大韓鐵道會社가 설립되었다.

1890년대 후반에 설립된 공업 관련 회사의 대부분이 관료 주도로 설립된 것은 시장경제에 기반한 상공업 육성을 지향하는 개화파 관료들이 지주경영이나 상업활동으로 축적된 민간자본을 이용하여 공장 설립에 나섰기 때문이었다. 당시 회사에 투자하여 얻는 이익이 고리대나 지대 수익에는 미치지 못했고, 회사를 운영하기 위해서는 새로운 지식과 경험이 필요하였다. 따라서 부를 축적한 관료들이 직접 출자하거나 상

인자본을 끌어들여 회사를 설립하고 임원으로 참여하였다.[64]

한편 대규모 자본과 최신 기술이 요구되는 기간산업은 외국자본의 직접투자에 의존하였다. 대표적인 것을 들자면, 정부는 1896년에 근대적 광산공법의 도입을 목표로 운산금광雲山金鑛 채굴권 및 경인철도 부설권을 미국인 모스J. Morse에게 부여하였고, 경의철도 부설권을 프랑스계 회사인 피브리유사Fives-Lille Co.에게 부여하였다. 1898년에는 미국계 콜브란-보스트위크사Collbran & Bostwick Co.와 합자하여 한성전기회사를 설립하였고, 경부철도 부설권을 일본인 자본가가 세운 경부철도회사에 부여하였다. 또한 스창양행과 강원도 당현금광堂峴金鑛 채굴계약을 체결하였고, 영국인 머독B. V. Murdoch·헤이J. A. Hay와 은산금광殷山金鑛 채굴계약을 맺었다. 정부에서는 외국자본의 직접투자를 유치하되 여러 나라로 분산시켜 열강 간의 세력균형을 유지하고, 독점적 개발권이나 경영권을 부여하는 대가로 차관을 도입하여 부족한 재원을 보충하고자 하였다.[65]

외국자본의 직접투자 유치는 차관에 비하여 이자 부담이 적고 선진 기술 및 경영 이전, 고용 확대, 관련 산업 발전 같은 이점이 있기 때문에 자본과 기술이 부족한 경우 기간산업 육성을 위하여 선택 가능한 방안이다. 그러나 1890년대 후반의 직접투자 유치는 효과를 거두지 못하고 도리어 경영권 상실, 일본의 개입 심화, 내외 간의 갈등 유발 등의 폐해를 낳았다. 운산금광의 경우 왕실의 경영권, 4분의 1의 주식 지분, 조선인 우선 채용 등을 규정하였지만, 1899년의 계약 변경으로 경영권과 주식 지분 대신 주식에 대한 보상금과 이익배당금을 받는 것으로 변질되었다.[66] 모스는 1897년 5월 경인철도 부설권을 일본 자본가들이 주도하는 경부철도 발기위원회에 매각하여 막대한 이익을 얻었다. 피브리유사도 경의철도 부설권을 일본에 매각하려고 하였지만 일본의 자금 부족으로 실패하고 대한제국정부에 반환하였다.[67] 한미합자로 설립된 한성전기는 미국 기술을 도입하여 발전소 설치, 전기철도 부설, 전등 설치 등의 사업을 추진하였지만, 경영을 위임받은 콜브란 측의 사업 확장 시도는 열강의 견제 및 이용익과의 대립에 직면하여 좌절되었다.[68] 직접투자 유치로 기대했던 차관 도입 또한 열강 간의 상호견제로 인하여 무산되고 말았다.

외국자본의 직접투자 유치가 난관에 부딪히고 나라의 이권을 외국에 팔아넘긴다는 비난이 쏟아지자 정부는 1898년 1월 국내 철도와 광산을 외국인과 합동으로 개발하지 않는다는 방침을 공표하였으며, 궁내부宮內府의 내장사內藏司를 내장원內藏院으로 개편하여 관영부문 육성에 나섰다.[69] 내장원은 역둔토, 홍삼, 광산, 인삼, 잡세 등의 재원 및 화폐 주조 수익을 장악하고, 이 재원을 바탕으로 한성전기 운영, 경의철도 부설, 평양탄광 운영 등 기간산업을 육성하였다. 1900년에 궁내부에 철도원을 설치하여 경인, 경부철도에 관한 사무를 관장하였고, 별도로 서북철도국西北鐵道局을 두어 경의철도 부설에 나섰다. 1902년에는 광학국鑛學局을 설치하여 궁내부 소속 60여 개의 광산을 관할하였다. 이와 더불어 궁내부 산하에 정미소, 직조창織組廠, 유리창琉璃廠, 자기창磁器廠 등의 관영 제조장을 설치하고. 1902년 4월에는 내장원 공세과貢稅課를 공업과工業課로 바꾸어 이를 관할하였다. 정미소에는 일본에서 도입한 정미기계가 설치되었고, 자기창에는 프랑스인 기술자를 초빙하여 자기 제조를 시작하였다. 유리창과 직조창에도 러시아인 기술자를 초빙하고 기계 도입을 추진하였다. 또한 군부 포공국 산하에 기계창機械廠을 설치하여 병기 제조에 나섰다. 1896년에 러시아 기술자를 초빙하여 기기창 건물을 복구하였고, 1901년에는 프랑스 기술자를 초빙하여 기계창을 확장하였으며, 1903년에는 일본으로부터 총기 제조용 기계를 구입하여 병기 제조를 추진하였다.[70]

이렇게 관료 주도로 설립된 회사와 공장, 그리고 내장원 주도로 설립된 관영 제조장은 오래 지속되지 못하였다. 관료 주도로 설립된 회사의 경우 직물 관련 회사는 제품 생산을 시작하였지만 한두 해를 넘기지 못하고 문을 닫은 것으로 보인다.[71] 수입담배에 밀려 신석연초합명회사도 한두 해를 넘기지 못하였고, 향연합자회사도 러일전쟁 직후 운영을 중단하였다.[72] 마차회사는 마차철도사업이 전차사업에 밀려 추진되지 못하는 등 경영난으로 1900년에 회사를 청산하였으며,[73] 대한철도회사는 러일전쟁 발발로 경의철도가 군용화되면서 활동이 중단되었다. 독립신문사는 독립협회 해산 이듬해인 1899년에 문을 닫았으며, 황성신문사만 러일전쟁을 넘기고 1910년까지 운영되었다. 관료의 회사 참여는 정부의 산업정책이 부재한 상태에서 관료의 개별적인 기업활동에 그치고 말았으며, 대부분의 회사가 경영난, 자금난으로 몇 해를 넘기지 못하였다. 내장원 주도로 설립된 관영 제조장은 러일전쟁 발발과 더불어 운영이 중단되었다. 유리창과 직조창은 제조장이 완공되지 못한 채 중단되었으며, 러일전쟁 발발 직후 일본군은 관영 제조장의 외국인 기술자들을 해고하고 운영을 중단시켰다.[74] 군부 산하의 기계창은 러일전쟁 발발 직후 일본의 군비 감축 및 병기 정리의 방침 아래 군기창軍器廠으로 개편되고 기구가 축소되었다.[75] 각종 기술학교들도 통감부 설치를 전후하여 폐지되었다. 상공학교는 예산 편성 및 집행이 이루어지지 않아 1904년에야 농상공학교로 출범하였으나, 러일전쟁 이후 폐교되고 공업과工業科는 관립공업전습소로 분리되었다.[76]

　대한제국기 관료 주도의 회사 설립이 실패한 원인에 대해서 기존의 연구에서는 국가적 차원에서의 보호 및 지원의 부족, 재원 및 행정역량 부족 등이 지적되었으며, 내장원 주도의 식산흥업정책이 실패한 원인으로서는 정부 내의 세력 갈등, 자금조달 문제 등이 지적되었다.[77] 대한제국기 식산흥업정책이 황실 재정 확충을 기반으로 광산, 철도 같은 기간산업의 보호·육성, 민간회사에 대한 지원, 기술인력 양성을 축으로 이루어졌다는 점에서 1880년대 식산흥업정책과 구별된다. 그렇지만 내장원 수입이 황실비와 군사비에 지출이 편중되어 식산흥업을 위한 자금 조달은 여전히 어려웠다. 또한 황실 재정 확충에 따른 정부 재정 약화는 재원에 대한 합리적인 관리와 효율적인 투자를 저해하였다.[78] 이러한 재정 운영은 내장원이 주도하는 기간산업의 보호, 육성에도 영향을 미쳤다. 서북철도국의 경의철도 부설은 대한제국의 상징적인 사업이었지만 자금 부족으로 8개월 만에 공사가 중단되었으며, 광산 운영은 재원 확보에 그쳤을 뿐 기술 도입으로 진전되지 못하였다.[79] 정부의 산업정책이 부재한 상태에서 관료 주도의 회사 설립이나 내장원 주도의 관영 제조장 설립은 본 궤도에 오르지 못하고 중단되었다.

　일본과 중국의 경우 군수공업을 중심으로 대규모 관영공업이 건설되었고, 관영공업의 문제점이 드러나면서 정부 주도에서 민간 주도로 전환되었다. 일본에서는 1870년대 공부성에서 설립한 관영공장이 1880년대 들어 누적되는 적자와 인플레이션에 따른 재정난으로 운영이 어려워지자 관영공장을 민간에 불하하는 방식으로 정책을 전환하였다. 이에 따라 정부는 관영공장을 미쓰이三井, 미쓰비시三菱, 스미모토住友, 야쓰다安田 같은 정상政商에게 저렴한 가격으로 불하하였고, 이후 기업 발흥을 거쳐 정상을 중심으로 하는 산업자본이 확립되었다.[80] 중국에서 양무개혁은 관영 군수공업에서 출발하였지만 1870년대 들어 관독상판 官督商辦 기업과 관상합판官商合辦 기업이 출현하였다. 관독상판 기업은 양무운동기의 전형적인 기업 형태로서, 상인자본을 끌어들여 정부에서 파견한 관료가 감독권을 갖고 상인이 경영을 담당하였다. 관독상판 기업이 관료의 지배로 인하여 부패하고 비효율적이었기에 관료와 상인이 합자하여 공동으로 경영하는 관상합판 형태가 생겨났고, 점차 민간회사로 전환되었다.[81]

대한제국기 식산흥업정책은 1880년대와 마찬가지로 외세의 개입에 직면하였다. 장기적인 산업정책의 결여와 산업화를 위한 재원 부족이라는 내적 문제와 더불어 일본을 비롯한 열강의 개입이라는 외적 문제는 재원 문제를 해결하기 위한 정부의 노력을 무산시켰다. 정부는 화폐개혁, 군비 강화, 식산흥업을 위한 재원을 마련하기 위하여 차관 도입을 추진하여 열강의 간섭을 배제하기 위한 세력균형정책의 일환으로 일본, 러시아 외에도 미국, 영국, 프랑스 등과 차관교섭을 진행하였지만 열강의 상호견제를 초래하였을 뿐이었다. 정부는 화폐개혁과 평양 탄광 채굴에 사용하기 위하여 1901년 4월에 프랑스·영국·벨기에 자본가들로 구성된 운남신디케이트(대한신디케이트)와 500만 원 차관계약을 맺었지만 열강들의 견제와 방해로 차관 도입이 무산되었다.[82] 특히 화폐개혁과 중앙은행 설립을 통하여 재정 문제를 해결하려는 시도도

차관 도입이 무산되면서 실패하였다. 1901년 〈화폐조례〉를 공포하여 금본위제를 실시하고 중앙은행 역할을 할 대한제국특립제일은행大韓帝國特立第一銀行을 설립하고자 하였으나 일본의 방해로 차관 도입이 무산되었고, 1903년에도 〈중앙은행조례〉 및 〈태환금권조례兌換金券條例〉를 제정하여 중앙은행을 설립하고 은행권을 발행하고자 하였지만 일본에서의 차관 도입이 무산되고 러일전쟁이 발발하면서 실패하였다.[83] 러일전쟁은 1900년부터 내장원을 중심으로 전개된 식산흥업정책이 개화할 시간적 여유를 남기지 않았다.

공업·공장 용어의 출현

조선 후기의 어휘집인 《재물보才物譜》에 따르면, 공工은 마음을 교묘하게 하고 손을 수고롭게 하여 기물을 만드는 것이고, 장匠은 백공百工, 즉 수공업 장인 전체를 통칭하는 용어이다.[84] 조선시대 장인匠人은 "기물을 만드는 자"[85]이고, 장인이 운영하는 수공업은 '공예工藝'로 불리웠다. 대표적인 사용법을 보자면, 15세기 후반 사헌부 대사헌이 화공畫工에게 당상관을 제수한 것을 비판하는 상소에서 "하늘이 백성을 내시고 이를 나누어 사민四民을 삼으셨으니, 사·농·공·상이 각각 자기의 분수가 있습니다. 선비는 여러 가지 일을 다스리고, 농부는 농사에 힘쓰며, 공장工匠은 공예工藝를 맡고, 상인은 물화物貨의 유무를 상통시키는 것이니, 뒤섞어서는 안 되는 것입니다"[86]라고 사민의 분수를 거론하면서 공장(수공업에 종사하는 장인)의 직무로서 공예를 들고 있다.

전통적인 수공업 생산을 의미하는 '공예'를 대신하여 근대적 공장공업factory system을 의미하는 '공업工業' 용어가 사용되기 시작한 것은 1880년대부터이다. '공업' 용어는 후쿠자와 유키치福澤諭吉가 《서양사정西洋事情》(1866~70)에서 영어 'product, industry, work'의 번역어로 처음 사용하였다.[87] 조선에서는 1886년에 간행된 《한성주보》에 처음 등장하며, 1880년대 말에 집필된 《서유견문西遊見聞》에서도 여러 용례가 발견된다. 《한성주보》에서는 백성이 부유하고 나라가 부강하기 위해서 "공자工者는 제조에 부지런하여야" 하고, "공업은 반드시 정교해야 하는"[88] 것이라고 설명하면서 공업 용어를 사용하고 있다. 이때 '공업'은 자연에 존재하는 자원을 가공하는 활동이라는 넓은 의미에서 사용되고 있다. 《서유견문》에서 공업 용어가 여러 번 사용되는데, 특히 공업 교육을 강조하면서 "교육하는 대법大法에 그 명목을 나눌 수 있으니 첫째 도덕의 교육이며, 둘째 재예才藝의 교육이며, 셋째 공업工業의 교육이라. …… 공업에 이르러는 온갖 정신노동과 육체노동의 제조·운용에 관계하니 세상의 생도生道를 만드는 것인즉 그 교육의 결핍함이 또한 불가"[89]하다고 공업 개념을 제시하고 있다. 여기에서 공업은 노동에 의한 제조, 운용이라는 의미로 사용되고 있다. 유길준이 1881년에 조사시찰단 일행으로 일본에 건너가 후쿠자와 유키치가 운영하는 게이오기주쿠慶應義塾에서 수학하였다는 점, 그리고 게이오기주쿠를 졸업한 이노우에 가쿠고로井上角太郎가 1883년에 수신사 박영효 일행과 함께 조선에 건너와서 4년간 조선에 체류하면서 《한성순보》 및 《한성주보》 발간 및 외국신문의 번역에 주요한 역할을 하였다는 점에서 미루어 볼 때, 공업 용어는 1880년대에 게이오기주쿠의 학생들에 의해서 도입된

것으로 보인다.[90]

'공업' 용어가 공식화되는 계기는 농상공부 설치이다. 1895년 3월에 반포된 〈농상공부 관제〉에는 농상공부의 관할 범위에 대하여 "농상공부 대신은 농업, 상업, 공업, 우체, 전신, 광산, 선박, 해원 등에 관한 일체 사무를 관리함"(제1조)이라고 규정하고, 농상공부 산하 상공국의 업무에 대하여 "상공국에서는 상업, 공업, 도량형과 영업하는 여러 회사에 관한 사무를 관장함"(제8조)이라고 규정하였다.[91] 이에 따라 농상공부는 농업, 상업과 더불어 공업을 관장하는 부서로 인식되었고, 농업, 상업, 공업이라는 근대적 산업 분류가 널리 알려지게 되었다. 이와 더불어 1899년 6월에 "상업과 공업에 필요한 실학實學을 교육"하는 〈상공학교 관제〉가 공포되어 상업과와 공업과의 설치가 추진되었고, "식산물과 제조품의 발달"을 위하여 농상공부 산하에 농공권업소農工勸業所가 설치됨에 따라 상공 또는 농공에서 '공'이란 곧 공업을 의미하는 것으로 받아들여졌다.[92] 언론에서 공업 용어가 등장하는 것도 이 무렵이다. 1899년 들어 언론에서는,

(1) 현금 세계에 나라를 이롭게 하고 인생을 편하게 하는 공업이 많으니 대개 윤선과 철도와 전선과 우체와 각색 기계 등물을 만드는 일이라. …… 근래에 철도로 말할진대 인천으로 놓은 것은 금년 안으로 필역이 될 듯하다 하며 기타 의주와 부산 등 도로에도 철도가 설시된다 하니 대한에 다행함이 이같이 큼이 없으나 대한 백성의 재산이 넉넉하지 못하여 자기들 손으로 놓지 못하고 외국 사람에게 허락한 일은 대단히 아깝도다.[93]

(2) 국가에 제민지산制民之産하는데 그 업무가 또한 많은데, 현금에 공업
工業의 쇠감衰減함이 날로 심하여 일사일선一絲一線(한 가닥 면사와 한 가
닥 전선)도 오로지 외양外洋의 수입에 기대고 토도土陶(토기와 도기), 화시
火柴(성냥)도 전적으로 항래물품港來物品(항구에 들어온 수입품)에 의지하
니 백성이 어찌 가난하지 않으며 나라가 어찌 허약하지 않으리오.[94]

라고 외국인에 의한 경인철도 부설과 수입품의 범람을 우려하면서 공
업의 진흥을 제기하고 있다.

이후 러일전쟁을 거쳐 정부와 통감부에 의한 통계조사 및 민적조사
가 시행되면서 공업 용어가 일상 용어로 자리 잡게 되었다. 1906년 초
농상공부에서는 수공업 장려를 위하여 한성부의 수공업자 조사를 실시
하였는데, "각 서署 내에 어느 공장工匠이든지 공업으로 생활을 영위하
는 자는 각기 무슨 공장이며 성명 및 거주지를 상세하게 기록하여 10일
내로 본부에 제출"하도록 하였다.[95] 또한 1909년 〈민적법民籍法〉 시행
에 따라 실시된 '민적조사'에서 직업에 대한 조사가 이루어졌는데, 직
업의 종류는 11개 항목 — 관공리, 양반, 유생, 상업, 농업, 어업, 공업,
광업, 일가日稼, 기타, 무직 — 으로 구분되었다.[96] 이처럼 농상공부의
각종 고시를 통하여 공업 용어가 보급되었고, 직업 조사를 통하여 근대
적 산업 분류와 더불어 공업 용어가 일상 용어로서 정착되었다.

1880년대에 등장한 공업 용어가 정착하는 데 시간이 걸린 것은 상당
기간 공예 용어와 혼용되었기 때문이다. 공업 용어가 기계에 의한 공
장 생산이라는 좁은 의미가 아니라 생활에 필요한 물품의 제조라는 넓
은 의미에서 사용되면서 전통적인 수공업을 의미하는 공예 용어와 같

이 사용되었다. 유길준은《서유견문》에서 파리의 농공박물관을 소개하면서 "공예 및 농학의 기계들을 수집하여 …… 매삭每朔 일정한 일자로 각 과학의 전문박사가 이곳에 와서 제반 공예 및 농업의 강의를 연설"[97]한다고 하는 등 여러 곳에서 공업 대신 공예 용어를 사용하고 있다. 1897년《대조선독립협회회보》에서는 〈동방각국東方各國이 서국공예西國工藝를 방효倣效하는 총설總說이라〉는 제목에서 보듯이 서양의 공업을 '공예'라고 말하고 있다.[98] 언론에서도 1900년대까지 공업과 공예를 혼용하여 사용하고 있다.[99]

이러한 공예와 공업의 혼용은 공업 용어가 수공업과 공장공업을 포괄하는 용어로 정착하면서, 그리고 공예 용어가 미술 영역으로 포괄되면서 사라지게 된다.[100] 공예와 공업의 혼용, 그리고 공예 개념의 전환은 일본에서도 유사한 현상이 나타났다. 일본에서는 1890년대까지 공예와 공업이 혼용되었으며, 1890년대 후반 공업이 기계공업을 의미하는 용어로 확립되면서 공예는 미술의 하위 영역인 '미술공예'로 전환되었다.[101] 식산흥업의 장려를 위하여 1877년부터 개최된 내국권업박람회內國勸業博覽會에는 다양한 물품이 전시되었는데, 제1회(1877)부터 제5회(1903)까지 개최된 내국권업박람회의 품목 분류는 일본에서 공업 영역과 공예 영역의 변천을 잘 보여준다.[102]

공업 용어의 도입과 더불어 '공장' 용어도 사용되기 시작하였다. 산업혁명을 통하여 공장공업이 출현하고 공장공업이 주도적인 산업 부문이 되면서 자본주의 생산양식이 확립되었기 때문에 공업이란 곧 공장공업을 의미하는 것이었고, 기계의 사용과 더불어 공장의 출현이 산업화의 핵심적인 요소로 인식되었다. 그렇지만 수공업 생산이 대세인 상황에서 공장 용어가 공업 용어와 동시에 수용된 것은 아니었다. 공장 용어는 한편으로는 '권공장勸工場'이라는 용어로, 다른 한편으로는 '제조소製造所'라는 용어로 등장하였다. '권공장' 용어는 일본에서 사용하던 용어였는데, 일본에서 내국권업박람회에서 판매하고 남은 물품을 전시, 판매하기 위하여 설립한 물품진열장을 '권공장'이라고 불렀다. 권공장은 '권업장勸業場', '권상장勸商場'이라고도 불렀으며, 정부의 식산흥업정책에 따라 1878년 도쿄에 처음 설립된 이래 1900년대까지 도시를 중심으로 관영 및 민영 권공장이 다수 설립되었다.[103] 일본으로 건너간 수신사 및 조사시찰단 일행은 권공장을 구경하고 새로운 물품을 구입하였는데,[104] 이들에 의하여 권공장 용어가 들어온 것으로 보인다. 《독립신문》에서는 창간 직후 부국강병의 방책을 거론하면서 "정부에서 제일 급히 할 일이 권공장이라. 권공장이라 하는 것은 정부에서 크게 학교를 세우고 인민을 모집하여 각색 공업을 가르치는 처소"[105]라고 권공장 설립을 제안하고 있다. 여기에서 권공장은 각종 공업을 가르치는 곳이라는 의미로 사용되었다. 일본에서 권공장이 근대적 상품을 전시, 판매하는 장소를 지칭하는 용어였다면, 조선에서는 기술을 전수하고 제품을 생산하는 장소를 지칭하였다. 유사한 용어로 '권업장勸業場' 또는 '권업소勸業所'가 사용되었다. 1898년 5월 농상공부에서 설치한 직조권업장과 1899년 11월에 설치한 농공권업소는 대표적인 용례이다.[106]

한편 물품의 생산이 이루어지는 장소라는 의미에서 '제조소' 용어가 사용되었다. 공업 용어와 마찬가지로 제조소 용어도 《서양사정》에서 처음 사용되었고, 《서유견문》에서는 제조소 용례와 더불어 유사한 용어가 발견된다.[107] 유길준은 구미 각국의 대도시 문물을 소개하는 곳에서 글래스고에 대해서 "연철장鍊鐵場 및 조선국造船局과 면포방직소綿布紡織所 및 기타 제조소가 극과極夥하다"[108]고 설명하고, 필라델피아에 대해서 "대개 물품의 제작장製作場은 그 수의 많음으로써 차부此府가 합중국에 관하여 양모 및 목면의 방적장紡績場이 일백사십 유여소有餘所며 이혜履鞋의 제조장製造場이 칠백여 소며 마차의 공작장工作場이 오십여 소며 유리의 제조장製造場이 칠 소"[109]라고 설명하고 있다. 《서유견문》에서는 제조소를 비롯하여 제조장, 제작장, 공작장 등 다양한 용어를 사용하였다. 《독립신문》에서는 "첫째 학교를 설시하고, 둘째 각양 제조소를 설립하여 업 없는 사람을 제조소로 보내어 업을 배우게 하는"[110] 방안을 제시하고 있으며, 일본의 직물공장을 소개하면서 "일본에 양목 짜는 제조소가 육십사 처인데 그 제조소에서 부리는 공장이 샤나히가 삼만 사천 구백명이요 계집이 사만 육천 오백 십 명"[111]이라고 제조소 용어를 사용하고 있다.

권공장과 제조소를 대신하여 공장 용어가 사용되기 시작한 것은 1899년 9월 농상공부 상공국 산하에 공업과를 설치한 것이 계기가 되었다.[112] 관제개정에 따라 상업과는 '영업을 주장하는 회사들에 관한 사항', 공업과는 '공업 및 공장에 관한 사항'을 관장하게 됨으로써 회사와는 별개의 대상으로서 공장을 인식하게 되었다. 같은 시기에 언론에 공장 용어가 출현하는데, 《독립신문》은 논설에서 상공업 진흥을 강조하면서 "대한 정부에서 국중 인민을 위하여 급선무로 가르쳐서 사무를 확장할 일은 첫째는 공장이요 둘째는 상업이라. 공장을 힘쓸 것 같으면 제조물이 생길 것이요 제조물이 생기고 보면 상업이 흥왕할 것"[113]

이라고 공장 용어를 사용하고 있다. 이처럼 공장 용어가 등장하였지만 아직 동력기와 작업기 같은 기계설비를 갖추고 노동자를 고용하는 공장의 내용을 확보한 것은 아니었다. 당시 제조장을 설립한 사업가가 사용한 용어는 '공소工所'였고, 일본에서 건너온 사업가나 기술자들이 공장 용어를 사용하기 시작하였다. 1902년에 창립한 김덕창의 중곡염직공소中谷染織工所는 1905년에 확장 광고를 게재하였고,[114] 한성염색공소漢城染色工所는 1903년에 새로운 염색법에 대한 광고를 게재하고 있다.[115] 한성의 모리시타공업사무소森下工業事務所에서는 용산의 '연와공장'과 '남대문공장'의 영업방침을 광고하고 있으며,[116] 태평동 철공소鐵工所 주인인 노구치 엔지로野口圓次郎는 1900년에 서소문에 설립한 '철공장鐵工場'에서 만든 난로와 난로 연통에 대한 광고를 게재하였다.[117] '철공소'와 '철공장'의 용례에서 보듯이 '공소'와 '공장'은 대체가능한 용어였다.

공장 용어가 일반화되는 계기는 통감부에 의한 통계연보 작성이다. 1908년에 발간된《제1차 통감부통계연보》에서는 산업 항목에 회사, 공장, 조합에 대한 통계를 포괄하고 있는데, 여기에 나오는 공장통계가 전국 공장에 대한 최초의 통계이다. 특히 공장의 범위와 관련하여 "본 표 중 회사조직으로서 공장을 가지고 직공을 사용하는 것은 앞 표의 회사, 조합으로부터 이를 재게再揭하고, 또 부산의 스미노角野철공장 및 제분소 자본금은 부정不定하고, 진남포의 마장馬場 및 사이토齊藤정미소 원동력은 조사 불명하여 계상揭上에서 제외한다"[118]고 설명함으로써 공장에 포괄되는 범위가 직공의 사용, 일정한 자본금, 원동력의 사용에 있음을 보여준다. 1907년에 시작된 통감부의 공장통계는 조선총독부의 공장통계로 계승되면서 매년 공장에 대한 조사가 이루어졌으며, 이러한 과정을 통하여 일정한 기준을 충족하는 제조소가 '공장'이라는 명칭으로 불리게 되었다. 통계연보를 작성하는 과정에서 회사 및 공장 통계가 이루어지면서 공장 용어는 일반화되었고, 공장은 작업장의 설비와 노동력의 일정한 기준에 의하여 규정되었다.

공장에 대한 이러한 기준은 일본에서 도입되었다. 일본에서는 1880년대에 공장 조사가 시행되고 이에 기반한 공장통계가 간행되었다. 메이지 초기 작업장 또는 제조소를 의미하는 다양한 용어가 사용되었으며, 1883년부터 일정 규모 이상의 작업장을 '공장'으로 간주하고 업종 전반에 걸친 전국적인 조사가 시행되었다. 〈농상무통신규칙〉(1883)에 따라 개별 공장에 대한 조사가 시작되었고 그 결과가 《농상무통계표農商務統計表》(1886)에 수록되었다. 당시의 공산물 24개 품목을 대상으로 '공장', '품목', '직공임금', '직공인원', '공업상황' 등 7개 항목을 조사하였으며, '공장'은 '직공 10인 이상을 사용하는 공장'을 원동기 종류에 따라 구분하였다. 이후 1894년에 〈농상무통계규정〉에 따라 공장표가 작성되고 조사 결과가 〈전국공장통계표〉로 집계되면서 '직공 10인 이상'과 '원동기 유무'가 공장의 기준으로 자리 잡았다.[119] '직공 5인 이상'으로 공장 기준이 확대된 것은 1909년 〈공장통계보고규칙〉 제정에 따른 공장 조사부터였다. 〈공장통계보고규칙〉에 따라 "평균 1일 직공 5인 이상을 사용하는 공장"에 대한 조사가 이루어지고 그 결과가 《공장통람工場通覽》으로 간행되었다.

한성·동래(부산)에서의
수공업 재편

한성에서의 수공업 재편

외국 공산품 수입과 일본인 이주

한성부漢城府는 전국에서 조세와 공물이 모이고 소비되는 최대의 소비
도시인 동시에 왕실과 관청에서 필요한 수공업제품을 생산하는 수공업
도시이기도 했다. 18세기 이래 유통경제의 발전에 따라 관영 수공업체
제가 해체되면서 관영수공업장에 소속된 장인들은 왕실과 관청에 필요
한 관수품을 조달할 뿐만 아니라 시장에 내놓기 위한 제품도 생산하였
다. 관청 소속 장인들은 작업장 앞에 점포를 열어 자신들이 생산한 제
품을 판매하였는데, 공조工曹 소속 이엄장耳掩匠은 이엄전耳掩廛, 야장冶
匠은 잡철전雜鐵廛, 상의원尙衣院 소속 도자장刀子匠은 도자전刀子廛 등을
개설하여 제품 판매를 겸하였다. 와서瓦署에서도 와장瓦匠들이 기와를
구워 판매하였고, 조지서造紙署의 지장紙匠들도 판매용 종이를 생산하
였으며, 공조의 수철장水鐵匠은 솥을 만들어 시장에서 판매하였다.[120]

한성부의 인구 증가와 유통의 확대 및 관영수공업의 해체에 따라 민영수공업도 번성하였다. 수공업 장인들은 자신들의 작업장인 장방匠房에서 각종 수공업품을 생산하였으며, 대부분의 장방에서는 제조와 판매를 겸하였다. 《동국여지비고東國輿地備考》에 나타나는 18세기 말 한성부의 수공업 상황을 보면, 장인이 운영하는 장방으로는 금속장신구를 생산하는 금방·은방·옥방·두석방豆錫房, 의류품을 생산하는 능라방綾羅房·모의방毛衣房, 가죽제품을 생산하는 주피방周皮房, 가구를 생산하는 소목방小木房, 철물을 제작하는 야장방冶匠房, 칼을 만드는 도자방刀子房, 기타 잡화를 생산하는 입방笠房(갓), 사모방紗帽房(모자), 각대방角帶房(띠), 연죽방烟竹房(담뱃대), 필방筆房(문방구) 등이 있었다. 은방이나 두석방은 시전에 인접해 있었으며, 대부분의 장방은 종로 주변에 산재해 있었다. 관철동은 관자貫子[121]와 철물을 만드는 곳이 많아 붙여진 이름이고, 종로 2가와 공평동에 걸쳐 있던 바리동에는 놋그릇을 만드는 곳이 많았다. 조지서가 있는 세검정 인근에는 종이 만드는 수공업자가 수백 호나 되었으며, 금호동의 옛 이름인 수철리계水鐵里契는 가마솥을 만드는 대장간이 많아서 붙여진 이름이었다.[122]

개항 이후 외국 공산품이 유입되어 새로운 소비시장을 창출해 나감에 따라 왕실과 관청 및 한성부의 공산품 수요를 담당하던 수공업은 변화에 직면하였다. 한성부의 수공업 변화를 규정하는 조건은 내외국인의 이주, 외국상품의 수입에 따른 소비시장의 변화, 새로운 기술과 설비의 도입, 정부의 산업정책 추진 등 여러가지 요인이 있지만, 가장 커다란 영향을 미친 것은 외국 공산품의 유입과 일본인의 이주였다. 한성은 전국의 조세와 지대가 집중되고 왕실, 양반관료, 대상인, 대지주 등 고급 소비재 수요층이 다수 거주하였기 때문에 외국 공산품이 집중적으로 유입되었다. 한성에 유입되는 외국 공산품을 살펴보면,[123] 1880년대에서 1900년대 초반에는 주로 면직물, 방적사, 견직물, 마직물 같은 직물의 수입이 큰 비중을 차지하였으며, 무기를 비롯하여 염료, 기계, 철도 재료, 연초 등의 공산품이 주로 수입되었다.[124] 청일전쟁 이전까지는 영국산 면직물과 중국산 견직물이 수입품의 절반가량을 차지하였으나, 청일전쟁 이후 일본산 면직물과 방적사의 수입이 크게 증가하여 1890년대 말에는 영국산 면직물의 수입을 능가하였다. 1900년대에는 일본산 면직물과 방적사, 중국산 견직물과 마직물 수입이 전체 수입의 3분의 1 정도의 비중을 차지하였으며, 1903년부터 1906년까지 경부선, 경의선 부설을 위하여 철도 재료가 집중적으로 수입되었다. 특히 면직물과 방적사의 대량 유입은 재래 면직물 시장을 크게 잠식하였으며, 견직물과 마직물의 수입으로 재래 견직물과 마직물의 한성 유입이 크게 위축되었다.[125] 이 밖에도 종이, 담배, 술 등의 잡화류와 철도용품, 광산용품 같은 기계류의 수입은 기존의 수공업제품 시장을 잠식하는 한편 새로운 소비 시장을 창출해 나갔다.

한성에 유입되는 외국 공산품의 소비자인 동시에 생산자로서 수공업의 변화를 자극한 것은 한성에 들어온 일본인이다. 일본인의 한성 거주는 임오군란 직후 공사관 호위를 위해 파견된 일본군대를 따라 10여 명의 상인이 들어오면서 시작되었다.[126] 1885년 외부협판이 일본 대리공사, 청국 이사관과 협의하여 일본인은 남산 산록, 청국인은 수표교 부근을 거주지로 정하고, 일본공사관이 교동校洞(현 경운동)에서 남산 밑 왜성대倭城臺(현 예장동)로 이전함에 따라 일본영사관에서 공사관에 이르는 길, 즉 진고개泥峴에 일본인들이 모여들면서 일본인 거류지가 형성되었다. 당시 거류지의 일본인은 대부분 적수공권으로 들어온 상인이거나 공사관 신축을 위하여 들어온 건축업자였다. 이후 일본인 거류민은 점차 늘어나 1888년 말에는 300여 명으로 증가하였다. 당시 일본인 거류민의 직업을 살펴보면 건축공사장에서 일하는 목수와 미장이, 생활용품을 판매하는 상인, 그 밖에 양복점, 음식점, 전당포, 중계인 등의 직업이 많았으며, 주석 세공업, 기와 제조업, 대장장이, 인쇄업 등에 종사하는 거류민이 생겨났다.[127]

청일전쟁 이후 일본인 거주지가 남대문 일대로 확장되었다. 1890년대 들어 일본 상인들이 남대문 조시朝市에 진출하기 시작하였으며, 청

[표 1-4] 한성의 인구 현황(1864~1904)

연도	한성 5부	일본인 인구
1864	202,639	
1875	201,951	
1883	196,061	
1891	193,159	698
1894		848
1896		1,749
1898		1,734
1900	196,898	2,113
1902	197,214	3,034
1904		5,323

* 출전: 한성5부의 인구는 손정목, 〈개항기의 도시인구 규모〉, 《한국사연구》 39, 1982, 127~128, 133쪽; 일본인 인구는 《京城と內地人》, 1910, 20~21쪽.

일전쟁으로 청국 상인이 빠져나간 공백을 일본 상인이 차지하면서 일본인 거주지가 진고개에서 남대문통 일대로 확대되었다. 1895년에 일본인 거주지와 남대문통을 잇는 도로가 개통되고, 1890년대 후반에 일본영사관, 거류민단 청사, 상업회의소가 남대문통과 진고개의 접속지로 이전함에 따라 본정本町을 중심으로 일본인 중심지가 형성되었다. 일본인의 용산 거주는 1880년대 말 용산과 마포의 개시장으로 일본 상인들이 진출하면서 시작되었다. 청일전쟁 당시 용산에 일본군 혼성여단 사령부 및 병참부가 들어서면서 군인·군속을 상대로 영업하는 일본인들이 모여들었고, 제물포와 용산을 잇는 경인철도가 개통되면서 일본인의 거주가 늘어났다. 청일전쟁 직후 1,000명을 넘어선 일본인 거류민은 러일전쟁 직전에는 5,000명에 달하였다.

진고개에서 남대문통에 이르는 일본인 거류지가 형성됨에 따라 거류지 일본인에게 생활필수품을 제공하거나 남대문 조시에 나가는 일본인 행상에게 상품을 제공해 주는 상점들이 들어섰으며, 일본인을 대상으로 생활용품을 공급하는 제조업자가 출현하였다. 한성으로 들어오는 주요 수입품 중에서 면직물, 견직물, 밀가루, 설탕, 청주 같은 품목은 일본인이 주된 소비자였다. 견직물의 경우 중국에서 수입되는 견직물은 조선인이 소비한 반면 일본에서 수입되는 견직물은 일본인이 소비하였으며, 밀가루는 주로 일본인 제과점에서 소비하였고 청주 역시 일본인이 주된 소비자였다.[128] 일본인 거류지를 중심으로 일본산 생활용품 수요가 증가하면서 청일전쟁 이후 이들을 대상으로 하는 소규모 제조업자가 생겨났다. 거류민 직업조사에 따르면, 1890년대 말에는 대장장이, 주조업, 양조업, 통조림 제조업에 종사하는 일본인이 생겨났으며, 1902년에는 기존의 대장장이, 주조업자, 양조업자 외에도 기와 제조업자, 인력거 제조업자, 타면기打綿機 제조업자, 제화업자, 활판업자, 비누 제조업자, 유리 제조업자, 성냥 제조업자, 청량음료 제조업자 등이 새롭게 등장하였다.[129]

소비재 공업의 출현

1880년대 이래 외국 공산품 유입에 의한 소비시장의 잠식, 정부의 식산흥업정책에 따른 관영·민영 공장의 설립, 일본인 제조업자의 출현 등으로 인하여 한성부의 전통적인 수공업은 변화에 직면하였다. 오랫동안 서민이 애용하던 수공업제품은 시대의 변화에도 불구하고 생산이 지속된 반면, 외국 공산품의 시장 잠식이 심하였던 일부 품목은 쇠퇴의 길에 들어서기도 하였다. 또한 외국 공산품과 경쟁해야 했던 일부 제품은 생산의 개량과 기술의 도입이 불가피하였다. 이처럼 수공업 내부에서 다양한 변화가 발생하였지만 관련 자료가 부족한 개항기의 경우 자료를 통해서 접근할 수 있는 현상은 지극히 단편적이다. 가장 기본적인 조사라고 할 수 있는 한성부의 수공업 조사는 1902년 농상공부에서 시행하였으며,[130] 1906년에 다시 이루어졌다. 농상공부에서는 1906년 4월에 "각 서(漢城五署－필자) 내에 어느 공장工匠이든지 공업으로 생활을 영위하는 자는 각기 무슨 공장이며 성명 및 거주지를 상세하게 기록하여 10일 내로 본부에 제출"하도록 하였다. 조사 결과 한성부의 공장은 모두 1,716명으로 집계되었지만 업종별 현황은 확인할 수 없다.[131]

러일전쟁 이전 한성부의 공업 상황을 엿볼 수 있는 자료는 경성영사관京城領事館의 조사보고서이다. 1904년 11월 경성영사관에서 일본 외

무성에 올린 보고에 의하면,

공업가工業家

관내에서 특히 공장을 설립하여 제조업을 운영하는 자는 없고, 공예품工藝品은 공장工匠이 스스로 제조하여 판매한다. 단 한인韓人이 물주物主라고 부르는 자는 일종의 공업가工業家로 볼 수 있는데, 공장工匠에게 재료를 공급하여 이를 상품으로 만들게 하고 그 제품을 상점에서 도매한다. 그 제작품은 신발鞋, 입모笠帽[132], 주머니袋物, 허리띠腰帶 종류이다.

공예품工藝品

경성의 공예품 중 중요한 것은 아래와 같다. 단 관내의 지방에서 공예품 제작에 종사하는 사람은 대부분 이를 생산한다.

신발, 입모, 주머니, 허리띠, 은세공, 가구, 솥鍋釜[133]

라고 한성부의 공업 상황을 서술하고 있다. 내용은 소략하지만 금은세공, 편조물編組物, 철물, 가구, 신발, 갓모 등의 품목에서 수공업제품이 생산되고 있으며, 편조물, 신발, 갓모 같은 일부 품목에서 상인 물주에 의한 수공업 지배가 행해지고 있음을 알려준다. 경성영사관에서는 종로의 시전 및 인근에서 판매되는 수공업제품을 조사한 것으로 보이는데, 조사 자체도 소략하거니와 당시 설립되고 있던 관영 및 민영 공장은 조사 대상으로 삼지 않았다. 1913년에 간행된《경성상공업조사京城商工業調査》에서는 1911년 공업 현황을 수록하고 있는데, 당시 존재하였던 소규모 제조업자들, 종로의 금은세공업자, 남부 남소동南小洞의 직뉴업자織紐業者, 은평면 상평방常平坊의 제지업자, 서부 아현阿峴의 유기업자, 제혁업자, 마포의 소주 제조업자 등을 언급하고 있다.[134] 이러한 소규모 제조업자의 존재는 종로 주변에 몰려 있던 각종 민영 수공업장이나 세검정의 제지업자가 당시까지 존속하였음을 보여준다.

이와 더불어 직물, 연초, 정미 같은 소비재 업종을 중심으로 관료와 상인의 주도로, 또는 수공업자의 주도로 공장 설립이 추진되었다. 직물업의 경우 1900년경에 전통 직기의 개량과 신식 직기의 도입이 이루어지면서 직물공장이 설립되었다. 이인영李仁榮은 직조소織造所를 설치하고 개량한 직기를 사용하여 직물을 생산하였으며, 동묘고직東廟庫直 이인기李仁基도 직기를 개량하여 비단을 생산하였다. 농상공부대신 민병석閔丙奭은 종로 백목전에 종로직조사鐘路織造社를 설립하였고, 제장국장製章局長 정동식은 일본에서 염직기술을 배운 강영우姜永祐와 함께 적선방積善坊 동영동東嶺洞에 한성제직회사漢城製織會社를 설립하였다. 종로직조사와 한성제직회사는 발동기를 이용하여 하루 70~80척尺의 면직물을 짤 수 있는 신식 직기를 갖추었는데, 한성제직회사의 경우 신식 직기 60여 대(협폭직기 50대, 광폭직기 10여 대)를 비치하고 남녀 직공을 모집하였다.[135] 일본에서 방직기술을 익혀 귀국한 김덕창은 1902년 장통방長通坊 중곡동中谷洞에 중곡염직공소中谷染織工所를 설립하였다. 김덕창의 직물공장은 자본금 1만 원에 족답기足踏機[136] 3대를 갖춘 소규모 공장으로 출발했지만 1910년에는 족답기 17대, 직공 40명으로 확장되었다.[137]

연초업의 경우 청일전쟁 이후 외국산 권연초의 수입이 크게 늘어나면서 개항장을 중심으로 외국인 연초 제조업자가 출현하였다. 개항 무렵에는 엽연초葉煙草와 이를 가공한 각연초刻煙草가 판매되었지만, 청일전쟁 때 들어온 일본군과 군속을 따라 권연초卷煙草[138]가 전파되고 1894년 말 길거리에서 긴 담뱃대長煙管 사용이 금지됨에 따라 권연초의 수입과 소비가 크게 증가하였다. 이에 따라 한성부에서 1896년에 일본인 연초 제조업자가 등장하였고, 1899년에 정인홍·서상훈·박영두의 향연합자회사, 서병석과 서상면의 권연회사 등 조선인 연초 제조업자가 생겨났다.[139] 조선인 연초 제조업자 중 대표적인 것은 남서南署 창동倉洞에 설립된 향연합자회사인데, 1902년에 자본금 2,000원의 대한경성향연합자회사大韓京城香烟合資會社로 개칭하였으며, 직공 30명을 두고 권연초를 제조하는 수권기手卷機와 각연초를 제조하는 족답기를 갖추었다.[140]

정미업은 한강 수운을 이용하여 한성부에 쌀을 공급하던 경강상인京江商人의 '용정舂精'에서 기원하였다. 경강상인들은 각도에서 세금으로 운송된 추수미를 자신들의 용정소에서 도정하여 판매하였으며, 상품미의 경우에는 오강객주五江客主[141]들이 산지에서 간단하게 도정하여 운반한 미곡을 한 차례 더 도정하여 시전에 공급하였다. 용정은 원래 미곡유통에 부속된 간단한 가공 공정에 불과한 것이었으나 1880~90년대를 거치면서 일본으로의 미곡 반출이 본격화되고 일본인 거류민에 대한 미곡 공급이 증가함에 따라 동력을 갖추고 정미기, 현미기[142] 등의 기계를 사용하는 정미업으로 발전하였다. 한성에서는 1890년경 서강西江 현석리玄石里에 조선인이 세운 근대식 정미소가 출현하였으며, 인천에서도 1899년 4마력의 증기기관과 정미기를 갖춘 인천정미소가 설립되었다.[143]

이처럼 1890년대 이래 한성부에서는 기존의 수공업적 기반을 토대로 도구의 개량과 신식 기계의 도입에 의하여 직물, 연초, 정미 등의 업종을 중심으로 소비재 공업이 등장하였다. 그렇지만 대한제국기에 설립된 회사들 중 연초업·인쇄업의 일부 회사를 제외하고는 오래 지속되지 못하였다. 특히 설립이 활발하였던 직물업의 경우 1910년대에 존속하고 있는 공장은 중곡염직공소 1개소에 불과하였다.

동래의 수공업 재편과 조계지 공업

구중심과 신중심: 동래와 조계지

조선 후기 부산 지역은 일본과의 관문 역할을 하는 군사적 요충지로서 행정구역상 동래도호부東萊都護府에 속하였다. 동래도호부는 동래부 관아가 있는 동래읍성이 정치와 행정의 중심이었으며, 왜구를 방어하기 위하여 동남 해안에 수군 본영인 좌수영左水營을 두고 서남 해안에 부산진釜山鎭과 다대진多大鎭을 두었다. 또한 부산진과 다대진 사이의 초량에 설치된 왜관倭館에서는 일본과의 외교 교섭 및 교역을 담당하였다.

왜관에서 이루어지는 교역은 매월 6회 개시대청에서 열리는 개시開市와 매일 왜관 수문 밖에서 열리는 조시朝市로 나누어지는데, 왜관의 개시는 동래의 장시와 연계되어 있었다. 즉 읍내장邑內場을 비롯하여 부산장, 좌수영장, 독지장禿旨場(현재 하단 지역)이 왜관 개시와 맞물려 오일장체계를 형성하고 있었다.[144] 장시에서 거래되는 상품은 일상 생활용품이 대부분이었지만 부채, 사발, 종이, 칼 같은 일본산 물품도 거래되었다. 《임원경제지》에는 19세기 전반 동래의 읍내장에 나오는 물품을 소개하고 있는데, 수공업제품으로는 면포, 마포, 비단, 유기, 자기, 솥, 목제품, 죽제품, 종이, 담배, 삿자리 등이 거래되고 있었다.[145]

　조선 후기 동래부에 소속된 장인들은 관아에 필요한 물품을 조달했을 뿐 아니라 장시에 내놓기 위한 제품도 생산하였다. 동래의 수공업은 동래부에 소속된 외공장外工匠의 종류와 규모를 통하여 대체적인 양상을 짐작할 수 있는데, 1740년에 편찬된 《동래부지東萊府誌》에 따르면, 동래부에는 23개 품목에서 127명의 공장이 수공업제품을 생산하였다.[146] 이들 장인 중에는 무기를 제작하는 궁인弓人·시인矢人, 갓을 만드는 입자장笠子匠, 금은세공을 하는 은장銀匠·연마장練磨匠, 가죽을 만드는 피장皮匠, 삿자리를 만드는 점석장簟席匠, 유기를 만드는 유기장鍮器匠 등의 숫자가 많았다. 18세기 들어 관영수공업이 해체되고 관청을 벗어난 장인들이 가포價布를 납부하거나 생산물에 대한 공전工錢을 받게 되었다는 점에서 미루어 볼 때, 《동래부지》에 수록된 장인들은 관청에 소속된 장인이 아니라 관청에 가포를 납부하거나 공전을 받는 장인이었을 것이다. 개항 직전 동래부에 소속된 장인이 10개 품목 28명에 불과하였다는 사실은 수공업자에 대한 관청의 구속이 유명무실화되었음을 보여준다.[147]

　1876년 조일수호조규 체결에 따라 원산, 인천과 더불어 부산이 개항장으로 지정되고 초량 왜관에 일본인 조계지가 설치됨에 따라 동래부에는 새로운 중심지가 출현하였다. 1877년 '부산구조계조약釜山口租界條約'[148] 체결로 왜관이 일본인 조계지로 전환되면서 일본인의 이주가 시작되었다. 일본인 조계지에 부산영사관을 비롯하여 경찰서, 우체국, 병원, 은행 등 주요 기관이 설치되었으며, 조계지를 중심으로 시가지가

정비되고 수도, 전기 같은 기반시설이 구축되었다. 또한 개항 직후 나가사키-부산 항로가 개설된 데 이어 1881년에 고베-부산 항로가 개설되었으며, 1889년 오사카에서 부산까지 소형기선이 정기적으로 운행되었다. 조선 후기 초량 왜관에는 500여 명의 일본인이 상주하였지만 개항 이후 이주하는 일본인이 늘어나서 청일전쟁 무렵에는 조계지 일본인이 5,000명을 넘어섰다.

초기 일본인 거류민의 활동은 무역이 중심이었기 때문에 무역상과 중개상인이 많았으며, 그 밖에 여관, 식당 같은 서비스업에 종사하였

[표 1-5] 동래부와 일본인 전관거류지의 인구 현황

구분 연도	동래부		전관거류지	
	호수	인구수	호수	인구수
1832	7,190	32,158		
1864	6,580	25,100		
1868	7,437	27,449		
1871	7,662	27,329		
1879				700
1882				1,519
1886				1,957
1890				4,344
1895	5,237	20,356		5,035
1899	6,728	27,275		6,326
1901				7,029
1904				11,996

* 출전: 동래부의 인구는 장경준, 〈18~20세기 초 동래 지역의 인구와 주거양태〉,《역사와 세계》37, 2010, 41쪽. 전관거류지의 인구는 相澤仁助,《釜山港勢一班》, 1905, 242~243쪽.

다. 1881년 말 거류민의 업종별 종사자를 보면 전체 325호 중에서 상업 계통으로는 중매상(121호), 무역상(54호), 소매잡상(21호)이 큰 비중을 차지하고 있으며, 서비스업 계통으로는 여관(13호), 요리점(12호), 식당(6호)이 있었다. 이 중 '제공諸工'[149]이라고 명명된 39호가 있는데, 이들은 일본인들을 대상으로 간장, 청주, 과자, 양복 등을 소규모로 만들어 파는 제조업자인 것으로 보인다.[150]

조계지의 인구가 증가함에 따라 조계지 북쪽 해안, 절영도, 복병산 일대로 거류지가 확장되었으며, 시가지를 확보하고 항만시설을 갖추기 위한 북항 매축공사가 1902년부터 1909년까지 시행되었다. 1905년 경부철도가 개통되면서 초량역을 중심으로 시가지가 조성되었으며, 이후 초량역-부산역 선로 연장과 부산역 건설, 영선산 착평공사, 거류지-초량 간의 간선도로 확장을 거치면서 일본인 거류지가 초량, 부산진으로 확장되었다.[151] 청일전쟁 직후 이사벨라 비숍은 부산의 일본인 조계지를 보면서,

그곳은 중요한 영사관들, 은행들, 많은 일본식 상점들과 다양한 영국식-일본식 주택이 넓은 거리를 갖추고 언덕과 바다 사이에 빽빽이 들어찬 꽤 아름다운 마을이다. 거기엔 견고한 옹벽과 제방이 있으며, 자치 당국의 비용으로 배수시설과 점등시설, 도로 건설 등이 수행되어 있다. …… 일본인들은 거주지를 청결하게 할 뿐만 아니라 한국에 알려지지 않았던 산업들을 소개하기도 했는데, 그 산업들은 기계에 의한 탈곡과 정미, 고래잡이, 상어지느러미와 광삼의 요리, 어분비료 제조업 등이다.[152]

라고 일본인 조계지의 근대적 면모를 묘사하였다. 개항 이후 일본인 조계지를 중심으로 시가지와 항만 개발이 진행되면서 전통적인 정치·행정의 중심인 동래와 더불어, 일본인이 세운 근대적 시가지가 출현하고 근대적 공장이 세워졌다.

조계지의 소비재 공업

개항 이후 일본인 조계지가 새로운 중심지로 등장하면서 거류지 일본인의 수요를 충족시키기 위한 새로운 소비시장이 창출되었으며, 일본산 생활용품을 비롯한 외국상품의 수입과 더불어 현지에서 공급하기 위한 방안이 모색되었다. 부산항으로 유입되는 외국 공산품의 현황을 살펴보면, 인천항과 마찬가지로 면직물, 방적사, 견직물 같은 직물류의 수입이 큰 비중을 차지하였다. 청일전쟁 이전에는 영국산 면직물의 수입이 절반을 넘었고 석유, 소금, 견직물, 염료, 일본주 등이 주로 들어왔다. 청일전쟁 이후에는 일본산 방적사의 수입이 크게 늘었고, 석유, 소금, 견직물, 마직물, 목재, 금속제품 등이 주로 들어왔으며, 1903년부터 1905년까지 경부선 철도의 부설, 운영을 위한 철도 재료 수입이 가장 큰 비중을 차지하였다.[153]

　외국 공산품의 수입이 동래의 수공업에 영향을 미쳤을 것이지만 개항 이후 동래 수공업의 변화를 확인할 수 있는 자료는 찾을 수 없다. 대신 민적조사 결과를 통해서 1910년도 동래부의 공업 인구를 파악할 수 있다. [표 1-6]에서 동래부의 직업 구성을 보면, 경상남도와 비교하여 농업 인구가 적고 상업, 어업, 일용직에 종사하는 인구가 많다. 동래부가 부산항을 끼고 있기 때문에 무역이나 장사에 종사하는 상업 인구가 많으며, 부두의 짐꾼 같은 일용직 인구가 많음을 짐작할 수 있다. 동래부의 공업 호수는 273호로, 용남군(913호), 김해군(656호), 창원군 (439호) 다음으로 공업에 종사하는 호수가 많다.[154] 그렇지만 동래읍으로 시야를 좁히면 개항 이후 존속한 것은 담뱃대를 만드는 연관烟管 제조업이 유일하다. 뒷시기의 자료이지만 《경상남도통계연보》(1921)에는 1879년과 1899년에 동래읍에 설립된 연관공장 2개소를 수록하고 있다.[155] 동래읍의 연관제조업은 1910년대에 번성하여 1917년에 연관제조조합이 설립되었다.[156]

부산 지역에서 근대적 공장 설립은 1880년대 일본인 조계지에서 출발하였다. 일본인 조계지가 정비되고 일본인의 이수가 증가하면서 소비시장이 새롭게 창출되었으며, 거류지 일본인의 생활용품을 제공하기 위한 공장이 거류지 인근에 설립되었다. 1883년 용두산 서편의 서정西町에 청주를 만드는 이마니시주조장今西酒造場이 설립되었고, 1886년 간장을 만드는 야마모토장유양조장山本醬油釀造場이 설립되었다. 이어서 행정幸町에 1891년 철제기구를 제작하는 우메사키철공장梅崎鐵工場이

[표 1–6] 동래부의 직업별 인구 현황(1910)

구분 연도	호수 (인구수)	직업별							
		관리	양반	상업	농업	어업	공업	일고	무직
경상남도	291,592 (1,365,079)	1,613 (0.6)	1,292 (0.4)	18,296 (6.3)	252,636 (86.6)	5,087 (1.7)	3,470 (1.2)	8,381 (2.9)	1,979 (0.7)
동래부	13,960 (69,469)	80 (0.6)	28 (2.0)	2,149 (15.4)	8,372 (60.0)	745 (5.3)	273 (2.0)	1,361 (9.7)	472 (3.4)

* 출처: 內部警務局, 《民籍統計表》, 1910, 22~24쪽.

세워졌고 1892년 자본금 3만 원의 부산정미소가 설립되었으며, 1898년 거류지 외곽인 부평정富平町에 자본금 5만 원의 일조정미합자회사日朝精米合資會社가 설립되었다.[157] 이처럼 거류지 일본인에게 필요한 의식주 등 생활용품을 제공하고 수출용 쌀을 가공하기 위하여 거류지에 정미소를 비롯한 근대적 공장이 설립되었다. 또한 부산항은 개항장이자 어업을 위한 일본 선박의 출입이 잦았기 때문에 일찍부터 소형 선박을 건조, 수리하는 조선소가 생겨났다. 1890년 절영도絶影島(현 영도)에 자본금 1만 원의 다나카조선소田中造船所가 설립되었고, 1892년 나카무라조선소中村造船所가 설립되어 일본 목선의 제작과 수리를 행하였다.[158]

일본인 조계지의 공장 설립 현황을 보면, 1883년 이마니시주조장 설립을 시작으로 청일전쟁 이전까지 12개의 공장이 설립되었으며, 러일전쟁 직전까지 총 25개의 공장이 설립되었다. 청일전쟁 이후 일본인 거류민이 증가하면서 통조림 제조, 기와 제조 등의 업종이 추가되었으며, 1901년 자본금 5만 원의 부산전등주식회사가 설립되어 부산항 점등사업을 추진하였다. 당시 세워진 공장 중에서 정미소, 통조림공장, 전등회사를 중심으로 동력기가 도입되었다. 부산정미소는 25마력의

[표 1-7] 일본인 거류지 공장 설립 현황

연도 \ 구분	공장수	업종별
1883~1894	12	주조 2, 양조 5, 정미 1, 철공 2, 조선 2
1895~1904	13	주조 6, 양조 1, 기와 2, 정미 2, 통조림 1, 전기 1

* 출전:《釜山港勢一般》, 1905;《釜山日本人商業會議所年報》, 1907.

전동기와 정미기계를 갖추고 21명의 노동자를 고용하여 하루 100석의 쌀을 가공하였고, 자본금 10만 원의 부산통조림공장釜山罐詰所은 12마력 기계를 갖추고 매일 2천 개의 통조림을 생산하였다. 부산전등회사는 발동기 1대를 사용하여 45kwh의 전력을 생산하였다.[159]

II
식민지 자본주의와
식민지 공업의 형성
(1905~1920년대 중반)

식민지 자본주의로의
전환

조선에 대한 일본의 식민 지배는 종종 타이완에 내한 식민 지배와 비교되지만, 조선의 식민화과정은 청일전쟁에서 승리한 일본이 시모노세키조약으로 할양받은 타이완과는 달랐다. 일본은 타이완과 평후도澎湖島의 일본 할양을 규정한 시모노세키조약이 체결된 직후인 1895년 5월 타이완총독부를 설치하지만 타이완 할양에 반대하는 주민들의 항일투쟁으로 인하여 약 6개월 동안 진압작전을 벌여야 했다. 이듬해 4월에야 군정에서 민정으로 전환한 타이완총독부는 1898년부터 식민지 경제구조 확립을 위한 각종 기반구축사업 — 토지조사(1898~1904), 화폐정리사업(1899~1909), 구관조사舊慣調査(1901~1909), 인구조사(1905) 등 — 을 추진하였다.[1]

일본은 타이완을 식민지로 편입한 이후에 각종 식민지 기반구축사업을 전개한 반면, 조선에서는 러일전쟁을 계기로 식민지 경제구조를 만들기 위한 기반구축사업이 진행되었다. 러일전쟁 발발 직후인 1904년 2월 일본정부는 한성에 입성한 일본군을 앞세워 〈한일의정서〉를 체결하고 "임기응변의 필요한 조치"와 "군략상 필요한 지점의 임의 수용"에 근거하여 경부·경의철도를 군용화하였으며, 8월에 〈제1차 한일협약〉을 체결하여 재정고문을 파견하고 재정고문 주도로 화폐정리에 착수하였다. 러일전쟁 발발 직후 일본이 추진한 화폐정리의 개시는 조선을 일본과 동일한 화폐유통권으로 만듦으로써 일본 상품과 자본이 안전하고 자유롭게 유통될 수 있는 기초를 만드는 것이며, 경부·경의철도의 군용화는 일본과 조선을 국유철도로 통합하고 이를 남만주철도에 연결함으로써 제국주의 경제와 국방에 필요한 인력과 물자가 안전하고 자유롭게 이동할 수 있는 통로를 확보하는 것이었다. 기존의 식민지 경제 연구는 회사령과 토지조사사업에 주목하여 식민지의 출발을 강제병합으로 보았지만, 이미 러일전쟁을 계기로 식민지 경제관계 구축에 핵심적인 화폐와 철도를 일본이 장악함으로써 조선경제는 일본제국주의에 종속된 식민지 자본주의로의 전환이 개시되었다.

식민지 화폐 영역과 교통망의 형성

일본정부는 자국의 상품과 자본이 안전하고 자유롭게 유통되고 투자될 수 있도록 일본과 동일한 화폐제도를 조선에 도입하고자 하였다. 우선 개항장에 국한된 일본화폐 유통을 확산시키고 이를 합법화하는 한편, 조선의 화폐제도를 엔円에 기반한 화폐제도로 개편하여 일본화폐의 통용권에 통합하고자 하였다. 이러한 시도는 청일전쟁과 러일전쟁을 통한 화폐주권의 장악이라는 폭력적인 방식으로 이루어졌다.[2] 청일전쟁

시 일본군의 진군로를 따라 약 600만 엔에 달하는 일본화폐가 살포되었으며, 이렇게 살포된 일본화폐가 〈신식화폐발행장정〉으로 공인되었다. 이에 따라 개항장에서만 유통되던 일본화폐가 내륙까지 확산되었고, 조선화폐와 동질同質 · 동량同量 · 동가同價의 일본화폐의 통용이 합법화되었다. 1897년 일본이 금본위제로 이행함에 따라 조선에서 유통되던 일본화폐를 회수, 교환해야 했지만, 일본화폐 유통의 감소와 일본인 상권의 위축을 우려한 일본정부는 '정부의 낙인이 찍힌 1엔 은화(刻印付一円銀貨)'를 유통시켰다. 이에 대한제국정부는 〈화폐조례〉를 통하여 금본위제를 시행하는 한편, 낙인된 일본은화의 통용을 금지하였다. 1902년 5월 일본정부는 유통화폐 부족을 타개하고사 제일은행을 통하여 약속어음이라는 명목으로 제일은행권을 발행하였다. 이에 대항하여 대한제국정부는 제일은행권 통용을 금지하고 중앙은행 설립과 독자적인 은행권 발행을 시도하였다.

러일전쟁 발발로 일본군의 군수비용 조달을 위하여 제일은행권 유통이 확산되었으며, 〈제1차 한일협약〉 체결로 대장성 관리인 메가타 다네타로目賀田種太郎가 재정고문으로 부임하여 제일은행권의 공인과 화폐제도의 통일, 그리고 구화폐의 회수를 통한 화폐정리에 착수하였다. 메가타가 주도하고 제일은행이 담당한 화폐정리사업은 [제일은행 한국지점의 중앙은행화와 금본위제 실시 → 백동화와 엽전의 회수 및 은행권과 신경화新硬貨의 유통 → 한국은행 설립에 의한 은행권 교체 및 일본 보조화 도입에 의한 신경화 정리]라는 단계로 추진되었다. 통감부로서는 민간은행인 제일은행에 대한 감독 및 국책사업 수행을 위한 자금 조달이 곤란하였기 때문에 식민지 중앙은행 설립을 적극 추진하여

1909년 7월에 한국은행이 설립되고 화폐정리사업은 한국은행으로 이관되었다. 엽전 회수가 완료되는 1911년에 화폐정리사업이 종결되고 1918년 4월 〈화폐법〉이 조선에 시행됨으로써 화폐제도 개편이 마무리되었다.

식민지 중앙은행인 한국은행(1911년에 '조선은행'으로 개칭)의 설립은 타이완은행을 모델로 한 것이었고 화폐정리사업 또한 타이완의 경험을 조선에 적용한 것이었다. 그렇지만 타이완의 화폐제도 개편이 식민지화 이후에 타이완 총독부와 일본정부 사이의 협의와 조정에 의하여 이루어진 반면, 조선의 화폐제도 개편은 러일전쟁을 계기로 화폐주권을 둘러싼 첨예한 갈등과 대립을 폭력적인 방식으로 정리하면서 진행되었다. 식민지 중앙은행과 식민지 중앙은행이 발행하는 중앙은행권을 핵심으로 하는 '식민지 화폐영역'[3]은 동일한 화폐단위인 '엔'을 사용하고 일본은행권과 등가교환이 보장된다는 점에서 식민지 본국의 화폐제도와 동일하지만, 일본은행이 아닌 식민지 중앙은행에서 발행되고 일본은행권을 정화준비正貨準備[4]로 하는 식민지 중앙은행권을 가진다는 점에서 본국과 차이가 있었다. 이러한 차이는 식민지를 엔통화권에 통합하면서도 본국에 정화(금) 준비나 재정 부담을 주지 않으면서 식민지에 개발자금을 공급하고, 식민지의 화폐·금융적 위기가 본국에 파급되는 것을 방지하기 위한 장치로 기능하였다.[5]

한국은행 설립과 한국은행권(1914년 이후는 조선은행권) 유통으로 식민지 화폐영역이 형성됨에 따라 식민지 조선은 일본자본주의에 통합되었고 조선경제는 일본과 동일한 경기순환에 편입되었다. 경기는 일반적으로 생산, 고용, 소득, 물가 등 경제 변수의 운동에 따라 확장(호황),

후퇴, 수축(불황), 회복의 4가지 국면을 거치면서 순환하는데, 러일전쟁을 계기로 일본자본주의의 경기순환이 조선에 그대로 파급되었다. 일본의 경기순환은 조선경제 전반에 커다란 영향을 미쳤는데, 특히 경기가 급격히 침체하면서 경제 전반이 마비상태에 빠지는 '공황crisis'은 물가 폭락, 생산 삭감, 신용 축소, 기업 도산, 임금 하락, 실업 증대 등 공업 전반에 파괴적인 영향을 미치면서 공업구조의 재편을 초래하였다.[6]

조선은행권이 법화法貨로서 통용되는 식민지 화폐영역의 형성이 제국주의의 경제영역에 종속적인 식민지 경제영역을 형성하는 것이었다면, 러일전쟁을 계기로 추진된 경의·경원철도의 군용철도화와 경부철도의 국유화는 폭력적인 방식으로 식민지의 기간산업을 장악하고 일본과 조선, 만주를 철도로 연결함으로써 식민지에 대한 정치·경제·군사적 지배를 확립하는 것이었다. 경인철도 건설에 이은 경부철도 건설은 일본의 정상政商 자본가들이 설립한 경부철도주식회사가 주도한 것이지만 일본정부의 전폭적인 지원이 따랐다. 일본정부의 지원은 제일은행을 경영하는 시부사와 에이이치澁沢榮一 등 정상 자본가들의 요구이기도 하지만 경부철도의 군사적 가치에 주목한 군부의 요청이기도 하였다. 일본군 참모본부는 러시아의 남하에 대항하기 위한 병력 이동과 군수품 수송에 경부철도가 필요함을 인식하고 이미 1892년에 경부철도 예정 노선에 대한 조사를 실시하였으며, 청일전쟁 과정에서 조선정부를 압박하여 경부철도와 경인철도의 부설권을 일본에게 잠정적으로 양도한다는 〈조일잠정합동朝日暫定合同〉을 체결하도록 하였다.[7] 이후 일본의 철도부설권 장악을 저지하려는 대한제국정부와 열강들의 반대가 있었지만 일본의 정계와 재계, 그리고 군부 합동으로 경부철도주식회사의 설립과 자본 조달을 지원하였으며, 자본 부족으로 미국, 영국, 벨기에 자본가들의 투자를 유치하려던 시부사와의 교섭을 중지시킨 것도 군부였다.[8] 러시아와 전운이 감돌던 1903년 12월, 일본정부는 경부철도 속성공사에 관한 칙령을 발포하여 경부철도의 조기 완공을 서둘렀으며, 러일전쟁 발발 직후 일본군은 경의철도와 경원철도를 군용화하고 병참총감 아래 임시군용철도감부臨時軍用鐵道監部를 두어 경의·경원철도 공사에 착수하였다. 경부철도가 1904년 12월에 완공된 데 이어, 경의철도가 1905년 4월에 개통되었으며, 일본군이 점령한 푸순撫順과 번시本溪의 석탄을 운반하기 위하여 안둥安東과 펑톈奉天을 연결하는 군용철도 건설에 착수하였다.

러일전쟁 시기에 개통된 경부·경의철도는 일본의 철도국유화 문제와 연결되면서 국영철도로 전환되었다. 일본에서 철도국유화 문제는 일관수송체계의 확립이라는 관점에서 1890년대 초부터 제기되었는데, 청일전쟁에서 병력 및 물자 수송에 불편을 느낀 군부가 철도국유화를 강하게 주장하였다. 또한 러일전쟁으로 조선의 종관철도와 동청철도 남만주지선(하얼빈-뤼순)을 획득하면서 일본의 철도와 조선의 종관철도, 그리고 안펑철도安奉鐵道를 연결하는 일관수송체계를 수립하기 위하여 일본정부와 군부는 일본철도의 국유화와 동시에 경부철도의 매수를 추진하였다.[9] 일본정부는 1906년 3월 "조선에서 철도 각 선의 관리를 통일하여 운수교통의 민활을 꾀하고 일반영업상 및 군사상의 목적을 달성하기 위하여 …… 한국의 경영을 위하고 또 만주에서 아국我國의 이익의 발전을 위하여" 철도국유화법안과 같이 경부철도매수법안을 통과시키고 국유화된 경부·경인·경의철도를 통감부 철도관리국

에 귀속시켰다.[10]

한편 포츠머스조약과 '만주에 관한 청일협약'으로 랴오둥반도 남단의 조차권과 동청철도 남만주지선을 넘겨받은 일본은 1907년 2월 국책회사인 남만주철도주식회사를 설립하여 남만주지선과 안펑철도의 표준궤도로의 개축·확장 및 철로연변의 부속지 운영에 착수하였다. 1911년 11월 안펑선의 표준궤도로의 개축이 완공되고 안둥과 신의주를 잇는 압록강 철교가 개통됨으로써 한반도 남부의 부산과 만주 중심부의 펑톈이 연결되었다. 이와 더불어 부산과 시모노세키를 잇는 부관연락선이 취항함으로써 일본, 조선, 만주를 잇는 교통체계가 정비되었다. 경부철도 개통에 따라 산요山陽철도는 일본의 산요선과 경부선을 연결하기 위한 정기연락선 운행을 추진하였으며, 1905년 9월 부관연락선 이키마루壹岐丸(1,680톤)가 취항하고 11월에 쓰시마마루對馬丸(1,679톤)가 취항하였다. 다음 해 3월 철도국유화법이 공포되면서 부관연락선도 국영화되었고, 1908년 부산역이 개통되어 기존의 경부선 기점인 초량역과 연결됨으로써 부관연락선과 경부열차의 연결이 원활해졌다.[11]

이처럼 화폐와 철도를 매개로 일본과 조선이 통합됨으로써 사람과 물자의 교류가 크게 확대되었으며, 조선에서 식량과 원료를 수출하고 일본에서 공산품을 수입하는 식민지 경제관계가 정착되었다. 1905년 9월부터 1910년까지 부관연락선으로 오가는 사람이 15만 명에 달하였으며,[12] 부산항의 무역은 러일전쟁 이전인 1903년과 비교하여 1908년까지 5년 만에 약 2.6배 증가하였다. 1908년 부산항의 최대 수출품목인 쌀과 콩이 전체 수출액의 75퍼센트를 차지하였으며, 최대 수입품목인 면직물과 면사가 전체 수입액의 24퍼센트를 차지하였다.[13] 쌀은 생산지에서 경부선을 통하여 부산역으로 입하되었고, 인근 정미소의 도정을 거쳐 일본으로 수출되었다. 부산항으로 수입된 면직물도 경부선을 통하여 대구, 한성 방면의 판매시장으로 반입되었다. 청일전쟁 이후 대일무역에서 나타났던 곡물을 수출하고 면직물을 수입하는 경향은 러일전쟁 이후 교통망의 정비와 교역량의 증가 속에서 '미면교환체제米綿交換體制'라고 불리는 식민지 경제관계로 전환되었다.

자본통제와 식민지 산업정책

본국의 일본은행권 유통영역에 종속된 조선은행권 유통영역을 창출한 일본정부는 새롭게 창출된 영역에서 자본의 유출입을 장악하고 식민지 운영에 적합한 산업구조를 만들어 가고자 하였다. 조선총독부는 식민지에 기반시설을 구축하기 위한 개발자금을 조선은행에서 나오는 차입금과 국채·공채 소화에 의존하였다. 〈조선사업공채법〉(1911.3) 제정에 따라 조선은행은 총독부가 발행하는 공채를 소화하였고, 부족한 자금은 일본은행과 대장성大藏省 예금부에서 차입하였다.[14] 1906년부터 식민지 산업정책을 뒷받침할 산업금융기관으로서 "농공업의 개량·발달"을 표방하는 농공은행農工銀行을 주요 도시에 설립하였고, 농촌에는 지방금융조합(1918년 '금융조합'으로 개칭)을 설립하여 구화폐 교환과 신화폐 보급을 담당하는 한편, 농업자 및 상공업자에게 소규모 자금을 지원하였다. 이어서 〈은행령〉(1912.10)을 공포하여 금융회사의 은행으로의 전환을 촉진함으로써 민간의 자금 수요에 대처하였다. 이들 특수 금융기관과 은행은 법령에 조선총독의 설립 및 해산에 대한 인가권, 경영진 임면권, 업무 전반에 대한 감독권 등을 명시함으로써 총독부의 감독과 통제 아래 놓여졌다.[15]

제1차 세계대전을 계기로 군부와 조선총독부를 중심으로 조선과 만주의 통일적 지배를 지향하는 '선만일체화鮮滿一體化' 정책이 추진되었으며, 금융 면에서 조선은행과 동양척식주식회사가 이를 뒷받침하였다. 조선은행은 1913년에 다롄大連, 펑톈, 장춘長春에 지점을 설치하고 펑톈성奉天省, 즈리성直隸省에 차관을 제공하였으며, 동양척식은 1917년에 해외척식은행으로 전환하여 본사를 도쿄로 이전하고 만주 영업을 개시하는 등 만주로 영업구역을 확장하고 만주에서 조선은행권 통용을 공식화하였다. 조선은행과 동양척식의 만주 진출로 조선 내 산업금융기관의 공백이 생기자 조선총독부는 1918년에 기존의 6개 농공은행을 합병하여 조선식산은행을 설립하고 금융조합의 상급기관으로 금융조합연합회를 설립하여 '식산은행-금융조합연합회-금융조합'에 이르는 산업금융기관을 계통화하였다.[16] 이로써 식민지 산업정책을 뒷받침하는 산업금융기관의 말단까지 일본 금융시장의 잉여자금 및 대장성 예금부의 자금이 투자되는 통로가 만들어졌다.

식민지로 들어오는 물자와 자금에 대한 관리와 통제는 관세와 회사령에 의하여 이루어졌다. 강제병합 직후 일본정부는 조선과 일본 간의 관세를 폐지하여 물자의 자유로운 이동을 통한 양국의 통합을 바랐지만, 영국을 비롯한 서구열강의 반대로 대한제국의 관세를 10년간 유지하는 '특별관세제도'를 시행하였다. 그렇지만 일본이 관세자주권을 회복하고 1911년 7월부터 '신관세법'을 시행하게 되면서 조선총독부는 〈조선관세령〉(1912.3)을 제정하고 수출세와 수입세를 폐지하는 방향으로 관세를 개정해 나갔다.[17] 우선 대일 쌀 수출을 위해서 쌀을 비롯한 여러 품목의 수출세를 폐지하고, 수출을 위하여 수입하는 물품에 대한 수입세를 면제하였다. 또한 〈조선육접국경관세령朝鮮陸接國境關稅令〉(1913.3)을 제정하여 압록강 하구에서 두만강 하구에 이르는 국경에서의 수출입을 통제하는 한편, 국경의 수출입세를 3분의 1로 경감하여 교역 장벽을 낮추었다. 1919년 1월에는 수출세를 모두 폐지하여 일본으로 이출을 원활하게 하는 한편, 특별관세제도 폐지에 대비하였다.

관세가 물자에 대한 통제였다면 회사령은 자본에 대한 통제였다. 조선총독부는 1910년 12월 〈조선회사령〉을 공포하여 회사 설립과 지점 설치에 대한 허가주의를 채택하고, 회사가 "명령이나 허가의 조건을 위반하거나, 공공의 질서, 선량한 풍속에 반하는 행위를 했을 때"(제5조)에는 총독이 사업의 정지, 지점의 폐쇄, 회사의 해산까지 명령할 수 있도록 규정하였다. 회사 설립 및 활동에 대한 통제는 조선인 회사뿐만 아니라 일본인 회사에도 동일하게 적용되었다. 회사령을 제정한 의도는 개항 이후 성장하고 있는 조선인 자본과 조선에 진출하려는 일본인 자본을 규제함으로써 일본자본주의의 요구에 적합한 식민지 산업구조를 창출하기 위한 것이었다. 제1차 세계대전 직후의 '대전호황'으로 조선에 대한 일본의 자본투자가 늘어남에 따라 총독부는 1918년 6월에 〈조선회사령〉을 개정하여 조선에 지점을 둔 일본 회사는 일본 상법을 따르게 하였다. 이로써 허가주의는 유명무실해졌으며, 2년 후에 〈조선회사령〉은 폐지되었다.

회사령 폐지에 즈음하여 상공업계 초미의 관심사로 떠오른 것은 관세 문제와 '조선산업조사위원회朝鮮産業調査委員會'였다. 관세제도는 10년간 대한제국의 관세를 유지하는 '특별관세제도'가 1920년 8월로 만료되기 때문에 관세 폐지 여부가 논란거리였다. 관세 폐지에 대한 입장은 조선인과 일본인이 상반되었다. 일본에서 관세 폐지방안을 검토하고 총독부에서도 관세 철폐를 표방하자 조선인 상공업자들은 강력하게 항의하였다.《동아일보》에서는 관세 철폐가 ① 조선에서 생산되는 값싼 원료를 보다 생산시설이 잘 갖추어진 일본으로 무제한 방출되게 할 것이고, ② 일본산 상품이 조선에 물밀듯 밀려와 국내시장을 독점하여 자본과 기술 면에서 열세에 있는 조선의 공업을 흔적도 없게 할 것이며, ③ 총독부의 수입원이 감축되어 조선인들의 조세 부담이 증가하게 될 것이라면서 반대하였다.[18] 반면 일본인 상공업자를 대변하는 상업회의소에서는 관세 철폐를 지지하였다. 경성상업회의소에서는 총독부의 자문에 대한 답신에서 조선의 관세는 일본의 현행 관세법을 시행하고 이입세는 원칙적으로 철폐하되 일정한 범위의 산업보호 관세와 재정수입상의 관세는 유지할 것을 요구하였다.[19] 결국 1920년 8월 일본 관세법이 적용되고 총독부의 재정 수입을 고려해서 이출세만 폐지되고 이입세는 유지되었다.

식민지 조선에서 산업정책을 수립하기 위하여 개최된 '조선산업조사위원회'는 재조선 일본인 자본가의 요청에 의한 것이었다. 상업회의소는 직면한 경제불황에 대한 체계적인 대책과 산업개발을 위한 장기적인 정책을 총독부에 요청하였고, 총독부에서도 관세 문제가 일단락된 상태에서 산업정책에 대한 의견을 수렴할 필요가 있었다. 총독부는 각지의 상업회의소에 자문을 의뢰하였고, 자문안을 토대로 산업정책의 일반방침을 작성하였다. 산업조사위원회 설치를 앞두고 조선인 자본가들은 조선인 산업대회 등을 통하여 '조선인 본위'의 산업정책을 요청한 반면, 상업회의소에서는 조선을 식량 및 공업원료 공급지로 만들려는 총독부의 정책에 편승하여 '조선을 본위'로 한 산업정책을 요청하였다.[20] 1921년 9월 산업조사위원회에서 채택한 〈조선산업에 대한 일반방침〉에서는 일본제국의 산업방침에 순응하는 식량·공업원료 공급지로서의 역할을 확인하였을 뿐이며, 공업의 장려는 조선 내 수요액이나 이출액이 상당한 업종 및 소공업에 한정되었다.[21] 산업조사위원회를 통해 결정된 산업정책은 총독부와 재조선 일본인 자본가들의 의견을 반영한 것이었으며, 식민지라는 조선의 현실에 기반하였다는 의미에서 '조선을 본위'로 한 산업정책이었다.

식민지 공업의 형성

식민지 공업의 발흥과 정착

1921년의 산업조사위원회에서 확인하였듯이, 조선경제는 일본의 식량·원료 공급지이자 상품시장으로 자리매김되었고, 조선총독부의 산업정책은 식량·원료의 증산 및 반출에 맞추어졌다. 이에 따라 공업에 대한 지원은 공업원료를 생산하는 업종에 한정되었고, 산업정책에 장애가 되지 않을 수공업 및 소공업小工業이 장려되었다. 강제병합 이후 이러한 식민지 경제관계를 잘 보여주는 것은 일본과의 무역이다. [표 2-1]에서 1910년대 조선·타이완의 일본과의 교역 현황을 보면, 조선의 쌀과 콩, 타이완의 설탕과 쌀이 반출되고 일본의 면직물이 반입되는 전형적인 식민지 무역구조였다. 1914년부터 1919년까지 타이완의 대일무역 규모가 2.7배 증가한 데 비하여 조선의 대일무역 규모는 5.7배 증가하였는데, 이러한 증가를 견인한 것은 면직물의 이입과 쌀의 이출이었다. 특히 쌀의 이출이 크게 증가하여 이입 초과에서 이출 초과로

전환되었다. 이입에서 면직물 비중이 감소하지만 여전히 최대의 이입
품이었으며, 면사 이입이 감소하면서 철도 건설 및 운영을 위한 선철
및 강재, 석탄의 이입이 증가하였다. 이출에서는 쌀의 이출이 현저하게
증가하여 쌀과 콩의 이출이 전체 이출액의 3분의 2를 차지하였고, 겸
이포제철소의 조업 개시로 인하여 선철의 비중이 증대하였다.[22]

일본에서 식민지 쌀의 수요는 기본적으로 저렴한 식민지 쌀을 공급
하여 도시 노동자의 저임금을 유지하기 위한 것이었다.[23] 이를 위하여
총독부는 품종개량에 중점을 두어 일본인의 기호에 맞는 품종을 보급

[표 2-1] 조선·타이완의 주요 이출입품 현황(1914·1919)(천원, %)

국별	1914		1919년	
	이입	이출	이입	이출
조선	면직물 7,586(19.4)	미 14,254(49.9)	면직물 25,395(13.7)	미 106,550(53.3)
	면사 2,069(5.3)	대두 4,135(14.5)	철·강 7,960(4.3)	대두 22,936(11.5)
	사탕 1,437(3.7)	조면 1,099(3.8)	석탄 5,535(3.0)	선철 9,735(4.9)
계	39,047(100)	28,587(100)	184,918(100)	199,849(100)
타이완	면·견직물 5,141(12.9)	사탕 27,673(60.5)	면·견직물 8,122(9.0)	사탕 79,112(55.8)
	건치어 2,861(7.2)	미 6,905(15.1)	건치어 6,814(7.5)	미 34,492(24.3)
	비료 1,831(4.6)	동 2,053(4.5)	비료 6,076(6.7)	알콜 12,240(8.6)
계	39,879(100)	45,738(100)	90,527(100)	141,886(100)

* 출전: 金子文夫, 〈資本輸出と植民地〉,《日本帝國主義史》1, 373쪽에서 재구성.

하였고, 1913년 쌀에 대한 이출세를 폐지하여 쌀의 이출을 장려하였다. 일본으로 쌀 이출이 급증함에 따라 정미업이 부각되었다. 쌀을 일본으로 반출하기 위해서는 조선산 현미를 일본에서 원하는 규격과 품질에 맞는 백미로 도정해야 하기 때문에 1900년을 전후하여 부산, 인천 등의 교역항을 중심으로 증기기관과 정미기를 갖춘 근대식 정미소가 설립되기 시작하였다.[24] 러일전쟁 이후 부산항을 중심으로 무역상이나 미곡상이 정미업에 투자하면서 정미업의 규모가 확대되었으며,[25] 1910년대 들어서 쌀 이출이 크게 늘어나면서 정미업은 단일 업종으로 전체 공업생산액의 절반 정도를 차지하는, 공업에서 대표적인 업종이 되었다.

정미업 이외에도 러일전쟁 이후 경성, 부산, 인천 등지의 일본인 거류지를 중심으로 다양한 업종들이 생겨나기 시작하였다. 일본영사의 관할 아래 있던 일본인 자치기구는 1905년 3월 〈거류민단법〉 제정으로 법인화됨으로써 일본법률의 보호 아래 부동산 거래 및 공공사업이 가능하게 되었으며, 일본인 상공업자들은 상업회의소를 매개로 상업이나 무역활동을 왕성하게 전개하였다. 러일전쟁 발발 직전에 3만 명 정도이던 재조선 일본인은 1910년에 17만 명을 넘어섰는데, 이들의 직업 구성을 보면, 상업자(48,802명), 잡업자雜業者(35,543명), 관리(22,931명), 공업자(17,795명), 노동자(17,994명), 농업자(7,812명), 어업자(5,415명) 등으로, 상공업 관련 인구의 비중이 높았다.[26] 거류지 일본인이 증가하고 이들에게 생활용품을 공급하는 시장이 커지면서 거류지 내에서 생활용품을 생산하는 공장들이 속속 등장하였고 상업이나 무역활동에 종사하는 일본인들도 공업 관련 투자에 눈을 돌리게 되었다. 일본인의 공업 투자 및 공장 설립의 활성화는 조선인 사업가와 기술자의 공장 설립에도 영향을 미쳤다. 경성의 경우 마포와 용산의 정미소, 종로와 동부東部의 제화점을 비롯하여 금은세공, 연초, 인쇄, 직물 등 개항 이래 주목을 받았던 업종에서 공장이 들어서기 시작하였다.

[표 2-2]는 1913년의 공장통계를 토대로 하여 경성, 인천을 포함하는 경기도 지역의 공장 설립 추이를 정리한 것인데, 러일전쟁과 강제병합을 경과하면서 개항장과 도시를 중심으로 식민지 공업이 형성되는 모습을 보여준다. 1913년의 공장통계는 경기도에 한정된 것이고 러일전쟁 전후의 상황을 정확하게 파악하기 곤란하다는 한계는 있지만, 전체 공장의 절반가량을 포괄하고 있고 노동자 5인 이상의 공장에 대한 최초의 통계라는 점에서 공장 설립의 대체적인 경향과 추세를 엿볼 수 있다.[27]

우선 시기별 공장 설립 추세를 보면, 러일전쟁 이후에 공장이 활발하게 설립되었다. 1913년에 존속하고 있는 경기도의 공장은 러일전쟁 이전에 13퍼센트가 설립되었고, 러일전쟁 시기부터 강제병합 이전까지 41퍼센트, 강제병합 이후에 46퍼센트가 설립되었다. 러일전쟁 이전에 설립된 공장은 조선인 공장이 많은데, 경성 동부東部의 제화점, 안성의 유기점, 양지陽智와 안산安山의 솥 만드는 대장간, 가평, 죽산, 시흥의 도기점은 19세기 수공업 제조장이 존속하고 있음을 보여준다.[28] 일본인 공장으로는 양조장, 과자점, 인쇄소, 정미소, 철공소 등이 경성과 인천의 거류지에 일찍이 자리 잡았다.

러일전쟁 이후 일본인 거류지를 중심으로 일본인 공장이 활발하게 설립되었다. 경성의 일본인 거류지를 중심으로 기존의 양조장, 과자점, 인쇄소, 정미소, 철공소가 늘어났으며, 연초공장, 음료수공장, 기와공

[표 2-2] 경기도의 업종별·민족별 공장 설립 추이

구분 연도	조선인 공장			일본인 공장			계
	경성	인천	기타	경성	인천	기타	
1903년 이전	7 (제화 6 직물 1)	–	14 (도자기 8 유기 4 철공 2)	5 (과자 2 양조 2 가구1)	5 (인쇄 4 음료수 1 철공1)	1 (기와 1)	32
1904~1909년	22 금은세공 2 직물 1 인쇄 2 (제화 9 정미 5 철 1 모자 1 연탄 1)	–	3 (정미 1 철공 1 도자기 1)	56 (과자 9 인쇄 9 연초 6 양조 6 철공 5 정미 4 음료수 3 장복 3 기와 3 전기 2 가구 1 우리 1 목제품 1 비누 1 석회 1 양조 1)	13 (철공 5 양조 3 정미 2 제분 1 제면[인쇄 1제염 1])	5 (기와 3 정미 1 양조 1)	99
1910~1913년	33 (정미 18 연초 3 직물 3 인쇄 3 금은세공 2 제화 2 기와 1 가구 1 제지 1)	–	10 (도자기 4 제지 2 정미 1 직물 1 제면 1 철공 1)	45 (과자 7 철공 6 인쇄 6 전기 3 연초 3 정미 2 염료 2 타일 2 제면 1 음료수 1양복 1 양조 1 도금 1 제분 1 도자기 1 지함 1 제면 1 유리 비누 1 스분 1 제빙 1 제유1)	18 (정미 6 제면 6 제면 2 제본 1 과자 염료 1 양조 1 제분 1)	6 (정미 3 직물 1 피혁 1 기와1)	112
계	62	–	27	106	36	12	243

* 출전: 朝鮮總督府,《京畿道統計年報》, 1913, 297~311쪽.

장, 염료공장, 비료공장 같은 새로운 공장이 들어섰다. 인천에서도 일본인 거류지를 중심으로 양조장, 철공소, 정미소, 제염소製鹽所, 제면소製麵所 등의 공장이 들어섰다. 일본인의 공장 설립과 더불어 조선인 공장도 활발하게 설립되었다. 종로와 동부의 제화점, 마포의 정미소를 비롯하여 금은세공, 인쇄, 직물 등의 업종에서 공장이 들어섰다. 통상 〈회사령〉 시행을 계기로 조선인 회사, 공장의 설립이 크게 위축된 것처럼 생각하지만, 1910년 이후 조선인 공장의 절반가량이 설립될 정도로 공장 설립이 활발하였다.[29] 마포를 중심으로 경성 지역에 쌀을 공급하는 정미업이 발흥하였고, 연초공장, 직물공장, 인쇄소, 제화점 등 경성의 소비시장을 대상으로 각종 생활용품을 공급하는 공장이 설립되었다.

　지역별로는 도시와 일본인 거류지를 중심으로 공장이 설립되었다. 러일전쟁 이후 공장 설립은 경성과 인천으로 집중되었는데, 경기도의 공장 중에서 90퍼센트에 달하는 공장이 경성과 인천에 설립되었다. 수원에도 수원전기주식회사를 비롯하여 정미, 직물, 철공 관련 공장 및 조합이 들어섰다.[30] 경성과 인천의 일본인 거류지에 일본인 공장이 집중되었고 인천에 조선인 공장이 없는 것은 러일전쟁 이후의 공장 설립이 일본인 거류지를 중심으로 이루어졌음을 보여준다. 일본인 거류지를 중심으로 설립된 일본인 공장은 일상생활용품을 공급하기 위한 업종이 대부분이었고, 점차 거류지를 넘어 상업 중심지와 기차역, 선착장 같은 교통 요지로 확산되었다.

　러일전쟁과 강제병합을 거치면서 형성된 식민지 조선의 전체적인 공업 상황을 조망할 수 있게 해주는 것이 [표 2-3]의 1913년 공장 현황이다. 업종별 생산액 비중을 보면 식료품 공업에서는 정미업, 기타 공업에서는 연초제조업의 비중이 크며, 그 밖에 인쇄업, 전기업, 제면업, 양조업이 생산액 100만 원을 넘었다. 특히 도시의 식량 수요와 쌀 이출을 담당하는 정미업은 전체 생산액의 57퍼센트를 차지하였고, 연초업이 14퍼센트를 차지하여 두 업종의 생산액 비중이 70퍼센트를 넘어섰다. 민족별 비중을 보면 일본인 공장이 전체 공장수의 72퍼센트, 자본금의 89퍼센트, 생산액의 88퍼센트를 차지하여 공업에서 지배적인 지위를 점하게 되었다. 민족별로 주력하는 업종이 상이한데, 조선인 공장은 직물업, 제지업, 신발제조업(양화점 · 제화소), 도자기제조업, 기계기구제조업(철공소), 정미업 등의 업종에서 주로 설립되었고, 일본인 공장은 도자기제조업, 기계기구제조업(철공소), 정미업, 연초제조업, 과자제조업, 양소업, 제염업, 인쇄업 등의 업종에서 많이 설립되었다. 공장 설립의 확대와 더불어 원동기 보급도 늘어났다. 원동기는 에너지원에 따라 석유, 가

[표 2-3] 1913년 공장 현황 (단위: 천원)

		방직	금속 · 기계	요업	화학	제재	인쇄	식료품	전기	기타	계
조	공장수	15	34	17	11	1	6	31	–	21	139
	생산액	225	177	48	16	27	44	1,824	–	170	2,819
	기관수	12	2	1	1	–	3	30	–	–	50
일	공장수	11	40	31	16	9	40	196	10	36	385
	생산액	1,200	623	572	2,436	202	1,054	21,018	1,559	5,101	32,172
	기관수	14	23		13	8	15	141	24	15	255
계	공장수	27	75	48	17	10	46	166	13	58	532
	생산액	1,449 (4.0)	1,676 (4.6)	620 (1.7)	2,515 (6.9)	229 (0.6)	1,098 (3.0)	22,853 (62.8)	1,642 (4.5)	5,618 (15.4)	36,394 (100)
	기관수	26	27	1	17	8	18	174	30	18	319

* 출전:《朝鮮總督府統計年報》, 1913.

스, 증기, 전기로 나눌 수 있는데, 1910년대에는 석유, 가스, 증기에서 전기로 에너지원이 옮겨가고 있었다. 일본인 공장을 중심으로 원동기가 보급되고 있으며, 조선인 공장도 정미업, 직물업, 제면업, 인쇄업에서 원동기가 도입되고 있었다.[31]

러일전쟁 이후 발흥하였던 식민지 공업이 변화하는 계기는 제1차 세계대전이다. 1914년 전쟁 발발로 유럽이 전쟁터가 되고 유럽에서의 수입이 단절되면서 초기에는 잠시 혼란스러웠지만 1915년 하반기부터 일본은 유례없는 호황으로 진입하였다. 유럽에서 아시아시장으로 물자 유입이 끊어지면서 일본은 무주공산인 아시아시장을 장악해 나갔고, 해운업과 이를 뒷받침하는 조선업을 필두로 산업 전반이 비약적으로 발전하였다.[32] 1915년부터 1919년까지 지속된 '대전호황大戰好況'[33]은 일본자본주의가 도약하는 기반이 되었지만 식민지에 미친 양상은 일본과 달랐다. 식민지 조선에서는 독일에서의 수입 두절과 영국, 미국에서의 수입 격감을 이내 일본에서의 수입이 대체하였고, '대전호황'의 파급에 따른 내수 확대와 공업 원료에 대한 수요 등으로 인하여 회사 및 공장의 설립이 촉진되었다. 조선총독부 중앙시험소 기사인 우노 사부로宇野三郎는 제1차 세계대전 발발 이후 조선의 공업 상황에 대하여,

구주전란歐洲戰亂 후 내지內地의 공업은 승천의 세로서 발흥하여 해외무역이 이미 7억 원의 정화正貨를 득得하였다 하는도다. 내지 공업의 발흥은 우리 조선에 공업 원료의 수요를 환기할 뿐 아니라 대공업조직의 제조공업, 즉 야금철공업을 비롯하여 시멘트, 사탕, 제분, 방적, 도자기 기타 화학공업이 다수의 자본가로 인하여 창립되고자 하는 바는 실로 경하할 것[34]

이라고 일본의 공업 발흥과 수출 신장으로 조선에서 공업 원료의 공급 확대와 더불어 공업 부문 투자가 활성화되고 있다고 서술하였다.

일본의 '대전호황'이 조선으로 파급되면서 공업 부문이 크게 확대되었다. 1915년부터 1919년까지의 호황 동안에 전체 공장수가 2.4배 증가하였는데, 조선인 공장이 4.7배 증가하여 일본인 공장을 추월하였다. 4년 동안 조선인 공장은 공장수뿐만 아니라 생산액에서 8.9배, 노동자수에서 3.1배나 증가하였다. 그렇지만 조선인 공장의 성장 추세는 공장수나 생산액, 노동자수의 확대 같은 양적 성장에 머물렀을 뿐, 원동기의 도입을 통한 생산설비의 근대화로 진전되지 못하였다.[35] 반면 '대전호황'을 탄 일본자본의 조선 진출로 일본인 공장의 자본금이 크게 증가하였다. 1910년대 후반 조선에 진출한 대표적인 공업계 회사로는 미쓰이三井 계열의 조선방직(1917, 부산), 조선생사(1919, 대구), 남북면업(1919), 소노다小野田시멘트(1919, 평양), 미쓰비시三菱 계열의 미쓰비시제철(1917, 겸이포)이 있다. 이 밖에 철도 부문에서 사설철도 건설을 위하여 1919년에 설립된 7개의 철도회사가 1923년에 조선철도주식회사로 합병되었고, 제사업에서 야마쥬제사山十製絲(1918), 가타쿠라제사방적片倉製絲紡績(1919)이 대구에 제사공장을 설립하였다.

대전호황을 탄 조선인 공장과 일본인 공장의 확대는 1920년의 '전후공황'을 통과하면서 정돈되었다. 1920년 3월 주식가격 폭락을 계기로 시작된 일본의 공황은 상품가격의 급격한 하락으로 이어졌으며, 6월에 시작된 미국발 공황의 영향으로 생사 수출이 격감하면서 불황이 심화되었다.[36] 일본의 공황은 이내 조선에 파급되어 가격 폭락, 상거래 위축, 금융 경색, 구매력 격감을 초래하면서 대전호황을 타고 성장하던 공업 부문에 타격을 주었다. 공장의 감소는 미미하였지만 내수 위축으로 생산액이 30퍼센트 가까이 감소하였다. 1920년대 전반 일본자본주의는 일본은행을 중심으로 하는 구제금융을 통하여 과잉축적을 처리하고 중화학공업화를 통하여 독점단계로 진입한 반면, 조선에서는 대전호황으로 우후죽순처럼 설립, 확대된 공장이 위축되고 정돈되었다.

제1차 세계대전 이후 대전호황과 공황을 거치면서 식민지 공업은 어떻게 변화하였을까? [표 2-4]는 1916년부터 1925년까지 10년 동안 공장의 생산액, 노동력, 원동력의 추이를 정리한 것인데, 대전호황과 공

[표 2-4] 민족별 공장 지수 추세(1916~1925)

민족별 연도	조선인 공장				일본인 공장			
	공장수	1공장당 생산액	1공장당 노동자수	1공장당 마력수	공장수	1공장당 생산액	1공장당 노동자수	1공장당 마력수
1916	416	13.1	12.4	2.1	645	72.9	35.4	20.6
1917	605	13.8	12.2	1.3	735	114.8	44.1	28.3
1918	815	27.8	11.3	1.5	875	145.2	38.1	23.9
1919	956	31.9	11.1	1.4	929	206.3	40.0	36.5
1920	943	22.6	10.8	1.5	1,125	137.0	37.1	63.0
1921	1,088	22.0	9.6	1.4	1,276	108.1	28.4	59.2
1922	1,336	16.4	11.0	1.6	1,525	89.6	23.8	53.6
1923	1,602	21.1	10.1	1.8	1,792	97.7	22.5	42.0
1924	1,768				2,025			
1925	2,005	34.5	10.7	3.0	2,085	108.8	20.5	49.8

* 출전: 《朝鮮總督府統計年報》, 각년판.

황을 경과하면서 조선 공업이 소공장 위주로 편성되어 가는 상황을 살펴볼 수 있다. 전체적인 추세를 보면, 양적인 면에서 10년 동안에 공장수는 4배, 생산액은 6.2배 증가하였지만 공장당 수치는 양적인 확대와 거리가 있다. 공장의 규모를 보여주는 공장당 노동자수는 1917년을 정점으로 지속적으로 감소하여 1920년대에는 19~20명 선으로 수렴된다. 공장의 내실을 보여주는 공장당 마력수는 공황기에 크게 상승하였다가 이후 다소 감소하여 30마력 선으로 수렴된다. 공장당 노동자수와 마력수가 보여주는 이러한 추세는 대전호황과 공황을 거치면서 30마력 정도의 동력을 갖추고 20명 정도의 노동자를 고용하는 소규모 공장이 일반화되었음을 보여준다.

전반적인 추세는 민족별로 상이하게 나타난다. 조선인 공장의 경우 공장당 노동자수는 10~12명 선에서 등락하였고, 공장당 마력수는 1.5마력 정도였다가 공황을 거치면서 다소 증가하였다. 일본인 공장의 경우 공장당 노동자수는 대전호황을 타고 40명대로 증가하였다가 공황을 거치면서 점차 감소하여 20명 선으로 수렴하였고, 공장당 마력수는 공황을 거치면서 20마력 선에서 50마력 선으로 크게 증가하였다. 민족별 추세에서 두드러지는 점은 일본인 공장의 영세화이다. 공황을 거치면서 일본인 공장에서 고용하는 노동자수는 2분의 1로 축소되었고, 이에 따라 조선인 공장과의 격차가 줄어들었다. 1910년대에 1대 4에 달하였던 조선인 공장과 일본인 공장의 격차는 공황을 거치면서 1대 2로 크게 줄어들었다. 또한 공황을 거치면서 동력화가 진전되었다. 일본인 공장은 공황을 거치면서 영세화와 더불어 동력화가 진전되었으며, 조선인 공장도 공황 이후 동력화가 진전되었다. 1910년대 들어 공장의 동력원으로 전력이 보급되기 시작하여 전동기가 석유발동기를 대체해 나갔으며, 공황을 거치면서 전력이 보편적인 동력원으로 자리 잡았다.

대전호황과 공황을 거치면서 식민지 조선은 타이완을 능가하는 공업지로 부상하였다. 1914년 조선의 공장수는 타이완의 절반에 불과하였지만, 1923년에 타이완을 추월하였고 이후 조선 공업의 우위는 유지되었다.[37] 양적인 팽창과 더불어 나타나는 공장의 영세화와 동력화 추세, 즉 30마력 정도의 동력을 갖추고 20명 정도의 노동자를 고용하는 소규모 공장이 일반화되었다는 점은 식민지 공업이 안정화되었다는 사실을 보여준다. 이는 식민지 기반구축사업이 마무리되면서 일어난 조선인 공장의 일본인 공장 따라잡기의 결과이면서 대전호황으로 인한 일본자본의 진출과 일본인 공장의 확장이 이어지는 공황 속에서 정돈되었다는 점에서 식민지 공업이 '정착'하였음을 보여준다.

식민지 공업의 특징

식민지 공업으로서 조선 공업은 러일전쟁 직후부터 1920년대 전반에 이르기까지 다양한 기반을 통하여 형성된 업종들로 구성되었다. 식민지 공업을 구성하는 첫 번째 기반은 일본에 식량 및 원료를 공급하기 위한 업종이다. 러일전쟁 이후 식민지 자본주의의 기반 구축 및 미면교환체제의 성립과 더불어 일본으로 반출되는 식량 및 원료를 가공하는 공장이 설립되었다. 대표적인 것이 정미업인데, 미곡무역에 종사하는 일본인 상인들이 개항장을 중심으로 정미기를 갖춘 정미소를 설립하여 수출용 정미를 생산하였다. 그 밖에도 수출용 면화를 가공하는 제면업, 수출용 가죽을 가공하는 피혁업, 철광석을 가공하는 제철업 등의 업종에서 공장이 설립되었다. 두 번째 기반은 조선경제의 인프라 구축에 필요한 업종이다. 일본은 식민지 경영을 위하여 철도, 도로, 항만을 근간으로 하는 유통망을 정비하고 도시를 중심으로 기반시설을 구축하였는데, 대표적인 업종이 철도차량업과 전기가스업이다. 조선총독부 철도국[38] 산하에 있는 철도공장은 가장 규모가 큰 관영공장으로, 철도차량의 생산, 조립 및 수리를 담당하였다. 전기가스업은 조선총독부의 '1지역 1사업 원칙'에 따라 권역별로 전기사업을 독점하는 회사가 설립되었다. 세 번째 기반은 일본인 거류민을 대상으로 생활용품을 생산하는 업종이다. 러일전쟁 이후 일본인이 증가하면서 일본인 거류지에서 일본인에 의한 공장 설립이 이루어졌는데, 주로 주조, 양조, 정미, 철공, 과자, 제화 등의 업종이 중심이었다. 주조업에서는 일본 청주, 양조업에서는 일본식 간장·된장, 정미업에서는 현미를 도정한 정미, 철공업에서는 일본식 가옥에 필요한 철물, 제빵·제과업에서는 일본식 과자 등 일본인의 생활 및 기호에 맞는 제품을 생산하였다. 이들 업종은 거류지 일본인의 수요를 충족시키면서 점차 거류지 외부로 확산되었다. 네 번째 기반은 전통적인 수공업에서 유래한 업종이다. 종래 왕실, 관청과 도시 거주민의 생활용품 수요를 충당하던 도시의 수공업은 식민지 자본주의로 재편된 이후에도 전래의 수공업적 생산방식을 유지하면서 존속하였다. 직물(재래 면포·견포·마포), 금은세공, 유기, 도자기, 제지, 가구, 주조(소주·약주·탁주) 등의 업종이 중심이었으며, 조선인에 의하여 영세한 규모로 운영되었다.

이상에서 살펴본 4개의 기반에서 나온 업종이 식민지 공업의 주요한 부분을 형성하였다. 이러한 식민지 공업의 구성에 대한 인식은 근대산업/재래산업이라는 이분법에 입각하여 식민지에서의 공업화를 바라보던 기존의 인식이 가진 한계를 드러낸다. 식민지 공업은 외부에서 이식된 근대적 업종만으로 이루어진 것도 아니고, 조선인이 운영하는 재래업종을 배제하는 것도 아니다. 식민지 공업은 4개의 서로 다른 기반에서 발생한 업종들, 철도차량을 생산하는 근대적 업종에서 놋그릇을 생산하는 전통적 업종까지 식민지 공업을 구성하는 일부분으로 전환시킨다. 재래산업은 소멸되어야 할 부분이 아니라 식민지 공업의 일부분으로서 새로운 역할과 기능을 부여받았다. 재래산업은 산업예비군의 재생산을 보장하고 근대산업에서 흡수하지 못하는 노동력을 간직함으로써 식민지 공업의 토대로서 기능하였다. 식민지 공업에 대한 이러한 이해는 근대성/식민성에 대한 새로운 이해로 나아간다. 식민지 공업에서 식민성이란 근대적 부분 또는 전통적 부분, 일본인 공장 또는 조선인 공장에 있는 것이 아니라, 이 모든 부분을 식민지 공업의 일부분으로 전환시키는 식민지 공업의 구성 자체에 존재하는 것이라고 보아야 할 것이다.

러일전쟁을 계기로 식민지 조선에서 형성된 식민지 공업은 일본의 다른 식민지와 구별되는 특징을 지니고 있다. 첫째, 식민지 공업은 식민 본국에 필요한 식량 및 원료를 공급하기 위한 가공업의 비중이 컸다. 일본의 식민지였던 타이완은 식민지 공업의 이러한 특징을 잘 보여준다. 타이완에서는 1910~20년대에 걸쳐 공업 생산의 절반 이상이 제당업에 집중되어 있는데, 이는 타이완을 일본 제당업의 원료 공급지로 삼았기 때문이다.[39] 타이완총독부의 지원 아래 타이완에 진출한 일본인 제당공장은 선진적 설비와 사탕수수의 독점 매입을 기반으로 타이완인 제당공장과 전통적 제당시설(당곽糖廍)을 구축해 나갔다. 1910년대 후반에는 일본계 5대 제당회사의 독점적 지배 속에서 생산된 설탕의 80퍼센트 이상을 일본으로 수출하였다.[40]

조선에서 타이완과 비교할 수 있는 업종은 정미업이다. 일본으로 수출하는 쌀을 가공하는 정미업은 1910년대 공업 생산의 40퍼센트에 달하였으며, 산미증식으로 일본으로 쌀의 이출이 본격화되는 1920년대에는 50퍼센트를 넘어섰다. 공업 생산에서 정미업의 비중이 높았지만 타이완과 비교할 때 업종별 편중도는 낮은 편이다. 타이완에서는 제당업 단일 업종의 비중이 공업 생산의 50퍼센트를 넘고 식료품공업의 비중이 70퍼센트를 상회하는 데 비하여, 조선의 식료품공업은 50퍼센트 전후의 비중이었다.

[표 2-5] 조선·타이완 공업 생산의 업종별 구성(1914~1925)

		방직	금속	기계	요업	화학	제재	인쇄	식료품	기타
조선	1915	4.0	15.8	0.2	1.1	8.8	1.0	2.2	50.7(45.9)	16.2
	1920	4.7	17.8	2.8	3.1	4.7	2.4	1.8	42.3(36.4)	20.3
	1925	6.6	7.4	1.1	2.1	4.1	2.5	2.4	62.9(53.5)	10.9
타이완	1915	0.9	2.2	0.5	1.5	14.4	0.8	0.6	75.7(54.5)	3.4
	1920	0.8	3.2	1.8	3.1	13.3	1.4	0.7	73.4(57.3)	2.3
	1925	1.7	2.4	1.4	2.2	12.9	2.1	0.9	72.3(54.3)	4.2

* 출전: 조선은《조선총독부통계연보》, 각년판. 타이완은 溝口敏行·梅村又次,
　《旧日本植民地經濟統計 – 推計と分析 –》, 東洋經濟新報社, 1988, 48쪽.
* 비고: 조선 식료품 공업의 괄호 안은 정미업, 타이완 식료품의 괄호 안은 제당업의 비중을 나타낸 것임.

식민 본국으로 식량 및 원료를 공급하는 가공업에 속하면서도 조선의 정미업보다 타이완의 제당업이 편중도가 높았던 것은 일본에서 진출한 제당자본이 1910년대 중반 무렵 독점적 지위를 차지했기 때문이다. 타이완에서는 1900년 미쓰이 계열의 타이완제당臺灣製糖 설립을 시작으로 러일전쟁 직후 미쓰비시 계열의 메이지제당明治製糖, 다이니폰제당大日本製糖 같은 대규모 제당회사가 설립되었다. 대규모 제당회사들은 토착자본이 설립한 제당공장을 합병하기 시작하여 1911년에는 살아남은 토착자본 제당회사가 신싱제당新興製糖 하나뿐이었다. 제당자본의 제당업 장악으로 인하여 1916년에는 5대 제당회사가 설탕 생산의 71퍼센트를 차지하였다. 또한 원료의 안정적 확보를 위하여 사탕수수 가정농장을 통제하였고, 제당공장에서 생산한 부산물의 생산, 운송, 판매를 통합하였다.[41] 반면 조선의 정미업은 통계상으로는 일본인 정미소가 생산의 85퍼센트를 차지하고 있지만, 일본인 정미소와 조선

[표 2-6] 타이완 제당업과 조선 정미업 현황

타이완 제당업 현황(1916)			조선 정미업 현황(1916)		
공장별	자본금 (만 엔)	생산량 (만 근)	공장별	자본금 (만 엔)	생산액 (천 엔)
5대 제당회사	7,680	37,876	일본인 정미소	270	21,753
기타 제당공장	2,460	15,635	(121개소)		
개량 당곽		2,773	조선인 정미소	31	3,868
구식 당곽		1,976	(109개소)		
5대 회사 비중 제당공장 비중		70.8% 91.1%	일본인 정미소 비중	90%	84.9%

* 출전: 타이완 제당업은 커즈밍, 《식민지시대 대만은 발전했는가: 쌀과 설탕의 상극, 1895~1945》, 118쪽. 조선 정미업은 《朝鮮總督府統計年報》, 大正五年.

인 정미소가 혼재되어 있었고, 투자된 자본도 소규모였다. 1916년 일본인 정미소의 공장당 자본금은 2만 원 정도에 불과했으며, 1910년대 말부터 자본금 10만 원이 넘는 정미회사가 설립되기 시작하였다. 타이완의 제당업이 1910년대 중반부터 독점적 지배체제를 구축해 나간 반면, 조선의 정미업은 1920년대 들어서도 일본인 정미소와 조선인 정미소가 경쟁관계에 있었다. 이는 전동기와 정미기 같은 간단한 설비를 갖추고 소규모 자본으로 운영되는 정미업의 특성상 진입장벽이 낮았고 대규모 자본을 투자하기에는 적합하지 않았기 때문이다.

둘째, 식민지 공업에서 관영공업이 차지하는 비중이 높았다. 조선총독부는 공채 및 차입금으로 철도, 도로, 항만 같은 인프라 건설에 투자하였는데, 관영 부문 투자에서 가장 중점을 둔 것이 철도사업이었다. 러일전쟁기 경부선, 경의선 건설에 이어 1910년대에 경원선, 호남선, 함경선 등 간선철도가 건설되었고, 철도개량에 중점이 두어졌다. 제1차 세계대전을 계기로 '선만일체화鮮滿一體化'를 위하여 조선과 만주를 연결하는 철도 통합이 추진되었다. 1911년 압록강 철교 완공에서 시작하여 국경 통과 화물의 관세 경감, 3선(鐵道院 · 朝鮮鐵道 · 滿洲鐵道) 연락 운임 할인을 거쳐 1917년 조선철도의 만철 위탁경영으로 나아갔다. 국유철도를 총괄, 운영하는 조선총독부 철도국이 조선에서 가장 규모가 큰 관영기업이라면, 철도차량을 생산, 조립, 수리하는 철도국 산하 철도공장은 가장 규모가 큰 관영공장이었다. 철도공장은 1899년 경인철도주식회사에서 설립한 인천공장을 시작으로 경부철도회사의 초량공장(1904.2), 임시군용철도감부의 겸이포공장(1904.10)과 용산공장(1905.6)이 설립되었으며, 이후 인천공장을 용산공장에 통합하고 겸이

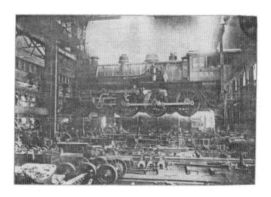

[그림 2-1] 철도국 용산공장 전경

포공장을 평양으로 옮김으로써 1911년 말에는 용산공장, 초량공장, 평양공장으로 정리되었다.[42] 용산 본공장은 기관차의 수리 및 객차·화차의 생산을 담당하였고, 초량과 평양의 분공장은 객차·화차의 수리를 담당하였다. 10마력 원동기 1대와 공작기계 19대를 갖추고 기관차 수리를 시작한 용산공장은 1910년대 초에 화력발전소와 용해로를 갖추고 객차와 화차를 생산할 수 있는 기계공업의 본산이 되었다.[43]

철도차량업과 더불어 관영공업의 한 축을 담당한 것이 연초업이다. 연초는 대중소비품으로 수요가 많았기에 일본 연초의 판매시장으로 주목을 받았고, 조선총독부는 인삼, 소금과 더불어 식민지 경영을 위한 재원으로 삼았다. 1904년 일본에서 연초전매제가 실시됨에 나라 일본 정부는 1906년 국책기업인 동아연초주식회사[44]를 설립하고 한성과 다롄에 지점을 두었고, 1909년 한성과 잉커우에 연초공장을 설치하여 조선과 만주에 걸친 제조·판매망을 구축하였다. 조선총독부는 〈연초세령〉(1914)을 공포하여 기존의 연초경작세와 연초판매세에다가 연초제조세와 연초소비세를 추가하여 재정 수입을 확충하고, 동아연초를 중심으로 연초업의 통합을 추진한 결과, 1921년부터 연초전매제를 실시

[표 2-7] 철도차량 및 철도국 공장 현황

구분 연도	철도차량				철도국 공장			
	계	기관차	객차	화차	기관수	마력수	기계수	노동자수
1906	884	93	155	636	7	328	104	772
1914	2,102	165	335	1,602				1,574
1920	3,122	220	430	2,472	83	1,938	545	1,820

* 출전: 朝鮮總督府,《朝鮮鐵道史》, 1915;《朝鮮の鐵道》, 1921, 36~37쪽.

[그림 2-2] 경성 전매지국 의주통공장 전경

하였다.[45] 연초업은 단일 업종으로서는 정미업 다음으로 생산액이 많았으며, 일본인 연초공장이 연초업 생산액의 95퍼센트라는 압도적 비중을 차지하였다. 연초전매제 실시는 재정적 측면에서 전매수입을 통한 재정 적자의 보전을 위한 것이지만, 식민지 공업의 측면에서는 철도차량업과 연초업을 중심으로 하는 관영공업의 성립을 의미하는 것이었다.

셋째, 수공업과 소공업의 두터운 층이 식민지 공업의 토대를 이루고 있었다. 통상 저개발국가의 비자본주의 생산양식이 자본주의 경제에 편입된 후 기존의 비자본주의 생산양식이 분해, 소멸해 나간다는 관점에 서서 식민지에서 공장공업의 발전에 따라 가내공입이 분해, 소멸되어 갈 것이라고 전망한다. 그러나 1910년대 후반에서 1920년대 전반에 이르는 공장제공업의 확대 속에서도 가내공업 생산액은 전체 공업생산액의 절반가량의 비중을 유지하였으며, 1930년대 들어서야 40퍼센트 이하로 떨어진다.[46] 가내공업이 식민지 공업이 형성되는 과정에서 이처럼 커다란 비중을 유지할 수 있었던 것은 가내공업이 식민지 공업의 토대로서 기능하였기 때문이다. 전통적 수공업에서 유래한 업종들이 식민지 공업으로 재편된 이후에도 가내공업적 생산방식을 유지하면서 식민지 공업의 토대를 형성하였다.

가내공업은 자급적 생산과 부업적 생산, 그리고 전업적 생산을 모두 포함하고 있으며, 공장통계상 4명 이하의 노동자를 사용하고, 원동력을 사용하지 않으며, 생산액이 5천 엔 미만인 소공장은 가내공업에 속하게 된다. 이렇게 다양한 생산방식을 포괄하지만 통계상의 기준만으로 가내공업을 분류하기 때문에 공장과 가내공업을 가르는 경계선 부근에 있는 영세한 소공장과 가내공업은 별다른 차이가 없고 상호 이동이 가능하다. 즉 경기변동에 따라 가내공업 사업장의 규모가 확장되면 공장으로 분류되고, 공장의 규모가 축소되면 가내공업으로 분류되는 것이다. 그렇지만 가내공업과 공장의 구분보다는 가내공업과 소공업의 연관에 초점을 맞출 때, 공장통계에 의하여 설정된 공장과 가내공업의 경계선은 모호하고 유동적이게 된다. 이러한 경계선은 가내공업과 소공업이 질적으로 구분되는 것이 아니라 서로 연결되어 있고 한쪽에서 다른 한쪽으로 이동이 가능한 것임을 보여준다. 특히 동일한 업종에서 경계선에 인접한 가내공업과 소공업은 경기변동이나 자본투자 같은 내외적 조건의 변화에 따라 상호 이동이 빈번하게 일어날 수 있다. 허수열은《조선공장명부朝鮮工場名簿》에 실린 1930~38년도의 공장들을 대상으로 가내공업에서 성장한 공장수를 추산하였는데, 노동자수가 50명 미만인 소공장의 40퍼센트 이상이 가내공업에서 성장하였다고 평가하였다.[47] 가내공업에서 소공장으로 성장하는 공장은 이전 시기에도 존재했을 것이며, 역으로 불황에 소공장에서 가내공업으로 위축되는 공장도 있었을 것이다. 이러한 현상은 가내공업이 공장공업으로 확대됨에 따라 분해, 소멸되는 존재가 아니라 중소공업이 출현해서 성장하고 위축되어서 되돌아가는 두터운 저변으로서 존재하였음을 보여준다.

경성에서
소비재 공업의 발흥

소비재 공업의 정착

소비재 공업의 확대(1905년~1910년대 중반)

러일전쟁 이후 추진된 화폐정리사업 및 이로 인한 전황錢荒으로 조선인 상공업자들이 격심한 타격을 입은 반면 러일전쟁 승리 및 통감부 설치에 편승한 일본인들은 일확천금을 꿈꾸고 조선으로 몰려왔다. 1903년에 3,700명이던 한성의 일본인은 1905년에 7,700명으로 2배 이상 증가하였으며, 1910년에는 4만여 명에 달하게 되었다. 1911년 경성에 거주하는 일본인 4만 322명 중에서 99퍼센트가 거류민단 지역 내에 거주하였으며, 그중에서 절반 정도가 상공업에 종사하였다.[48] 한성의 일본인 인구가 크게 증가함에 따라 일본인의 거주지도 진고개-남대문통 일대에 국한되었던 것이 남대문 내외, 욱정旭町, 명치정明治町, 남산정南山町, 영락정永樂町, 본정本町 등지로 확대되었다. 또한 러일전쟁으로 용산에 일본군이 주둔함에 따라 용산의 일본인 거류지가 급속하게 확대되었다. 일본군은 1904년 8월 용산과 이태원 일대를 군용지로 수용하고 1906년 8월 조선주차군사령부朝鮮駐箚軍司令部를 발족함에 따라 용산 일대에는 일본군 주둔지로 변하였다. 이에 따라 남대문에서 용산으로 이어지는 연도 주변에는 군 관련 직종에 종사하는 일본인이 늘어났다.

거류지 일본인의 증가와 더불어 생활용품을 생산하는 일본인의 공장 설립도 증가하였다. 러일전쟁 무렵부터 강제병합 직후까지 공장 설립 추세를 엿볼 수 있는 것이 앞의 [표 2-4]이다. 1913년 경성에 존속하는 공장 중 외국인이 설립한 것과 한일 합작으로 설립한 것을 제외한 168개 공장의 연도별 설립 추이를 보면, 대부분의 공장이 러일전쟁 이후에 설립되었고 러일전쟁 이전에 설립되어 존속하고 있는 공장은 7퍼센트에 불과하였다. 조선인 공장으로는 화혜장靴鞋匠[49]이 모여 살던 동부 일대에 들어선 제화점과 중부 중곡동中谷洞(현 훈정동)의 김덕창직물공장金德昌織物工場이 러일전쟁 이전에 세워졌고, 일본인 공장으로는 일본인 거류지에 일찍부터 자리 잡았던 양조장, 과자점, 다다미 공장이 있었다.

러일전쟁 이후 통감부 설치와 거류민단 법인화 및 화폐정리로 인하여 일본인의 상공업 활동에 유리한 조건이 조성됨에 따라 일본인 공장의 설립이 잇달았다. 일본인 거류지를 중심으로 제과점, 양조장, 철공소, 연초공장, 인쇄소, 정미소 등 거류지 일본인을 대상으로 소비용품을 생산하는 공장이 설립되었다. 동부 황교통黃橋通(현 연건동)에 세워진 동아연초의 연초공장은 노동자가 4,000명이 넘는 조선 최대 규모의 연초공장이었고, 용산의 일한와사전기주식회사日韓瓦斯電氣株式會社[50]

는 마포발전소와 종로변전소를 설치하여 서울의 전기, 가스, 전차사업을 독점하였다. 그 밖에 연초업의 히로에상회廣江商會(1904, 자본금 14만 원), 정미업의 용산정미소(1906, 자본금 8만 원), 인쇄업의 일한인쇄주식회사(1907, 자본금 12만 5,000원) 등 규모가 큰 근대식 공장이 설립되었다. 강제병합 이후에도 기존의 제과업, 철공업, 연초업, 인쇄업, 정미업 등의 업종에서 공장 설립이 계속되었으며, 염료, 비료, 유리, 비누, 제빙 같은 새로운 업종에서 공장 설립이 이루어졌다.

조선인 공장도 러일전쟁 이후 정미업, 제화업, 연초업, 직물업을 중심으로 활발하게 설립되었다. 정미업의 경우 일본인 정미소가 조선인 내수시장을 넘보기 시작하자 경강상인의 활동 근거지인 동막東幕(현 마포구 대흥동·용강동), 마포, 서강西江 등지에 조선인이 운영하는 정미소가 세워지기 시작하였다. 1907년 동막에 순창順昌정미소, 마포에 승원昇源정미소가 세워진 것을 비롯하여 1910년대 초반까지 마포, 동막을 중심으로 원동기와 현미기, 정미기를 갖춘 정미소가 다수 설립되었다.[51] 제화업에서는 동부 일대에서 전통적인 방식으로 가죽신을 만드는 제화점이 늘어났고, 종로에 양화점이 설립되었다. 연초업의 경우 1906년 대한연초주식회사 설립을 시작으로 동지상회同志商會(1909), 강화상회江華商會(1909), 광성상회廣成商會(1910), 동광사東光社(1911), 한흥연초합명회사韓興煙草合名會社(1911) 등의 연초공장이 설립되었다. 이들 연초공장은 수입 연초와 경쟁하기 위하여 전충기塡充機, 단지기斷紙機, 초지기梢紙機 같은 연초제조용 기계를 도입하여 권연초와 각연초를 제조하였다.[52] 직물업의 경우 순창호淳昌號(1906), 덕흥사德興寺(1908) 등의 소규모 직물공장이 세워졌고, 1911년에 남소동南小洞(현 광희동)의 직뉴업자가 모여 경성직뉴주식회사京城織紐株式會社[53]를 발족하였다. 소규모 직물공장은 밧탄기(flying shuttle)나 족답기足踏機 같은 개량 직기를 갖추고 면직물, 견직물, 양말 등을 생산하였으며, 경성직뉴는 석유발동기와 편직기를 갖추고 허리띠, 대님 등의 제품을 생산하였다.[54]

한성의 공업이 식민지 공업인 경성 공업으로 편성되는 계기는 경성부 설치와 부역 재편이었다. 총독부는 1910년 10월 한성부를 경기도의 소속관서인 경성부京城府로 격하하고, 1914년 3월에는 경성부의 영역을 도성 내부로 축소하고 용산을 통합함으로써 조선왕조의 수도인 '한성'을 식민지 도시인 '경성'으로 재편하였다.[55] 경성의 부역 재편은 궁궐과 관청을 중심으로 편성된 전통적인 공간 질서를 일본인에 의해서 건설된 '남촌南村'[56]과 군사기지이자 철도기지인 용산을 중심으로 재편성하는 것이었으며, 공업 측면에서는 종로 시전을 중심으로 형성된 전통적인 수공업 중심지를 해체하고 일본인 거류지인 남촌과 철도기지가 있는 용산이 식민지 공업의 중심지로 부상하는 시발점이 되었다. 경성의 부역 재편으로 경성부의 일본인 비율은 1913년의 18퍼센트에서 1915년의 26퍼센트로 높아졌으며, 〈조선상업회의소령〉(1915)을 제정하여 조선인 상공업자 단체인 경성상업회의소와 일본인 상공업자 단체인 경성일본인상업회의소를 통합함으로써 일본인 상공업자가 주도하는 상업회의소로 재편되었다.[57]

부역 재편 직후인 1915년 경성의 공장 현황을 보여주는 것이 [표 2-8]인데, 일본인 공장의 지배적 지위를 확인할 수 있다. 먼저 일본인 공장이 공장수에서 63퍼센트, 생산액에서 88퍼센트, 기관수의 74퍼센트를 차지하였으며, 조선인 공장의 공장당 생산액은 1만 4,000원으로 일본인 공장의 5분의 1 정도에 불과하였다. 그렇지만 동아연초, 조선 연초, 경성전기 3개 회사의 생산액이 일본인 공장 생산액의 54퍼센트를 차지하고 있다는 점을 감안한다면, 나머지 공장의 민족별 격차는 상당히 줄어든다. 업종별로는 방직공업을 제외한 나머지 업종에서 일본인 공장이 우위를 차지하였다. 조선인 공장은 직물업, 인쇄업, 정미업, 연초업, 제화업에 집중된 반면, 일본인 공장은 각 업종에 고르게 분포하였고, 철공업, 인쇄업, 정미업, 양조업, 과자제조업, 연초업이 차지하는 비중이 컸다. 다른 업종도 경성 지역의 비중이 크지만 직물업, 인쇄업, 과자제조업, 제화업은 대부분의 공장이 경성 지역에 집중되어 있었다. 동력은 전체 공장의 3분의 1 정도에 원동기가 설치되어 있었다. 정

[표 2-8] 1915년 공장 현황(단위: 천원)

		방직	금속 · 기계	요업	화학	제재	인쇄	식료품	전기	기타	계
조선	공장수	18	5	1	-	-	8	13	-	29	74
	생산액	110	126	12	-	-	29	360	-	379	1,016
	기관수	-	1	-	-	-	4	13	-	3	21
일본	공장수	6	16	8	7	7	11	48	3	20	126
	생산액	85	181	78	109	196	474	1,338	1,356	3,889	7,756
	기관수	2	7	-	1	3	9	17	12	8	59
계	공장수	24	21	9	7	7	19	61	3	49	200
	생산액	195 (2.2)	307 (3.5)	90 (1.0)	109 (1.2)	196 (2.2)	503 (5.7)	1,698 (19.4)	1,356 (15.5)	4,268 (48.7)	8,772 (100)
	기관수	2	8	-	1	3	13	30	30	11	80

* 출전: 朝鮮總督府, 《京畿道統計年報》, 1915.
* 비고: 관영공장은 제외.

미소는 동력 보급이 완료되었고, 연초공장, 철공소, 인쇄소를 중심으로 동력 보급이 확산되고 있었다.[58]

[표 2-9]에서 공장의 규모별 현황을 보면, 일본인 공장도 조선인 공장과 마찬가지로 소공장의 비중이 상당히 높았다. 1915년에 30인 미만의 노동자를 고용하는 소공장의 비중이 81.5퍼센트인데, 조선인 소공장의 비중이 82퍼센트, 일본인 소공장의 비중이 81퍼센트였다. 일본인 공장과 조선인 공장 모두 소공장의 비중이 높은 것은 직물업, 철공업, 과자제조업, 제화업 같이 경성의 소비인구를 대상으로 생활용품을 공급하는 소규모 공장이 많았기 때문이다. 반면 100인 이상의 노동자를 고용하는 대공장은 11개(0.6퍼센트)인데, 조선 전체의 소비인구를 대상으로 담배를 생산하는 대규모 연초공장이 많았다.

소비재 공업의 정착(1910년대 후반~1920년대 전반)

부역 재편으로 형성된 경성 공업이 변화하는 계기는 제1차 세계대전으

[표 2-9] 1915년 규모별 · 민족별 공장 현황

		30인 미만		30~99인	100인 이상	계
		5인 미만	5~29인			
1915	조선인	–	61	9	4	74
	일본인	22	80	17	7	126
	계	165		26	11	200
		22	141			

* 출전: 朝鮮總督府, 《京畿道統計年報》, 1915.
* 비고: 관영공장은 제외.

로 인한 '대전호황'이다. 총독부가 조선 통치의 치적을 선전하기 위하여 1915년 9월 경복궁에서 개최한 조선물산공진회朝鮮物産共進會는 대전호황의 파급과 맞물리면서 관람객 수가 백만 명을 넘어섰다. 조선물산공진회의 공업 부문에는 7,000여 점이 출품되었는데, 선진기술로 생산된 제품과 조선인의 전통적 방식에 의한 제품을 함께 진열함으로써 전통적 업종이 식민지 공업에 통합된 일부임을 보여주었으며, 일본 자본의 투자를 유도하고 공장 설립을 촉진하는 계기로 작용하였다.[59] 조선물산공진회가 열린 자리에서 1916년부터 총독부 신청사 건립을 위한 공사가 시작되었고, 경성의 시구개정사업으로 일본인 상업중심지의 가로망이 정비되고 남촌과 북촌을 잇는 도로가 개설되면서 일본인의 세력권이 확장되기 시작하였다.

이와 더불어 대전호황 및 〈조선회사령〉 개정으로 회사 및 공장 설립이 크게 증가하였다. [표 2-8]과 [표 2-10]에서 1915년과 1919년의 공장 현황을 비교해 보면, 대전호황으로 인한 공업의 성장 추세를 확인할 수 있다. 4년 동안에 공장수가 2.7배, 생산액이 4.2배 증가하였으며, 업종 전반에 걸쳐서 생산이 확대되었지만 그중에서도 방직공업, 화학공업, 기타 공업의 신장세가 현저하였다. 조선인 공장은 직물업, 정미업, 연초업이 큰 비중을 차지하였고, 특히 직물업과 정미업의 성장이 현저하였다. 그 밖에도 철공업, 가구제조업, 양복제조업, 피혁제조업 등의 업종이 확대되었다. 일본인 공장은 연초업, 정미업, 인쇄업, 철공업의 비중이 컸는데, 특히 동아연초와 조선연초의 생산액이 일본인 공장 생산액의 50퍼센트를 차지할 정도로 큰 비중을 차지하였다.

1910년대 후반의 공장 현황에서 특징적인 점은 조선인 공장의 증가세가 일본인 공장의 증가세를 능가하였다는 점이다. 조선인 공장은 공장수에서 일본인 공장을 추월했을 뿐만 아니라 공장당 생산액도 2배가량 증가하여 일본인 공장과의 격차가 축소되었다. 이렇게 조선인 공장이 성장할 수 있었던 것은 대전호황과 더불어 일부 품목의 수입이 감소하면서 국내생산품을 위한 시장이 생겨났기 때문이었다. 식료품, 의류품, 금속제품, 잡화품 등에서 조선인 공장의 생산품이 이입품을 대체해 나갔으며, 이에 따라 기존의 가내공업이 공장공업으로 확대되거나 새로운 공장이 설립되었다.

대전호황을 타고 확대된 경성 공업이 정착되는 계기는 1920년의 전후공황이었다. 1920년에 닥친 공황은 호황을 타고 확대되고 있던 경성

[표 2-10] 경성의 공업 현황(1919 · 1922)

		방직	금속	기계	요업	화학	제재	인쇄	식료	전기	기타	계
1919	조	50 / 1,012	23 / 319	5 / 42	–	11 / 158	20 / 196	10 / 147	49 / 3,012	–	109 / 3,063	277 / 7,949
	일	6 / 822	27 / 1,044	14 / 327	11 / 314	18 / 877	16 / 619	26 / 1,705	90 / 4,939	32,135	51 / 15,787	262 / 28,569
	계	58 / 1,841	50 / 1,368	20 / 369	12 / 314	29 / 1,039	36 / 820	37 / 1,952	140 / 7,871	32,135	162 / 19,427	547 / 37,136
1922	조	29 / 671	31 / 545	9 / 70	1 / 5	22 / 563	16 / 209	15 / 581	76 / 2,704	–	73 / 934	272 / 6,282
	일	9 / 230	58 / 1,568	30 / 625	13 / 455	26 / 985	40 / 1,082	36 / 2,524	123 / 6,136	2 / 2,879	107 / 17,389	444 / 33,837
	계	38 / 901	93 / 2,135	39 / 695	14 / 459	48 / 1,549	56 / 1,291	51 / 3,105	200 / 8,845	2 / 2,879	190 / 18,327	728 / 40,186

* 출전: 1919년은 〈京城工場表〉, 《朝鮮經濟雜誌》, 1920.10.; 1922년은 京城商業會議所, 《京城工場表》, 1923.
* 비고: (1) 상단은 공장수, 하단은 생산액(단위: 천원).
(2) 관영공장은 제외하되 1919년과 비교를 위하여 1922년에 전매국 공장을 포함.

의 상공업계에 상당한 피해를 가져왔다. 가격 폭락, 상거래 위축, 금융 경색, 구매력 격감 등으로 공장, 상점은 문을 닫았으며, 노동자들은 일자리를 잃고 실업자가 되었다. 1920년 6월에서 9월까지 3개월 동안에 190개 공장에서 2천여 명의 노동자가 해고되었으며, 1921년 6월에는 실업자가 3,000명에 달하였다.[60] 공황의 피해는 주로 직물업, 정미업, 양조업에 집중되었는데, 그중에서도 원료 가격의 불안정과 구매력 위축으로 수출과 내수가 모두 감소한 직물업의 피해가 가장 컸다.[61] 일본인 공장에 비하여 조선인 공장의 피해가 컸으며, 구매력 감소로 인하여 공장의 축소와 더불어 업종의 영세화를 낳았다.[62]

[표 2-10]에서 공황 전후의 공장 현황을 살펴보면, 민족별로 공황의 영향이 상이하게 나타남을 알 수 있다. 1920년에 위축되었던 공업 생산이 1922년 들어 회복되었지만 조선인 공장의 위축은 여전하였다. 조선인 공장의 생산액은 1922년에도 1919년의 80퍼센트 정도에 불과한 반면, 일본인 공장은 공장수가 1.7배, 생산액은 1.2배 증가하였다. 공장당 생산액은 조선인 공장이 2만 9,000원에서 2만 3,000원으로 다소 감소한 반면 일본인 공장은 10만 9,000원에서 7만 6,000원으로 크게 감소하였는데, 이는 일본인 공장의 증가가 소공장 위주로 이루어졌음을 보여준다.[63] 업종별로 보면 연초업, 정미업, 인쇄업의 비중이 컸다. 연초업의 생산액 비중이 36퍼센트이고, 세 업종을 합한 비중이 전체 생산액의 60퍼센트에 달하였다. 조선인 공장은 공황의 타격으로 직물업을 비롯하여 제화업, 재봉업, 정미업이 위축된 반면, 일본인 공장은 직물업을 제외한 대부분의 업종이 확대되었는데, 특히 철공소, 목공장木工場, 양복점 같은 소공장이 크게 증가하였다.

경성 공업은 1914년 부제 개편을 통하여 일본인 중심의 공업으로 재편된 이후, 대전호황 시기 조선인 공장의 확대 및 전후공황 시기 일본인 공장의 확대를 거쳐서 경성의 소비인구와 시장을 대상으로 한 소비재 공업으로 자리 잡았다. 공장수에서 민족별 비중의 추이를 보면 1915년에 조선인 공장이 경성 전체 공장의 36퍼센트를 차지하였다가 1919년에 호황을 타고 51퍼센트로 증가하였으며, 1922년에 37퍼센트로 감소하여 1920년대 내내 30퍼센트대의 비중을 유지하였다. 동력 보급에서도 유사한 추세가 나타난다. [표 2-11]에서 1910년대 후반부터 1920년대 후반까지 경성의 동력 보급 추세를 보면, 1910년대 후반에 공장수가 급증하면서 원동기를 가진 공장의 비중이 감소하였으며, 전후공황을 경과하면서 원동기 보급이 확대되어 1924년에는 원동기를 가진 공장이 42퍼센트에 달하였다. 이후 1920년대 후반에도 원동기를 가진 공장이 40퍼센트대를 유지하는데, 이러한 동력 보급 추이는 민족별 공장 비중의 추이와 더불어 경성 공업이 대전호황과 전후공황을 거치면

[표 2-11] 경성의 동력 보급 현황(1916~1928)

	1916	1919	1921	1924	1928
공장수	304(100)	545(100)	641(100)	724(100)	974(100)
원동기 가진 공장	102(33.6)	107(19.6)	186(29.0)	304(42.0)	411(42.2)
원동기 없는 공장	202(66.4)	438(80.4)	455(71.0)	420(58.0)	563(57.8)
기관수	128	113	302	556	633
마력수	1,358	3,838	3,734	*	4,849

* 출전: 京城府, 《京城の工産と工場》, 1929.

서 '정착'하였음을 보여주는 지표라고 할 수 있다.

소공업 중심 구조의 형성

이입품과 경성 공업

경성의 소비시장이 일본의 상품시장으로 기능하기 때문에 식민지 공업으로서 경성 공업을 규정하는 것은 경성 지역으로 들어오는 이입품이다. 이입품의 영향력 여하에 따라 관련 업종의 사활이 좌우되기도 하고 일부 업종에서는 이입대체移入代替가 일어나기도 한다. 통상 경성 지역으로 들어오는 이입품의 종류와 수량을 파악하기 위하여 경성세관의 무역통계를 활용하지만, 경성세관의 무역통계에는 경성세관을 통관한 이입품만이 잡히기 때문에 경성 지역에 들어오는 이입품 전체를 파악하기는 곤란하다. 왜냐하면 경성 지역으로 들어오는 이입품은 경성세관을 거치는 것보다 훨씬 많은 양이 인천세관이나 부산세관을 거쳐 경성으로 들어오기 때문이다. 오사카, 후쿠오카 등지에서 들어오는 많은 이입품들이 인천항에 하역되어 인천세관을 통관한 다음 경성으로 들어오거나, 부산항에 하역되어 부산세관을 통관한 다음 철도편으로 경성으로 들어온다. 따라서 경성세관으로 들어오는 상품뿐만 아니라 인천세관 및 부산세관으로 들어오는 상품도 이입통계에 포함해야 하는데, 1923년 경성상업회의소에서 행한 경성 출입상품 조사에서 자동차 및 부속품의 이입액을 추정하면서 경성세관을 통관한 것과 인천세관을 통관한 것의 대부분, 부산세관을 통관한 것의 40~50퍼센트를 경성 이입액으로 파악하고 있다.[64] 1930년대 초 조선상공회의소의 공업 조사에 의하면 인천에 입하된 것의 약 80퍼센트가 경성으로 들어온다고 추정하고 있다.[65] 여기에서는 인천세관을 통관하는 이입액의 80퍼센트, 부산세관을 통관하는 이입액의 30퍼센트가 경성으로 들어온다고 가정하고 경성으로 들어오는 이입품의 추세를 살펴보기로 하자.

1913년부터 1925년까지 경성의 이입액 추이를 정리한 것이 [표 2-12]이다. 경성세관을 통과한 이입액(경성이입액 ①)과 조정된 이입액(경성이입액 ②)를 비교해 보면, 조정된 이입액의 추세가 총이입액의 추세와 유사한 흐름이고 총이입액에서 경성의 비중이 30~40퍼센트대를 유지하고 있다는 점에서 보다 합리적임을 알 수 있다. 조정된 이입액을 통하여 이입의 추이를 보면, 1910년대 후반의 호황을 타고 급증한 이입액은 1920년의 공황으로 감소하였다가 1920년대 중반 들어서야 회복되었다. 총이입액에 대한 경성 이입액의 비중은 1910년대 말에는 44퍼센트까지 높아졌다가 이후 감소하여 35퍼센트 정도에 머물렀다. 총이입액의 3분의 1 이상이 경성 지역에 집중된다는 사실은 식민지 수위

[표 2-12] 경성 지역 이입 현황(1913~25)

연도 \ 구분	1913	1917	1919	1921	1923	1925
총이입액	40,420	72,696	184,918	156,483	167,452	234,624
경성이입액 ①	7,893	15,550	37,308	30,381	12,811	12,354
경성이입액 ②	15,957 (39.5)	29,420 (40.5)	81,303 (44.0)	68,791 (44.0)	60,079 (35.9)	82,142 (35.0)

* 출전: 朝鮮貿易協會, 《朝鮮貿易年表》, 각년판.
* 비고: (1) 경성이입액 ① = 경성세관을 통관한 이입액, 경성이입액 ② = 경성이입액 ①+인천세관을 통관한 이입액의 80퍼센트+부산세관을 통관한 이입액의 30퍼센트.
  (2) 괄호 안은 총이입액에 대한 경성이입액 ②의 비율.

도시로서 경성이 차지하는 위상을 보여줌과 동시에 경성 지역 공업에 대한 이입품의 영향력을 보여준다.

경성 공업에 대한 이입품의 영향력을 구체적으로 파악하기 위하여 이입되는 공산품의 품목별 구성과 추이를 살펴보기로 하자. [표 2-13] 에서 1915년과 1928년의 이입공산품의 품목별 구성을 비교해 보면 1920년대 전반을 경과하면서 이입품 구성이 변화하였음을 알 수 있다.

[표 2-13] 1915·1928년 품목별 생산·이입 현황(단위: 천원)

연도 구분	1915			1928		
	이입(A)	생산(B)	B/A	이입(A)	생산(B)	B/A
소맥분	104	1	1.0	1,752	888	50.7
설탕	600	–	–	716	–	–
청주	357	53	14.8	557	396	71.1
일본 간장	60	54	90.0	213	819	384.5
비누	57	41	71.9	460	478	103.9
염료·도료	60	58	96.7	1,056	468	44.3
면직사	719	–	–	2,047	–	–
면직물	3,682	73	2.0	16,413	*1,399	8.5
견직물	96	–	–	8,646	0.4	–
종이	870	–	–	4,328	3	0.1
유리	88	17	19.3	596	59	9.9
금속제품	644	60	9.3	5,511	2,227	40.4
차량	196	33	16.8	3,518	53	1.5
기계류	280	68	24.3	2,958	223	7.5
기구류	255	–	–	1,117	300	26.9
고무제품	3	–	–	403	1,918	475.9

* 출전: 이입액은《朝鮮貿易年表》, 각년판; 1915년 생산액은《京畿道統計年報》, 1915년판; 1928년 생산액은 京城府,《京城の工場と工産》, 1929.
* 비고: (1) 이입액은 조정된 이입액이며, 생산액은 관영공장을 제외한 생산액.
　　　　(2) 1928년의 이입품 중 견직물은 인견직물을 포함, *는 경성방직의 생산량 포함.

1915년에는 면직물이 절대적인 비중을 차지하고 면직사, 종이, 설탕, 금속제품 등의 소비재가 비교적 큰 비중을 차지하고 있다. 1928년에는 견직물과 금속, 차량, 기계류의 급증이 현저하여 면직물의 비중이 다소 낮아지는 반면 견직물, 종이, 금속제품, 차량, 기계류, 기구류 등의 비중이 대폭 증가하였다. 견직물의 이입 증가는 중국에서 수입되던 견직물이 1924년 7월 사치품수입세贅澤品輸入稅의 개정 이후 일본산 견직물 이입으로 대체되었기 때문이며,[66] 금속제품, 차량, 기계류, 기구류의 증가는 이입품 구성에서 중공업제품의 비중이 점차 높아지고 있음을 의미한다.[67]

이입액과 국내생산액을 비교할 때 청주, 일본 간장, 비누 등 일부 품목을 제외한 대부분의 품목에서 현격한 격차를 보이며, 설탕, 면사 등은 전적으로 이입에 의존하고 있다. 이러한 격차는 경성 공업의 열악함을 보여주는 것임과 동시에 이입품의 압도적인 영향력을 보여주는 것이기도 하다. 그렇지만 이입통계에서 주목해야 할 점은 초기의 격차가 더욱 확대된다는 점이다. 1915년에서 1928년까지 많은 업종에서 생산이 크게 증가하였지만 생산 증가보다 더 큰 폭으로 이입이 증가하였다. 소맥분, 청주, 일본 간장, 비누, 고무제품 등 일부 업종에서는 생산액이 이입액을 넘어서기도 하지만 면사, 면직물 등의 방직공업 계통 이입품과 차량, 기계류 등의 기계공업계통 이입품은 생산과 이입의 격차가 더욱 심화되었다.

이입품의 절대적인 영향력하에서 일정한 수요를 확보하고 기술 없이 소자본만으로도 경쟁이 가능한 일부 업종에서는 이입대체가 진행되었다. 일본 간장은 일본인의 이주로 인한 소비 증가로 점차 생산이 증가하였으며, 1920년대 들어 질 좋은 원료의 사용과 양조기술의 발전 및 조선인의 소비 증가로 경성에서 생산되는 일본 간장은 이입품을 압박하기에 이르렀다.[68] 고무신은 조선인 업종으로서는 유일하게 이입 초기에 이입대체가 이루어진 업종이었다. 고무신제조업은 1921년경 조선인의 발 모양에 맞는 신발형을 개발하여 저렴한 가격으로 공급함으로써 이입품을 구축하였으며, 1920년대 후반에는 중국으로 고무신 및 고무밑창을 수출하였다.[69] 비누의 경우 화장비누는 여전히 이입품에 의존하고 있지만 세탁비누는 생산이 증가하여 1920년대 후반에는 이입품을 거의 구축하였으며,[70] 청주도 생산의 증가로 이입품을 압박하기에 이르렀다. 또한 면직물에서는 경성방직, 소맥분에서는 풍국제분豐國製粉 같은 상당한 규모를 가진 공장이 생산을 개시함으로써 이입대체가 시작되었다.

그렇지만 이입대체는 몇몇 업종에 불과할 뿐 대다수 업종은 이입품의 압박 속에서 틈새시장을 형성하거나 이입품이 잠식하지 못하는 공간에서 자신의 영역을 확보하였다. 대표적인 업종이 면직물인데, 대부분의 면직물공장이 이입면직물의 압박을 피하여 한양저漢陽苧, 해동저海東苧, 세창저世昌苧 같은 의마포擬麻布나 허리띠, 대님 같은 직뉴 제품을 생산하였다.[71] 이 밖에 편조물업, 금은세공업, 유기제조업, 기름제조업, 전통가구제작업, 조선주제조업, 재봉업, 제화업 등 조선인의 전통적인 수요를 겨냥한 업종도 이입품의 압박을 피하여 협소한 시장을 형성하였다.

소공업-가내공업 중심 구조의 형성

1920년대 중반 경성상업회의소에서는 경성 지역의 공업 실태에 대하여,

> 경성은 물론이고 조선 내의 다른 지방을 보아도 공업은 공장공업이라고
> 할 만한 것이 적고 대부분 가정공업家庭工業의 경계를 탈피하지 못하였
> 다. 또 가정공업이라고 부르는 것도 주로 가정수공업에서 공장수공업,
> 가정기계공업으로 발전한 것이 적고, 가정수공업도 원료생산지에서 행
> 해지는 원시적인 것이었다. …… 경성에서는 공업 원료가 생산되지 않
> 기 때문에 이를 이용하여 발흥한 공업도 없고, 조선의 수도로서 상업의
> 중심지이고 물자가 집산하는 곳이기 때문에 상품의 수요가 많아 각종
> 공업은 가정공업으로서 존재하지만 규모가 지극히 작고 기술도 졸렬하
> 며 생산량도 미미하다.[72]

라고 설명하고 있다. 경성 지역 공업에 대한 이러한 묘사는 소공업 및
가내공업을 장려하는 식민정책적 시각에서 나온 것이어서 주의가 필요
하지만, 가내공업을 기반으로 소규모 공장이 들어서 있는 당시의 모습
을 보여주고 있다.

[표 2-14]에서 1922년 경성 공업의 규모별 현황을 보면, 중소공업이
97퍼센트라는 압도적인 비중을 차지하고 있으며, 대공업은 3퍼센트에
불과하였다. 관영공장을 제외하더라도 생산액과 노동자수에서도 중소
공업의 비중은 70퍼센트대에 이른다. 가내공업에 종사하는 호수는 1만
4,000여 호이고, 생산액은 공업 생산액의 22퍼센트 정도인데, 관영공
업을 제외할 경우 가내공업 생산액은 공장 생산액의 절반에 육박한다.

경성 공업의 실상을 더욱 구체적으로 파악하기 위해 대공업과 중소공업, 가내공업을 각각 검토해 보기로 하자. 1922년 현재 고용하고 있는 노동자가 100명을 넘거나 자본금 100만 원 이상인 대공장은 18개이다.[73] 경성 지역의 관영 대공장은 4개소인데, 이들 대공장은 경성 지역의 소비인구와 시장에 기반한 것이라기보다는 전국을 대상으로 식민정책적 차원에서 설립, 운영되었다. 만철경성관리국공장滿鐵京城管理局工場은 원래 조선총독부 철도국에서 운영하는 철도공장이었으나 조선과 만주의 철도를 일원적으로 관리하기 위하여 남만주철도주식회사에서 위탁경영하고 있었다.[74] 총독부의 인쇄·출판사업을 담당하는 조선총독부관방서무부인쇄소는 탁지부 인쇄국을 인수한 것으로,[75] 1923년 총독부의 인쇄사업이 민영으로 전환됨에 따라 조선서적인쇄주식회사朝鮮書籍印刷株式會社로 재편되었다.[76] 경성전매국공장은 연초전매제의 시

[표 2-14] 1922년 공장 규모별 공업 현황

규모별 \ 구분	공장수(개)		생산액(천원)		노동자수(명)	
	①	②	①	②	①	②
대공업	24(3.3)	13(1.8)	25,839(57.1)	6,628(26.1)	9,090(53.0)	2,493(24.1)
중소공업	714(96.7)	711(98.2)	19,384(42.9)	18,758(73.9)	8,068(47.0)	7,846(75.9)
계	738(100)	724(100)	45,223(100)	25,386(100)	17,158(100)	10,339(100)
가내공업	14,314 호		12,508 천원			

* 출전: 京城商業會議所,《京城工場表》, 1923; 가내공업 생산액은 京城商業會議所,
  《京城商業會議所統計年報》, 1927년판.
* 비고: (1) ①은 관영공장을 포함. ②는 관영공장 제외.
  (2) 가내공업 호수(생산액)=총제조호수(총공산액)−공장수(공장 생산액).

행에 따라 동아연초와 조선연초를 전매국에서 인수한 것으로, 평양, 전주, 대구의 연초공장과 함께 전국의 담배 수요를 충당하였다.[77] 은사수산사업恩賜授産事業의 일환으로 설립된 은사수산경성제사장恩賜授産京城製絲場은 경성 지역의 수공인력 양성을 담당하였다.[78]

민영 대공장은 소규모 공장으로 출발하여 주식회사로 확대, 개편된 경우도 있었으며, 처음부터 주식회사로 설립된 경우도 있었다. 설립 초기에는 경성 지역의 소비인구와 시장을 대상으로 제품을 생산하다가 공장 규모가 커지면서 경기도 또는 조선 전체로 시장이 확대되었다. 경성직뉴는 병목정並木町을 중심으로 운영되던 소규모 직뉴공장들이 주식회사로 확장된 것이며,[79] 용산공작주식회사는 다카와 쓰네지로田川常次郎가 1908년에 세운 철공소를 1919년에 주식회사로 개편한 것이다.[80] ㈜조지야丁子屋는 고바야시 켄로쿠小林源六가 1904년에 세운 조지야 양복점에서 출발하여 1921년에 주식회사로 개편되었으며,[81] 조선정미주식회사는 덴니치 쓰네지로天日常次郎가 1908년에 세운 천일정미소에서 출발하여, 1918년에 자본금 50만 원의 주식회사로 개편되었다.[82] ㈜조선미술품제작소는 왕실에서 직영하던 이왕직소관미술품제작소李王職所管美術品製作所를 1922년에 자본금 100만 원의 주식회사로 개편한 것이며,[83] 조선인쇄주식회사는 교과서의 인쇄, 출판을 담당하던 대규모 인쇄소에서 개인 경영의 인쇄소로 전락한 것을 1919년에 고스기 긴하치小杉謹八가 인수하여 자본금 20만 원의 주식회사로 확장한 것이다.[84] 경성전기, 풍국제분, 경성일보사, 대동인쇄, 조선제사朝鮮製絲 등은 주식회사로 설립, 운영되었다. 1920년에 경성제사와 조선상사朝鮮商事가 합동하여 설립된 자본금 100만 원의 조선제사는 조선인 경영 제사회사로는 가장 규모가 컸으며,[85] 사이토 큐타로齊藤久太郎가 설립한 자본금 100만 원의 풍국제분은 250마력의 전동기와 최신 기계설비를 갖추었다.[86]

이상에서 살펴본 것처럼 1920년대 초반의 대공업은 식민정책상 설립된 관영회사이거나 경성 지역의 입지조건에 기반한 민영회사였다. 관영회사가 전국을 대상으로 하는 식민정책적 관점에서 설립, 운영된 반면, 민영회사는 대부분 경성의 입지조건에 기반하여 설립되었고 소규모 개인 공장으로 출발하여 주식회사로 확대되었다.

[표 2-15] 1922년 중소공업의 업종별·민족별 현황

구분 업종	공장수 및 규모			생산액(천 원)		
	계	조선인	일본인	계	조선인	일본인
방직	37(5.2)	27(A23B4)	9(A7B2)	559(2.8)	315(5.4)	230(1.8)
금속	92(12.9)	31(A31)	57(A55B2)	1,725(8.8)	545(9.4)	1,157(8.8)
기계	38(5.3)	9(A9)	29(A27B2)	412(2.1)	70(1.2)	342(2.6)
요업	14(2.0)	1(A1)	13(A9B4)	392(2.0)	5(0.1)	387(2.9)
화학	48(6.7)	22(A16B6)	26(A23B3)	1,549(7.9)	563(9.7)	985(7.5)
제재	56(7.8)	16(A16)	40(A38B2)	1,291(6.5)	209(3.6)	1,082(8.2)
인쇄	49(6.9)	14(A11B3)	34(A25B9)	2,643(13.4)	539(9.2)	1,516(11.5)
식료품	199(27.9)	76(A74B2)	122(A118B4)	7,720(39.2)	2,704(46.4)	5,011(38.1)
전기	1(0.1)	−	1(B1)	548(2.8)	−	548(4.2)
기타	180(25.2)	72(A72)	98(A92B6)	2,871(14.6)	878(15.1)	1,881(14.3)
계	714(100)	268	429	19,710(100)	5,828(100)	13,139(100)

* 출전: 京城商業會議所,《京城工場表》, 1923.
* 비고: (1) A는 고용 직공 30인 미만의 소공장, B는 고용 직공 30~99인의 중공장.
　　　(2) ( )=백분비.

[표 2-15]는 1922년 중소공업의 현황을 정리한 것인데, 이를 통해 중소공업의 업종별, 민족별 실태를 살펴보기로 하자. 먼저 업종별 현황을 보면 공장수는 식료품공업, 기타 공업, 금속공업 순으로 많으며, 생산액은 식료품공업, 기타 공업, 인쇄공업 순으로 많다. 식료품공업에서는 정미업, 제빵제과업, 기타 공업에서는 양복재봉업, 제화업, 금속공업에서는 금은세공업, 건축용·가정용 금속제품제조업이 3분의 2를 넘는 비중을 차지하는데, 이는 경성의 중소공업이 경성의 소비 수요에 기반하여 발흥한 소비재 공업임을 여실히 보여준다. 또한 인쇄공업의 비중이 높은 것은 신문, 잡지를 비롯한 인쇄물 발간이 경성에서 집중적으로 이루어졌기 때문이다.[87] 민족별 현황을 보면 방직공업에서만 조선인 공장의 비중이 일본인 공장을 상회할 뿐 나머지 업종에서는 일본인 공장의 비중이 높다. 특히 기계공업, 요업, 제재업에서는 일본인 공장의 비중이 압도적이었다. 업종별로 보면 조선인 공장은 식료품공업, 기타 공업, 금속공업, 방직공업에 많은 반면 일본인 공장은 식료품공업, 기타 공업, 금속공업, 제재·목제품공업에 많다. 세분된 업종으로 보면 조선인 공장은 정미업, 주조업, 재봉업, 제화업, 금은세공업, 유기제조업, 면직물업, 식물성유제조업, 고무신제조업 등의 업종에 집중되어 있는 반면, 일본인 공장은 정미업, 제빵제과업, 주조업, 양조업, 재봉업, 건축용 금속제품제조업, 가구업, 인쇄업 등의 업종에 집중되어 있다.

이러한 중소공업 현황에서 특징적인 점은 첫째, 민족별로 종사하는 업종이 상이하였다. 업종별로 볼 때 조선인과 일본인이 참여하는 업종은 상당히 중복되는 것처럼 보인다. 조선인과 일본인 모두 식료품공업의 비중이 다른 업종에 비해 유난히 높고 기타 공업, 금속공업, 인쇄공업의 비중이 크다. 그러나 좀 더 세분하여 보면 업종 내에서도 민족별로 종사하는 부문이 달랐다. 조선인은 주로 직물업, 편조물업, 유기제조업, 식물유제조업, 고무제품제조업, 전통가구제작업, 조선주제조업, 한복재봉업 등의 업종에 종사하였고, 일본인은 주로 염색업, 철공업, 유리제조업, 기와제조업, 제약업, 제재업, 일본식 가구제작업, 청주제조업, 간장·된장제조업, 제면업, 제빵제과업, 양복재봉업, 다다미제조업 등의 업종에 종사하였다. 특히 면직물업, 편조물업, 유기제조업은 조선인만이 종사하는 업종이며, 제면업, 염색업, 벽돌제조업, 간장·된장제조업, 제면업, 다다미제조업은 일본인만이 종사하던 업종이었다. 동일 업종 내에서도 민족별로 종사하는 부문이 상이한데, 가구제조업은 전통가구제작업과 일본식 가구제작업, 주조업은 조선주제조업과 청주제조업, 재봉업은 한복재봉업과 양복재봉업으로 분리되어 있었다.[88]

이렇게 민족별로 종사하는 업종이 다른 것은 조선인과 일본인의 생활양식의 차이 때문이다. 의생활의 차이에 따라 조선인은 한복재봉업, 모물업毛物業[89], 조선화제조업, 일본인은 양복재봉업, 양화제조업에 종사하였다. 식생활의 차이에 따라 조선인은 조선주제조업, 일본인은 청주제조업, 일본식 간장·된장제조업, 제빵제과업에 종사하였다. 거주생활의 차이에 따라 조선인은 전통가구제작업, 일본인은 일본식 가구제작업에 종사하였다. 더우기 정미업과 같이 동일 업종 내에서도 조선인에게 쌀을 공급하는 조선인 정미소와 일본인에게 쌀을 공급하는 일본인 정미소가 나누어지는데, 이는 식생활의 차이에 따른 정미 원료와 정미법 차이에 기인한 것이었다.[90]

둘째, 민족별 격차가 의외로 작았다. 앞의 [표 2-17]에서 살펴본 것처럼, 1919년에 공장수에서 51퍼센트를 차지하던 조선인 공장이 전후 공황을 경과하면서 1922년에는 39퍼센트로 비중이 축소되었다. 그렇지만 소공장의 비중이 조선인 공장의 경우에는 93퍼센트, 일본인 공장의 경우에는 90퍼센트라는 커다란 비중을 차지한다는 점에서는 별 차이가 없었다. 1922년의 공장당 생산액을 비교해 보면 조선인 공장의 공장당 생산액이 2만 2,000원, 일본인 공장의 공장당 생산액이 3만 1,000원으로 생산액 격차도 크지 않았다. 이러한 사실은 일본 독점자본의 진출 및 정책적 지원이 본격화되는 1930년대와는 달리 중소공업이 중심이 된 1920년대 전반에는 조선인 공장과 일본인 공장의 생산력 격차가 작았음을 보여준다.

가내공업에 대한 체계적인 조사는 1920년대 들어서 이루어졌다. 1922년에 경성상업회의소에서 경성의 가내공업에 대한 조사가 처음 시작되었고,[91] 1926년과 1927년에 경성상업회의소에 의하여 체계적인 가내공업 조사가 시행되었다.[92] 가내공업은 1910년대 총독부의 수공업장려정책에 의하여 발흥했으며,[93] 1910년대 후반의 호황을 타고 확대되면서 가내공업의 영역을 만들어 나갔다. [표 2-16]은 1920년대에 행해진 두 차례의 가내공업 조사를 정리한 것인데, 가내공업의 영역과 추세를 확인할 수 있다. 1922년 가내공업 조사의 경우 "상당히 유망한 소질을 가지는" 일부 업종만을 대상으로 했기 때문에 가내공업의 전반적인 양상은 알 수 없지만, 공장통계에서는 볼 수 없는 페더레이스feather-lace 같은 새로운 품목이 나타난다. 1913년경부터 부녀자들의 부업으로 널리 보급되기 시작한 페더레이스는 별다른 설비 없이 2~3개월의 숙련만 요구되었기 때문에 1921년에는 약 500여 호에 달할 정

도로 확대되었다.[94] 그리고 요감褥地, 양말, 종이제품 등도 새롭게 등장
하였다. 요감은 특수한 폭과 길이를 가졌을 뿐만 아니라 문양이 있어서
가족 노동력을 이용하여 수직기로 생산되었다.[95]

1926년의 가내공업 조사에서는 이전에 보이지 않던 조선종이, 조선
주, 금은세공품, 유기 등의 전통적인 업종이 포괄되어 있으며, 와이셔
츠를 비롯하여 자켓, 학생모, 진면眞綿, 밀짚모자 등 많은 품목이 새롭
게 등장하였다.[96] 조선인이 주로 생산하는 품목은 백분白粉, 직물, 직뉴,
양말 등인데, 이들 품목은 양말을 제외하고는 모두 전통적인 수공업 품
목이었다. 반면 일본인이 생산하는 품목은 포백제품, 기류杞柳제품, 밀
짚모자, 좌조생사座繰生絲,[97] 완초莞草제품, 죽제품, 솔, 망網 등으로 대
부분 일본인의 이주에 따라 새롭게 도입된 품목이었다.[98] 이렇게 일본
인이 운영하는 가내공업이 크게 확대된 것은 조선인 저임금 노동력 때

[표 2-16] 경성의 가내공업 생산품목(1922·1926)

연도	가내공업 생산품목	품목수
1922	욕지褥地(침구), 양말, 페더레이스, 종이상자, 종이봉투, 재봉(일본옷·한복), 붓, 우산唐傘, 초롱	9
1926	(제1차) 욕지, 양말, 페더레이스, 좌조생사座繰生絲, 와이셔츠, 깃, 학생모, 진면眞綿, 자켓, 종이상자, 죽세공, 빗, 솔, 빗자루, 어망, 기류杞柳제품, 완초莞草제품, 밀짚모자, 백분白粉, 금망金網, (제2차) 조선지朝鮮紙, 조선주, 모물毛物방한구, 모필毛筆, 마모완관馬毛腕貫, 금은세공품, 진유기眞鍮器, 백동장식, 농장籠欌류, 밥상, 골패, 숙사繡絲, 자수	33

* 출전: 1922년은 〈京城の家内工業と副業〉,《朝鮮經濟雜誌》, 1922.11.; 1926년의 제1차 조사는 京城商
業會議所,《家庭工業調査》, 1927.; 제2차 조사는 〈京城在來家庭工業調査〉,《朝鮮經濟雜誌》,
1928.6.

문이었다. 페더레이스는 요코하마의 수입업자를 통하여 받은 재료를 가공하여 미국으로 수출하였는데, 경성을 비롯하여 파주, 양주, 청주 등지에서 부녀자 1,000여 명을 고용하였다. 좌조생사는 누에고치 상인이 부녀자를 고용하여 팔고 남은 고치로 제사한 것이며, 원료를 이입하는 밀짚모자, 종이제품은 값싼 노동력에 힘입어 생산이 확대되었다.[99]

　이처럼 1920년대 들어 가내공업이 확산되고 새로운 품목들이 등장하였으며, 가내공업에 적합한 품목들이 정착해 나갔다. 이렇게 확대된 가내공업 품목 중에는 공장공업 생산품과 중복되는 것이 많았다. 1926년의 가내공업 업종을 공장통계와 비교해 보면 32개 업종 중 21개 업종이 중복되었다. 이는 공장공업과 가내공업을 규정하는 기준의 상이함에서 오는 것이지만, 공장통계에 잡힌 공장 중에서 가내공업으로 간주할 수 있는 것도 상당수 존재하였다. 1920년대 후반까지도 동력 보급율이 40퍼센트대에 머물렀다는 사실은 공장통계에 잡히는 소공장의 상당수가 수공업적 생산방식에 머물러 있다는 것을 보여준다.

남북 분할의 공장 분포

1890년대 들어 진고개를 중심으로 일본인 거류지가 형성되고 러일전쟁 이후 본정, 명치정, 남산정 등지를 중심으로 일본인 주거지인 '남촌'이 형성되면서 민족별 거주지가 분리되었다.[100] 1914년 부제 개편으로 청계천을 경계로 조선인 거주지인 북촌과 일본인 거주지인 남촌이 구분되고, 1910년대 후반 일본인 거주지가 황금정黃金町(현 을지로)을 넘어서게 되면서 도성 내에서는 '청계천–황금정'을 경계로 거주지의 민족별 분리가 확연하게 이루어졌다. 용산 지역도 원정일정목元町1丁目, 한강통漢江通을 중심으로 하는 일본인 거주지와 마포, 이촌동을 중심으로 하는 조선인 거주지로 구분되었다.[101]

[표 2-17]은 경성을 크게 5개 구역[102]—경성 북부, 경성 남부, 경성 서부, 용산 동부, 용산 서부—으로 구분하고 각 구역별로 인구 분포를 살펴본 것이다. 1920년대 전반의 구역별 인구 분포는 민족별 거주지 분리가 확연함을 보여준다. 경성 북부, 경성 서부는 조선인 인구가 90퍼센트를 넘고, 용산 서부도 조선인 인구가 89퍼센트에 이른다. 반면 일본인 중심지인 경성 남부의 일본인 인구는 50퍼센트 이상이었고, 용산 동부는 일본인 인구가 80퍼센트에 달하였다. 1920년과 1924년의 구역별 인구를 비교해 보면 민족별 집중도는 다소 감소하지만 구역별 인구 수는 민족별 분리가 강화되고 있음을 보여준다.

[표 2-17] 경성의 구역별 인구 분포(1920 · 1926)

	경성 북부		경성 남부		경성 서부		용산 동부		용산 서부	
	조선인	일본인	조선인	일본인	조선인	일본인	조선인	일본인	조선인	일본인
1920	101,146 (95.1)	5,198 (4.9)	30,908 (43.8)	39,672 (56.2)	27,214 (89.2)	3,282 (10.8)	3,945 (20.0)	15,825 (80.0)	18,256 (91.8)	1,640 (8.2)
1924	121,100 (94.8)	6,616 (5.2)	35,744 (44.4)	44,883 (55.6)	33,736 (88.8)	4,239 (11.2)	8,635 (27.5)	22,820 (72.5)	19,891 (91.0)	1,966 (9.0)

* 출전: 〈京城府內朝鮮人戶口分布の情況〉, 《朝鮮經濟雜誌》 65, 1921.5;
　　　　〈京城小賣商業圈内の人口增加の趨勢と其の分布狀態の變遷槪況〉(上), 《經濟月報》 222, 1934.6.
* 비고: (1) 경성 북부와 경성 남부의 경계가 되는 태평통1정목, 태평통2정목, 남대문통4정목, 남대문통 5정목의 경우 조선인은 경성 북부의 통계에, 일본인은 경성 남부의 통계에 산입하였음.
　　　　(2) 괄호 안의 백분비는 각 구역별 비중.

민족별 거주지 분리는 상공업의 민족별 분리를 초래하였고 상공업의 민족별 분리는 민족별 거주지 분리를 촉진하였다. 상업의 경우 1910년에 본정, 명치정, 어성정御成町, 남대문통 등 일본인이 집중적으로 거주하는 지역에 일본인 점포가 집중되었으며, 납세자의 지역별 분포를 보더라도 조선인 납세자는 조선인 거주지에, 일본인 납세자는 일본인 거주지에 집중되었다.[103] 상업과 마찬가지로 공업의 경우도 조선인 공장은 조선인 거주지에, 일본인 공장은 일본인 거주지에 집중되는 현상이 나타난다. [표 2-18]은 1915년과 1922년의 경성부 내 구역별 공장 분포를 나타낸 것이고, 1922년의 공장 분포를 경성부 지도에 간략하게 표시한 것이 [그림 2-3]이다.

경성의 구역별 공장 분포를 보면 민족별 거주지 분포와 대체로 일치함을 알 수 있다. 즉 '남대문통-태평통-청계천'을 잇는 선을 경계로 북쪽에는 조선인 공장이 분포하고 남쪽에는 일본인 공장이 분포하였

[표 2-18] 1915·1922년 경성의 구역별 공장 분포

	경성 북부		경성 남부		경성 서부		용산 동부		용산 서부	
	조선인 공장	일본인 공장	조선인 공장	일본인 공장	조선인 공장	일본인 공장	조선인 공장	일본인 공장	조선인 공장	일본인 공장
1915	38 (79.1)	10 (20.9)	18 (22.0)	64 (78.0)	10 (45.5)	12 (54.5)	–	33 (100)	7 (53.8)	6 (46.2)
1922	131 (85.1)	23 (14.9)	57 (17.8)	263 (82.2)	43 (76.8)	13 (23.2)	10 (7.2)	128 (92.8)	29 (78.4)	8 (21.6)

* 출전: 1915년은 朝鮮總督府, 《京畿道統計年報》, 1915년판; 1922년은 京城商業會議所, 《京城工場表》, 1923.
* 비고: (1) 관영공장 및 국적 불명 공장은 제외.
　　　(2) 괄호 안의 백분비는 각 구역별 비중임.

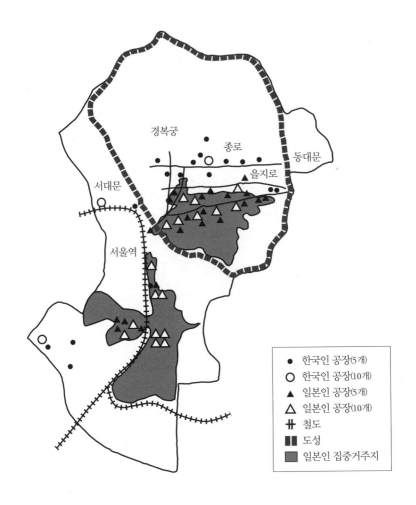

경복궁

종로

동대문

을지로

서대문

서울역

●	한국인 공장(5개)
○	한국인 공장(10개)
▲	일본인 공장(5개)
△	일본인 공장(10개)
╫	철도
▮▮	도성
▮	일본인 집중거주지

[그림 2-3] 경성부 공장 분포도(1922)

으며, 용산도 원정, 한강통 등지는 일본인 공장이 집중되어 있고, 마포에는 조선인 공장이 집중되어 있다. 1915년과 1922년의 구역별 비중을 살펴보면, 민족별 공장 집중이 심화되어감을 알 수 있다. 일본인 거주지이지만 조선인 공장이 들어서기 시작하는 용산 동부를 제외하고는 민족별 공장 집중이 심화되었다. 특히 경성 서부와 용산 서부에 조선인 공장이 많이 설립되어 1910년대에는 도성 내로 국한되어 있던 민족별 공장 분포가 경성부 전체로 확대되었다.

1922년의 업종별 공장 분포를 보면 종로2정목과 3정목을 중심으로 하는 지역에는 조선인이 운영하는 금은세공소, 인쇄소, 양복점, 양화점이 집중되어 있었으며, 죽첨정3정목에는 유기제조소, 마포 일대에는 조선인 정미소가 집중되어 있었다. 본정2정목과 본정3정목을 중심으로 하는 지역에는 일본인이 운영하는 금은세공소, 제빵업소, 제화점, 양복점이 집중되어 있었으며, 강기정岡崎町, 한강통을 중심으로 하는 용산 지역에는 일본인이 운영하는 각종 금속제품제조업, 제재소 및 가구공장, 각종 식료품공장 등이 집중되어 있었다. 그리고 청계천 동남쪽의 광희정光熙町과 병목정에는 조선인 직물공장이 모여 있었는데, 이 지역은 청계천 남쪽에 위치하지만 조선인이 많이 거주하는 조선인 거주 지역이었다.[104] 또한 광희정과 병목정은 전통적인 직물업 중심지로 1천여 호 되는 거주민들 대부분이 허리띠, 주머니끈 등을 생산하였다.[105] 이러한 공장 분포에서 예외적인 곳은 조선인 주물공장, 고무공장들이 들어서 있는 용산의 원정1정목元町1丁目, 강기정이다. 원정1정목과 강기정은 일본인 거주 지역이지만 한강통과 더불어 당시 경성의 대표적인 공업 지역이기 때문에 도심이나 주거 지역에 들어설 수 없었던

주물공장과 고무공장이 이 지역에 세워졌다.[106]

　이렇게 공장 분포가 민족별로 분리되는 이유는 민족별로 종사하는 업종이 달랐기 때문이다. 생활양식 차이에 따라 민족별로 종사하는 업종이 달랐으며, 이 때문에 공장도 민족별 거주지를 따라 세워졌다. 한말에서 1910년대 말까지 일본인이 진고개, 명동 일대에 이주하여 본정을 중심으로 한 남촌을 형성하는 과정에서 일본인 소비인구를 대상으로 한 일본인 공장은 남촌에 위치하였으며, 조선인 소비인구를 대상으로 한 조선인 공장은 북촌에 위치하였다. 광희정·병목정의 직물업, 죽첨정의 유기제조업, 공평동·남대문통의 모물업, 청진동·관철동의 조선주제조업 등이 조선인 거주 지역에 집중되었으며, 강기정·한강통의 철공업, 남미창정南米倉町의 제면업, 본정·원정의 제빵제과업, 원정의 양조업 등이 일본인 거주 지역에 집중되었다. 또한 동일한 업종 내에서도 정미업의 경우 민족별로 정미소가 분리되어 조선인 정미소는 주로 마포 지역에, 일본인 정미소는 남미창정, 원정1정목 등지에 위치하였다.

　상업 지역의 민족별 분리도 공장 분포의 민족별 분리에 영향을 미쳤다. 거주 지역의 민족별 분리와 더불어 상업 지역도 민족별로 분리되어 일본인 상점들은 본정, 황금정을 중심으로 상업 지역을 형성하였으며, 조선인 상점들은 종로를 중심으로 상업 지역을 형성하였다.[107] 이렇게 상업 지역이 형성되고 소비인구가 집중됨에 따라 소비재를 생산하는 상당수의 공장이 상업중심지에 설립되었다. 대표적인 업종이 금은세공업, 제화업, 양복재봉업 등인데, 조선인이 운영하는 금은세공소·양화점·양복점은 종로와 남대문통을 중심으로 한 지역에 집중된 반면, 일본인이 운영하는 금은세공소·양화점·양복점은 본정을 중심으로 한 지역에 집중되었다. 그 밖에 주조업, 인쇄업, 제빵제과업, 제약업, 가구제조업 등의 업종도 상업중심지 주변에 위치하였다. 이처럼 상업중심지에 많은 공장들이 집중되는 것은 원료 공급과 제품 판매에 편리하였을 뿐만 아니라 제조와 판매를 겸하는 공장이 많았기 때문이었다. 금은세공업, 제화업, 양복재봉업, 제빵제과업, 주조업, 양조업, 가구제조업 등의 업종에서 상업중심지에 위치한 소규모 공장은 소매를 겸하는 곳이 많았다.[108]

부산에서
소비재 공업의 발흥

식민지 도시 부산의 형성

러일전쟁의 와중에 1905년 1월 경부선이 개통되고 9월에 시모노세키와 부산을 잇는 관부연락선 이키마루가 취항하여 일본의 산요철도와 관부연락선, 경부철도가 연결되면서 부산은 조선 제일의 항구도시이자 식민지 도시로 변모하였다. 식민지 도시로서 부산의 형성은 항만시설의 정비와 경부철도와의 연계, 초량 방면으로 일본인 거류지의 확장, 일본인 전관거류지에서 부산부釜山府로의 개편이라는 과정을 거쳐 이루어졌다. 항만시설의 정비는 러일전쟁 전에 시작된 부산 북항 제1기 매축공사(1902~1905)에 이은 제2기 매축공사(1907~1908)를 통하여 항만시설이 들어설 부지를 마련하면서 시작되었다. 매축지에는 부산세관 설비공사(1906~1910)가 진행되어 세관, 제1부두 잔교, 부산역 등의 기반시설이 건설되었고, 경부선 종점을 초량역에서 부산항으로 연장하는 공사가 시행되어 1908년에 초량 정차장과 부산 임시정거장을 연결하는 초량–부산 구간이 개통되었다. 이어 부산항과 초량 사이에 있는 영선산營繕山과 영국영사관 산을 깎아내는 영선산 착평공사(1909~1913)가 시행되어 부산항에서 초량에 이르는 간선도로가 생겨나고 신시가지가 조성되었다. 1910년에는 도쿄역과 동일한 외관을 가진 부산역 역사가 준공되었으며, 용두산 주변의 일본인 거류지가 초량, 부산진 방면으로 확장되었다. 강제병합 직후인 1911년부터 제1기 부산역 축항공사(1911~1918)가 시작되어 제2부두 및 방파제가 건설되었으며, 1912년에 제1부두의 잔교와 여객시설이 완공되고 1913년에 제1부두의 부산잔교역이 개통됨으로써 관부연락선과 경부선을 연결하는 부산항의 정비가 일단락되었다.[109]

통감부 설치와 더불어 부산이사청이 설치되어 부산 일대의 일본인 및 일본인 단체의 활동을 보장하고 경제활동을 지원하였다. 〈거류민단법〉에 따라 성립된 부산거류민단은 일본의 지방자치단체와 마찬가지로 학교 및 병원 설립, 도로 확장 및 수도 부설, 영선산 착평공사 시행 등 각종 공공사업을 추진하여 신시가지 조성 및 인프라 구축에 기여하였다.[110] 이러한 활동에 기반하여 일본인 거류지는 초량, 부산진 방면으로 확장되었고, 동래부의 중심이 동래읍의 구시가지에서 용두산의 일본인 거류지를 비롯하여 부산항과 초량의 신시가지로 이동하였다. 강제병합 직후인 1910년 9월 조선총독부 지방관제를 반포하여 '동래부'를 '부산부'로 개칭하였으며, 1914년 행정구역 개편으로 용두산의 일본인 거류지와 초량, 부산진, 절영도 등의 일본인 거주지를 부산부로 남기고 나머지 지역은 동래군으로 편입하여 부산부에서 동래군을 분리하였다.

동래에서 부산의 분리는 동래부를 중심으로 이루어져 온 기존의 행정체계를 일본인 전관거류지 중심의 행정체계로 전환시켰다. 1914년 행정구역 개편으로 일본인 전관거류지와 부산거류민단이 폐지되었으며, 부산부의 행정구역은 기존의 일본인 전관거류지, 청국인 거류지, 부산면, 사중면, 사하면 일부를 포괄하였고, 동래부의 나머지 지역은 동래군으로 분리되었다. 이후 1925년 진주에 있던 경남도청을 부산부로 이전함으로써 진주와 동래를 중심으로 이루어져 왔던 기존의 행정체계가 해체되고 부산은 대일교역의 관문이자 정치, 행정의 중심지로

[표 2-19] 전관거류지 및 부산부의 인구 현황

| 연도 | 부산부 | | | 전관거류지 | | | |
| | 합계 | 조선인 | 일본인 | 조선인 | | 일본인 | |
				호수	인구	호수	인구
1902						1,352	9,691
1904						1,890	11,996
1906						2,981	15,989
1908						4,213	21,292
1910	96,428	71,114	24,936(25.9)	4,276	20,990	4,508	21,928
1912	103,737	75,397	28,019(27.0)			6,826	26,586
1914	55,094	26,653	28,254(51.3)				
1916	61,047	32,846	28,012(45.9)				
1918	63,567	35,463	27,895(43.9)				
1920	73,855	40,532	33,085(44.8)				
1922	78,161	42,971	34,915(44.7)				
1924	82,393	46,093	35,926(43.6)				

* 출전: 김대래 외, 〈일제강점기 부산 지역 인구통계의 정비와 분석〉, 《한국민족문화》 26, 2005, 296, 300쪽.

자리 잡았다. 조선총독부는 "진주는 도의 서쪽에 치우쳐 전 도의 경제, 문화의 중심을 떠나 있고 교통 또한 불편하여 시정상 많은 불편과 불이익이 있기 때문"에 부산으로 도청 이전은 "행정의 중심이 도내 경제, 교통, 교육, 문화의 중심과 합치하여 도 전체의 활동이 민활하게 되고 도민 대다수의 편익을 얻게 될 것"이라고 설명하였다.[111]

부산항이 정비되고 일본인 거류지가 확대되면서 일본인 이주가 크게 증가하였고 부산 인구에서 일본인이 차지하는 비중이 크게 높아졌다. 러일전쟁 이후 일본인 이주의 급속한 증가로 1909년에는 전관거류지 내의 일본인 인구가 조선인 인구를 넘어서게 되었고, 1910년 부산부의 일본인 인구는 약 2만 2,000명으로 부산부 인구의 4분의 1을 차지하였다. 1914년 부제 개편으로 부산부가 일본인 거류지 중심으로 축소되면서 부산부의 일본인 인구는 부산부 전체 인구의 절반을 넘어서게 된다. 1920년 경성의 일본인 비중이 26퍼센트, 평양의 일본인 비중이 23퍼센트인 것과 비교할 때, 부산의 일본인 비중이 45퍼센트라는 점은 식민지 도시이자 대일교역의 관문으로 기능하였던 부산의 특징을 보여준다.

부산으로 이주하는 일본인이 늘어나서 전관거류지가 비좁게 되자 일본인들은 조선인들이 거주하고 있던 초량 지역으로 진출하였다. 1910년 당시 부산부에 거주하는 일본인의 지역별 거주 현황을 보면, 일본인 전관거주지에 45퍼센트(9,942명)가 거주하였고, 전관거류지 서쪽의 신시가지에 27퍼센트(5,846명), 초량 지역에 13퍼센트(2,603명), 절영도에 5퍼센트(1,060명)가 거주하였다.[112] 일본인들이 전관거류지에 집중되어 있고 전관거류지를 중심으로 시가지 정비와 인프라 구축이 이루어지면서 부산은 중심부의 일본인 거주지와 외곽의 조선인 거주지로 분리되었다. 1920년대 시구개정사업과 상공업 발전, 그리고 전차 운행의 개시로 민족별 거주지가 확대되어 나갔지만 많은 조선인들이 대신정大新町, 범일정凡一町, 영선정瀛仙町 같은 도시 주변이나 산록으로 밀려나 도시 외곽의 토막민으로 전락하였다. 1920년 부산의 민족별 분포를 보면, 일본 전관거류지를 중심으로 형성된 일본인 거주지와 그 외곽을 둘러싸고 있는 조선인 거주지로 분리되었다. 부산 중심부의 대청정大廳町, 복전정福田町, 서정西町, 행정幸町, 남빈정南濱町, 변천정辨天町, 금평정琴平町, 부평정富平町을 비롯하여 부산항 매립지의 대창정大倉町, 매립신정埋立新町, 영정榮町 등지는 일본인 비율이 90퍼센트 이상이었고, 부산 서부의 곡정谷町, 부민동富民洞 및 초량·부산진 방면의 영주동瀛州洞, 좌천동佐川洞 등지는 조선인 비율이 90퍼센트 이상이었다.[113]

대일무역의 관문인 부산은 공업 발흥을 위한 좋은 입지조건을 갖추고 있다. 경부선의 개통 이후 교통의 요지이자 대일무역을 위한 물자의 집산지가 되었으며, 부산항 매축과 축항공사 등에 막대한 자본을 투자하여 사회기반시설을 정비하였고, 부산항 축항공사 시행에 필요한 노동력이 대거 유입됨으로써 저렴한 노동력이 풍부하였다. 부산은 자연적인 지형 관계로 공업용 부지가 절대적으로 부족하였지만 매축과 착평공사를 통하여 공업 용지를 확보하였다. 부산 북항 매축공사가 1908년에 마무리된 이후 1916년부터 1926년까지 '영도매축공사', 1925년부터 '남항매축공사', 1926년부터 '부산진매축공사'가 시행되었으며, 매축공사로 생겨난 매립지에 대창정, 영정 같은 새로운 행정구역이 만들어지고 도로 정비, 상하수도 부설, 전차노선 설치 등 기반시설이 구축되었다. 이에 따라 기존의 일본인 전관거류지인 본정을 중심으로 집

[표 2-20] 1911년 전관거류지 내 직업별 인구 현황

일본인			조선인		
대분류	소분류	인구(퍼센트)	대분류	소분류	인구(퍼센트)
공업	정미업(10), 주조업(22), 양조업(16), 인쇄업(4), 통조림 제조업(8), 양복재봉업(8)	68(3.3)	공업	광업(4), 공업(130)	134(2.9)
상업	무역상(39), 백미소매상(115), 포목상(29), 방물·잡화상 (274), 해산상(22), 철물상(25), 도기상(10), 술판매상(59), 간장판매상(12), 목재상(13), 약종상(23), 전당포(47), 고물상(129), 연초상(34), 신탄상(39), 과자상(27), 선구상(27), 청과물상(32), 신발상(13), 가구상(20)	986(47.8)	상업	상업	1,166(25.1)
서비스업	요리점(39), 여관(27), 하숙 (77), 목욕탕(31), 이발소(72), 요리점(39), 음식점(115)	400(19.4)	서비스업		
교통업	회조·운송업	20	교통업		
공무 자유업	관공리(467), 의사(38), 변호사(9), 기자·통신원(13), 신관(8), 승려·선교사(13), 산파(25), 대서업(15)	588	공무 자유업	관공리 (23), 양반(6), 유생(2), 일고(871)	902
			농업	농업 (1,424)	1,424(30.7)
			어업	어업	770
			기타	무직(54), 기타(189)	243
합계		2,062(100)	합계		4,639(100)

* 출전: 釜山商業會議所, 《釜山要覽》, 1912, 12~14쪽.

중되어 있던 회사나 공장이 1920년대 들어 매립지로 이동하거나 매립지에 새롭게 들어섰다.[114]

일찍이 개항장으로 성장한 부산은 각종 회사와 공장이 들어서면서 상공업 인구가 높은 비중을 차지하였다. 1911년 일본인 거류지에서의 직업별 인구를 보면, 일본인은 상업, 공무자유업, 서비스업에 종사하는 인구의 비중이 크고, 관공리가 많았다. 반면 조선인은 농업, 상업, 공무자유업에 종사하는 인구의 비중이 크고, 농부와 일용직이 많았다. 러일전쟁 이후 회사 및 공장의 설립이 많아졌지만 아직 공업에 종사하는 인구는 일본인과 조선인 모두 3퍼센트 정도의 미미한 비중이었다. 일본인의 경우 정미업, 주조업, 양조업이 중심이었고, 조선인의 경우 소분류가 없어서 구체적인 업종은 알 수 없지만 수공업에 종사하는 인구가

[표 2-21] 부산 지역 직업별 인구(1925)

민족별 직업	조선인		일본인	
	호수	인구	호수	인구
농림·목축업	780	4,405	197	931
어업·제염업	582	3,074	513	2,404
공업	1,288	8,408(11.4%)	1,911	7,996(20.1%)
상업·교통업	3,583	18,306(24.8%)	3,681	17,003(42.8%)
공무자유업	1,068	4,615(6.2%)	2,109	9,452(23.8%)
기타유업자	5,119	22,110(29.9%)	293	1,132
무직·미신고자	457	2,286	214	838
계	12,877	73,855	8,918	39,756

* 출전: 釜山府, 《釜山》, 1927, 12~18쪽.

대부분이었을 것이다.

1920년대 들어 공업에 종사하는 인구가 크게 늘어났다. [표 2-21]에서 1925년 부산 지역의 직업별 인구 구성을 보면, 상업·교통업과 기타 유업자 다음으로 공업에 종사하는 인구의 비중이 크다. 조선인은 농업 인구가 격감하고 기타 유업자가 늘어났으며, 일본인은 공업 인구가 크게 늘어났다. 1911년에 3퍼센트 남짓하던 일본인 공업 인구가 1925년에는 20퍼센트로 대폭 증가하였으며, 조선인 공업 인구도 11퍼센트나 되었다. 직업 분류에서 기타 유업자는 통상 일용직 자유노동자를 가리키는데, 부산항의 축항 및 매축공사로 인하여 전국에서 일용직 노동자가 유입되었기 때문에 조선인 기타 유업자의 비중이 높게 나타났다.

일본인 소비재 공업의 발흥

소비재 공업의 확대(1905~1910년대 중반)

러일전쟁 이후 거류지의 일본인 인구가 급증하고 각종 기반시설이 정비되면서 거류지 일본인을 대상으로 하는 업종을 중심으로 공장 설립이 이루어졌다. [표 2-22]는 1909년까지 존속한 공장을 대상으로 창립 연도별 공장 설립 추이를 정리한 것인데, 전체 48개 공장 중 3분의 2가 1904년 이후에 설립되었다.[115] 공장 설립 추세를 보면, 1903년 이전에는 주조업과 양조업이 중심이었지만, 1904년 이후에는 정미업을 중심으로 연초, 제분, 연와, 비누, 염색 등 다양한 업종으로 확산되었다. 1909년의 부산 지역 공장 현황은 부산의 공업이 식민지 본국의 식량 수요 및 일본인 거류지를 대상으로 하는 소비재 공업이라는 점을 여실히 보여준다. 식료품공업 중에서도 정미업, 청주주조업, 간장제조업 3개 업종의 비중이 공장수의 절반을 넘으며, 생산액에서도 85퍼센트라는 압도적인 비중을 차지하고 있다. 여기에 연초제조업을 포함하면 전체 생산액에서 차지하는 비중은 93퍼센트에 달하였다.

1909년의 부산 공업은 전국적으로도 비중이 높아서 조선 전체 공장수의 43퍼센트, 전체 생산액의 47퍼센트를 차지하였는데, 특히 청주 및 간장 생산은 조선 전체 생산의 90퍼센트를 상회하였고, 정미업은 조선 전체 생산의 50퍼센트를 상회하였다.[116] 무역업자 오이케 츄스케 大池忠助가 1906년에 설립한 오이케정미소는 전국 정미의 4분의 1을 생산하였으며, 1907년에 설립된 자본금 10만 원의 부산연초주식회사는 205명의 노동자를 고용하여 연초를 생산하였다.[117] 이러한 정미, 주조, 양조, 연초 중심의 부산 공업은 국내에서 집적된 원료 또는 일본에서

[표 2-22] 부산 지역 창립연도별 공장 설립 현황

설립연도	공장수	업종별
1904년 이전	18	정미1, 주조4, 양조5, 연와1, 철공1, 통조림1, 제염1, 전기1, 조선1, 연초1, 음료1
1905	4	주조2, 연와1, 비누1
1906	6	철공2, 주조1, 양조1, 제분1, 정미1
1907	5	양조2, 연초1, 제분1, 정미1
1908	10	정미5, 주조1, 통조림1, 제지1, 비누1, 연초1
1909	5	양조3, 제도製餬1 염색1

* 출전:《朝鮮總督府統計年報》, 1911, 863~868쪽.

수입한 원료를 가공하여 식료품이나 기호품을 제조하는 소비재 업종이 주종을 이루었다. 정미와 연초 원료는 국내에서 생산되어 철도로 운반되었으며, 주조와 양조 원료는 일본에서 생산되어 선박으로 운반되었다.

러일전쟁 이후 일본인 거류지를 중심으로 발흥한 부산의 공업은 강제병합 이후에도 공장 설립이 계속되었다. [표 2-24]에서 1909년과 1915년을 비교해 보면, 공장수가 증가하면서 전반적으로 생산이 확대

[표 2-23] 부산 지역 공장 현황(1909년 12월 현재)

분류	업종	공장수	자본금 (천 엔)	생산액 (천 엔)
식료품 공업	정미업	8	389	3,279(79.2)
	청주주조업	8	425	166 (4.0)
	간장제조업	11	118	66 (1.6)
	제분업	2	37	10 (0.2)
	통조림제조업	2	12	15 (0.4)
	소금제조업	1	60	110 (2.7)
요업	연와제조업	2	27	32 (0.8)
금속 공업	철공업	3	13	28 (0.7)
전기 가스업	전기업	1	100	38 (0.9)
기타 공업	연초제조업	3	116	346 (8.4)
	기타	7	31	52 (1.1)
합계		48	1,324	4,142(100)

* 출전:《朝鮮總督府統計年報》, 1911.

[표 2-24] 1909년과 1915년의 부산 공업 현황 비교(단위: %)

분류	업종	1909			1915		
		공장수	생산액	원동력	공장수	생산액	원동력
식료품	정미업	8	3,279(79.2)	8	11	4,097(77.8)	11
	청주주조업	8	166(4.0)	–	18	168(3.2)	1
	간장제조업	11	66(1.6)	–			
	제분업	2	10(0.2)	2	1	8(0.2)	1
	통조림 제조업	2	15(0.4)	–	–	–	–
	소금제조업	1	110(2.7)	1	7	209(4.0)	–
방직		1	6(0.1)	–	5	16(0.3)	2
금속	철공업	3	28(0.7)	1	8	55(1.0)	2
기계	조선업	1	20(0.5)	–	2	43(0.8)	2
요업	연와제조업	2	32(0.8)	–	3	25(0.5)	–
	유리제조업	–	–	–	1	7(0.1)	–
화학	비누제조업	2	18(0.4)	–	3	26(0.5)	–
	제지업	1	2(0.1)	–	1	21(0.4)	–
인쇄	인쇄업	–	–	–	3	66(1.3)	1
전기	전기업	1	38(0.9)	1	1	113(2.1)	1
기타	연초제조업	3	346(8.4)	–	4	88(1.7)	2
	기타	2	6(0.1)	–	2	64(1.2)	–
합계		48	4,142(100)	13	81	5,269(100)	29

* 출전: 1909년은《朝鮮總督府統計年報》, 1911. 1915년은《朝鮮總督府統計年報》, 1917.
* 비고: 원동력은 원동기를 갖춘 공장수를 나타냄.

되었다. 업종별 현황을 비교해 보면, 부산의 대표적인 업종이었던 정미업, 주조업, 양조업의 비중이 다소 하락한 반면 제염업, 인쇄업, 전기업의 비중이 높아졌다. 다른 지역에 비하여 정미업의 확대가 미미한 것은 러일전쟁 이후 러시아의 블라디보스토크 방면으로 수출되던 정미가 1909년에 블라디보스토크 자유항이 폐쇄되고 관세가 부과되면서 수출이 감소하였기 때문이다.[118] 또한 연초제조업의 생산이 급감한 것은 한성에 동아연초가 설립되어 국내시장을 장악하였기 때문이다. 그렇지만 1915년에도 정미업, 주조업, 양조업이 전체 생산의 81퍼센트를 차지하여 압도적인 비중을 여전히 유지하고 있다.

　제염업은 타이완에서 원염原鹽을 수입하여 가공하던 방식에서 중국에서 원염을 수입하여 가공하던 방식으로 바뀌면서 소금을 제조하는 공장이 늘어났으며, 전기가스업에서는 1910년에 자본금 300만원의 한국와사전기주식회사(1913년 조선와사전기주식회사로 개명)가 설립되어 부산전등주식회사를 인수하고 부산의 전기, 가스, 전등 및 전차사업을 운영하였다.[119] 동력의 도입은 정미업을 중심으로 진행되었다. 부산 공업의 동력 보급률은 1909년에 27퍼센트였지만 1915년에는 36퍼센트로 증가하였다. 1909년에는 정미업, 제분업을 중심으로 동력이 보급되었으며, 1915년에는 조선업, 연초제조업, 직물업, 철공업 등의 업종으로 동력 보급이 확산되었다.

소비재 공업의 정착(1910년대 후반~1920년대 전반)

정미, 주조, 양조를 중심으로 하는 소비재 공업으로 출발한 부산의 공업은 1910년대 후반부터 확대되기 시작하였다. [표 2-25]에서 1914년 이래 부산 공업의 추세를 살펴보면, 1910년대 후반부터 1920년대 전반까지 공업 규모가 전반적으로 확대되었다. 1914년에 75개이던 공장이 1919년에는 148개, 1924년에는 274개로 10년 동안에 공장수가 3.7배 증가하였다. 공장수가 늘어났을 뿐만 아니라 자본금도 6.4배, 생산액도 5.2배 증가하였다. 공업의 확대는 1910년대 후반의 대전호황으로 인한 것이었는데, 특히 1918년 일본에서 쌀값 폭등으로 인한 '쌀소동'을 계기로 미곡 이출이 급증하면서 생산액 급증에 직접적인 영향을 미쳤다.[120] 1920년부터 1922년까지 공황의 여파로 생산액은 크게 줄어들었지만 공장 설립은 지속적으로 이루어졌다. 1920년대 전반의 생산액 감소는 공황의 타격 때문이기도 했지만 부산항을 통한 쌀의 이출이 감

[표 2-25] 부산의 공업 현황(1914~1925)

연도	공장수	자본금 (천엔)	생산액 (천엔)	노동자수(명)		
				계	조선인	일본인
1914	75	2,079	5,325	1,638	999	639
1915	81	2,028	5,268	2,853	2,249	604
1916	94	2,652	6,358	3,086		
1917	103	3,143	7,969	3,345		
1918	110	3,119	22,536	3,487	2,787	700
1919	148	5,731	30,096	4,292	3,405	887
1920	176	8,546	24,330	4,320	3,605	715
1921	194	7,943	22,286	3,940	3,183	757
1922	219	18,349	22,070	5,133	4,190	940
1923	241	20,601	34,341	5,425	4,497	916
1924	274	13,393	27,919	4,228	3,174	1,031
1925	279	15,027	35,330	6,420	5,357	1,051

* 출전: 박영구, 《근대 부산의 제조업, 1900~1944: 통계와 발전》, 부산발전연구원, 2005, 140쪽.

소하였기 때문이었다. 1922년 주세, 직물세를 제외한 모든 품목의 이입세가 폐지되면서 인천, 마산, 목포 등 쌀의 주요 집산지에서 직접 일본과 거래하게 되었으며, 이에 따라 부산에서 정미精米의 생산과 이출이 감소하였다.[121]

일본자본의 유입은 1910년대 후반부터 시작되었다. 조선경질도기주식회사朝鮮硬質陶器株式會社는 일본경질도기의 자회사로서, 1917년 자본금 100만 원으로 설립되었고 1919년부터 생산에 들어갔다.[122] 1917년 범일동에 자본금 500만 원으로 설립된 조선방직주식회사는 당시 최대 규모의 방적회사로, 1922년부터 조업에 들어갔다. 공장통계에서 1922년에 자본금이 급증한 것은 조선방직이 조업 개시와 더불어 공장통계에 산입되었기 때문이다.

경성 공업과 마찬가지로 부산의 공업도 대전호황과 전후공황을 거치면서 정착되었다. [표 2-26]에서 업종별 추세를 보면, 정미업, 양조업 등의 식료품공업 위주에서 직물업, 양초업, 제재업, 도자기업, 철공업,

---

[표 2-26] 부산의 공업 현황(1915 · 1923)

		방직	금속	기계	요업	화학	제재	인쇄	식료	전기	기타	계
1915	공장수	5	8	2	4	7	1	3	44	1	6	81
	생산액	16	55	43	31	151 (2.9)	21	66	4,619 (87.7)	113 (2.2)	152 (2.9)	5,269
1923	공장수	7	18	10	12	15	17	7	115	1	41	243
	생산액	5,143 (22.0)	216 (0.9)	287 (1.2)	378 (1.6)	627 (2.7)	455 (1.9)	245 (1.0)	14,281 (61.1)	788 (3.4)	955 (4.1)	23,372

* 출전: 1915년은《朝鮮總督府統計年報》, 1917; 1923년은 釜山商業會議所,《釜山港經濟槪覽》, 1923.
* 비고: 생산액 단위는 천원.

인쇄업 등으로 업종이 다양화되었다. 식료품공업의 경우 1915년에는 전체 생산액의 88퍼센트를 차지하였지만, 1923년에는 61퍼센트로 비중이 크게 감소하였다. 이는 쌀의 이출 감소로 인한 정미업의 비중 감소 때문인데, 1915년에 전체 생산액의 78퍼센트를 차지하던 정미업이 1923년에는 51퍼센트로 크게 감소하였다. 반면 조선방직의 조업 개시로 방직공업의 비중이 22퍼센트로 크게 늘어났으며, 금속·기계공업, 화학공업, 제재업도 공장수가 크게 늘었다.

부산 공장의 원동력 추이는 근대식 공장공업으로 부산 공업의 변모를 보여준다. 1915년에 기관수는 34개이고 원동기를 사용하는 공장은 29개로 동력 보급률은 36퍼센트에 불과했지만, 1923년의 기관수는 179개로 대폭 늘어났으며, 마력수도 5.2배 증가하였다. 공장당 1개의 원동기를 사용한다고 추정하면, 동력의 보급률은 70퍼센트대에 들어선다. 또한 증기와 가스에서 전기로 동력의 이동이 진행되었다. 1915년에

[표 2-27] 부산 공장의 원동력 추이

수	증기		가스		전기		석유		계	
	기관	마력	기관	마력	기관	마력	기관	마력	기관	마력
1915									34	1,601
1919	13	757	42	1,350	26	298	2	10	83	2,415
1921	17	3,703	41	1,424	58	502	2	10	118	5,638
1923	7	4,894	19	1,029	151	2,326	2	16	179	8,265

* 출전: 1915년은《朝鮮總督府統計年報》, 1917; 1919·1921·1923년 통계는 釜山商業會議所,《釜山港經濟槪覽》, 1923, 182쪽.

전동기 사용이 전체 기관의 31퍼센트에 불과하던 것이 1923년에는 84퍼센트로 늘어나서 전동기를 이용하는 공장이 다수를 점하게 되었다.

1910~20년대 부산의 공장통계에는 민족별 구분이 없는데, 이는 부산에서 근대식 공장 설립이 전관거류지의 일본인에 의해 시작되었으며, 러일전쟁 이후 부산 공업의 발흥도 전관거류지를 중심으로 이루어졌다는 사실을 반영한다. 그렇지만 조선인 공장이 부재한 것은 아니었다. 공장통계에 등장하는 최초의 조선인 공장은 1901년에 설립된 안명환安命煥의 동의연초상회同義煙草商會다. 1901년에 설립된 동의연초상회는 1914년에야 공장통계에 수록되었으며,[123] 1914년에 설립된 박군원朴君遠의 부산진제염소도 공장통계에 등장한다.[124] 1916년에는 부산 지역의 대표적 조선인 기업인 경남인쇄주식회사가 자본금 5만 원으로 창립되는 등 대전호황에 접어들면서 조선인 공장이 설립되기 시작하였다. 조선인 공장의 현황을 파악할 수 있는 1921년 공장통계의 경우 조선인 공장은 9개로, 전체 공장의 5퍼센트에 불과하였다. 경남인쇄를 제외하고는 8개 공장이 모두 정미소인데, 1916년 좌천동에 설립된 광신정미소廣信精米所를 시작으로 1921년까지 8개의 정미소가 설립되었다.[125]

가내공업의 현황을 엿볼 수 있는 자료는 1916년의 직업별 인구조사이다. [표 2-28]의 직업별 인구 중 공업 종사자 현황에 따르면, 폭넓은 업종에 분포되어 있었다. 조선인의 경우 기계기구제조업, 직물업, 목죽제품제조업, 음료품·기호품제조업, 피복제조업 등의 업종에, 일본인의 경우 기계기구제조업, 화학제품제조업, 종이·피혁·고무제조업, 목죽제품제조업, 피복제조업 등의 업종에 종사하였다. 1916년의 공장수가 94개인 것을 감안한다면, 600여 호의 가내공업자가 공장통계에는 잡히지 않은 채 생산에 종사하고 있었다. 1920년대 들어서 가내수공업자의 수는 줄어들지 않고 오히려 증가하였다. 1920년대 후반의 공산액 통계에 의하면 2,000여 호의 가내수공업자가 공장공업의 외곽에 존재하였다.[126]

[표 2-28] 1916년 직업별 인구 중 공업 종사자 현황

구분 민족별	조선인		일본인	
	호수	인구수	호수	인구수
금속제조업	13	49	3	13
기계기구제조업	17	90	105	432
화학제품제조업	–	–	11	44
직물업	13	122	2	3
염색업	–	–	7	25
종이 · 피혁 · 고무	–	–	34	116
목죽제품	19	91	50	170
음료품 · 기호품	111	410	157	602
피복제조 등	51	224	109	385
조각·인쇄·사진	5	18	23	98
기타 공업	–	–	32	148
계	229	1,004	533	2,036

* 출전: 부산부,《부산부세일반》, 1918, 11~12쪽.

일본인 거류지 중심의 공장 분포

부산의 공장은 일본인 거류지를 중심으로 배치되었다. 부산 공업은 애초부터 일본인 전관거류지를 대상으로 한 생활용품 생산으로 시작되었기 때문에 공장은 일본인 전관거류지 인근 및 절영도絶影島에 설립되기 시작하였다. 정미소, 주조장, 양조장, 철공소는 주로 거류지에 인접한 서정西町, 부평정富平町에, 넓은 부지가 필요한 조선소, 기와공장은 절영도에 자리 잡았다.[127] 이후 일본인 거류지가 확장되면서 서부의 신시가지와 동부의 매립지 및 초량, 부산진 등지로 공장이 확산되었다. [표 2-29]는 1921년 부산부에 있는 194개 공장의 구역별 분포를 정리한 것인데, 공장 분포를 검토하기 위해 부산부를 편의상 5개의 구역 — 부산 중부, 부산 서부, 부산 동부, 절영도, 초량·부산진 — 으로 나누었다. 부산 중부는 이전의 일본인 전관거류지이고, 전관거류지 서부의 신시가지를 부산 서부, 부산항 인근의 매립지를 부산 동부로 구분하였다. 1921년의 구역별 공장 분포를 간략하게 지도에 표시한 것이 [그림 2-4]인데, 일본인 거류지와 절영도를 중심으로 한 초기의 공장 지역에 공장이 집중 배치되는 한편, 초량, 부산진 방면으로 공장 배치가 확산되고 있음을 알 수 있다.

가장 두드러지는 현상은 일본인의 전관거류지였던 부산 중부와 일찍부터 공장이 자리 잡았던 부평정 인근, 그리고 절영도의 영선정瀛仙町에 공장이 집중되었다는 점이다. 본정을 중심으로 하는 부산 중부, 기존의 공장지였던 부산 서부의 부평정, 보수정寶水町, 토성정土城町, 절영도의 영선정에 전체 공장의 4분의 3 정도가 들어섰다. 또한 부산 동부

[표 2-29] 부산부의 구역별·업종별 공장 분포(1921)

		방직	금속기계	요업	화학	제재	인쇄	식료품	기타	계	
부산 중부	본정	1	1				1	8	2	13	57
	대청정					1	1	4	1	7	
	변천정					1		4	2	7	
	금평정		1							1	
	남빈정		1				1	4	1	7	
	서정	1			1			6	2	10	
	행정	1	4				1	5	1	12	
부산 서부	부평정	2	7	1	3		2	24	3	42	59(2)
	보수정		1	1				6		8	
	토성정							5(2)	1	6(2)	
	중도정									-	
	부민정									-	
	곡정		1							1	
	초장정							1		1	
	대신정				1					1	
절영도	영선정	1	11	7				16	2	37	37
부산 동부	지정							2	1	3	17
	좌등정							2		2	
	매립신정							1		1	
	대창정		1				1			2	
	고도정							3		3	
	중정		1							1	
	안본정						1			1	
	장전정							1		1	
	영정					2		1		3	
초량 부산진	영주정						1(1)			1(1)	24(7)
	초량정	2	2	1	1			5(1)		11(1)	
	수정정							2		2	
	좌천정		1					7(5)		8(5)	
	범일정							2		2	
합계		8	32	10	6	5	8(1)	109(8)	16	194(9)	

* 출전: 朝鮮總督府, 《慶尙南道統計年報》, 1921년판.
* 비고: 괄호 안의 숫자는 조선인 공장임.

의 매립지와 초량·부산진 방면의 조선인 거주지로 공장 분포가 확산되고 있었다. 1921년의 공장통계에 나오는 조선인 공장은 9개소인데, 6개의 정미소와 1개의 인쇄소가 조선인 거주지인 초량·부산진 구역에 자리 잡았다. 나머지 정미소 2개소는 토성정土城町에 있는데, 토성정은 부산 서부의 조선인 거주지에 인접한 구역이고 조선인 비중이 30퍼센트 정도였다.[128] 업종별로는 조선소, 제염소, 기와공장은 영선정, 철공장은 영선정과 부평정, 정미소와 양조장은 부평정에 집중되어 있다. 이러한 공장 분포는 일본인 거주지인 부산 중부와 보수천 이동의 부산 서부, 그리고 일찍부터 공장지로 자리 잡은 절영도에 일본인 공장이 집중되었으며, 일본인 거주지의 지가가 오르고 부지가 부족해지면서 부산 동부의 매립지와 조선인 거주지인 초량·부산진 방면으로 공장이 확산되고 있음을 보여준다.

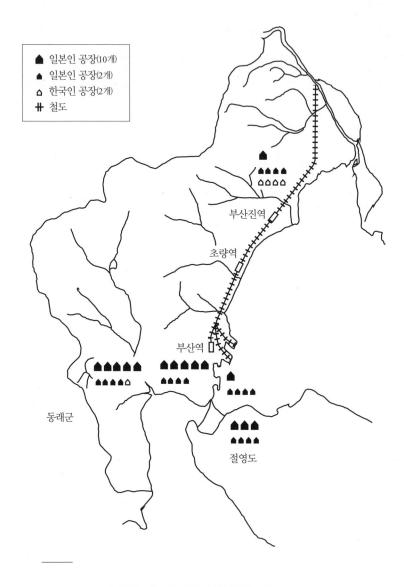

- ▲ 일본인 공장(10개)
- ▲ 일본인 공장(2개)
- △ 한국인 공장(2개)
- ╫ 철도

부산진역

초량역

부산역

동래군

절영도

[그림 2-4] 부산부 공장 분포도(1921)

Ⅲ

대공황과
식민지 공업의 재편
(1920년대 후반~1936)

대공황과
식민지 공업의 전환

공황 파급과 공황 대책

1929년 10월 뉴욕 주식시장의 주가 폭락에서 시작된 '대공황'은 약 4년에 걸쳐 자본주의 세계경제를 마비시켰으며, 1931년 9월 영국의 금본위제 이탈을 시작으로 100년 이상 지속되어 오던 금본위제를 붕괴시켰다. 대공황이 일본에 파급된 것은 1930년 중반이었지만 일본은 대공황 파급 이전에 이미 '금융공황'으로 경제위기에 처해 있었다. 1927년에 발생한 금융공황은 중소은행 부실에 따른 예금인출 사태에서 비롯되어 전국 은행의 휴업으로 확대되었으며, 1928년 5월 일본은행에 대한 구제금융이 시행되면서 수습되었다. 일본정부는 금융공황으로 인한 경제위기를 타개하기 위하여 1930년 1월 금본위제로 복귀하였지만, 이로 인한 은시세 급락으로 아시아시장으로의 면제품 수출이 타격을 입은 데다가 미국시장의 위축으로 생사 수출마저 가로막히자 대공황의 피해는 더욱 증폭되었다. 금본위제 복귀 이후 투기 거래로 인한 대량의

금 유출로 정화正貨 위기에 직면하자 일본정부는 1931년 12월 금본위제에서 이탈하였고, 저환율과 저임금을 기초로 한 수출 진흥, 국채 발행을 통한 군사비 확충, 만주 투자에 의한 수출 확대, 농촌구제사업에 의한 내수 확대 등의 공황 대책을 추진하였다.[1]

일본의 공황 타개와 관련하여 주목을 받은 것이 만주 침략이다. 만주 침략을 위한 군사비 지출과 만주국에 대한 투자가 일본의 공황 탈출에 결정적이었는가에 대해서는 논란이 있지만, 일본의 만주 투자 확대에 따른 회사 설립과 수출 확대, 일만日滿경제블럭 구축을 통한 제국주의 영역의 재편성은 1930년대 조선경제의 전환에도 커다란 영향을 미쳤다. 만주에 대한 일본의 수출 확대는 수출 중계지로서 조선의 역할을 부각시켜 일본 독점자본이 조선으로 진출하는 조건이 되었으며, 일만 경제블럭의 구축은 우가키 가즈시게宇垣一成 총독의 농공병진정책 수립에 직접적인 영향을 끼쳤다. 또한 관동군이 만주국에 구축한 통제경제체제는 일본정부의 산업합리화 정책과 더불어 기업 간의 무한경쟁을 지양하고 국가에 의한 기업통제가 필요하다는 인식을 심어 줌으로써 총독부에서 공황 대책으로 기업통제를 시행하는 데 준거점이 되었다.

1930년 중반 일본을 강타한 대공황의 여파는 그대로 조선에 파급되었다. 쌀값 폭락으로 농촌은 파탄지경에 이르렀으며, 도시에서는 상공업의 침체로 실업자가 쏟아져 나왔다. 물가의 폭락, 구매력의 감소, 상거래의 두절로 중소상공업자 중 도산하는 자가 속출하여 경성의 경우 1930년 말에는 1929년 7월에 비하여 중소상공업자가 725명이나 줄어들었으며, 실업자가 폭증하여 1931년 초에는 6만 명을 넘어섰다.[2] 공업 부문의 타격도 격심하여 1929년에서 1930년까지 1년 동안에 공장 생산액은 25퍼센트나 감소하였고, 1931년에도 침체 상태가 계속되었다.[3] 1932년 7월 경성부에서 실시한 실업조사에 의하면 급료생활자와 일용노동자의 실업율은 14퍼센트, 기타 노동자의 실업율은 25퍼센트였다.[4]

공황으로 인한 타격은 주로 중소상공업에 집중되었으며, 중소상공업에 대한 구제금융이 주요한 대책으로 제기되었다. 1931년 5월에 경성상공협회 주최로 불황 대책에 대한 좌담회가 열렸으며, 1932년 6월에는 경성상공회의소 주최로 '조선상공업자 구제좌담회'가 열렸다. 경성상공협회 좌담회에서는 금융 문제, 조선물산 애용에 관한 문제, 운임과 세금에 대한 문제 등이 논의되었는데, 은행의 대부한도 완화와 이자율 저하의 필요성이 가장 많이 거론되었다.[5] 경성상공회의소의 구제좌담회에서는 ①조선에 저리자금을 융통할 것, ②영업세 경감 및 면세점 인상, ③개인의 영업세·부가세 3년간 면제 등이 논의되었다.[6] 이와 더불어 중소상공업자의 조직 문제도 거론되었다. 1932년 6월 개최된 조선상공회의소 총회에서 "중소상공업자의 구제를 위하여 당국은 속히 상업조합 및 공업조합에 관한 법규를 제정할 것을 요망한다"는 결의를 가결하고 이를 당국에 요청하였다. 조선공업협회에서도 공업조합법 실시를 촉구하였으며,[7] 경성상공협회에서도 중소상공업자 구제책으로서 상공조합 설치를 총독부에 진정하였다.[8]

이처럼 상공업자들에 의하여 구제금융과 중소상공업자의 조직화 등이 공황 대책으로 제기되었으나 총독부에서는 실업자 구제를 위한 궁민구제사업窮民救濟事業을 시행하고 국산애용운동을 제창하였을 뿐 상공업에 대한 체계적인 지원은 이루어지지 않았다. 총독부에서는 1931년 4월 "재계불황으로 인한 궁민의 생활난을 완화하고 아울러 조선의 산업개발에 이바지하기 위해서" 3개년에 걸친 궁민구제토목사업을 실시하였고, 추가로 1932년부터 1934년까지 시국응급구제공사를 시행하였다.[9] 이와 더불어 국산품을 애용하면 국내 산업이 진흥하고 국제수지가 개선되며 실업자가 구제된다는 논리를 내세워 국산 애용이 불경기에 대처하는 가장 근본적인 대책이라고 선전하였다.[10] 총독부 상공과에서는 《국산國産 애용, 먼저 조선산朝鮮産》이라는 소책자를 만들어 배포하는 한편, 9월 24일을 '국산 애용의 날'로 정하는 등 국산애용운동에 주력하였다.[11] 이처럼 총독부의 상공업 대책이 소극적이었던 것은 공업의 비중이 낮았기 때문이었다. 당시로서는 파탄 상태에 빠진 농촌구제와 실업자 구제가 시급한 문제였으므로 총독부의 대책은 농촌안정화사업과 궁민구제사업에 집중되었으며, 공황 타개는 개별 상공업자들에게 맡겨졌다. 업종마다 지역마다 사정은 다르지만 임금 인하, 노동력 감축이 단행되었고, 이에 항의하는 노동자들의 파업이 이어졌다.[12]

경제정책의 전환: 자본유치와 경제통제

공황으로 인한 농가경제 파탄과 소작쟁의의 폭발적 증가로 지배체제의 위기에 직면한 조선총독부는 '산미증식'에 주력했던 1920년대의 경제정책을 전환해야 했다. 1931년 조선총독으로 부임한 우가키는 조선 통치의 기본 방침으로 '내선융화를 진척시키는 것'과 '조선인에게 적당히 빵을 주는 것'으로 삼았고, 이를 실현하기 위한 방편으로 농촌의 혁명운동을 진압하여 농촌사회를 진정시키는 동시에 농가갱생계획을 핵심으로 하는 농촌진흥운동을 추진하였다. 다른 한편 만주사변과 만주국 수립으로 일만경제블럭을 구축하는 상황에서 우가키 총독은 일본, 조선, 만주를 아우르는 통합경제권으로서 '일선만日鮮滿경제블럭'을 제기하였다. 일선만경제블럭은 일본을 정공업精工業지대, 조선을 조공업粗工業지대, 만주를 농업 · 원료지대로 하여, 경제블럭 내부의 상호의존 관계를 강화함으로써 자급적 재생산 관계를 확보한다는 것인데, 이러한 구상이 농촌진흥운동과 결부되어 '농공병진農工竝進'정책으로 정리되었다.[13]

농공병진으로 대표되는 경제정책의 전환은 당대부터 일본자본을 유치하여 적극적으로 공업화를 추진하는 '조선공업화'정책으로 부각되었으며, 일본에서 시행되는 〈중요산업통제법〉을 조선에 적용하지 않는 '자유주의'정책으로 평가되었다.[14] 그렇지만 이러한 평가는 농공병진정책이 가지는 공업화정책으로서의 측면을 과대평가하며, 총독부 차원에서 공황 타개책으로서 경제통제가 시행되었다는 점을 간과한다는 문제가 있다. 농공병진정책은 적극적인 공업진흥책이 아니라 소극적인 자본유치책이었다. 총독부와 특수금융기관의 자금은 농업과 관영철도에 집중 투자되었기 때문에 공업화에 필요한 대규모 자금을 확보할 여지가 없었으며,[15] 닛폰질소비료日本窒素肥料(이하 닛치츠日窒)에 의한 부전강 수력발전 개발은 일본 내 수력개발이 포화된 상태에서 조선에서 대규모 수력발전소 건설을 구상한 사업자와 대량의 전력과 새로운 기술을 활용하여 식민지에서 비료사업을 일으키려는 신흥자본가의 합작품이었다.[16] 또한 〈중요산업통제법〉만을 염두에 둔 자유주의정책이라는 평가는 1920년대 후반부터 시작된 총독부의 전력통제정책과 공황 타개책으로 추진된 총독부의 기업통제를 농공병진정책과 관련하여 파악하지 못하는 한계가 있다.[17] 일본과 만주를 시야에 넣을 때, 농공병진정책은 일본의 중요산업통제법에 의한 공황 타개와 만주국의 통제경제체제에 의한 산업개발 사이에 놓인 조선총독부의 공황 타개책이자 경제통제의 일환이었다.

　총독부의 자본유치에 따른 일본 독점자본의 조선 진출은 공황 이후 일본에서 전개된 독점조직의 재편에 따른 자구책이었다. 일본정부는 공황에 따른 수요 감축, 가격 하락, 시장지배력의 동요를 타개하기 위하여 독점조직의 재편에 나섰다. 주요 업종에서는 〈중요산업통제법〉을 기반으로 독점자본의 카르텔을 조성하고 통제위원회에 의한 규제를 강화하였으며, 중소공업에서는 〈공업조합법〉, 〈수출조합법〉을 통하여 공업조합·수출조합으로 조직화를 추진하였다. 면방적업의 경우 카르텔 결성에 의한 생산 및 시장 통제, 산업합리화에 의한 생산비 절감으로 조기에 공황에서 벗어나 동남아, 아프리카, 중남미 등지로 수출시장을 확대하였다. 그러나 블럭 간의 경쟁을 유발하여 관세장벽을 높이는 결과를 가져옴으로써 수출시장 확대는 이내 벽에 부딪히게 되었다.[18] 이러한 상황에서 높은 비율의 조업단축을 시행하고 있던 일본 방적자본으로서는 새로운 돌파구가 필요하였으며, 원료, 시장, 노동력 등에서 좋은 입지조건을 갖추고 총독부의 적극적인 지원까지 얻을 수 있는 식민지 조선으로 눈을 돌리게 되었다.[19] 풍부한 전력, 저렴한 노동력, 안정적 원료 공급 등 자체의 이점도 있지만, 일본 방적업계의 조업단축 적용범위에서 벗어난 점, 〈중요산업통제법〉의 구속을 받지 않는 점, 공장법이 실시되지 않아 야간작업이 가능한 점, 지리적으로 만주시장에 진출하기 유리하다는 점 등으로 인하여 면방적계통 독점자본의 진출이 이루어졌다.[20] 미쓰이 계통의 카네가후치방적鐘淵紡績(이하 카네보鐘紡)은 "내지內地 방적연합회의 카르텔 질곡에서의 탈각과 선만鮮滿의 수요 전망, 저렴한 노동자 임금 같은 여러 점을 고려"[21]하여 경성과 광주에 공장 설립을 추진하였다.

1920년대 후반 제사자본에 이어 닛치츠가 조선으로 건너왔으며, 1930년대 들어 면방적업, 맥주제조업, 인견직물업 등의 업종에서 일본

[표 3-1] 일본자본의 업종별 공장 설립 현황(1932 · 1936)

업종	연도	1932				1936			
		B	C	D	계	B	C	D	계
경공업	방직	2		2	4	4	4	14	22
	제재					1			1
	인쇄					1			1
	식료품	1		1	2	1	4	2	7
	기타	1			1				
	계	4		3	7	7	8	16	31
중화학 공업	금속						1	1	2
	기계								
	요업			2	2		1	3	4
	화학	1	1	3	5	4	7	9	20
	전기						1		1
	계	1	1	5	7	5	9	13	27
	합계	5	1	8	14	12	17	29	58

* 출전: 朝鮮總督府,《調査月報》13~8, 1942, 25~26쪽.
* 비고: B: 노동자수 50~99인, C: 100~199인, D: 200인 이상.

독점자본이 진출하였다. [표 3-1]은 1930년대 일본자본의 공장 설립 현황인데, 방직공업과 화학공업을 중심으로 일본자본의 진출이 이루어졌음을 보여준다. 1932년에 9개소이던 노동자 100인 이상의 대규모 공장이 1936년에는 46개로 크게 늘어났으며, 업종도 금속공업, 요업, 식료품공업으로 확대되었다.

조선에 가장 먼저 진출한 것은 제사자본이었다. 1910년대 후반 대전 호황을 타고 제사자본이 진출한 이후, 1920년대 중반에 저렴한 원료와 노동력을 노리고 카네보, 가타쿠라제사, 군제제사郡是製絲, 도요제사東洋製絲 등의 제사자본이 최신식 설비를 갖춘 대규모 제사공장을 설립하였다. 닛치츠는 1926년에 조선수력전기를 설립하고 발전량 15만kw의 부전강 발전소 건설에 착수하였으며, 1927년 흥남에 자본금 1천만 원의 조선질소비료를 설립하였다. 1930년대 일본 독점자본의 진출은 면방적, 인견직물, 맥주 등의 소비재 업종에 집중되었다. 이들 공장은 대부분 영등포에 위치하는데, 대규모 소비인구를 가진 경성에 인접해 있으며, 철도와 도로를 이용한 원료 및 제품의 운반에 편리하였기 때문이다. 조선맥주朝鮮麥酒와 쇼와기린맥주昭和麒麟麥酒는 이러한 입지조건 외에도 양질의 물을 사용하는 맥주제조업의 특성상 지하수가 양조용으로 적합하였기 때문이며,[22] 넓은 공장부지와 많은 노동자를 필요로 하는 면방적공장도 이러한 조건을 충족시키기 용이하였다. 특히 염색가공에 많은 물이 필요한 인조견공장도 풍부한 공업용수를 얻기에 적합하였다.[23]

공황으로 인한 수요 감축, 가격 하락으로 기업 간의 경쟁이 치열해진데다가 일본자본의 진출로 인하여 수출시장을 둘러싼 각축이 발생하면서 총독부는 경제통제에 나섰다. 일본에서의 경제통제는 상공성 산하 임시산업합리국의 주도 아래 기업합동과 카르텔 강화를 통한 산업조직의 독점화로 나타난 반면, 조선에서의 경제통제는 업종별 조직화를 통하여 기업 간의 과당경쟁을 제한하는 방식으로 추진되었다.

총독부의 경제통제는 전력통제에서 비롯되었다. 총독부는 이미 1910년대 이래 '1지역 1사업 원칙'에 따라 소규모 화력발전을 위주로 지역별 독점구조를 구축하는 방식으로 전기사업을 육성해 왔으나, 1920년대 들어 대도시를 중심으로 전력 수요가 늘어나면서 비싼 전기료와 전력 수급의 불안정 문제가 대두되었다. 이러한 상황에서 금강산전기철도에 의한 중대리 수력발전(7,000kw)과 장거리 송전이 시작되고 평양 전기 부영화와 부전강 수력발전(13만kw)이 현실화되자 전기사업과 전력통제의 근본적인 전환이 요구되었다.[24] 대규모 수력개발과 효율적인 전력 수송망의 형성을 목표로 하였던 총독부는 1930년 11월과 1931년 10월 두 차례에 걸쳐 정무총감을 위원장으로 하는 '조선전기사업조사회'를 개최하여 전력정책의 전환에 따른 발전 및 송전계획과 전력산업의 기업 형태(국영/민영)를 결정하였다. 이를 토대로 총독부는 수력개발을 위주로 하면서 발전과 송전의 민영화, 지역별 배전망의 통합과 민영화를 추진하였으며, 〈조선전기사업령〉(1932.2)을 공포하여 민영회사의 전력독점을 유지하되 총독부의 규제와 감독을 통한 전력통제정책을 전개하였다.[25] 총독부의 전기사업 통제는 우가키 총독의 자본유치를 통한 공황 타개라는 경제정책의 기조를 유지하면서 일본 독점자본의 진출로 대규모화된 전기사업 전반에 대하여 통제를 시도한 것이라는 점에서 식민지 경제통제의 선구였다.

전기사업에서 비롯된 총독부의 경제통제는 공황으로 인해 과당경쟁이 이루어지는 고무, 인견염색, 법랑철기, 시멘트, 전구, 비누 등의 업종으로 확대되었다. 고무제품제조업의 경우 공황의 타격으로 농촌에서 고무신 대신 짚신을 신는 등 구매력 저하로 인하여 생산과잉이 된 데다, 생고무값 앙등, 일본상품 유입으로 인한 중국·만주시장 축소 등의 악조건이 겹침으로써 전국의 고무공장은 조업단축 또는 휴업이 불가피하였다.[26] 이러한 상황에서 업자 간의 경쟁이 더욱 격화되고 조업을 중단하는 공장이 늘어감에 따라 총독부 주도하에 사업통제가 모색되었다. 1933년 4월에 부산을 중심으로 한 남선 지방의 고무업자들과 미쓰이물산三井物産 간에 통제협정이 체결되었으며,[27] 1934년 5월 조선총독부 상공과와 경기도의 적극적인 주선으로 경성과 인천의 37개 고무공장이 경기도고무동업조합을 결성하였다.[28]

인견염색업에서는 일본의 염색공장이 진출함에 따라 통제 문제가 제기되었다. 조선직물朝鮮織物 설립 이전까지 인견직물의 염색은 일본에서 처리되었으나 1932년에 염색가공 설비를 갖춘 조선직물이 설립됨으로써 국내에서 염색가공이 시작되었다. 조선직물에 이어 1934년 영등포에 염색전문공장인 쇼와공업昭和工業이 설립되는 등 일본에서 염색계통 자본의 진출이 이루어졌다.[29] 일본에서 염색공장이 건너오게 된 계기는 염색공업 통제 때문이었다. 일본에서는 1934년 일본수출염색공업조합이 조직되어 염색공업에 대한 통제가 시작되었으며, 사업 확장을 노리는 염색공장이 통제를 피하여 조선으로 건너왔다.[30] 조선에서 인견염색업이 발흥함에 따라 염색가공을 하지 않은 인견직물의 이입이 증가하여 일본의 인견염색업이 타격을 입자,[31] 수출염색공업조합연합회 산하 후쿠이福井, 고베, 교토 등지의 업자 대표들이 총독부에 인견염색의 일원적 통제를 진정하였다.[32] 이에 조선의 인견염색업자들은 조선직물협회에 인견염색부를 설치하여 일본과 같은 수준의 통제를 시행하는 등 대책을 마련하는 한편 인견염색업이 발흥하고 있는 조선의 사정을 내세워 일원적 통제에 반대하였으며,[33] 1937년 들어 대규모 인견직물회사가 모여 조선인견염색동업조합朝鮮人絹染色同業組合을 결성하였다.[34]

법랑철기제조업에서는 일본과의 수출경쟁 여파로 통제가 도입되었다. 법랑철기는 1932년 일본인 사업자가 부산에 조선법랑철기합자회사를 설립하고 인도에 수출한 것이 효시가 되었다.[35] 이후 경성, 인천의 법랑철기공장이 생산을 개시하고 오사카의 사업자가 부산에 대규모 공장을 건설함에 따라 법랑철기 수출이 크게 늘어났다.[36] 저렴한 조선산 법랑철기가 수출시장을 확대해 나가자 일본 측에서는 수출검사 등 통제를 요구하였고, 이에 따라 1934년에 조선법랑철기수출조합朝鮮琺瑯鐵器輸出組合이 결성되었다.[37] 그렇지만 일본의 세이호법랑철기공업조합西邦琺瑯鐵器工業組合에서 조선대책위원회를 조직하여 강력한 통제를 요구하였고, 수출통제를 위한 내선법랑철기협의회內鮮琺瑯鐵器協議會가 만들어지고 각자의 생산비율에 따른 생산통제에 들어갔다.[38]

그 밖에도 비누제조업에서는 1933년 2월 전국의 세탁비누제조업자를 망라하여 전선세탁비누통제조합全鮮洗濯石鹼統制組合을 결성하였다.[39] 면방적업에서도 독점자본 계통의 대공장들이 건설되어 방적업이 발흥하자 방적업의 통제 문제가 제기되었다. 1935년 일본방적연합회에서 조선에 있는 방적업체의 조업단축과 설비제한 문제를 둘러싸고 외지外地의 공장도 통제에 포함시켜야 한다는 일본 측과 외지의 통제에 반대하는 카네보 측과의 대립이 일어났으나,[40] 1936년 5월 면방적, 인견직물, 인견염색 등 21개 회사를 망라하는 조선기업협회朝鮮機業協會를 조직하여 통제를 시행하였다.[41]

이러한 사업별 조직화와 더불어 공업조합제도 도입이 제기되었다. 1934년 들어 총독부 식산국에서 공업조합의 필요성을 인식하고 공업조합제도의 입안에 착수하였고, 상공단체에 자문을 구하였다.[42] 조선상공회의소에서는 1934년 6월에 개최된 정기총회에서 중소상공업자들의 곤경이 일반 불황의 결과일 뿐만 아니라 "조직의 결여, 금융의 불원활, 중소상공업에 대한 특별법제의 결여"에 있기 때문에 상업조합 및 공업조합제도의 제정을 요청하였으며,[43] 조선공업협회에서도 공업조합제도의 도입을 요청하는 답신을 결의하였다.[44] 그러나 총독부에서 입안에 착수했음에도 불구하고 공업조합제도가 시행되지 않은 것은 한편으로는 기존의 금융조합 및 산업조합과의 관계가 문제가 되었고,[45] 다른 한편으로는 〈중요산업통제법〉 개정을 통한 일본과의 일원적 통제를 앞두고 있었기 때문이었다.[46]

식민지 공업의 전환

조선에서 농업공황은 장기화되었지만 공업 부문은 일본자본의 진출을 타고 1932년 경부터 회복되기 시작하였다. 일본의 대조선 투자는 1920년대 후반까지 식산은행, 동양척식 등 특수금융기관에 의한 농업 투자의 비중이 높았지만, 1930년대 들어 민간자본에 의한 광공업 투자가 증대하였다. 1932년부터 1937년까지 약 5억 3,000만 원의 민간자본이 투자되어 일본자본의 조선 투자에서 민간자본이 56퍼센트를 차지하였으며, 민간자본이 집중적으로 투자되는 광공업회사의 비중은 1929년의 30퍼센트에서 1936년에는 45퍼센트로 증가하였다.[47]

이러한 민간자본 투자를 기반으로 공업 부문이 확대되면서 조선경제는 조기에 공황에서 탈출하였다. [표 3-2]에서 공황을 전후한 공업의

[표 3-2] 조선의 공업 현황(1926~36)

구분 연도	공장수			생산액			노동자수	기관수
	계	조선인	일본인	계	조선인	일본인		
1926	4,293	2,013	2,138	365,849	83.2	224.3	83,450	2,623
1927	4,914	2,457	2,279	369,640	86.1	233.6	89,142	3,186
1928	5,342	2,751	2,425	392,534	90.1	244.5	99,547	3,404
1928	4,010	–	–	–			92,566	–
1929	4,025	2,216	1,908	351,452			93,765	
1930	4,261	2,233	2,013	263,275			101,943	
1931	4,613	2,233	2,128	275,151			106,781	
1932	4,643	2,492	2,113	323,271			110,650	
1933	4,838	2,652	2,144	384,822			120,320	
1934	5,126	2,956	2,169	486,522			138,809	
1935	5,635	3,285	2,345	643,987			168,771	
1936	5,927	3,484	2,433	720,319			188,250	

* 출전: 《朝鮮總督府統計年報》, 각년판.
* 비고: 1928년 상단은 기존의 기준, 하단은 새로운 기준에 의한 수치임.[48]

추이를 보면, 공황 파급으로 1930~32년에 생산액이 감소한 것을 제외하면 지속적으로 공업 생산이 확대되었다. 공황의 영향으로 1929~30년에 생산액이 25퍼센트 감소하였지만, 1933년 들어 공황 직전의 생산액을 회복하였다. 1929년부터 1936년까지 공황을 통과하면서 공업 규모는 확대되었는데, 공장수는 1.5배, 생산액은 2배, 노동자수는 2배가량 증가하였다. 특히 일본인 공장에 비하여 조선인 공장의 확대가 현저하였다. 1927년부터 공장수에서 조선인 공장이 일본인 공장을 추월하

[표 3-3] 조선 공업의 업종별 구성(1929·1936)

연도	구분	방직	금속	기계	요업	화학	제재	인쇄	식료	전기	기타	계
1929	공장수	241	237	221	318	393	153	208	1,958	75	221	4,025
	생산액	38,212 (10.9)	20,303 (5.8)	4,543 (1.3)	8,790 (2.5)	17,613 (5.0)	7,741 (2.2)	9,954 (2.8)	223,412 (63.6)	16,389 (4.7)	4,509 (1.3)	351,452 (100)
	노동자	19,289 (20.6)	5,566 (5.9)	3,860 (4.1)	7,130 (7.6)	10,872 (11.6)	4,001 (4.3)	5,168 (5.5)	31,720 (33.8)	1,060 (1.1)	5,099 (5.4)	93,765 (100)
1936	공장수	402	259	344	336	1,425	271	286	2,258	50	296	5,927
	생산액	91,156 (12.7)	28,387 (3.9)	10,483 (1.5)	19,032 (2.6)	162,588 (22.6)	19,254 (2.7)	12,457 (1.7)	326,798 (45.4)	39,989 (5.6)	10,175 (1.4)	720,319 (100)
	노동자	36,520 (19.4)	7,874 (4.2)	9,065 (4.8)	11,098 (5.9)	54,845 (29.1)	7,268 (3.9)	7,843 (4.2)	46,496 (24.7)	1,232 (0.7)	6,009 (3.2)	188,250 (100)

* 출전:《朝鮮總督府統計年報》, 각년판.

였으며, 1932년 이후 공장수 증가를 조선인 공장이 주도하였다.

[표 3-3]에서 1930년대의 공업 확대를 업종별로 살펴보면, 공황 타개에 따른 경제정책의 전환이 식민지 공업에 미친 변화가 드러난다. 공황 직전인 1929년과 공황에서 회복되어 경제정책의 전환이 나타나는 1936년의 공업 현황을 비교해 보면, 화학공업의 비중 증대와 식료품공업의 비중 감소가 두드러진다. 화학공업은 1929년에 공업 생산의 5퍼센트를 차지하던 것이 1936년에는 23퍼센트로 급증하였다. 화학공업의 증대는 공업약품, 동물유지제조, 고무, 비료 같은 업종에서의 생산 증대에 의한 것인데, 공장수로는 정어리기름鰮油을 만드는 정어리 가공공장이 가장 많았고 생산액은 조선질소비료의 비료 생산이 가장 비중이 컸다. 일본질소비료는 1927년 저렴한 수력전기를 활용하는 조선질소비료를 설립하고 1930년 1월 흥남공장에서 비료 생산을 개시한 데 이어, 1936년 1월 본궁本宮공장이 생산을 개시함으로써 조선질소비료에서 생산하는 화학비료는 전체 화학공업 생산액의 29퍼센트에 달하였다.[49] 반면 식료품공업의 비중은 64퍼센트에서 45퍼센트로 저하하였다. 식료품공업에서 비중이 큰 업종은 정미업과 주조업인데, 정미업의 비중 감소가 결정적이었다. 공황으로 인한 미가 폭락과 미곡 과잉으로 산미증식이 중단되었지만 일본으로 미곡 이출은 1936년까지 계속 증가하였다. 이에 따라 1929년에 비하여 정미업의 생산액은 다소 증가하였지만 전체 공업 생산에서 정미업의 비중은 51퍼센트에서 32퍼센트로 크게 감소하였다.[50] 이 밖에도 저임금에 기초한 제사업, 방적업, 직물업의 확대로 방직공업의 비중이 다소 높아졌으며, 조선총독부의 전력통제로 인하여 전기사업자는 감소하였지만 수력발전의 확대에 따라

전기가스업은 2.4배 증가하였다.

공황을 경과하면서 화학공업, 방직공업, 전기가스업을 중심으로 일본자본의 투자와 저임금 노동력에 기반한 생산 확대가 진행됨으로써 식량·원료 가공업을 중심으로 형성된 식민지 공업은 제사업, 면직물업, 비료제조업, 전기업 같은 일본 독점자본 계통 대공장을 기반으로

[표 3-4] 식민지와 일본의 주요 이출입품 현황(1928·1936)

국별	1928		1936	
	이입	이출	이입	이출
조선	면직물 42,766(14.5)	미 183,421(54.9)	기계류 40,862(6.3)	미 249,426(48.1)
	철류 15,066(5.1)	대두 23,340(7.0)	견직물 36,565(5.6)	비료 38,390(7.4)
	견직물 13,376(4.5)	생사 16,251(4.9)	면직물 32,118(5.0)	대두 23,461(4.5)
계	295,800(100)	333,800(100)	647,900(100)	518,000(100)
만주	면직물 60,264(33.6)	대박 72.856(34.3)	면직물 75,552(15.2)	대두 60,519(25.3)
	소맥분 10,311(5.8)	대두 49,541(23.4)	기계류 47,534 (9.5)	석탄 26,718(11.2)
	기계류 5,267(2.9)	석탄 23,677(11.2)	운송기기 30,068(6.0)	두박 25,388(10.6)
계	179,300(100)	212,100(100)	498,100(100)	239,400(100)
타이완	면·견직물 15,078(11.4)	사탕 121,413(56.6)	비료 28,491(11.7)	사탕 163,495(45.6)
	철류 8,695(6.6)	미 53,229(24.8)	면·견직물 19,325(1.9)	미 124,309(34.6)
	건치어 5,498(4.2)	바나나 8,615 (4.0)	철류 16,257(6.7)	광석 15,637(4.4)
계	132,300(100)	214,500(100)	243,800(100)	358,900(100)

* 출전: 金子文夫, 〈資本輸出と植民地〉, 《日本帝國主義史》 2, 352~353쪽에서 재구성함.
* 비고: 철류鐵類는 동강銅鋼으로 만든 강괴鋼塊 및 강재鋼材(조강, 강판, 강관 등)를 포괄함.

하는 업종으로 중심이 이동하였다. 이러한 변화는 무역에서도 나타난다. 1930년대 들어 일본의 대조선 투자가 증대됨에 따라 조선의 대일본 무역은 이출 초과에서 이입 초과로 전환되었다. 1920년대에는 미곡이출로 인하여 대일본 무역이 이출 초과였지만 1929년부터 이입 초과로 전환되어 1930년대 중반까지 이입액이 지속적으로 증대하였다.

[표 3-4]에서 1928년과 1936년의 식민지 조선과 일본 사이의 무역구성의 변화를 살펴보면, 우선 이입에서 면직물의 비중 감소와 기계류의 비중 증가가 두드러진다. 일본 면방적자본의 조선 진출로 인한 면직물 이입 감소로 면직물의 비중이 15퍼센트에서 5퍼센트로 크게 감소한 반면, 기계류는 이입이 크게 증가하여 6퍼센트로 수위를 차지하였다. 기계류는 1928년에도 견직물 다음으로 이입액이 많은 품목이었지만 1936년까지 이입이 3배 이상 증가하여 최대의 이입품목이 되었다.[51] 이출에서 쌀의 비중이 줄어들었지만 1936년에도 여전히 이출액의 절반을 점하고 있으며, 조선질소비료의 비료 생산 및 이출로 비료 이출의 비중이 크게 증대하였다. 만주 투자 및 수출 확대로 일본의 대만주 무역도 이출 초과에서 이입 초과로 전환되었으며, 이입에서 면직물의 비중이 크게 감소하고 기계류, 운송기기 같은 중화학제품의 이입이 증가하였다. 반면 타이완은 이입에서 면직물의 비중은 격감하였지만 쌀의 이출이 크게 증가하여 1936년에도 사탕과 쌀을 중심으로 하는 이출 초과 상태가 지속되고 있었다.[52]

이처럼 대공황의 파급에 따른 경제정책의 전환에 따라 식민지 공업의 재편이 시작되었지만 식민 당국의 선전처럼 "조선 산업혁명의 제일보"나 "열광적인 공업화의 시기"[53]라고 부르기에는 많은 한계가 있었다. 식민지 공업의 재편을 추동한 것은 일본 독점자본의 투자에 의한 대규모 공장의 설립이었는데, 이러한 개발방식이 외형적인 공업의 비중 증대와 무역 및 산업구조의 변동을 가져왔음에도 불구하고 산업연관의 확산이나 산업 구성의 고도화라는 측면에서는 부정적이었다. 조선의 풍부한 동력 및 원료와 저임금을 활용하기 위해 원료 산지나 대도시 인근에 설립된 대규모 공장은 조선 전체의 원료와 노동력을 흡수하는 거대한 '진공청소기' 같은 역할을 하였을 뿐, 업종 내부에서나 여타 업종에 대해서도 산업연관을 창출하지 못하였다. 따라서 기존의 소공업과 가내공업의 기반이 여전히 유지되었다. 1931년에 9,400만 원이던 가내공업 생산액은 1936년에는 1억 4,700만 원으로 증가하여 전체 공산액의 31퍼센트를 점하였다.[54] 고용 노동자수 30인 미만의 소공장은 1930년에 3,923개에서 1936년에는 5,259개로 증가하여, 전체 공장수의 89퍼센트를 점하고 있었다.[55] 소공장과 가내공업의 비중에서 보듯이, 이러한 소공장의 하층과 가내공업의 상층이 공장공업과 가내공업의 경계지대를 형성하면서 식민지 공업의 거대한 저수지를 형성하고 있었다.

경성에서
소비재 공업의 재편

경성의 조공업지대화

식민지 공업으로서 경성 공업은 경성의 시장을 장악한 이입품의 영향력 아래 놓여 있었다. 1920년대부터 고무신, 면직물, 세탁비누, 청주, 간장 같은 일부 업종에서는 이입대체가 시작되었지만 대다수 업종에서는 이입품의 압박을 피하여 이입품이 잠식하지 못하는 협소한 영역에서 소자본에 의한 생산이 이루어졌다. 이입대체가 시작된 업종에서도 이입품과의 경쟁에서 살아남기 위해 생산비를 절감하고 소비자의 기호에 맞추기 위해서 고심해야 했다. 공황을 경과하면서 일시 정체되었던 공업 생산이 다시 증대되고 일본 독점자본이 경성 지역에 들어왔음에도 이입품은 줄어들지 않았다. 1929년부터 대일무역이 이출 초과에서 이입 초과로 전환되었으며, 이에 따라 경성으로 들어오는 이입품은 오히려 증가하였다.

[표 3-5]에서 1920년대 후반에서 1930년대 중반에 이르는 경성 지

역의 이입 추세를 보면, 1930년대 초반에 공황의 영향으로 잠시 이입이 감소된 것을 제외하고는 이입이 지속적으로 증가하였다. 이러한 이입의 증가 현상은 일본자본의 진출이나 이입대체의 개시와는 모순되는 것처럼 보인다. 조선에 건너온 일본자본은 이전에 조선이나 만주로 수출하는 품목을 생산하였을 것이고, 일본자본이 경성에 설립한 공장에서 생산을 개시하였다면 이입이 감소되어야 당연할 것이다. 그렇지만 전반적인 이입통계는 정반대 방향으로 움직이고 있으며 1920년대에 비하여 1930년대의 이입 증가는 훨씬 가파르다. 이처럼 생산 증가와 이입 증가가 병존하는 현상은 이입품의 변화와 관련되어 있는데, 대표적인 몇몇 업종을 통하여 생산과 이입의 관련을 검토해 보기로 하자.

면직물업

경성의 면직물업은 이입면직물의 압박을 피해 허리띠, 대님 같은 편조물이나 의마포를 생산하였으며, 1920년대 전반 조선방직과 경성방직

[표 3-5] 경성 지역 이입 현황(1925~1937)(단위: 천 원)

	1927	1929	1931	1933	1935	1937
총이입액	269,474	315,326	217,770	333,817	558,814	735,414
경성이입액①	14,545	16,464	12,834	18,983	25,313	31,316
경성이입액②	92,248 (34.2)	105,124 (33.3)	61,133 (28.1)	92,037 (27.6)	156,842 (28.1)	207,584 (28.2)

* 출전: 朝鮮貿易協會,《朝鮮貿易年表》, 각년판.
* 비고: (1) 경성이입액 ①=경성세관을 통관한 이입액, 경성이입액 ②=경성이입액 ①+
　　인천세관을 통관한 이입액의 80퍼센트+부산세관을 통관한 이입액의 30퍼센트 .
　　(2) 괄호 안은 총이입액에 대한 경성이입액 ②의 비율.

이 조업을 개시하면서 이입대체가 시작되었다.[56] 그렇지만 경성방직은 이입면직물의 압박 때문에 1920년대 내내 사업이 부진하였으며,[57] 1930년대 들어 경성방직이 생산을 확대하고 도요방적東洋紡績과 카네보가 조업을 개시함으로써 면직물 생산이 크게 늘어났다. [표 3-6]에서 1920년대 중반에서 1930년대 중반까지 면직물 생산과 면사 및 면직물의 이입 추세를 살펴보면, 1930년대 들어 면직물 생산이 증가함에 따라 면직물과 면사의 이입이 감소하고 있음을 알 수 있다. 면직물 생산은 증가 추세를 보이다가 1937년에 도요방적과 카네보의 조업 개시에 따라 급증하였다. 반면 면사 이입은 1930년대 들어 증가하다가 1935년을 정점으로 격감하며, 면직물 이입은 1920년대 후반부터 지속적으로 감소하고 있다. 이는 경성방직의 생산품이 이입대체를 개시하고 이입품의 대종을 이루던 카네보와 도요방적 제품이 경성에서 생산, 공급되기 때문이었다.[58]

그렇지만 면직물의 생산 급증에 비해서 이입 감소는 완만하게 진행

[표 3-6] 면사 · 면직물 이입과 면직물 생산(1923~37)(단위: 천 원)

연도 구분	1925	1928	1930	1933	1935	1937
면사 이입	2,621	2,047	1,393	2,502	4,767	1,072
면직물 이입	16,826	16,413	11,390	14,824	13,222	11,620
면직물 생산	1,319	1,399	1,430	4,718	4,220	34,711

* 출전: 면사, 면직물 이입은《朝鮮貿易年表》, 각년판. 면직물 생산은 1925년은《京城の工産と工場》(1926), 1928년은《京城の工場と工産》(1929), 1930년은《朝鮮の機業》(1930), 1933 · 1935년은《織物工業ニ關スル調查》, 22쪽, 1937년은《京城における工場調查》(1939).
* 비고: (1) 이입액 = 경성세관을 통관한 이입액+인천세관을 통관한 이입액의 80%+부산세관을 통관한 이입액의 30% .
　　(2) 1925~33년의 면직물 생산은 경성의 면직물 생산에다 경성방직의 생산을 더한 것임.

되는데, 그 이유는 이입되는 면직물의 구성 변화에서 찾아볼 수 있다. [표 3-7]은 이입 비중이 큰 면직물의 품목별 이입 추세를 나타낸 것인데, 품목별로 이입 추세가 상이하게 나타난다. 1920년대 후반부터 조포粗布,[59] 세포細布, 백목면 등 두텁고 가공하지 않은 면직물은 지속적으로 이입이 감소하는 반면, 쇄금건晒金巾, 면플란넬, 린넨 등 얇고 염색 가공한 면직물은 이입이 증가하고 있다. 이러한 경향은 조포, 세포 등의 제품이 경성방직의 생산 확대 및 카네보와 도요방적의 조업 개시로 인하여 이입대체가 이루어진 결과, 조포, 세포 중심의 이입에서 쇄금건, 면플란넬, 린넨, 태릉포太綾布 중심의 이입으로 변화하였음을 보여준다. 이처럼 면직물 생산의 확대 및 이입대체는 이입면직물의 구성을 변화시켰으며, 염색가공한 고급 면직물은 이입에 의존하고 조포, 세포 같은 저급 면직물은 경성에서 생산하게 되었다.

[표 3-7] 이입면직물의 품목별 구성(1925~37)(단위: 천 원)

연도 품목	1925	1928	1930	1933	1935	1937
생조포生粗布	8,327	4,369	2,525	2,499	576	260
생세포生細布	-	1,773	1,470	1,054	1,203	554
백목면白木綿	728	571	393	373	333	182
쇄금건 晒金巾	1,458	1,349	1,051	1,054	1,424	1,955
면플란넬	254	408	345	581	878	1,198
린넨	-	-	-	1,113	1,312	1,006
태릉포太綾布	-	679	654	2,504	2,343	1,960

* 출전:《朝鮮貿易年表》, 각년판.
* 비고: (1) 이입액 계산은 [표 3-6]과 동일함.
     (2) 1925년의 생조포는 생조포와 생금건을 합한 것이며, 쇄금건은 쇄금건과 쇄조포를 합한 것임.

인견직물업

1925년경부터 이입되기 시작한 인견직물은 견직물에 비해 가격이 저렴하고, 광택과 촉감이 조선인의 기호에 적합하여 의복지, 이부자리 등으로 널리 사용되었다. 인견직물은 1920년대 후반부터 수요가 점차 증가하였고, 1930년대 들어 일본에서 인견직물의 수출이 가로막히자 조선으로의 이출을 증가시켰기 때문에 이입이 크게 늘어났다. 1928년에 직물 총소비량의 3퍼센트에 불과하던 인견직물의 비중은 1936년에 25퍼센트로 증가하였으며, 수요 증가에 따라 인견직물업의 발흥을 가져왔다.[60]

1924년경에 대창직물大昌織物에서 인견직물을 시험 생산한 이래, 경성을 중심으로 인견직물 생산이 시작되었다. 그렇지만 1930년대 초반까지 대창직물과 조선견직은 견직물과 인견직물 생산을 겸하고 있었고,[61] 면직물, 견직물, 마직물을 생산하는 소규모 직물공장이 인견직물 또는 인견교직물 생산으로 전환하는 경우가 많았다.[62] 인견직물에 대한 수요 증가에도 불구하고 전업적 생산이 저조했던 이유는 인견직물업에 필수적인 염색가공 공장이 국내에 없었기 때문이었다. 조선에서 생산한 인견직물은 일본으로 보내서 염색가공한 후에 다시 들여와야 했으며, 원료인 인견사를 전량 이입에 의존해야 했기 때문에 인견직물업 발흥에 커다란 장애가 되었다.[63] 인견직물업이 본격적으로 발흥한 것은 염색가공 설비를 갖춘 조선직물주식회사가 1932년 경기도 안양에 설립된 것이 계기가 되었다. 뒤이어 염색을 전문으로 하는 쇼와공업昭和工業이 설립되었고, 1936년에 경가염직주식회사京畿染織株式會社가 설립됨으로써 인견직물 생산이 크게 증가하였다.

1930년대 들어 인견직물 생산이 본격화되면서 인견직물의 이입 또한 증가하였다. [표 3-8]에서 인견사와 인견직물의 이입 추세를 보면, 1930년대 들어 인견직물의 이입이 크게 증가하였을 뿐만 아니라 인견교직물, 인견사의 이입도 증가하였다. 1930년대 들어 생산의 확대와 더불어 이입도 증가하는 양상은 한편으로는 경성 지역의 생산만으로는 늘어나는 수요를 채우기 미흡하였기 때문이지만, 다른 한편으로는 경성에서는 저급 인견직물을 생산하고 고급 인견직물은 이입에 의존하였기 때문이었다.[64] 일상생활에서 사용하는 견직물은 대부분 생산이 가능하였지만, 고급 인견직물은 전량을 이입에 의존하는 수밖에 없었다.[65] 면직물만큼 품목별 추세가 명확하지는 않지만, 인견직물에서도 이입 구성의 변화와 더불어 경성은 저급 인견직물 생산지로 자리 잡기 시작하였다.

철공업

철공업은 1930년대 들어 경성에서 빠른 신장세를 보인 업종 중 하나

[표 3-8] 연도별 인견사·인견직물의 이입과 생산(단위: 천 원)

구분 \ 연도	1928	1930	1933	1935	1937
인견사 이입	–	36	205	1,981	1,432
인견직물 이입	3,775	3,864	3,576	6,714	10,814
인견교직물 이입	1,025	1,351	1,793	3,115	3,809
인견직물 생산	–	–	37	240	1,564

* 출전: 인견사·인견직물의 이입은《朝鮮貿易年表》, 각년판.; 인견직물의 생산은
　　《京城に於ける工場調査》, 1939년판.
* 비고: (1) 이입액 계산은 [표 3-7]과 동일함.
　　　(2) 1933·1935년의 인견직물 생산은 인견직물과 염색을 합한 것임.

다. 철공업은 생산 확대와 더불어 생산품목도 다양해졌다. 초기에는 솥, 농기구 같은 주물제품과 간단한 기계기구 및 기계부분품을 제작, 수리하던 것에서 차량, 광산기계, 도량형기, 난방기구의 제작으로 확대되었다.

[표 3-9]에서 철제품의 생산과 이입 추이를 보면, 1930년대 초반 공황으로 인한 생산 및 이입 감소를 제외하고는 철제품의 생산과 이입은 꾸준히 증가하였다. 특히 1930년대 중반의 이입 증가가 현저한데, 1925년부터 1937년까지 생산이 2.4배 증가된 데 비해 이입은 6.9배 증가해 생산과 이입의 격차는 더욱 커지고 있었다. 이입품의 구성을 보면 1920년대 중반까지는 금속제품[66]이 주로 이입되었으나, 1920년대 후반부터 차량, 기계류 같은 기계제품의 이입이 금속제품 이입을 능가하기 시작하였고, 1930년대에 들어서는 차량 및 기계류가 주된 이입품이

[표 3-9] 철제품의 이입과 생산(1925~1937)(단위: 천 원)

구분		연도	1925	1928	1930	1933	1935	1937
이입	금속제품		3,440	5,511	4,436	5,870	10,401	14,816
	기계제품	기구류	955	1,136	1,288	2,171	3,156	5,649
		차량	1,312	3,518	2,889	4,622	8,840	13,263
		기계류	1,437	4,909	2,415	3,735	8,727	15,456
	계		7,144	15,074	11,028	16,398	31,124	49,184
생산			4,802	5,203	3,575	3,576	7,578	11,393

* 출전: 이입은《朝鮮貿易年表》, 각년판. 생산은 1925년은《京城の工産と工場》(1926), 1928년은 《京城の工場と工産》(1929), 1930년은《京城府産業要覧》(1932), 1933 · 1935 · 1937년은 《京城における工場調査》(1939).
* 비고: (1) 이입액 계산은 [표 3-6]과 동일함.
　　　 (2) 생산=금속공업 생산액+기계기구공업 생산액.

되었다. 이러한 이입품 구성의 변화는 시가지 정비와 차량 증가, 공장 증가에 따라 각종 차량 및 기계류의 수요가 증대하였기 때문이다.

경성의 철공소는 설비와 기술의 미비로 주물제품이나 기계부분품은 전문 철공소에 청부하거나 이입품에 의존하였다. 기술이 축적됨에 따라 자동차와 기계기구 생산에 착수하였지만 자동차는 차체만 제작하고 각종 부품은 일본에서 들여와서 조립하였고, 원동기 및 광산용 기계도 몸체만 제작하고 정밀한 부품은 일본에서 이입하였다. 철도차량 및 철도용품도 부품을 생산하였지만 차륜, 연결기, 기타 특수 부품은 일본에서 들여와서 조립하는 형편이었다.[67]

고무제품제조업

경성에서 1920년경에 시작된 고무제품제조업은 "고무신제조업이라고 불러도 좋을 만큼" 고무신 생산이 중심이었다. 고무신 제조는 특별한 기술 없이도 소자본으로 가능하였기에, 조선인을 중심으로 고무신제조업이 급속히 확산되었다. 1920년대 중반부터 경성을 중심으로 고무신 공장이 다수 설립되어 1930년대 초반 고무신제조업은 이미 과잉상태가 되었으며, 대량으로 이입되던 고무신도 1927~28년을 정점으로 감소하기 시작하였다.

[표 3-10]에서 1929년에서 1933년까지 고무제품의 종류별 생산 현황을 살펴보면, 고무신 생산이 전체 고무제품 생산의 4분의 3 이상을 차지하였다. 운동화, 방한화, 포화布靴 같은 고무저포화底布靴[68]의 생산이 1929년의 3퍼센트에서 1933년에는 23퍼센트로 증가하였는데, 이는 고무신 생산이 포화점에 달하였고 원료인 생고무 가격이 올라서 고

무신에 비해 고무 소비가 적은 고무저포화의 생산이 늘어났기 때문이다.[69] 그렇지만 고무저포화의 생산은 상당한 자금과 기술을 요하였고, 원료인 범포帆布에 이입세가 부과되었기 때문에 이입대체를 위해서는 상당한 난관이 가로놓여 있었다.[70]

[표 3-11]을 보면, 1930년대 초반의 생산 감소를 제외하고는 고무신을 중심으로 한 고무제품 생산이 지속적으로 증가하고 있으며, 이에 따라 고무신 이입은 1920년대 후반을 정점으로 급격히 감소하였다. 이처럼 고무신만 놓고 본다면 이입대체가 이루어졌다고 볼 수 있지만,[71] 고무제품 전체로 볼 때에는 고무신의 생산 증가에도 불구하고 고무제품의 이입은 여전히 증가하고 있다. 이러한 이입 증가는 고무제품의 이입 구성이 변화한 데서 연유한다. 1920년대 후반에는 이입의 3분의 2가량

[표 3-10] 고무제품의 종류별 생산 현황(1929~33)(단위: 천 원)

구분 \ 연도	1929	1931	1933
총고무화(고무신)	1,125(78.4)	1,466(80.1)	1,488(73.3)
장화	20(1.4)	44(2.4)	36(1.8)
운동화	22(1.5)	100(5.5)	217(10.7)
방한화	8(0.6)	19(1.0)	125(6.2)
작업화	6(0.4)	4(0.2)	−(0.0)
기타 포화布靴	2(0.1)	72(3.9)	125(6.2)
고무 저底	131(9.1)	23(1.3)	34(1.7)
기타	121(8.4)	102(5.6)	4(0.2)
계	1,435(100)	1,830(100)	2,029(100)

* 출전: 京城府産業調査會, 《ゴム工業二關スル調査》, 1935, 13~14쪽.

이 고무신과 고무저포화였지만, 1930년대 초반 들어서는 고무신 이입은 격감하고 고무저포화와 기타 고무제품이 이입의 대부분을 차지하였다. 1930년 이전의 통계가 품목을 구분하고 있지 않아서 정확한 비율을 알 수는 없지만, 1930년대 초를 계기로 이입의 중심이 고무신에서 고무저포화 및 기타 고무제품으로 변화하였다. 이제 조선인의 발 모양에 적합한 저렴한 조선산 고무신이 시장을 장악하였고,[72] 고무저포화 및 기타 고무제품이 조선의 고무제품시장을 공략하는 주력상품이 되었다.

유리제조업

경성에서 유리 생산은 일찍부터 시작되었지만 수요는 대부분 이입에 의하여 충족되었다. 일본식 주거와 근대적 건축물의 확산으로 유리 사용이 늘어남에 따라 유리 생산이 증가하였지만 고급 유리제품은 수입

[표 3-11] 고무제품의 이입과 생산(1925~37)(단위: 천 원)

구분	연도	1925	1928	1930	1933	1935	1937
이입	고무신	1,012	1,274	767	153	170	218
	고무저포화				611	1,322	1,251
	고무제품	*610	382	508	290	497	980
	계	1,622	1,656	1,275	1,054	1,989	2,449
생산		796	1,917	1,590	2,027	3,485	4,402

* 출전: 이입은《朝鮮貿易年表》, 각년판; 생산은 1925~33년은《ゴム工業ニ關スル調査》, 12~13쪽.
  1935~37년은《京城に於ける工場調査》, 1939년판.
* 비고: (1) 이입액 계산은 [표 3-7]과 동일함.
  (2) 고무제품은 기타의 고무 및 고무제품을 말함, 단 *는 고무(생고무, 靴踵)와 고무제품을 포함.

품으로 충당되었고 판유리는 전량 이입에 의존하였다.[73] [표 3-12]를 보면, 1930년대 들어 유리제품 생산이 크게 증대하였으며, 생산의 증대 이상으로 이입도 증대하였다. 1930년대 들어 경성의 유리공장은 규모가 확대되고 생산설비도 개량되어 생산이 크게 증가하였다. 초기에 승취기蠅取器, 인삼엑기스병 등을 주로 생산하던 유리제조업은 1920년 대에는 약병, 우유병, 과자병 등 각종 병류와 호롱불, 1930년대 후반에는 각종 병류를 비롯하여 유리관, 실험기구 등의 생산으로 확대되었다.[74] 그렇지만 생산의 증대에도 불구하고 상당한 설비와 기술을 요하는 판유리와 고급 유리제품은 여전히 이입에 의존하였다.

이상에서 살펴본 것처럼 일부 업종에서 1920~30년대에 걸쳐 공업 발흥 및 생산 증대가 이루어지고 이입대체가 진행되었다. 생산 확대가 이입대체로 나아가면서 이입품 구성이 변화하였는데, 1920년대 후반에서 1930년대 초반에 걸쳐 이입품의 중심이 저급한 대중소비재에서 고급품 및 중화학제품으로 변화하였다. 이러한 변화 속에서 상당한 자

[표 3-12] 유리의 이입 및 생산 현황(1928~37)(단위: 원)

구분	연도	1928	1932	1934	1937
이입	합계	596,262	508,522	922,778	1,824,651
	판유리	134,154	95,048	242,859	400,260
생산	공장수	6	6	5	8
	생산액	58,960	92,571	110,673	172,980

* 출전: 이입은《朝鮮貿易年表》, 각년판. 생산은 1928년은《京城の工場と工産》(1929), 1932·1934년은 《京城府産業要覽》, 각년판, 1937년은《京城における工場調査》(1939).
* 비고: 이입액 계산은 [표 3-7]과 동일함.

본력과 기술이 필요한 고급품 및 중화학제품이 주로 이입되고 경성 지역에서는 저급한 대중소비재를 생산하는 방식으로 생산과 이입 사이에 새로운 연관이 형성되었다. 이러한 양상은 일본자본의 진출이 시작되는 1920년대 후반부터 나타나기 시작했지만, 뚜렷하게 모습을 드러낸 것은 1930년대 들어서였다.

1930년대에 새롭게 형성되는 식민 본국의 공업과 식민지 공업 사이의 분업관계, 즉 일본에서 정공업제품을 생산, 이출하고 경성에서 조공업제품을 생산하는 연관관계를 '정공업精工業–조공업粗工業'[75] 관계로 파악하고자 하며, 이때 경성 공업은 일본과의 관계 속에서 '조공업' 지대로 자리매김된다. 1930년대 들어 일본과 새로운 분업관계가 형성되는 업종이 앞에서 살펴본 면직물업, 인견직물업, 철공업, 고무신제조업, 유리제조업 등 일부 업종에 불과하지만, 면직물과 인견직물은 비중이 크고 철공업은 기술 수준을 보여주는 대표적 업종이라는 점에서 이들 업종에서 보이는 '정공업–조공업' 관계는 식민 본국인 일본과 식민지 경성 사이의 분업 관계를 단적으로 보여준다고 할 수 있다.

식민지 이중구조의 출현

대공황을 경과하면서 일본 독점자본 계통 대공장의 진출과 기존 업종의 생산 증대를 통하여 이입대체가 진행되었고, 경성 지역은 일본에서 이입되는 정공업제품의 소비시장이자 조공업제품의 생산지로 변화하였다. 조공업제품 생산을 주도한 것은 일본 독점자본 계통 대공장이었다. 1920년대 후반부터 경성 및 인근 지역에 면방적, 제사, 인견, 맥주, 제분 등의 업종에서 일본 독점자본 계통 대공장이 설립되면서 이입대체와 더불어 만주시장으로 수출도 확대되었다.

이들 대공장은 기존의 대공장과 더불어 조공업제품 생산을 확대하면서 식민지 공업의 내부 구성을 변화시켰다. 1920년대에 관영공업을 한 축으로 하면서도 소공업 중심구조를 형성했던 식민지 공업이 1930년대에는 일본에서 진출한 대공장과 기존의 관영 및 민영 대공장이 식민지 공업의 주도적 영역으로 자리 잡기 시작하였다. 아래에서는 생산설비, 작업과정, 노동력의 측면에서 1930년대 경성 공업의 변화된 내부 구성을 살펴보기로 하자.

[표 3-13] 경성 지역 일본 독점자본 계통 대공장 현황

계열	공장명	공장소재지	설립일자	자본금
미쓰이	종연방적 경성제사공장	경성부 신설정	1925.10.	
가타쿠라	편창제사 경성제사공장	경성부 행촌정	1927. 7.	
미쓰이	동양제사 경성제사공장		1931. 7.	
이토 주	조선직물 안양공장	경기도 시흥군 안양리	1932.11.	100만 원
미쓰이	조선맥주 영등포공장	경기도 시흥군 영등포읍	1933. 8.	600만 원
미쓰비시	소화기린맥주 영등포공장	동	1933.12.	300만 원
미쓰이	종연방적 경성공장	경성부 영등포정	1936. 8	
미쓰이	경기염직	동	1936. 6.	100만 원
도보	동양방적 경성공장	동	1936.12.	
미쓰비시	조선제분 경성공장	동	1937. 2.	200만 원

* 출전: 東亞經濟時報社,《朝鮮銀行會社要錄》, 각년판; 東洋經濟新報社,《朝鮮産業の共榮圈參加體制》, 1942.
* 비고: 경기도 시흥군 영등포읍은 1936년 4월 경성부에 편입되면서 영등포정으로 개편됨.

생산설비

공업의 발전 정도를 보여주는 것으로 여러가지 지표나 기준이 있을 수 있겠지만 공업의 수준과 실태를 집약적으로 보여주는 것이 공장의 생산설비다. 공장의 생산설비는 대공장과 중소공장이 분명하게 구분되었다. 관영·민영 대공장이나 일본에서 진출한 독점자본 계통 대공장은 최신식 기계를 설치하고 대량생산 설비를 갖추었다. 면방적업에서 독점자본 계통 대공장은 자동직기[76]를 설치하였다. 경성방직은 도요타豐田식 역직기를 사용하다가 1933년 일본에서 노가미野上식 자동직기 224대를 도입하였다. 카네보 경성공장은 하라다原田식 자동직기 1,525대를 설치하였으며, 도요방적 경성공장은 도보東紡식 자동직기 1,440대를 설치하였다.[77] 이와 더불어 면방적 대공장은 방적·직포 겸영체계를 도입하고 조면공장과 가공공장을 설치하여 [조면-방적-직포-가공]을 연결하는 일관생산체계를 갖추었다.[78] 제사업의 경우 대규모 제사공장은 다조조사기多條繰絲機[79]를 설치하였다. 일본에서 1920년대 후반에 3조조三條繰 및 4조조 조사기에서 20조조 이상의 다조조사기로 옮겨가면서 생사의 품질향상을 도모하였는데, 조선에 들어온 독점자본 계통의 제사공장에서도 다조조사기가 채용되고 있었다.[80] 가타쿠라片倉 제사공장은 당시로서는 최신식 설비인 미노리카와御法川식 다조조사기 240대를 설치하였으며, 카네보 제사공장은 카네보鐘紡식 다조조사기를 32대 설치하고 조업을 개시하였다.[81]

차량 및 기계기구를 제작하는 대공장도 일관생산체계를 갖추었다. 철도국 용산공장은 주물공장, 단야제관공장鍛冶製罐工場, 선반공장, 조립공장, 목공장木工場, 강철공장, 도장장塗裝場, 발전실 등을 갖추고 객차, 화차 및 철도용품을 생산하였으며,[82] 용산공작에서도 철도국 용산공장에 준하는 일관생산체계를 갖추었다.[83] 이들 공장에서는 선반, 평삭기planer, 형삭반shaper 등의 공작기계를 비롯하여 압착공기추air hammer, 자동주조기 등의 설비를 갖추고 차량 및 각종 차량용품을 생산하였다.[84] 맥주제조업의 조선맥주와 쇼와기린맥주는 대량생산 설비를 갖추었다. 이들 공장에서는 각 공정이 기계체계에 의하여 조작되었으며, 원료인 대맥을 맥아로 만드는 공정에서부터 생산된 맥주를 병에 넣고 포장하여 창고로 보내는 공정까지 전 과정을 자동화하였다.[85]

이에 비하여 중소공장은 동력기의 도입과정에 있었다. 인쇄업, 정미업 등 동력화가 빨리 진행된 업종에서는 동력기가 일반화되었으나 유리제조업, 목제품제조업 등 동력화가 늦은 업종에서는 일부 공장에 동력기가 도입되고 있었다. 정미업에서는 1910년대 말부터 전동기를 사용하는 정미기의 도입이 시작된 이래, 1920년대 후반에는 정미업의 전동력화가 완료되었다.[86] 1932년의 현황을 보면 정미소당 평균 2.1대의 정미기를 갖추고 있었는데, 정미기는 주로 엥겔식, 사타케佐竹식, 시부야澁谷식 등이 사용되었다.[87] 인쇄업도 동력화가 빨리 진행된 업종 중 하나다. 1920년대 후반이 되면 전동력화가 거의 완료되는데, 소수 영세한 인쇄소를 제외한 대부분의 인쇄소가 동력으로 인쇄기를 가동하였다.[88] 인쇄소에서는 주로 주조기, 인쇄기 및 제본을 위한 절단기를 갖추었으며, 신문사 소속 인쇄소에서는 윤전기를 설치하였다.[89]

고무제품제조업은 '연공정練工程'[90]에 사용하는 롤러와 마무리공정에 사용하는 그라인더를 전동기로 회전시키기 때문에 고무공장 설립 초기부터 전동기가 설치되었다. 보통 30~50마력급 전동기가 사용되었으

[그림 3-1] 조선견직주식회사(《매일신보》, 1930. 11. 27)

[그림 3-2] 중앙상공주식회사(《신동아》, 1935. 6, 118쪽)

며, 고무신 생산에 필수적인 설비로는 연공정용 롤러와 가공용 가류관加硫罐[91]이 있다. 기계설비를 소유하지 않은 '차공장借工場'[92]을 제외한 대부분의 고무제품제조공장에는 보통 3~4대의 연공정용 롤러와 가류관을 갖추고 있으며, 고무저포화를 생산하는 공장에서는 가류관과 호인기糊引機를 갖추고 있다.[93] 직물업에서는 1910년대 직기의 주류를 이루었던 족답기가 1920년대 들어 동력을 사용하는 역직기로 교체되기 시작하면서 업종의 전동력화가 진행되었다. 1920년대 후반 20퍼센트대에 머무르던 원동기 보급율은 1930년대 초반에 50퍼센트를 넘어섰으며,[94] 1930년 말에는 직물공장의 역직기 보급률이 69퍼센트에 달하였다.[95] 그렇지만 1930년대 중반까지도 족답기와 수직기를 사용하는 공장이 여전히 남아 있었고, 대부분의 중소직물공장에서는 설비 부족으로 가공공정 및 마무리공정은 빼고서 제직만을 행하였다.[96]

철공업에서는 1910년대에 송풍기 및 공작기계에 사용되던 원동기가 석유발동기에서 전동기로 교체되기 시작한 이래, 1920년대 말에 이르면 전동기 보급율이 80퍼센트 이상에 달하였다.[97] 1930년대 중반이 되면 기계수리공장이나 건축용·가정용 철제품공장 등 원동기 없이 수공작업을 행하는 일부 철공장을 제외한 대부분의 철공장에서는 1~5마력 정도의 전동기를 갖추었다.[98] 이들 철공장에서는 제작 및 수리에 필요한 기계부품을 다른 철공소에 주문하거나 기성품을 구입하여 조립하기 때문에 주물공장에서는 용선로熔銑爐, 송풍기 등의 주물기구만을 설치하고, 철제품공장에서는 선반, 보오르반boor−bank(drilling machine) 등의 간단한 공작기계를 설치하였다.[99] 소규모 철공장에서는 단야鍛冶용 도구와 간단한 마무리용 기구만을 갖추고 있었기 때문에 전동기로 송풍

기를 돌리는 점만 다를 뿐 옛날의 대장간과 별반 다를 바 없었다.[100]

동력기 보급이 상대적으로 빨랐던 정미업, 인쇄업, 철공업, 제분업, 고무제품제조업, 직물업 등을 제외하면, 유리제조업, 가구·목제품제조업, 양복·재봉업, 제화업, 시멘트제품제조업 등의 업종에서는 제품 생산이 주로 수작업에 의존했기 때문에 전동기 보급율이 아주 낮았다. 유리공장에서는 '수취법手吹法'으로 유리를 제조하기 때문에 생산설비는 유리를 녹이는 도가니와 주철제 병틀에 불과하였고, 송풍기용 원동기만 설치되어 있었다.[101] 1930년대 후반에 가서야 일부 유리공장에 수동식 기계가 설치되기 시작하였다. 가구공장 및 목제품공장에서는 띠톱, 둥근톱 등의 도구를 가지고 수작업을 하였으며, 일부 규모가 큰 공장에서는 동력용 톱을 사용하였다.[102] 양복점 및 재봉공장에서는 대부분 수동식 미싱을 사용하고 있었기 때문에 동력을 이용하는 공장이 10퍼센트에도 미치지 못하였다.[103]

다음으로 가내공업의 생산설비에 대해 살펴보기로 하자. 1937년 경성상공회의소와 경성부가 가내공업 현황을 조사했는데, 여기에서는 경성상공회의소의 조사를 중심으로 가내공업의 실태를 살펴보기로 하자.[104] [표 3-14]에서 가내공업 생산품목을 보면, 1926년에 33종이던 생산품목이 1935년에는 72종으로 증가하였다. 이러한 업종의 증가는 새로운 가내공업 업종이 보급되면서 가내공업의 영역이 넓어졌음을 보여준다. 1920년대에는 일본인에 의한 새로운 업종의 보급으로 가내공업의 저변이 확대되었다면, 1930년대에는 일본으로부터 새로운 업종이 들어오거나 새로운 제품을 만듦으로써 가내공업의 영역이 확대되었다. 대표적으로 홈스판, 메리야스, 모기장, 알루미늄제품 등의 품목이

1930년 이후 새롭게 등장하였다.[105] 또한 가내공업 업종에서 상당수가 공장공업과 중복됨을 알 수 있다. 1926년에는 가내공업 업종의 3분의 2 정도가 공장공업과 중복되었으며, 1935년에도 반 이상의 업종이 중복되었다. 특히 경성부의 조사에 의하면 동력기 보급이 완료되었거나 10인 이상의 노동자를 고용한 일부 업종을 제외한 대부분의 가내공업 업종이 공장공업과 중복되었다.[106]

[표 3-14] 업종별 가내공업 생산품목(1926 · 1935)

	1926(33종)	1935(72종)
방직	욕지, 양말, 페데레이스, 좌조생사座繰生絲, 숙사繡絲	홈스판, 메리야스, 양말, 장갑, 모사편조물毛絲編組物, 뉴紐, 뉴조물紐組物, 견사絹絲, 허리띠
금속 · 기계	금은세공품, 진유기眞鍮器, 금망金網	양철제품, 유기, 금망, 메달, 알루미늄제품
요업		유리제품, 법랑제품, 풍속인형
화학	조선지朝鮮紙	비누, 양초
제재	농장籠欌류, 밥상	나무상자, 목형, 로구로세공, 목기, 목제품, 통류桶類
식료품	조선주	
기타	와이셔츠, 깃, 학생모, 진면眞綿, 자켓, 종이상자, 죽세공, 빗, 솔, 빗자루, 어망漁網, 기류杞柳제품, 완초莞草제품, 밀짚모자, 백분白粉, 모물毛物방한구, 모필, 마모완관馬毛腕貫, 골패, 자수, 백동白銅장	절상折箱, 박판薄板 · 포피包皮, 목조인형, 소독저, 액자, 자수, 와이셔츠, 모기장, 천막 · 차양, 의자장식, 재봉품, 대袋수선, 검도구劍道具 · 유도의柔道衣, 케이스, 코르크묵전栓, 장군연필, 풍속주괘柱掛, 대바구니, 죽제웅수竹製熊手(갈퀴), 죽세공품, 유행리柳行李, 등籐제품, 추萩세공, 종이상자, 종이봉투, 온돌유지溫突油紙, 꼬리표, 제등提燈 · 우산, 달력 · 부채, 바가지제품, 나전칠기, 칠도漆塗, 빗자루, 솔 · 수세미, 깔개, 발모髮毛 · 소모梳毛, 우모羽毛먼지털이, 준모駿毛핸드백, 조화, 모자, 슬리퍼, 어망, 파리채, 다다미, 요, 나막신

* 출전: 1926년은 京城商業會議所, 《家庭工業調查》, 1927. 및 〈京城在來家庭工業調查〉, 《朝鮮經濟雜誌》, 1928.6.; 1935년은 京城商工會議所, 《朝鮮に於ける家庭工業調查》, 1937.

1930년대 가내공업 현황에서 주목할 점은 동력이 도입되기 시작하였다는 것이다. 생산수단에 따라 전동기를 사용하는 업종, 수동기를 사용하는 업종, 간단한 도구로 수작업을 하는 업종으로 구분할 수 있는데, [표 3-15]에서 1935년의 생산수단별 가내공업 현황을 보면, 가내공업으로 조사된 72개 업종 중에서 14개 업종에서 원동기를 사용하고 있다. 전동기를 사용하는 업종은 설비가 다양하기 때문에 다른 업종보다 고정자본 및 생산액이 월등하게 많다. 양말제조업의 경우 평양에서 공장공업으로 발전한 것과는 달리 경성의 양말 제조는 가내공업적 성격이 강하였다. 원료 면사를 자급하고, 양말직조기를 소마력 전동기로 운

[표 3-15] 생산수단에 따른 가내공업 분류(1935)

구분	업종	업종수
전동기 사용 업종	양말, 와이셔츠, 천막·차양, 메달, 금망, 유리가공, 알루미늄제품, 나무상자, 목형, 로구로세공, 목공품, 통류, 종이상자, 꼬리표	14 (19.4%)
수동기 사용 업종	홈스판, 메리야스, 장갑, 자수, 모사편조물, 뉴紐, 허리띠, 모기장, 의자장식, 일반 재봉품, 검도구·유도복, 양철제품, 유기, 법랑제품, 비누, 양초, 절상, 박판·포피, 코르크묵전, 소독저, 장군연필, 풍속주괘·토산품, 액자, 달력·부채, 골패, 발모·소모, 준모핸드백, 모자, 슬리퍼, 다다미, 포단布團	31 (43.1%)
수작업 업종	뉴조물, 견사(염색), 대수선, 풍속인형, 목기, 케이스, 목조인형, 대바구니, 죽제웅수, 죽세공품, 기유제품, 등제품, 추세공, 종이봉투, 온돌유지, 제등·우산, 바가지제품, 나전칠기, 칠도, 빗자루, 솔·수세미, 깔개, 우모먼지털이, 조화, 어망, 파리채, 나막신	27 (37.5%)

* 출전: 京城商工會議所,《朝鮮に於ける家庭工業調査》, 1937.

전하였으며, 수동식 양말직조기를 사용하는 곳도 상당수 있었다.[108] 목공품 및 목제품 제조는 생산품의 종류도 많고 생산도 활발하였다. 수동기를 사용하는 업종은 동력 없이 수동식 기계 혹은 간단한 작업기를 갖추고 작업을 수행하였는데, 각종 수동식 기계를 설치하여 분업적으로 작업을 수행하는 업종부터 단 한 가지 작업기와 간단한 도구만 가지고 제품을 생산하는 업종에 이르기까지 다양한 형태의 업종들이 포괄되었다. 간단한 도구로 수작업을 하는 업종은 다른 업종보다 생산방식이 열악하였고, 고정자본과 생산액도 가내공업 업종 중 가장 작았다.

작업과정

노동과정은 노동력이 노동수단을 이용하여 노동 대상에 변형을 가하는 과정이다. 노동과정은 노동수단과 분업방식에 따라 다양한 양상으로 나타나는데, 각 단계별 노동과정은 노동력 구성에 결정적인 영향을 미친다. 수공업 단계에서는 장인의 독립적인 작업에 의해 노동과정이 수행되기 때문에 장인이 노동력 구성의 가장 기본적이고 핵심적인 요소였다. 매뉴팩처 단계에서는 '분업에 기초한 협업' 아래 부분노동자의 형성 및 노동도구의 특수화가 진행되기 때문에 세분화된 공정의 일부분을 담당하는 부분노동자가 노동력 구성의 기본적인 요소로 등장하며, 공장공업 단계에 들어서면 노동과정의 중심이 기계로 옮겨지고, 기계체계가 노동력의 구성과 작업 내용을 결정하게 된다.[109] 이러한 노동과정의 변화에 따른 노동력 구성의 변화를 염두에 두고 업종별로 수행되는 구체적인 작업과정에 대해 살펴보기로 하자.

자동기계를 갖춘 대공장에서는 분할된 각 공정의 수행이 기계에 의하여 이루어지며, 이에 따라 미숙련 노동력이 대량으로 작업과정에 투입되었다. 대표적인 것이 면방적업인데, 당시의 면방적 대공장은 방적과정과 직포과정을 연속 공정으로 수행하는 방적-직포 겸영체제를 갖추고 있었다. 방적과정은 [혼타면混打綿공정-소면梳綿공정-연조練條공정-조방粗紡공정-정방精紡공정-권사捲絲공정]으로, 직포과정은 [정경整經공정-호부糊付공정-직포織布공정]으로 구성되며, 원면을 사람의 손으로 잘게 뜯어 기계에 집어넣는 과정을 제외한 전 과정은 기계체계에 의해 수행되었다.[110] 방적과 직포에서 핵심적인 공정은 정방공정과 직포공정으로, 이 공정에 노동자가 집중적으로 배치되었다. 면방적 대공장은 정방공정에 운전이 쉬운 링정방기ring spinner를 사용하였으며, 정방공정을 담당하는 노동자는 기계 사이를 다니면서 실이 끊어질 경우 재빨리 이어 주기만 하면 되기 때문에 미숙련 여성 및 아동 노동을 사용할 수 있었다. 직포공정에는 역직기 혹은 자동직기가 사용되었으며, 직포공정을 담당하는 노동자는 실이 끊어질 경우 직기를 멈추고 북을 다시 건 후 직기를 다시 작동시키는 일을 하기 때문에 거의 숙련이 요구되지 않았다. 면방적 대공장에서는 자동화에 따른 탈숙련화가 상당한 정도로 진행되었으며, 방적과정의 혼면공정과 직포과정의 정경공정이 약간의 숙련을 요구할 뿐 나머지 공정은 미숙련 노동력의 사용이 가능하였다.

제사업에서도 자동화가 진전되었지만 일부 공정은 면방적 대공장의 노동자에 비해 상당한 숙련이 필요했다. 대규모 제사공장의 노동과정은 [건견乾繭공정-선견選繭공정-자견煮繭공정-조사繰絲공정-양반揚返공정]으로 구성되는데, 고치에서 실을 뽑아 조사기에 연결하는 조사공정은 제사에서 가장 핵심적인 작업이었다.[111] 자견공정과 조사공정의 분업 및 다조조사기의 채용으로 거의 모든 공정에 기계가 도입되었지만, 조사공정은 여공의 재빠르고 섬세한 손놀림이 필요하기 때문에 상당한 정도의 숙련이 필요했다.[112] 따라서 제사업에 고용된 노동력의 대부분은 조사공정을 담당하는 여성노동자였다. 맥주공장은 자동화가 도입되어 노동의 탈숙련화가 이루어졌다. 맥주의 제조공정은 [제맥製麥공정-사입仕込공정-발효저장공정-제품공정]으로 구성되는데, 맥주 생산에서 포장에 이르는 전 공정을 기계체계가 처리했다. 조선맥주와 쇼와기린맥주에서는 건조실, 사입실, 냉각실, 발효실, 저장실, 담힐실罎詰室 등으로 각 공정을 공간적으로 분리하여 맥주 생산을 자동화하였다.[113] 이처럼 면방직업, 제사업, 맥주제조업 등 자동화가 도입된 일부 대공장에서는 탈숙련화가 진행되어 여성노동, 아동노동 같은 미숙련 노동력이 대량으로 사용되었다.

중소공장 중 동력화가 이루어진 업종에서는 작업과정의 분업화가 진행되었고 공정의 일부에 기계를 도입하였다. 이들 공장에서는 중요한 공정의 경우 여전히 숙련 노동자가 작업을 담당하였지만 그 밖의 공정은 미숙련 노동력을 사용하였다. 대표적인 것이 고무공장인데, 고무신 생산은 크게 생고무의 제작과정과 가공 및 마무리과정으로 나누어진다. 생고무 제작과정은 [세조洗滌-혼합混合]으로 구성되며, 가공 및 마무리과정은 통고무신과 고무저포화가 약간 다른데, 통고무신은 [성형成型-검사檢査-가류加硫-형발型拔-마무리-포장] 공정으로 구성되고, 고무저포화는 [고무용해-호인糊引]의 중간과정을 거쳐 [성형-검사-가류-형발-에나멜칠-끈부착·포장] 공정으로 구성된다. 이러한 작업과정에 따라 공장의 조직도 약품의 배합을 검사하는 배합부, 약품의 혼합과 고무의 절단을 담당하는 롤roll부, 고무신의 성형을 담당하는 장부張部, 가류공정을 담당하는 가류부, 고무의 접합 및 천의 절단과 봉합을 담당하는 미싱부, 발형 및 마무리와 포장을 담당하는 마무리부, 제품의 배급을 담당하는 배급부 등으로 나누어진다.[114] 배합부와 롤부에서 행하는 고무 원료와 약품의 배합, 고무의 절단과 마름질은 숙련을 요하는 핵심 공정이기 때문에 기술자나 숙련된 남성노동자가 담당하였다. 그렇지만 그 밖의 공정은 별다른 숙련을 요구하지 않아 주로 여성노동자가 담당하였다. 특히 통고무신 생산공정 중 형틀에 맞추어 절단된 생고무를 조합하여 접합하는 성형공정은 단순작업이기 때문에 유년노동자를 사용하는 공장도 많았다.[115]

인쇄업에서 인쇄물의 제작은 [문선文選–식자植字–교정–가쇄假刷–차체差替–인쇄–제본] 과정을 거친다. 이러한 작업과정에 따라 인쇄소의 조직도 활자를 만드는 주조부鑄造部, 만들어진 활자를 원고대로 뽑는 문선부, 원고대로 활자를 만들어 뽑는 모노타이프monotype부, 뽑은 활자를 지정된 판대로 찍는 식자부, 짜여진 판을 가지고 임시로 인쇄하는 가쇄부, 임시로 찍은 인쇄물에서 잘못된 글자를 고치는 교정부, 교정한 부분의 체제와 활자를 고치는 차체부, 인쇄부, 인쇄 후 판을 허는 해판부解版部, 인쇄물을 책으로 만드는 제본부 및 영업부, 사진제판부, 도안부, 장정부 등으로 구성되었다.[116] 문선부, 식자부, 인쇄부 등 힘과 상당한 숙련을 요하는 작업은 남성노동자가, 주조부, 모노타이프부, 차체부, 해판부, 제본부 등 쉽고 간단한 작업은 미숙련 노동자가 담당하였다.

동력을 사용하지 않는 일부 중소공장 및 가내공업에서는 노동과정의 분업화가 이루어졌으며, 주로 수동기나 간단한 도구를 이용하여 작업이 진행되었다. 이들 공장 혹은 사업장에서는 숙련 노동자가 핵심적인 작업을 담당하였고, 숙련 노동자를 중심으로 작업이 배치되었다. 유리공장에서는 수작업에 의하여 유리를 생산하였다. 작업방식은 도가니가마에 원료 및 약품을 넣어 녹인 후 이것을 쇠파이프나 쇠로 만든 틀에 묻혀 불어서 병 모양을 만들고 주둥이를 가공하여 병을 완성하였다. 병을 불어서 균일하게 만드는 데에는 상당한 숙련이 필요하기 때문에 숙련 노동자가 이를 담당였으며, 대개 7인 1조로 작업이 이루어졌다.[117]

연와제조업은 가마와 나무틀, 괭이, 삽 등의 간단한 도구만을 가지고 벽돌을 생산하였다. 벽돌 제조과정은 [채토採土(운반)−연토練土−성형成形−마무리·건조−백지 운반−요힐窯詰−소성燒成−적지운반−선별]로 구성되는데, 공정에 따라 흙이나 벽돌을 운반하는 운반공, 흙을 반죽하는 토련공土練工, 나무틀을 가지고 벽돌모양을 만드는 성형공, 성형공을 보조하고 벽돌을 건조하는 사상공仕上工, 가마에 벽돌을 쌓는 요힐공, 가마에 불을 때는 소성공 등이 배치되었다.[118] 유기제조업은 화덕, 도가니, 족답삭기足踏削機 및 소도구를 가지고 각종 유기제품을 생산하였다. 작업과정은 [주형鑄型 제작−부질(갯토 만들기−쇳물 녹이기−번기番器 만들기−그을음하기−쇳물 붓기)−해체−열처리−가질−마무리]로 구성되었다. 작업과정 중 녹인 쇳물을 틀에 부어 원하는 모양을 만드는 주물작업에 종사하는 숙련 노동자를 '부질대장', 주물작업을 마친 제품을 깎고 다듬는 가질작업을 하는 숙련 노동자를 '가질대장'이라고 부르는데,[119] '부질대장'과 '가질대장'은 핵심적인 공정에 종사하는 장인으로 상당한 숙련이 요구되었다. 유기작업은 7인 1조로 구성된 조직에 의하여 수행되었다.[120] 그 밖에 각종 편물, 재봉을 비롯하여 목기, 목조인형, 등제품, 죽제품, 솔, 먼지털이, 파리채, 어망 등은 숙련 노동자에 의하여 제작되었다. 이들 제품은 주로 가내공업에서 생산되는 것으로, 제조방법을 익힌 개인이 간단한 도구를 가지고 제품 생산을 전담하였다.

노동력의 고용 및 관리

생산설비에서 대공업과 중소공업·가내공업의 현격한 격차가 작업과정에서 대공업과 중소공업·가내공업의 차이를 가져왔듯이, 노동력의 관리 및 통제에서도 상이한 양상을 보였다. 대공장의 숙련 노동자는 직업학교, 양성소 등의 양성기관을 통하여 배출하였으며, 미숙련 노동자는 주로 모집을 통해서 채용하였다. 그리고 노동력에 대한 관리, 통제는 공장 내의 체계적인 위계제도, 다양한 통제방식 및 임금제도 등을 통하여 이루어졌다. 철도국공장은 철도종사원양성소의 공작과工作科 졸업생을 고용하였다. 공작과는 12세 이상 14세 미만의 남자로 심상소학교 또는 보통학교 6년 정도의 과정을 수료한 자 중에서 소정의 신체검사와 시험을 거쳐 선발하였으며, 2년 또는 4년의 수학기간을 거쳐 철도국공장의 기공견습技工見習으로 채용되었다.[121] 철도국공장의 직제를 보면, 관리직인 기사, 서기, 기수, 철도수 아래 중견 종사자인 고원雇員, 하급 종사자인 용인傭人을 두었다. 고원은 사무원, 기술자, 기공技工, 기계운전수, 상용수常傭手로 이루어져 있으며, 용인은 다시 하급 사무·기술직인 제1종 용인과 현장노동자인 제2종 용인으로 구분되었고, 제1종 용인은 사무원, 기술자로, 제2종 용인은 기공, 기계운전수, 상용수, 기공견습으로 구성되었다. 제사, 면방적 대공장에서는 처음에는 공장 문앞에서 모집을 하거나 영등포를 비롯한 경성 근교에 모집원을 보내 여공을 모집하였지만, 1930년대 중반 들어 대공장이 늘어나 여공이 부족하자 모집원을 지방에 파견하거나 지역 모집인을 두어 모집하였다.[122] 특히 제사업에서는 조사공정을 담당할 어린 여공의 고용 및 숙련을 위해 별도의 양성기관을 두었는데, 조선제사에서는 직공양성소를 두어 13세 이상의 여공에게 6개월간의 수련기간을 거치게 하였다.[123] 경성방직의 직계 구성을 보면, 공장장 아래 서무, 회계, 용도, 방적, 직포, 창고, 노무 등의 관리직 부서를 두었으며, 직포부는 기술자인 직포주임 아래 공정별 책임자인 담임이 있었으며, 그 밑에 [수석-차석-견회見廻(반장)-조장-일반여공]으로 되어 있었다.

철도국공장에서는 노동자들의 관리, 통제를 위해 직계체계를 엄격하게 관리, 운영하는 한편 종사원의 업무능력과 기술을 향상시키기 위한 각종 보습교육과 등용시험을 실시하였다. 보습교육을 위하여 철도종사원양성소에 야학부를 운영하였으며, 그 밖에도 종사원들의 기술 향상을 위하여 각종 경기대회를 개최하고, 업무성적과 근속연수에 따라 개인별 혹은 부서별 표창을 행하였다. 철도국공장이 직계체계를 중심으로 노동자를 관리, 통제한 반면, 방직계통 대공장은 미숙련 여공의 관리, 통제를 위하여 엄격한 노동규율, 분화된 위계조직, 포상제도, 기숙사제도 등을 도입하였다. 여공들은 정해진 시간에 출근하여 퇴근할 때까지 30분의 점심시간을 제외하고는 어떠한 자유시간도 허용되지 않았으며, 작업은 생산현장의 위계조직에 의하여 체계적으로 관리, 감독되었다. 또한 생산능률과 품질향상을 위하여 개근상여, 근속상여, 생산상여, 품질상여 등 각종 포상제도를 실시하는 한편,[124] 기숙사를 설립하여 노동력 공급 및 여공의 관리를 원활히 하였다. 카네보 경성공장에서는 1934년 기숙사를 신축하여 주야 2교대제를 실시하였으며,[125] 다른 제사공장이나 면방직공장도 통근제보다는 노동력 관리가 손쉬운 기숙사제를 도입하였다. 기숙사에서는 사감이 외출, 임금, 저축 등 여공의 일상생활을 감시, 통제하였으며, 열악한 공장 환경에 여공들을 묶어 놓기 위한 수단으로 이용되었다.[126]

대공장에서는 정해진 노동시간 동안 기계의 흐름에 따라 숙련 혹은 미숙련 노동력을 대량으로 사용하기 때문에 임금 지급방식은 주로 일급제를 채택했으며, 직급에 따라 차등적인 임금을 지급하였다. 그렇지만 조사공정에서 숙련이 필요한 제사업에서는 다른 업종에 비해 최고임금과 최저임금의 격차가 컸으며,[127] 공정에 따라 성과급제가 적용되는 곳도 있었다. 경성방직의 경우 비교적 숙련이 필요한 직포실에서는 임금을 생산량에 따라 지급하는 필수제匹數制가 도입되었으며,[128] 조선제사에서는 일하는 능률에 따라 임금을 지급하였다.[129]

중소공장의 노동자는 주로 연고緣故를 통하여 채용되었다. 뒷시기의 사례이지만 [표 3-16]에서 1940년 경성직업소개소에서 조사한 '일반노무자'[130]의 취직 경로를 보면 일반 노무자의 약 3분의 2 정도가 연고를 통하여 채용됨을 알 수 있다. 대공장 노동자, 특히 방직계통 대공장에 취직하는 여공이 주로 문전 모집이나 모집종사자에 의해 취직한다는 점을 감안하면 중소공업 노동자는 대부분 연고에 의해 채용된다고 보아도 좋을 것이다. 철공업의 경우 공장주나 현재 고용되어 있는 종업원의 권유 또는 지인의 소개 등 연고 모집에 의하여 취직하는 것이 보통이었다.[131]

중소공장은 일반적으로 공장주 아래 사무원, 기술자, 직공 및 잡역부를 두었다. 그렇지만 업무 및 직제를 구분하고 해당 업무에 적합한 사람을 고용하는 것은 규모가 큰 일부 공장에 해당될 뿐이고, 대부분의 중소공장에서는 공장주 또는 그의 가족이 사무를 담당했으며, 기술자도 공장주나 가족의 일원인 경우가 많았다.[132] 소규모 정미소나 고무공장에서는 기술자와 직공, 직공과 잡역부의 구분이 없었으며, 한 사람이 기술자, 직공 및 잡역부를 겸하는 경우도 많았다. 직공은 직공장職工長 아래 상용공, 견습공, 임시공 등을 두었는데, 수년 동안 근속하여 경험이 많은 직공장이 직공을 지도, 감독하였다. 철공업에서 직공은 상용공과 임시공으로 구분되어 있었으며, 새로 채용된 직공은 대부분 임시공으로 고용되어 일정한 기간이 지나면 상용공이 되었다.[133] 직물공장에서는 숙련공, 미숙련공, 견습공, 상용공, 임시공으로 구분되어 차별적인 임금을 받았으며,[134] 유리공장에서는 직장職長, 상직공上職工, 보통직공, 견습, 초보견습으로 구분되었다.[135]

[표 3-16] 경성 지역 조선인 일반 노무자의 취직 경로(1940)

구분 \ 성별	남자	여자	계
직업소개소의 알선	61 (0.9)	17 (0.7)	78 (0.7)
부·군·도의 알선	20 (0.3)	143 (2.9)	163 (1.4)
모집종사자에 의한 것	527 (7.8)	892 (18.2)	1,419 (12.2)
문전 모집에 의한 것	1,369 (20.3)	1,326 (27.1)	2,695 (23.2)
연고 소개에 의한 것	4,731 (70.7)	2,514 (51.5)	7,245 (62.5)
계	6,708 (100)	4,892 (100)	11,600 (100)

* 출전: 京城職業紹介所, 《京城職業紹介所所報》(特輯號), 1941, 66쪽.

중소공장은 노동시간이 길기는 하였지만 작업일수, 노동시간이 불규칙하였고, 작업장에 아이를 데리고 가거나 작업장에서 수유하는 등 작업이 비교적 느슨하였기 때문에[136] 노동자의 관리, 통제는 주로 임금 지급방식이나 작업량에 따라 노동력을 조절하는 방식 등에 의하여 이루어졌다. 중소공장은 작업의 성격에 따라 일급제와 성과급제를 병행하였다. 직물공장에서는 역직기의 보급에 따라 일급제가 일반화되었지만 직포여공의 경우에는 공장에 설치된 역직기의 성능에 따라 성과급제를 가미한 일급제를 채용하였다.[137] 고무공장의 경우 한 종류의 단순작업에 종사하는 여공에게는 성과급제를 채용하였고, 분업화된 각 공정에 종사하는 대부분의 남공에게는 성과급제를, 여러 공정의 작업을 겸하거나 그 밖의 작업을 담당하는 일부 남공에게는 일급제를 채용하였다.[138] 철공장의 경우 대부분 일급제를 채용했지만 주물공장이나 건축가구용 철제품제조공장 같은 소규모 철공장에서는 성과급의 일종인 '개수급제個數給制'를 채용했고, 자동차 차체 제작공장은 '청부급제請負給制'를 채용했다.[139] 정미소에서는 남공은 일급제이지만 단순작업에 종사하는 여공 및 기타 종업원은 성과급제가 많았다.[140] 이처럼 작업의 성격과 숙련 정도에 따른 상이한 임금제도는 엄격한 노동규율을 도입하지 않고도 작업능률을 향상시키는 역할을 하였다.

또한 많은 중소공장에서는 작업이 한산한 시기에 노동자를 해고하였다가 작업량이 많은 시기에 다시 노동자를 고용하는 방법으로 노동력을 조절하였다. 직물공장에서는 한산한 시기에 숙련공은 제품의 손질 등 다른 작업으로 돌리고 나머지 직공들은 일시 해고하였다.[141] 고무공장의 경우 작업량이 많을 때에는 2~3시간 야간작업을 하는 때도 있으나 작업이 한산할 때에는 작업을 단축하거나 직공을 감축하였다.[142] 철공장은 작업이 한산한 시기에 직공을 교대하여 반나절씩 작업하거나 기계 수리를 하는 등의 방법으로 직공을 유지하였다. 그러나 작업이 한 시기에 집중적으로 몰려 있어 작업량 조절이 어려운 스토브제작공장이나 청부를 겸하는 공장 등은 다수의 임시공을 고용하는 방식으로 작업에 따른 노동력을 조절하였다.[143] 정미소도 작업이 집중되어 있는 쌀의 수확기에서 출회기까지 2~5시간 정도 잔업을 하는 곳도 많았지만 여름의 한산한 시기에는 작업하는 날이 한 달에 5~10일에 불과하여 일용직 노동자를 고용하였다.[144]

노동력 구성

공장의 생산설비와 작업과정, 그리고 노동력 수급은 노동력 구성에 반영되었다. [표 3-17]에서 1930년대 공장 노동력의 업종별·성별 구성을 살펴보면, 업종별로는 방직공업, 인쇄공업, 식료품공업, 화학공업, 기계공업, 기타 공업에 고용된 노동자가 많으며, 방직공업, 화학공업, 식료품공업에서 여성노동자의 비중이 높다. 방직공업은 제사업, 직물업에 노동자가 집중되어 있으며, 대공장에 의한 미숙련 여성노동자의 대량 흡수로 여성노동자의 비중이 80퍼센트를 상회하였다.[145] 기계공업에서 노동자 증가를 주도한 업종은 차량제조업이다. 대중교통의 이용 증가에 따라 차량의 제작, 수리 부분이 확대되었으며, 상당한 근력이 필요한 작업의 특성상 남성노동자의 비율이 높았다.[146] 화학공업에서는 고무공장 노동자가 중심인데, 고무제품제조업은 다른 업종에 비해 여성노동자의 비중이 높았다.[147] 인쇄업은 전국의 인쇄물이 경성으

로 집중되었기 때문에 다른 업종보다 규모도 크고 많은 노동력이 필요
하였다.[148] 특히 인쇄작업은 일정한 수준의 교육과 숙련, 그리고 힘이
필요하였기 때문에 남성노동자의 비중이 높았다. 식료품공업의 노동자
들은 대부분 정미업, 주조업, 제빵제과업에 고용되었는데, 정미업에서
는 돌을 골라내는 작업에 종사하는 여성노동자가 많았다.[149] 기타 공업
에서는 재봉업, 제화업, 지제품제조업에 종사하는 노동자들이 많았는
데, 그중에서도 재봉업에 종사하는 노동자가 절반 정도였다.[150]

[표 3-18]에서 공장 노동력의 규모별 구성을 보면, 대공장으로 노동
력 집중이 급속히 강화된다는 점과 소공장이 상당한 비중을 차지한다

[표 3-17] 공장 노동력의 업종별 · 성별 구성(1934 · 1937)

연도 \\ 업종	1934				1937			
	남성	여성	계	여성 비율(%)	남성	여성	계	여성 비율(%)
방직	405	2,131	2,536	84.0	1,568	6,744	8,312	81.1
금속	1,170	–	1.170	0.0	1,535	7	1,542	0.5
기계	1,854	10	1,864	0.5	3,816	74	3,890	1.9
요업	438	23	461	5.0	1,225	162	1,387	11.7
화학	776	1,231	2,007	61.3	2,670	2,245	4,915	45.7
제재	919	5	924	0.5	1,332	28	1,360	2.1
인쇄	3,190	107	3,297	3.2	3,659	225	3,884	5.8
식료품	1,415	627	2,042	30.7	2,297	1,011	3,308	30.6
기타	1,877	209	2,086	10.0	2,549	532	3,081	17.3
계	12,044	4,343	16,387	26.5	20,615	11,208	31,679	34.8

* 출전: 京城府, 《京城府産業要覽》, 1935 · 1938년판.
* 비고: 전기 · 가스업은 기타에 포함.

는 점이 특징적이다. 대공장의 노동력은 1934년에 공장 노동자의 35퍼센트를 점하던 것에서 1937년에는 56퍼센트로 크게 증가하는데, 이는 일본에서 진출한 독점자본 계통의 대공장이 경성 및 인근 지역의 미숙련 노동력을 대량으로 흡수하였기 때문이다. 특히 제사, 면방적 대공장에서 여성노동자를 대량으로 고용하여 1937년에는 여성노동자의 79퍼센트가 대공장에 집중되었다. 그리고 소공장 노동자의 비중이 줄어들었지만 1937년에도 공장 노동력의 25퍼센트라는 상당한 비중을 점하고 있었으며, 여기에 가내공업 노동자를 더한다면 전체 노동력에서 차지하는 비중은 43퍼센트로 증가한다.[151] 이것은 대공장의 노동력 집중에도 불구하고 소공장 및 가내공업자가 여전히 상당수의 노동력을 흡수하고 있음을 보여준다. 또한 소공장 및 가내공업의 경우 숙련된 남성 노동자를 중심으로 작업이 이루어지기 때문에 여성노동자의 비중이 10

[표 3-18] 공장 노동력의 공장 규모별·성별 구성(1934·1937)

	규모별	남성	여성	계	여성 비율(%)
1934	30인 미만	5,376 (44.6)	617 (14.2)	5,993 (36.6)	10.3
	30~99인	3,466 (28.8)	1,242 (28.6)	4,708 (28.7)	26.4
	100인 이상	3,202 (26.6)	2,484 (57.2)	5,686 (34.7)	43.7
	계	12,044 (100)	4,343 (100)	16,387 (100)	26.5
1937	30인 미만	7,063 (34.2)	886 (8.0)	7,949 (25.1)	11.1
	30~99인	4,602 (22.3)	1,432 (13.0)	6,034 (19.0)	23.7
	100인 이상	8,986 (43.5)	8,710 (79.0)	17,696 (55.9)	49.2
	계	20,651 (100)	11,028 (100)	31,679 (100)	34.8

* 출전: 京城府, 《京城府産業要覽》, 1935·1938년판.

퍼센트 정도에 불과하였다.

공장 노동력의 구성에서 주목해야 할 점은 16세 미만의 '유년노동'[152]
이다. 일반적으로 기계제 대공업이 확립됨에 따라 숙련 남성노동자가
미숙련 여성 및 아동 노동으로 대체되는 경향이 있기 때문에 유년노동
은 중요한 의미를 지닌다. 1930년대 들어 공장에 고용된 유년노동자는
증가 추세를 보인다. 1934년에 8퍼센트 정도이던 유년노동자는 1937
년에 12퍼센트로 증가하였다.[153] 특히 여성 유년노동자가 크게 증가하
는데, 이는 자동기계를 갖춘 제사 및 면방적 대공장에서 여성 유년노동
자를 대량 흡수하였기 때문이다.[154] [표 3-19]에서 1930년대 중반 유년

[표 3-19] 공장 유년노동자의 업종별·성별 구성(1934·1937)

연도 업종	1934				1937			
	남성	여성	계	비율(%)	남성	여성	계	비율(%)
방직	33	266	299	11.8	75	2,170	2,245	27.0
금속	79	–	79	6.8	166	1	167	10.8
기계	127	2	129	6.9	237	14	251	6.5
요업	31	–	31	7.1	66	–	66	4.8
화학	17	26	43	2.1	48	142	190	3.9
제재	91	4	95	10.3	123	5	128	9.4
인쇄	246	14	260	7.9	215	46	261	6.7
식료품	52	114	166	8.1	50	147	197	6.0
기타	161	11	172	8.2	178	61	239	7.8
계	837	437	1,274	7.8	1,158	2,586	3,744	11.8

* 출전: 京城府, 《京城府産業要覽》, 1935·1938년판.
* 비고: (1) 전기·가스업은 기타에 포함.
　　　 (2) 비율=유년노동자÷전체노동자.

노동자의 성별·업종별 구성을 보면, 여성 유년노동자는 방직공업, 식료품공업, 화학공업 등 일부 업종에 집중되어 있으며, 남성 유년노동자는 전 업종에 걸쳐 있고 그중에서도 기계공업, 인쇄업, 기타 공업에 집중도가 높았다. 여성 유년노동자가 일하는 업종 중 제사업, 직물업은 앞에서 살펴본 것처럼 자동기계의 사용에 따라 미숙련 유년노동자를 사용하였으며, 고무제품제조업, 제빵제과업은 노동과정의 일부에 기계가 도입되어 손쉬운 공정이나 허드렛일에 여성 유년노동을 고용하였다. 정미업에서는 돌을 고르는 단순작업에 여성 유년노동을 사용하였으며,[155] 제약업과 재봉업에서도 작업 보조나 허드렛일에 여성 유년노동력을 사용하였다. 이처럼 여성 유년노동력은 기계에 의해 탈숙련화된 공정이나 단순작업, 허드렛일 등에 사용되었다. 반면 남성 유년노동자가 일하는 업종은 수공업적 방식으로 작업이 이루어지는 소규모 작업장이 많았다. 철공소에 고용된 유년노동자는 허드렛일 같은 잡무에 종사하였다.[156] 양복점에서는 보통 도제관계를 통하여 기술을 배우는데, 재봉업에 종사하는 남성 유년노동자는 양복점에서 봉제 및 재단기술을 배우는 도제였다.[157] 인쇄업에서 남성 유년노동자는 해판부에서 판을 허는 일을 하거나 문선부에서 간단한 일에 종사하였다.[158] 유리제조, 가구제조, 제빵제과는 상당한 숙련을 요하는 작업이었기 때문에 남성 유년노동자는 숙련공에 고용되어 기술을 익혔을 것이다.

여성 유년노동자와는 달리 남성 유년노동자는 숙련을 필요로 하는 중소공장 또는 가내공업 작업장에서 일하였다. 그중에서 인쇄업같이 규모가 크고 동력화된 공장에 취업한 유년노동자는 견습공으로 기술을 익히며 허드렛일을 맡았으며, 영세한 공장이나 가내공업 작업장에 취업한 유년노동자는 견습공이라기보다는 도제의 성격이 강하였다. 광범한 가내공업적 기반 속에서 수공업적 작업방식이 뿌리깊게 남아 있었기 때문에 숙련 노동자의 중요성은 감소되지 않았으며, 유년노동자의 상당수는 도제로서 숙련공에 소속되어 있었다.

가내공업의 노동력 구성은 이러한 점을 더욱 잘 보여준다. [표 3-20]에서 1935년 가내공업 노동력의 구성을 보면, 공장 노동력의 구성에 비해 남성노동자의 비중이 훨씬 크다는 것을 알 수 있다. 1930년대 중반이 되면 공장 남성노동자의 비중이 전체 공장노동자의 70퍼센트 이

[표 3-20] 가내공업 노동자의 업종별·연령별 구성(1935)

구분 / 업종	남성 15세 이하	남성 15세 이상	여성 15세 이하	여성 15세 이상	계	구분 / 업종	남성 15세 이하	남성 15세 이상	여성 15세 이하	여성 15세 이상	계
홈스판		6	10	16	32	소독저		6	3	4	13
메리야스	3	6			9	장군연필		1			1
양말	18	79	3	2	102	풍속주패	4	8		6	18
장갑	4	18	3	7	32	목조인형		3			3
자수	2	7	1	7	17	액자	3	18			21
모사편조물		15	1	5	21	대바구니	7	24			31
뉴		13			13	죽제웅수		9			9
뉴조물		4			4	죽세공품		9			9
견사		5			5	유행리		5		3	8
허리띠	1	1		1	3	등제품		3			3
와이셔츠	1	10		3	14	추세공		5			5

구분 / 업종	남성 15세 이하	남성 15세 이상	여성 15세 이하	여성 15세 이상	계	구분 / 업종	남성 15세 이하	남성 15세 이상	여성 15세 이하	여성 15세 이상	계
모기장		2			2	종이상자	17	58	6	3	84
천막·차양		44			44	종이봉투		2			2
의자장식		2			2	온돌유지		8			8
일반재봉품	4	12		1	17	꼬리표		14		10	24
대수선		13		6	19	제등·우산	7	10			17
검도구		48		158	206	달력·부채		6			6
양철제품	14	234			248	지제골패	1	13			14
유기	5	100			105	바가지제품		34			34
메달		13			13	나전칠기	2	20			22
금망	1	19			20	칠도	2	10			12
유리가공	2	79		1	82	빗자루	5	2			7
법랑제품	13	38		4	55	솔·수세미	3	12			15
알루미늄		8			8	깔개		28			28
풍속인형		2			2	발모·소모	2	5	2	1	10
비누		3			3	우모녹불		4			4
양초		2			2	준모핸드백		4		7	11
나무상자	4	49			53	조화		22		18	40
목형	13	66			79	모자	2	35			37
로구로세공		21			21	슬리퍼	2	15			17
절상		49		11	60	어망		3			3
박판·포피	1	8	2	5	16	파리채		2			2
목기		1			1	다다미	3	117			120
목제품	21	197			218	요		17			17
통류	2	36			38	나막신		3		1	4
케이스		6			6	합계	169	1,756	31	280	2,236
코르크전		5			5						

* 출전: 京城商工會議所,《朝鮮に於ける家庭工業調査》, 1937.

하로 내려가는 데 비해 가내공업에서 남성노동자의 비율은 86퍼센트에 달하고 가내공업 유년노동자의 85퍼센트가 남성 유년노동자이다. 이렇게 가내공업 남성 유년노동자의 비중이 높은 것은 가내공업의 생산방식에 기인한 것이다. 많은 가내공업 업종은 숙련을 필요로 하고 또한 도제관계로 기술이 전수되었기 때문에 여성들이 배제되었다. 이들 업종의 숙련기간은 단기간에 숙련이 가능한 것에서부터 5년 이상의 숙련을 요하는 것까지 다양한데, 보통 3년 정도의 숙련기간이 필요하였다.[159] 이처럼 숙련을 요하는 가내공업 작업장은 남성노동력 위주로 편성되었으며, 여기에서 일하는 남성 유년노동자는 도제의 성격이 강했다.

식민지 이중구조의 특징과 한계

이상에서 살펴본 것처럼 자동기계와 일관생산체계를 갖추고 미숙련 노동자를 대량으로 사용하는 대공장과 동력 또는 인력으로 움직이는 작업기를 갖추고 숙련 노동자가 중심인 중소공장 및 가내사업장은 생산설비, 작업과정, 노동력에 현격한 격차가 존재하였다. 이러한 격차는 공장 내부뿐만 아니라 공장 외부와 연관된 원료 공급, 제품 유통 및 노동력 수급 등에 걸쳐 상이한 재생산구조를 형성하였다.

대공장은 원료를 독점적으로 공급받았으며, 생산된 제품은 독점자본 계통 유통기구를 통해 전국에 판매되었다. 대제사공장은 공판제를 통하여 3등 이상 양질의 고치를 확보하였으며, 면방적 대공장에는 인도면, 미국면 등 수입면이 일본을 거쳐 공급되었다.[160] 맥주공장에서도 주요 원료인 맥아, 호프를 전량 일본에서 공급받았으며,[161] 철도차량제작공장은 선철, 강판 등의 원료를 제철소로부터 직접 공급받았다. 반면 중소공장 및 가내사업장은 대부분 경성의 상점을 통하여 원료를 구입하였으며, 생산된 제품은 상인 혹은 도매상·소매상을 통하여 판매하고 때로는 소매를 겸하는 경우도 있었다. 고무공장은 경성의 원료상으로부터 고무 원료를 구입하였으며, 생산된 고무신은 규모가 큰 공장은 특약점에 판매하였으며, 규모가 작은 공장은 시장 주변의 상인에게 판매하였다.[162] 철공소는 경성에 있는 제철소의 특약점·지점·출장소에서 선철을, 철재상으로부터 철재를 구입하였으며, 생산된 제품은 주문생산품을 제외하고는 금물상金物商, 중계업자 같은 중간상인에게 판매되었다.[163] 대부분의 중소공장은 경성의 상인을 통하여 원료를 구입하였으며, 오사카, 나고야, 고베 등지의 상인을 통하여 직접 구입하는 경우도 있었다. 노동력 면에서 대공장은 미숙련 노동력을 대량으로 고용하여 체계적인 위계제도 아래 다양한 방식으로 노동력을 관리·통제하였다. 반면 중소공장은 숙련 노동력과 미숙련 노동력을 같이 사용하였고, 업무와 직제가 분명하게 구분되지 않았기 때문에 노동력의 관리·통제는 임금제나 노동력 조절 등의 방식으로 이루어졌다. 가내사업장은 중소공장보다 숙련공의 비중이 컸으며, 일부에서는 전통적인 '장인-도제'관계가 남아 있었다.

이처럼 식민지 공업에서 나타나는 대공장과 중소공장·가내사업장의 현격한 격차 및 상이한 재생산구조를 '식민지 이중구조'로 개념화하고자 한다. 식민지 이중구조는 일본경제사의 '이중구조' 개념을 식민지 공업에 차용한 것이다. 통상적으로 '이중구조'는 일국의 경제 안에 근대적 대기업과 전근대적 소기업·영세기업이 병존하는 상태를 가리키는 용어인데, 일본경제사에서는 제1차 세계대전에서 1950년대에 이르는 일본경제의 특징을 이중구조로 파악하고, 산업 간 또는 기업규모별 격차로 인한 불균형 성장이 고도성장과정에서 해소되는 것으로 이해하였다.[164] 반면 식민지 이중구조는 식민지 공업의 내부 구성 및 재생산과정에서 보이는 대공장과 중소공장·가내사업장의 현격한 격차에 주목하고, 이러한 격차를 식민지 공업을 구성하는 핵심적 부분으로 인식한다.

이러한 식민지 이중구조의 첫 번째 특징은 대공업과 중소공업이 분리되어 생산연관이 없다는 점이다. 대공장에서 최신식 설비 및 일관생산체계를 통하여 대량생산된 제품은 시장을 독점적으로 지배하였기에 대공장과 중소공장은 기술적 연관을 가지지 못하였다. 맥주의 경우 2개의 대규모 맥주공장이 조선 전체 수요의 80퍼센트 정도를 공급하여 이입대체로 나아갔는데, 이러한 양상은 여타 독점자본 계통 대공장에서도 마찬가지였다. 면직물업의 경우 면방적 대공장에서는 조포, 세포 같은 광폭면직물이나 가공면직물을 생산하였으며,[165] 중소직물공장에서는 해동저, 세창저, 광동저 같은 의마포나 인견교직물을 생산하였다.[166] 기계기구제작업의 경우 대규모 기계공장에서는 기차, 전차 같은 차량 및 철도용품, 전기용품을 생산하였으며, 중소기계공장에서는 자동차 차체, 도량형기, 양조기, 정미기 등을 제작하였고 수리도 겸하였다.[167] 이처럼 생산하는 제품이나 시장 장악력이 판이하기에 소수의 대공장은 시장을 독과점적으로 지배한 반면 중소공장은 업자들 간의 경쟁에 맡겨졌다.

이렇게 재생산과정이 분리되고 생산품목이 분리된 데다가 광산기계,

차량 등 기계기구의 주요 부품은 일본에서 가져다가 조립하는 형편이
었기 때문에, 대공업과 중소공업 간의 하청연관은 거의 불가능하였다.
일본에서 이중구조에 대한 논의는 대공장에 의한 중소공장의 하청을
기본적인 관계로 간주하였으며, 1920년대 이래 이중구조의 형성과 더
불어 하청관계가 전개되었다고 보았다.[168] 1930년대 일본의 현황을 보
면, 1936년 기계기구공업에서 대공장 생산액의 25퍼센트가 하청에 의
한 것이고,[169] 1939년 도쿄의 아라카와荒川, 혼조本所, 시나가와品川 등
3개 지역에서 기계기구공업 관련 하청공장의 비중이 40퍼센트가 넘을
정도로 하청이 활발하였다.[170]

경성에서 대공장과 중소공장 사이의 하청은 거의 찾아볼 수 없는 대
신, 중소공업 내부에서 특수한 형태의 '생산연관'이 생겨났는데, 이것
이 식민지 이중구조의 두 번째 특징이다. 중소공업의 특수한 생산연관
의 첫 사례는 주물공장 상호간에 혹은 주물공장과 기계기구공장 사이
에 이루어지는 연관이다. 소규모 철공소에서는 기술 및 설비의 미비로
자체에서 기계 주물이나 부품을 제작할 수 없었다. 따라서 제작 및 수
리에 필요한 부품을 다른 철공소에 주문하거나 혹은 기성품을 구입하
여 조립하였다.[171] 이처럼 소규모 철공소와 상당한 설비를 갖추고 주문
에 의하여 주물이나 부품을 제작, 가공하는 철공소는 청부관계로 연결
되어 있었다. 둘째 사례는 자동차 차체 제작과정에서 이루어지는 연관
이다. 경성의 자동차공업은 차체만을 제작하고 차대, 엔진, 냉각기 등
부품 전부를 일본에서 들여와서 조립하였는데, 차체를 제작할 때 공장
주는 철공, 목공, 내장공, 도장공 등 각 작업팀의 우두머리와 청부계약
을 하였다. 보통 공장주가 원료를 제공하고 기계기구를 대여하고, 작업

팀에서는 정해진 기간에 맞춰 자신들이 가진 작업도구로 작업을 수행하였다. 이때 작업의 완급, 노동자의 증감 등 작업에 관한 모든 일은 작업팀의 우두머리에게 일임되었다.[172] 셋째 사례는 고무공장에서 보이는 차공장借工場과 대공장貸工場의 연관이다. 이 연관은 경성 지역에서만 볼 수 있는 특이한 현상으로, 독립한 숙련공이 휴업 중이거나 조업단축 중인 공장의 일부를 임대하여 고무신을 생산한 데서 생겨났다. 공장의 일부를 임대한 차공장은 신발형과 인력만 있고 설비가 없기 때문에 연공정과 가류加硫공정을 대공장에 위탁하였고, 대공장은 연공정과 가류공정을 담당하고 가공비를 지급받는 방식으로 결합하였다. 차공장은 생산된 고무신을 경성 및 인근의 시장에 판매하고 대공장에게 가공임加工賃을 지불하였다.[173] 이상의 세 가지 사례는 중소공업에서 동일 업종 내부 또는 연관 업종 사이에 하청생산이 이루어졌음을 보여준다.

식민지 이중구조의 세 번째 특징은 소공업과 가내공업의 토대가 두텁다는 점이다. 1922년에 전체 공장의 97퍼센트를 차지하던 중소공장은 1937년에 가서도 여전히 97퍼센트라는 절대적인 비중을 유지하였으며, 그중에서도 고용 노동자가 10인 미만의 영세한 소공장이 전체 공장의 59퍼센트에 달하였다.[174] 가내공업은 1930년대 초반 공황의 영향으로 공산액에서 차지하는 비중이 20퍼센트 이하로 떨어졌지만 여전히 상당한 비중을 점하였다. 1937년의 경성의 가내공업 조사에 의하면, 가내공업자는 모두 2,691호로서 경성 지역 노동자의 24퍼센트, 생산액의 10퍼센트를 점하였다.[175]

경성 공업의 토대를 형성하고 있는 이들 소공업과 가내공업은 간단한 설비와 낮은 기술수준으로 인해 상인이나 관련업자가 소자본으로 사업에 뛰어드는 것이 용이하였다. 이처럼 낮은 진입장벽은 업자 간의 치열한 경쟁을 낳았으며, 경쟁에 따른 불안정은 소공업과 가내공업의 경계선을 유동적인 것으로 만들었다. 정미업은 다른 업종에 비하여 고정자본이 적고 생산과정이 단순하며 설비도 간단하였다. 그렇기 때문에 정미를 취급하는 소매상이 상점의 일부를 개조하여 3~5마력 정도의 전동기를 설치하고 정미 생산을 겸하는 경우가 많았다. 정미업의 자본 규모를 보면 소공장은 5,000원 미만, 중공장은 1만 5,000원 미만에 불과하므로, 간단한 기계설비만 가지고 부지와 공장을 임대해 경영하는 경우도 많았다.[176] 이 때문에 가격 인하를 통한 업자 간의 경쟁은 품질 저하, 대금 결제 연기, 계약 불이행, 신용 추락을 초래하여 경영난에 빠지는 악순환을 낳았다.[177] 철공업에서도 경성의 소규모 철공소는 소마력 전동기를 1~2대 설치하고 간단한 도구로 수리, 가공을 하는 곳이 대부분이었다. 간혹 기계주물이나 부품은 전문 철공소에 청부하는 것으로 대신하였다. 이 때문에 대부분의 철공소는 설비와 노동자의 유지를 위해서 혹은 부채를 갚기 위해서 맹목적으로 주문을 받았으며, 일정한 제품을 전문적으로 생산하지 못하고 만물상처럼 각종 철제품을 취급하는 경우가 많았다. 이로 인해 업자 간의 경쟁이 격화되고 경영난에 빠지는 경우가 많았다.[178] 고무제품제조업은 다른 업종에 비해 비교적 규모가 큰 편에 속하지만 경영상 어려움은 마찬가지였다. 대부분의 고무공장이 고무신을 생산하기 때문에 업자 간 경쟁이 불가피한 데다 차공장借工場 같은 소규모 고무공장이 증가하여 업자 간 경쟁이 치열하였다.[179] 더욱이 1930년대 들어 공황의 파급으로 인한 구매력 감소 및 고무공장 증가로 인한 생산과잉 상태에서 차공장에서 생산한 조악한 제품을 마구 팔아서 경영난은 더욱 심화되었다.

이처럼 업자 간의 치열한 경쟁은 공장 경영을 불안정하게 만들었으며, 주기적으로 닥치는 불황은 커다란 타격을 입혔다. 특히 경영의 불안정을 가중시킨 것은 금융의 열악함이었다. 1932년 토지·공장의 소유관계를 보면 공장주가 토지와 공장을 모두 소유한 공장은 33퍼센트에 불과했으며, 토지와 공장을 모두 소유하지 않은 공장이 43퍼센트에 달하였다.[180] 이 때문에 공장에 투자할 여유 없이 차입금에 의존하지 않을 수 없었다. 1932년 자본 구성을 보면 총자본금의 27퍼센트가 차입금이었는데, 규모가 큰 공장은 은행을 이용한 반면 소규모 공장은 금융조합, 무진회사, 개인금융업자를 이용하였다.[181] 정미업의 경우 차입금이 투자액의 3분의 1 정도였는데, 비교적 자본이 풍부한 회사는 차입금이 적은 반면, 개인이 경영하는 공장은 투자액의 40퍼센트 정도가 차입금으로 충당되었다.[182] 직물업자는 대부분 단기·고리의 차입금으로 유동자본을 충당하였다. 또한 원료는 현금으로 구입하고 제품은 외상 또는 어음으로 판매하였기 때문에 자금 압박이 심하였다.[183] 철공업자는 운영자금을 도매상 또는 청부업자로부터 차입할 경우 제품을 판매하거나 넘길 때 값을 인하하기 때문에 높은 이자를 지불하는 꼴이 되었다.[184] 이처럼 중소공장들은 대부분 시중은행 금리보다 훨씬 이자율이 높은 개인금융업자에게서 돈을 빌려 운영자금에 충당하였기 때문에 생산비는 높아지는 반면 제품은 조악해졌으며, 자금 핍박으로 경영난에 빠지는 경우가 많았다.

1930년대 경성 공업의 식민지 이중구조와 조공업지대화는 경성 지역의 공업 생산 및 공산품 수요가 그 자체로 완결적인 것이 아니라 이입을 통하여 일본 공업과 밀접한 연관을 맺고 있음을 보여준다. 이러한 연관은 공업제품의 수급관계뿐만 아니라 원료, 생산, 시장 등 재생산과정 전반에 걸쳐 있었다. 원료 면에서 방직공업, 금속공업, 기계기구공업, 화학공업 및 기타 공업의 일부는 일본을 통한 이입 혹은 수입에 원료 공급을 의존하였다.[185] 방직공업의 경우 생사를 제외한 대부분의 원사原絲를 이입하였으며, 원면은 오사카의 무역상을 통하여 인도면을 수입하였다. 금속공업과 기계공업의 경우 강재, 철재 및 각종 금속원료를 이입하였으며, 선철은 겸이포제철소 및 중국의 안산鞍山, 번시本溪의 제철소에서 공급되었다. 화학공업의 경우 생고무는 미쓰이물산 등 일본의 무역상을 통하여 공급되었으며, 염료, 약품, 기름을 비롯한 각종 원료가 이입되었다. 기타 공업의 경우에도 양복지, 종이, 밀짚 등이 이입되었으며, 그 밖에도 고급 원료의 대부분은 이입에 의존하였다.

생산 면에서 경성 지역 공업은 이입품의 제약 아래 놓여 있었다. 이입품과의 경쟁을 피해야 했기 때문에 생산품 종류는 기본적으로 이입품에 의해 규정되었으며, 설비 및 기술도 이입품의 압박 아래 조공업제품을 생산하는 수준에 한정되었다. 더욱이 철도차량, 자동차, 원동기, 광산기계 등 일부 품목에서 필요한 부품을 일본에서 들여와서 조립하였다는 것은 일국의 기술수준을 집약적으로 보여주는 기계기구공업이 식민 본국과의 관련 속에서만 존재할 수 있다는 것을 보여준다. 독점자본 계통 대공장이 생산하는 제품도 국내 노동력을 이용하여 국내에서 생산되고 있을 뿐이지 이입품이나 다름없었다. 시장 면에서도 생산품 유통은 이입품의 제약 아래 놓여 있었다. 초기에는 이입품의 압박 때문에 극히 일부 품목을 제외하고는 이입품과 동일한 제품의 생산은 기피

되었지만, 생산이 확대되고 품목이 다양화됨에 따라 이입품 시장을 뚫기 위한 치열한 경쟁이 전개되었다. 앞에서 살펴본 것처럼 면직물, 인견직물, 고무신, 세탁비누, 병유리 등 일부 품목에서 10~20년에 걸쳐 이입대체를 이루어 나갔지만 이입품의 시장지배는 정공업제품 시장의 확대라는 방식으로 오히려 강화되었다. 또한 이입품의 압박으로 좁아진 시장에서 동업자 간 경쟁은 한층 치열하게 전개되었다.

　이처럼 일본과 연관된 재생산과정의 여러 국면들, 즉 원료, 생산, 시장은 상호연관되어 있었다. 기계기구공업의 경우 철공업이 조립, 수리 수준에 머무른 것은 원료 문제가 중요한 원인 중의 하나였다. [표 3-21]에서 1934년 경성 지역 철공업의 원료 소비를 보면, 철강류가 48퍼센트로 가장 큰 비중을 차지하였으며, 다음으로 선철, 목재의 순서였다. 이 중 강재는 거의 전부를 이입하는데, 이입한 강재는 경성의 철재상에 의하여 철공업자에게 공급되었다.[186] 선철은 겸이포, 안산, 번시의 제철소에서 공급받았는데, 여기에서 공급되는 선철은 제철소의 통제하에 놓여 있었다. 제철소의 특약점 또는 출장소가 경성 지역 철공업자의 주문을 받아 이를 제철소 또는 본점에 통지하고, 제철소에서 배급받아

[표 3-21] 경성 지역 철공업의 원료 소비(1934)

	선철	철강류	砲金류	기타금속	목재	도료	기타	계
수량	4,564톤	12,808톤	27,120관	143,350근	1,013천재	417톤	-	-
금액 (천 원)	239 (9.0)	1,273 (47.7)	78 (2.9)	31 (1.2)	235 (8.8)	78 (2.9)	752 (28.2)	2,666 (100)

* 출전: 京城府産業調査會, 《鐵工業ニ關スル調査》, 1935. 29~30쪽.
* 비고: 재才는 재목의 수량 단위, 1재=1치×1치×12자.

철공업자에게 공급하였는데, 선철의 공급량, 판매가격은 세 제철소의 협정으로 정해졌다.[187] 이처럼 초기부터 강재와 선철에 대한 통제가 이루어짐으로써 철공업의 발전은 근본적인 한계를 가질 수밖에 없었다.

이상에서 살펴본 일본과 경성 지역 공업 사이의 '정공업–조공업' 관계 및 재생산과정 전반에 걸친 연관은 그 자체가 경성 공업의 한계를 규정하였다. '정공업–조공업' 관계 및 재생산과정 전반에 걸친 일본과의 연관을 통하여 경성 공업은 일본제국주의 경제권에 더욱 밀접하게 결합되었으며, 동시에 일본제국주의 경제권에의 예속은 심화되었다. 경성 지역은 일본제국주의 경제권 내에서 상품시장·원료공급지·자본투하지로 기능하였으며, 대공업과 중소공업의 분리, 중소공업의 낙후성과 소공업·가내공업의 두터움이라는 특징을 가진 경성의 식민지 이중구조는 이러한 기능을 수행하기 위한 구조였다.

공장 분포의 확대

'남촌'과 '북촌'으로 거주지 분리 및 종로와 본정으로 상업중심지 분리가 1920년대 공장 분포의 민족별 분리를 낳았다면, 공황 타개를 통한 식민지 공업의 재편은 공장 분포에 어떠한 영향을 미쳤을까? 1922년도 공장 분포와 1935년도 공장 분포를 지역별로 정리한 것이 [표 3–22]인데, 이를 통해 공장 분포의 변화를 살펴보기로 하자.

먼저 경성부 내의 공장 분포를 보면 공장 분포의 민족별 분리가 여전히 유지되고 있다. 경성 중심지와 용산의 경우 공장수의 증가에 따라 조선인 거주지에 조선인 공장이 집중되고, 일본인 거주지에 일본인 공장이 집중되는 경향을 보인다. 1935년에 황금정2정목·3정목, 본정2정목·4정목, 명치정2정목 및 용산의 한강통, 강기정, 경정京町, 원정1정목 등지로 일본인 공장의 집중은 더욱 심화되었으며, 조선인 공장도 종로2정목·3정목, 중림정中林町 등지에 집중되었다.[188] 이처럼 1930년대 들어서도 여전히 민족별 공장 분포가 분리되었던 것은 조선인과 일본인의 거주지 분리가 유지되고 있었고,[189] 종로와 본정이 여전히 민족별 상업중심지로 기능하고 있었기 때문이다.[190] 그리고 독점자본 계통 대공장의 진출이 외곽 지역인 영등포에 집중되었기 때문에 공장 분포에 영향을 미치는 조건들은 1920년대 초와 별로 달라진 점이 없었다.

업종별 분포를 보면 공장 집중이 강화되고 중심 지역이 확산되었다. 종로2정목·3정목을 중심으로 조선인이 운영하는 금은세공소, 가구점, 인쇄점, 양복점, 양화점 등이 집중하는 경향, 본정2정목·3정목을 중심

[표 3-22] 경성 및 주변 지역의 공장 분포(1922·1935)

지역 / 연도	경성중심지					용산			동부			영등포		
	한인 주거지		일인 주거지		계									
	한인	일인	한인	일인		한인	일인	계	한인	일인	계	한인	일인	계
1922	151	27	77	256	511	40	138	178	15	3	18	7	20	27
1935	308	42	135	436	921	68	204	272	68	27	95	11	25	36

* 출전: 1922년은 京城商業會議所, 《京城工場表》, 1923; 1935년은 京城府, 《京城における工場調査》, 1937년 판.
* 비고: 경성 중심지는 경성부에서 용산을 제외한 지역을 말함, 단 창신정·숭인정은 동부에 포함함.

으로 일본인이 운영하는 제빵업소, 양복점, 양화점, 가구점, 인쇄소 등이 집중하는 경향, 용산의 강기정, 한강통을 중심으로 철공소가 집중하는 경향은 1930년대 들어 더욱 강화되었다. 이들 3개 중심 지역의 공장이 크게 증가하고 업종도 다양해졌으며, 공장 설립이 주변 지역으로 확산되었다. 종로 주변의 관훈동, 낙원동, 인사동, 공평동, 본정 주변의 황금정2정목, 명치정2정목, 약초정若草町, 욱정旭町1정목, 강기정·한강통 주변의 경정, 원정1정목·2정목 등지에 공장 설립이 크게 증가하여 중심 지역이 확장되었다. 한편 조선인 공장 중 집중이 현저하였던 마포의 정미업, 광희정과 병목정의 면직물업, 죽첨정3정목의 유기제조업은 크게 쇠퇴하였다. 마포 및 인근 지역의 정미소는 1922년에 비해 약 4분의 1 정도 감소하였으며, 죽첨정3정목의 유기제조소도 절반 이상 감소하였다. 광희정과 병목정에는 인견직물이나 편조물 생산으로 전환한 소수의 면직물공장만이 남았다.

1930년대의 공장 분포에서 특징적인 점은 외곽 지역인 동부 지역과 영등포 지역으로 공장 진출이 증가하였다는 것이다. 동부 지역은 1920년대 초만 하더라도 숭인동의 조선제사만 규모가 컸을 뿐 나머지는 소규모 정미소, 타면기제작소, 다다미제작소 같은 소공장이 들어서 있었다.[191] 이후 카네보, 가타쿠라제사 같은 대규모 제사공장이 들어서고 인구가 증가하면서 공장 설립이 늘어나서 1935년에는 90여 개의 공장이 들어섰다. 이들 공장은 신당동, 창신동, 하왕십리, 신설동 등에 집중되었다. 영등포 지역은 기와·벽돌제조업, 도기제조업이 일찍부터 발흥하였고 경인·경부선 및 한강인도교가 개통됨으로써 대공장 설립에 유리한 입지조건이 마련되었다. 1920년대 초에는 조선피혁, 용산공작, 경성방직 등 대공장을 비롯하여 기와·벽돌공장, 도기공장이 영등포 지역의 대표적 공장이었으며,[192] 1930년대 들어 독점자본 계통 대공장이 진출하면서 영등포가 공업지대로 부각되었다. 기존의 대공장에 더하여 맥주, 인견직물, 면방적 등의 업종에서 대공장이 설립되었다. 1930년대 중반까지 영등포 지역의 공장 증가는 동부 지역에 미치지 못하지만 생산액에서 비중이 높았다.[193]

동부 지역 및 영등포 지역으로 공장 진출은 경성부 및 주변 지역의 인구증가와 더불어 경성생활권의 확대에 의한 것이었지만, 경성부 내의 입지조건이 점차 악화되었기 때문이다. 수도로서 경성의 기능이 강화되고 인구가 집중됨에 따라 경성의 토지가격이 크게 상승하였다. 1933년 토지 임대가격을 보면 중등지 대지의 경우 경성부는 16원이었으나 영등포읍은 5원, 숭인면崇仁面은 4.5원, 한지면漢芝面은 2.5원이었다.[194] 대표적 공업지대인 용산 지역은 이미 공장이 밀집하여 공장이 더 들어설 여지가 없었다.[195]

이렇게 경성 외곽의 동부·영등포 등지로 공장 설립이 확대됨에 따라 민족별 거주지 분포에 따른 공장 분포는 점차 약화되어 갔다. 공장 분포의 민족별 분리가 약화되는 양상은 일본인 거주지에 조선인 공장이 설립되는 식으로 나타났다. 황금정1정목·2정목, 수표정水標町, 황금정5정목, 북미창정北米倉町 및 용산의 청엽정靑葉町1정목·2정목, 원정1정목, 경정, 강기정 등지에 조선인 공장이 상당수 설립되었다. 이 중에서 황금정1정목·2정목을 중심으로 하는 지역에 설립된 조선인 공장은 가구점, 인쇄소, 양복점 등 집중되는 소비인구를 대상으로 한 업종이었다. 용산 지역에 설립된 조선인 공장은 철공소, 고무공장 등 금속·기계기구공업, 화학공업 계통의 공장이 대부분이었다. 이들 조선인 공장은 강기정, 한강통을 중심으로 한 경성 지역의 대표적 공업지대가 주변으로 확장된 결과였다.

또한 조선인 거주지에도 일본인 공장이 설립되었다. 동부 지역은 조선인 거주지였지만 일본인 공장이 설립되기 시작하여 1935년에는 일본인 공장의 비중이 28퍼센트나 되었다. 영등포 지역도 조선인 주거지였지만 초기부터 조선인 공장보다 일본인 공장이 더 많았다. 위에서 살펴본 경성 중심부의 황금정1정목·2정목 및 용산의 강기정, 원정1정목, 경정 같은 지역과 더불어 동부 지역과 영등포 지역에 대한 민족별 공장 분포를 볼 때, 거주지 분포가 공장 분포에 미치는 영향력이 약화되었음을 알 수 있다. 업종에 따라 다르겠지만 공장 규모가 클수록, 도심 입지가 곤란할수록 민족별 거주지 분포가 공장 분포에 미치는 영향력은 줄어들었다. 생활용품을 생산하는 소공장은 소비인구가 집중되고 원료 공급과 제품 판매에 유리한 상업중심지에 위치하지만, 공장 규모가 클수록 교통입지가 중요시되었고, 공장부지, 용수, 원료 및 동력 같은 조건이 공장의 입지를 좌우하였다. 또한 철공소, 고무공장같이 도심이나 주택가에 입지하기 어려운 업종의 경우 도시 외곽 지역에 집중되어 공장지대를 형성하였다.

부산에서
소비재 공업의 재편

공황 타개와 경제통제

부산은 대일무역의 관문이었기에 일본에서 파급된 공황으로 받는 타격이 다른 도시보다 컸다. 공황으로 인한 물가 폭락, 무역 침체와 거래 두절로 운영난을 견디지 못하고 휴업, 폐업하는 회사와 공장이 늘어났으며, 일자리를 잃고 거리로 내몰리는 실업자가 급증하였다. 일본 금융공황의 여파와 수이출 무역의 감소로 인해 1930년 초에 이미 실업자가 3,000명을 넘어섰으며,[196] 부산 자체의 실업자뿐만 아니라 일본에서 실직하여 귀국하는 노동자가 늘어감에 따라 실업문제는 더욱 심각해졌다.[197] 부산항의 수이출액은 1929년의 2억 5,000원에서 1931년의 1억 7,000원으로 약 30퍼센트 정도 감소하였으며, 이에 따른 공업의 침체도 다른 지역에 비하여 심각하였다. 부산의 공장은 1920년대 후반에 계속 증가하여 1929년에 408개에 달했지만 1931년에는 333개로 감소하였다. 특히 미곡 이출의 격감과 공황의 파급으로 부산의 대표적인 업종인 정미업의 타격이 심각하였다. 1932년 초 직업소개소에 등록한 실업자만 2,000명에 달하였으며, 부산부에서는 궁민구제사업의 일환으로 부산대교 및 간선도로 사업에 착수하였다.[198] 1933년 들어 궁민구제사업 등의 토목공사, 만주 지역의 수요, 일본행 도항자 증가로 인해 일용노동자의 실업은 약 2할 정도 감소하였지만 부산부의 실업자는 3,000명 수준을 유지하였다.[199]

부산경제가 공황에서 벗어나는 계기는 만주사변과 만주국 수립으로 인한 무역의 증대였다. 만주사변 이후 만주 투자가 증가하고 만주로 가는 사람과 물자가 크게 늘어나면서 부산항은 일만블럭의 관문으로 부각되었다. [표 3-23]에서 1920년대 후반에서 1930년대 중반에 이르는 부산항의 수이출입 무역의 추세를 보면, 1931년에 저점을 지나 1933년부터 회복세로 전환됨을 알 수 있다.

[표 3-23] 부산항의 수·이출입 현황(1927~1937)

연도 \ 구분	수이출輸移出		수이입輸移入		무역수지	부산항의 비중
	금액	대일무역	금액	대일무역		
1927	131,097		115,669		15,428	
1929	115,572		130,447		−14,875	
1931	82,352	98.7	90,572	95.9	−8,220	32.5
1933	88,577	96.8	129,984	96.5	−41,407	28.3
1935	120,105	95.0	205,180	96.4	−85,075	26.9
1937	156,398	90.0	250,181	96.9	−93,783	26.2

* 출전: 朝鮮總督府, 《朝鮮貿易年表》, 각년판.
* 비고: 부산항의 비중은 '부산항의 수이출+수이입/조선 전체의 수이출+수이입'.

미곡 이출의 감소로 인하여 부산항의 무역은 1929년부터 이입초과로 전환되었으며, 1933년 이후의 회복세는 이입의 증가가 주도하였다. 이와 더불어 부산항의 통과무역도 크게 늘어났는데, 1935년의 일본발 만주행 통과무역이 수이입액의 20퍼센트에 달하였다.[200] 1930년대 업종별 현황을 보면 수이출에서는 여전히 미곡과 생사가 50퍼센트 전후의 비중을 차지하였지만, 수이입에서는 면직물과 면사의 비중이 감소하고 기계류, 화학약품, 견직물, 광물·철강의 비중이 증가하는 등 품목 구성에서 변화가 일어났다.[201]

수이출입 무역의 회복과 더불어 공황 타개과정에서 도시와 항만의 인프라 구축이 추진되었다. 궁민구제사업의 일환으로 1932년에 절영도와 부산역을 연결하는 간선도로와 부산대교(현 영도대교) 공사가 시작되었으며, 1934년 11월에 부산대교가 개통되고 1935년 2월에 간선도로와 더불어 전차노선이 완공됨으로써 절영도는 부산의 공업지대로 자리 잡게 되었다. 항만 및 시설공사도 계속되었다. 제1, 2부두의 확장을 위한 제2기 부산축항공사(1920~29)가 1929년 3월에 완료된 데 이어, 연안무역선 정박에 필요한 북항 연안무역 설비공사(1928~1932)가 1932년 8월에 완공되었다. 만주사변 이후 출입 인원과 물동량이 증대함에 따라 제3, 4부두 건설을 위한 매축공사가 1936년에 착공되었다.[202]

공황을 경과하면서 일본자본 진출이 이루어지고 경제통제가 시도되었다. 경성 지역에는 독점자본 계통 대공장이 진출한 데 비하여 부산 지역에는 규모가 작은 중소자본이 진출하였다. 1930년대 부산 지역에 진출한 공업회사 중에서 자본금 100만 원 이상의 회사는 1930년에 설립된 대선양조주식회사大鮮釀造株式會社가 유일하다.[203] 다데이시상점立

石商店은 1910년대부터 양초蠟燭 제조와 석유 판매에 종사하다가, 1934년 절영도에 제유공장을 설립하고 자본금을 50만 원에서 100만 원으로 증자하였다.[204] 중소자본으로는 조선제망주식회사朝鮮製網株式會社[205]를 비롯하여 법랑철기, 전구 등의 업종에서 일본자본의 진출이 이루어졌다. 법랑철기제조업에서는 1932년 일본의 사업자가 절영도에 공장을 설립하고 법랑철기 제조 및 수출을 시작하였으며, 전구제조업에서는 1935년 5월 도쿄, 오사카의 전구제조업자들이 부산으로 공장을 이전하고 수출용 전구 생산을 개시하였다.[206] 수출용 제품을 생산하는 법랑철기제조업과 전구제조업에서 일본 중소자본이 부산으로 진출한 것은 〈공업조합법〉이나 〈수출조합법〉에 의한 생산통제, 수출통제를 회피할 수 있었기 때문이다.[207]

공황의 타격으로 시장이 위축된 상태에서 중소자본의 조직화를 통하여 경쟁을 제한하고 생산과 수출을 촉진하기 위한 경제통제가 모색되었다. 부산의 경제통제는 총독부가 주도한 전기사업에서 시작되었으며, 고무, 법랑철기, 전구 등의 업종으로 확산되었다. 부산 지역 전기사업은 1910년부터 조선와사전기에서 독점적으로 운영해 왔지만, 1920년대 들어 조선와사전기의 전기 독점과 전차 운영에 대한 불만이 제기되면서 부산전기 공영화운동이 전개되었다. 1929년 7월 부산부협의회는 부산전기 부영화안을 가결하고 조선와사전기 매수를 추진하였으나, 공황으로 인해 자금 조달을 위한 채권 발행이 허가되지 않았고 총독부 주도로 전력통제정책이 추진되면서 부산전기 부영화는 중단되었다.[208] 총독부는 1931년 '조선전기사업조사회'를 거쳐 전력통제계획을 수립하였는데, 조선 전체를 5개의 배전구역으로 나눈 다음 남선 지방

[그림 3-3] 부산 조선법랑철기합자회사 소개 기사
《조선시보朝鮮時報》, 1934.11.1.)

의 전기사업자를 조선와사전기, 대흥전기 대구지점, 경성전기 마산지점으로 정하였다.[209] 조선와사전기는 1930년에 진주전기를 인수해 진주지점을 설치하고 1935년에 경성전기 마산지점을 인수해 마산지점과 진해지점을 설치함으로써 독점적 지역 운영을 강화해 나갔다.[210]

고무제품제조업은 일본 독점자본 주도로 사업자의 통합이 단행되었다. 공황으로 인한 거래 위축과 생고무 가격 폭등으로 부산의 고무공장은 휴업이 불가피하였다. 불황 타개를 위하여 1933년 4월에 부산의 6개 고무공장을 비롯한 남선 지방의 고무공업자와 미쓰이물산 간에 통제협정이 체결되어 원료인 생고무 공급을 맡은 미쓰이물산이 생산품의 위탁판매를 독점하였다.[211] 그러나 판매 부진으로 통제가 실패로 귀결되자 1934년 9월 미쓰이물산의 출자로 13개의 고무공장을 합병하여 자본금 80만 원의 삼화고무주식회사를 설립하였다.[212] 법랑철기제조업과 전구제조업에서는 동업조합이 결성되었다. 법랑철기제조업은 1932년 절영도에 조선법랑철기합자회사를 설립하고 생산품을 인도에 수출한 것이 효시였다.[213] 부산을 비롯하여 경성, 인천에서도 법랑철기공장이 설립되어 경쟁이 치열해지자 1934년 12월 부산의 5개 법랑철기 제조업자가 조선법랑철기수출조합을 결성하였다.[214] 또한 저렴한 조선산 법랑철기가 해외시장에서 일본산 법랑철기와 경쟁하게 되자 법랑철기 수출통제를 위한 내선법랑철기협의회가 조직되었다.[215] 전구제조업은 도쿄, 오사카의 전구제조업자들이 수출통제를 피하여 부산으로 공장을 이전하면서 시작되었다. 전구제조업은 소자본으로 운영이 가능하기 때문에 공장이 속출하자 1935년 5월 10명의 전구제조업자가 조선수출전구제조동업조합朝鮮輸出電球製造同業組合을 결성하여 자체 통제에 들어갔다.[216]

조공업지대화 및 수출공업지대화

대공황 이후 공업 재편

공황으로 인하여 부산 공업이 입은 피해는 경성에 비해 격심하였다. 대일무역의 관문으로서 수이출입 무역의 격감으로 직접적인 피해를 입었으며, 가격 폭락과 경기 침체로 인하여 휴업과 폐업의 위기에 직면하였다. 공황을 전후한 부산 공업의 현황을 보면, 1930년 한 해에 공장 100여 개가 문을 닫았고, 생산액은 27퍼센트나 감소하였다. 공황으로 인

[표 3-24] 부산의 공장 현황(1926~1937)

연도	공장수	생산액 (천 원)	노동자수		
			계	조선인	일본인
1926	317	40,033	6,418		
1927	343	42,317	6,023		
1928	388	43,966	7,388		
1929	408	40,295	8,325		
1930	308	29,505	7,485	6,535	929
1931	333	26,148	7,611	6,852	746
1932	328	31,702	7,527	6,740	757
1933	348	33,204	8,499	7,664	802
1934	347	34,203	10,199	9,312	847
1935	338	39,697	12,364	11,447	882
1936	389	55,604	14,833		
1937	395	58,057	15,179	14,370	806

* 출전: 박영구, 《근대 부산의 제조업》, 140쪽.

한 공업의 침체는 1933년이 되면 회복되기 시작하지만, 1920년대 말의
생산액을 회복하는 것은 1935년이 되어서였다.

1930년대 들어 공황과 경제정책의 전환에 따른 부산 공업의 변화
를 살펴보기 위해서 우선 1920년대 말의 공업 현황부터 검토해 보기
로 하자. [표 3-25]에서 1929년의 부산 공업 현황을 보면, 방직공업,
금속기계공업, 식료품공업이 중심이었다. 방직공업에서는 조선방직
으로 대표되는 직물업이 압도적인 비중을 차지하였다. 조선방직은 조
선 최대의 면방직공장으로, 1923년 12월의 화재로 조업이 중단되었으

[표 3-25] 부산의 업종별 공업 현황(1929 · 1931 · 1934)

구분 업종	1929				1931				1934	
	공장수			생산액(천엔)	공장수			공장수		생산액(천엔)
	계	조	일		계	조	일			
방직	26	3	23	7,566(18.8)	15	3	12	13		9,418(27.5)
금속	63	3	60	2,749(6.8)	23	2	21	24		1,410(4.1)
기계					43	2	41	57		
요업	15		15	1,672(4.1)	14		14	17		1,639(4.8)
화학	20	5	15	1,363(3.4)	12	3	9	14		2,011(5.9)
제재	25		25	1,727(4.3)	32	2	30	34		1,802(5.3)
인쇄	13		13	511(1.3)	18	4	14	19		542(1.6)
식료품	214	55	159	23,126(57.4)	150	32	118	131		15,352(44.9)
기타	32	2	30	1,338(3.3)	26	1	25	38		2,025(5.9)
계	408	68	340	40,295(100)	333	49	284	347		34,202(100)

* 출전: 1929년은 釜山府, 《釜山港經濟統計要覽》, 1929. 1934년은 朝鮮瓦斯電氣,
　　《朝鮮瓦斯電氣株式會社發達史》, 1938, 97~98쪽.
* 비고: 1929년 현황에는 관영공장이 포함되지만 1931년, 1934년 통계에는 관영공장이 포함되지 않음.

나 1925년 10월부터 본격적으로 면제품을 생산하여 1929년에는 면직물과 면사의 생산액이 630만 원에 달하였다. 식료품공업은 전체 공장 생산액의 절반 이상을 차지하며, 정미업과 양조업이 여전히 커다란 비중을 차지하고 있었다. 특히 부산의 대표적인 수출가공업인 정미업은 부산 공업 생산액의 45퍼센트에 달하였다. 금속기계공업의 절반가량은 철공소였다. 부산에서는 영도의 조선소와 초량의 철도국 부산공장이 일찍부터 자리 잡으면서 각종 철물과 기계부품을 생산하는 철공소가 많이 생겨났다. 1920년대 후반에 새롭게 성장한 업종은 고무신제조업이었다. 1923년 좌천동에 설립된 일영日榮고무공장을 시작으로 고무신 제조가 시작되었으며, 일본 고베에서 와타나베渡邊고무공업(1926)[217]과 마루다이丸大고무공업(1928)이 진출함으로써 1929년에는 5개 고무공장의 노동자가 600명, 생산액이 100만 원에 달하였다.[218]

공황을 경과하면서 부산 공업은 크게 위축되었다. 공황을 전후한 공업 추세를 보면, 공황으로 입은 타격은 식료품공업이 가장 컸고, 방직공업과 화학공업도 공장수가 크게 감소하였다. 식료품공업의 타격은 정미업과 양조업의 위축으로 인한 것이었는데, 1929년부터 1931년까지 2년 만에 정미소가 26개소, 양조장은 22개소가 감소하였고, 정미업과 양조업의 생산액은 3분의 1이나 감소하였다.[219] 양조업의 위축은 조선 내 수요 감소 때문이었지만, 정미업은 대부분 미곡 이출업자가 경영하는 것이었기 때문에 미곡 이출의 감소가 직접적인 영향을 미쳤다. 생산액 비중의 추이를 보면 식료품공업의 비중 감소와 방직공업과 화학공업의 비중 증대가 두드러진다. 1929년과 1934년을 비교해 보면 식료품공업은 57퍼센트에서 45퍼센트로 감소한 반면, 방직공업은 19퍼센트에서 28퍼센트로 증가하였고, 화학공업은 3퍼센트에서 6퍼센트로 증가하였다. 방직공업의 비중 증대는 조선방직의 생산 증대 때문이었고 화학공업의 확장은 고무제품제조업의 생산 증대로 인한 것이었다.

공황을 경과한 1930년대 중반의 부산 공업은 식료품공업, 방직공업, 화학공업이 중심 부문이었다. 식료품공업에서는 정미업과 양조업의 비중이 여전히 지배적인데, 미곡의 이출이 다시 늘어나면서 정미업 생산액이 공업 생산액에서 차지하는 비중이 40퍼센트로 증가하였다. 방직공업에서는 조선방직의 면사와 면직물 생산이 지배적이지만, 메리야스와 인견 생산이 확대되었다. 1936년에 삼화고무의 메리야스공장이 설

[표 3-26] 부산의 공업 현황(1934·1936)

구분 업종	1934					1936	
	공장수	생산액	노동자 규모별			공장수	생산액
			1~30	31~100	100~		
방직	13	9,418(27.5)	7	4	2	23	10,150(18.3)
금속	24	1,410(4.1)	21	3	–	20	673(1.2)
기계	57		53	3	1	64	1,617(2.9)
요업	17	1,639(4.8)	8	6	3	18	2,103(3.8)
화학	14	2,011(5.9)	8	1	5	10	4,323(7.8)
제재	34	1,802(5.3)	26	7	–	31	2,166(3.9)
인쇄	19	542(1.6)	17	2	–	19	630(1.1)
식료품	131	15,352(44.9)	123	5	3	121	27,404(49.3)
기타	38	2,025(5.9)	36	1	1	83	6,538(11.8)
계	347	34,202(100)	300	32	15	389	55,604(100)

* 출전: 釜山府, 《釜山の産業》, 1935·1938.

립되는 등 메리야스공장이 신설 및 확장되었으며, 기존의 면직물, 견직물 공장이 인견 생산으로 전환하였다. 화학공업에서는 고무공장의 생산이 늘었는데, 삼화고무의 확장과 함께 보생寶生고무(1935), 천일天一고무 부산공장(1935) 등이 설립되었다.[220] 기계기구공업은 1930년대 들어 공장수가 계속 증가하여 식료품공업 다음으로 공장수가 많았다. 그렇지만 생산액 비중이 적은 것은 일부 조선소를 제외하고는 소규모 조선소, 전구공장 및 각종 기계기구의 부품 제작과 수리를 겸하는 영세한 철공소가 다수였기 때문이다.[221]

공황을 경과하면서 일부 업종에서는 동력 사용의 증대나 공장 규모의 확대 같은 자본축적이 진행되었지만,[222] 경성과 마찬가지로 부산에서도 소공업과 가내공업의 층이 두터웠다. 1934년 부산 공업의 규모별 현황을 보면, 중소공업이 공장수의 96퍼센트라는 압도적인 비중을 차지하였다. 특히 고용 노동자가 10인 이하인 영세 소공장이 67퍼센트를 차지하고 있었다. 가내공업의 경우 부산의 공산품 통계가 부정확하기 때문에 공산품 생산액과 공장공업 생산액의 차액을 가내공업 생산액으로 간주한다면, 1934년의 가내공업 호수는 29,600호, 생산액은 340만원으로, 전체 공산액의 9퍼센트에 해당한다.[223] 1930년대 들어서도 가내공업 생산은 지속적으로 증가하였다.[224] 부산 공업에서도 공장의 67퍼센트를 차지하는 영세 소공장과 공산액의 9퍼센트 내외를 차지하는 가내공업이 부산 공업을 뒷받침하는 두터운 층으로 존재하였다.

부산의 조공업지대 및 수출공업지대화

부산 공업은 수출가공업인 정미업을 제외하고는, 전관거류지 일본인의 수요를 충족시키기 위한 제품 생산에서 출발하였다. 이후 수요가 증가하여 전관거류지 너머로 시장이 확대되면서 늘어나는 수요에 맞추기 위해서 생산이 증대하였고, 일부 업종에서는 이입대체가 시작되었다. 양조업에서 시작된 이입대체는 조선방직이 조업을 개시하면서 본격화되었고, 공황을 경과하면서 일본자본의 진출과 더불어 이입대체가 확대되고 만주 및 제3국으로 수출도 이루어졌다.

　1930년대 중반에 이입대체가 진행되거나 수출이 이루어진 업종으로는 면직물업, 메리야스업, 전구제조업, 고무신제조업, 도자기제조업, 법랑철기제조업, 양조업 등이 있다. 면직물업의 경우 조선방직의 생산 확대와 면직물의 만주 수출이 이루어졌다. 조선방직은 1920년대 후반에 조면공장을 신설 및 매수하고 1930년에 가공공장을 설치하면서 [조면-방적-직포-가공]에 이르는 일관생산체계를 확립하였고, 역직기를 자동직기로 교체하면서 생산이 크게 증대하였다. 조선방직의 생산품은 면사와 조포, 세포인데, 10번수의 굵은 면사로 저가의 면직물을 생산하였다.[225] 만주사변 이후 생산품의 절반 정도를 만주로 수출하였으며, 조선시장에서도 원가 저하에 힘입어 동양방적의 '3A'가 석권하고 있던 이입면직물 시장을 잠식해 나갔다.[226] 도자기제조업의 경우 일본경질도기 부산공장은 서양식 식기류를 아시아시장에 수출하는 한편 조선인용 식기류 생산을 시작하였다. 일본경질도기는 부산공장을 설립하여 기존의 카나자와金澤공장과 분업관계를 구축하였다. 카나자와공장은 고급 제품을 생산하여 일본의 내수를 충당하는 한편 미국, 유럽에 수출하였고, 부산공장은 저급 제품을 생산하여 중국 및 동남아시아 시장에 수출하였다.[227] 일본경질도기는 1925년 본사를 부산으로 이전하였고,

만주사변 이후 수출 증가로 부산공장의 매출이 카나자와공장을 추월하였다. 일본경질도기 부산공장은 1930년대 전반 수출 무역의 호전과 만주시장의 확보에 따라 수출이 대폭 증가하였고, 조선인용 식기류를 생산하면서 이입대체가 진행되었다.[228]

고무제품제조업에서도 고무신의 이입대체가 개시되었다. 1920년대 후반에 발흥한 부산의 고무신제조업은 주로 조선인용 고무신과 작업화를 생산하였다. 수요 증가와 고무가격 하락으로 고무신 생산이 증가하고 조선산 고무신이 품질과 가격 면에서 일본산 고무신을 능가함에 따라 1930년대 들어 이입대체가 이루어졌다. 1930년대 전반에는 공황 및 과잉생산의 어려움 속에서 만주시장을 개척하여 고무신, 고무저포화, 작업화의 수출을 시작하였다.[229] 법랑철기제조업과 전구제조업은 1930년대 들어 일본자본이 통제를 피하여 부산으로 진출함에 따라 수출산업으로 부각되었다. 저렴한 조선산 법랑철기와 전구가 일본산 제품과 해외시장을 다투게 되자 일본과 조선 사이의 생산통제와 수출통제가 제기되었다.[230]

부산항에서 수출되는 주요 공산품으로는 면직물, 법랑철기, 도자기, 고무저포화, 전구, 마닐라로프 등이 있으며, 1930년대 들어 만주시장을 개척하면서 수출액을 증대시켜 나갔다. 이처럼 주요 업종에서 생산 증가가 이입 감소로 이어지면서 이입대체가 이루어지고, 해외시장의 개척을 통하여 제품 수출로 이어지면서 부산은 조공업지대이자 수출공업지대로 변모해 나갔다.

공황 타개에 따른 부산 공업의 변화는 노동력의 구성에도 영향을 미쳤다. [표 3-27]에서 1930년을 전후한 공장 노동력의 추이를 보면, 공황을 거치면서 여성노동력의 비중이 크게 증가하였다. 공황을 거치면서 일시적으로 노동력이 감소했지만 1933년에 공황 이전 수준을 회복한 이후에도 지속적으로 증가해 1927년부터 1937년까지 10년 동안 노동자수는 약 2.5배 증가하였다. 남성노동자도 증가하였지만 여성노동자의 증가가 더욱 가팔라서 여성노동자의 비중이 크게 늘어났다. 1920년대 후반에 30퍼센트대이던 여성노동자의 비중이 공황을 거치면서 50퍼센트까지 상승하였다.

공황을 계기로 부산 지역 노동력의 중심이 남성에서 여성으로 옮겨간 이유는 무엇일까? [표 3-28]에서 노동력의 구성을 살펴보면 1930년대 들어 방직공업, 화학공업, 기타 공업에서 여성노동자가 크게 증가하였음을 알 수 있다. 1929년의 노동력 구성을 보면 방직공업(직물업), 금속·기계공업(철공업·차량제조업), 식료품공업(정미업·양조업)에 남성

[표 3-27] 부산 공업의 노동력 현황(1927~1937)

연도	공장수	노동자수				
		계	조선인		일본인	
			남	여	남	여
1927	343	6,023	3,303	1,613(32.8)	1,069	
1929	408	8,325	4,420	2,744(38.3)	1,115	
1931	333	7,611	3,574	3,278(47.8)	707	39
1933	348	8,499	3,903	3,761(49.1)	776	26
1935	338	12,364	5,692	5,755(50.3)	820	62
1937	395	15,179	7,235	7,135(49.7)	776	30

* 출전: 釜山府,《釜山府勢要覽》, 1932·1934·1936년판.; 釜山商工會議所,《統計年報》, 1938.

노동력이 집중되어 있고, 여성노동력은 방직공업(직물업), 화학공업(고무제품제조업), 식료품공업(정미업·통조림제조업)에 집중되어 있다. 1937년에는 금속·기계공업(전구제조업), 요업(법랑철기제조업), 기타 공업에 남성노동력이 집중되어 있고, 방직공업(직물업), 화학공업(고무제품제조업), 기타 공업에 여성노동력이 집중되어 있다. 1930년대 들어 새로운 수출공업으로 전구제조업과 법랑철기제조업이 출현하면서 남성노동력을 흡수하였으며, 여성노동력은 1920년대 후반과 마찬가지로 조선방직과 고무제품제조업에서 많은 노동력을 고용하고 있다. 1929년과 1937년을 비교해 보면, 방직공업과 요업과 기타 공업에서 남성노동

[표 3-28] 공장 노동력의 업종별·성별 구성(1929·1937)

구분 / 연도	1929			1937						
	계	남	여	계	조선인			일본인		
					계	남	여	계	남	여
방직	2,712	924	1,788	4,085	4,048	623	3,425	37	27	10
금속	888	846	42	411	375	354	21	36	36	−
기계				1,679	1,375	1,141	234	304	304	−
요업	439	339	100	1,605	1,585	1,421	164	20	19	1
화학	713	259	454	2,111	2,099	619	1,480	12	1	11
제재	520	514	6	673	594	594	−	79	75	4
인쇄	310	308	2	468	435	424	11	33	32	1
식료품	1,593	1,236	357	1,738	1,561	728	833	177	175	2
기타	288	249	39	2,406	2,298	1,331	967	108	107	1
계	7,463	4,675	2,788	15,176	14,370	7,235	7,135	806	776	30

* 출전: 1929년은 釜山府, 《釜山港經濟統計要覽》, 1929; 1937년은 釜山商工會議所, 《統計年報》, 1938.
* 비고: 관영공장은 제외.

자의 고용이 증가하지만 남성노동력의 증가에 비해 여성노동력의 증가가 훨씬 많았다. 1930년대 들어 방직공장과 고무공장을 비롯해 기계공업, 식료품공업 등에서 여성노동자가 증가하였는데, 1937년의 경우 여성노동자의 70퍼센트가량이 조선방직과 고무공장에 집중되었다. 반면 1930년대 들어 방직공업과 식료품공업에서 남성노동자의 고용이 감소하였다. 방직공업의 경우 조선방직에서 역직기를 자동직기로 교체하고 일관생산체계를 도입한 결과 비숙련 노동자 및 여성노동자의 비중이 높아졌기 때문이며, 식료품공업에서는 공황으로 인한 정미업의 타격이 남성노동력의 감소를 가져왔다.[231]

공장 분포의 확산

공장의 다수를 점하고 있는 업종이 일본인 거주지를 대상으로 하는 생활용품 생산이 중심이었고, 민족별로 종사하는 업종이 차이가 나기 때문에 부산의 공장 분포도 경성과 마찬가지로 민족별 인구 분포와 밀접한 관계가 있다. 공장 분포를 비교할 수 있는 1921년부터 1933년까지 부산의 인구는 7만 6,000여 명에서 15만 6,000여 명으로 2배가량 증가하였으며, 조선인 인구의 증가가 많았다. 특히 외곽 지역인 부산 서구, 절영도, 초량·부산진 방면의 인구가 크게 증가하였다. [표 3-29]에서 구역별 인구 분포를 보면 민족별 거주지의 변화를 살펴볼 수 있다. 1920년대 초반에는 부산의 중심시가지와 부산항 매립지를 중심으로 하는 일본인 거주지와 부산 서구의 보수천寶水川 이서以西 구역과 초량·부산진 구역을 중심으로 하는 조선인 거주지가 확연하게 구분되어 있었다. 그렇지만 1930년대 들어 조선인 인구가 크게 증가하면서 이전의 민족별 거주지 구분이 확대재생산되는 한편, 민족별 거주지를 넘어서는 경향도 나타난다.

일본인의 경우 부산 중부와 부산 서구, 특히 보수천 이동以東의 부평정, 보수정에 집중되었던 인구가 부산 서구의 조선인 거주지와 초량·부산진 방면으로 확산되었으며, 조선인의 경우 부산 서구의 보수천 이서 지역과 초량·부산진 구역에 집중되었던 인구가 크게 증가하면서도 보수천 이동의 일본인 거주지와 절영도 방면으로 확산되어 나갔다.[232]

이러한 인구 분포의 변화는 공장 분포에 영향을 미쳤다. [표 3–29]와 [표 3–30]에서 인구 분포와 공장 분포의 추이를 살펴보면, 1921년에는 일본인 공장이 부산 중구와 부산 서구의 부평정 인근, 그리고 절영도에 집중되어 있었고, 부산 동구의 매립지와 초량·부산진 방면으로 확산되고 있었다. 조선인 공장이 초량·부산진 구역에 들어서기 시작했

[표 3–29] 구역별 공장 분포 및 인구 분포 추이(1921 · 1933)

연도	구역	부산 중구		부산 서구		절영도		부산 동구		초량 부산진	
		일	조	일	조	일	조	일	조	일	조
1921	공장수	57	-	57	2	37	-	17	-	17	7
	인구수	10,610 (94.4)	629 (5.6)	11,789 (44.5)	14,690 (55.5)	3,986 (44.9)	4,882 (55.1)	2,383 (91.9)	210 (8.1)	5,116 (21.0)	19,271 (79.0)
1933	공장수	48	4	93	15	74	10	35	5	46	17
	인구수	10,683 (74.6)	3,629 (25.4)	19,317 (34.9)	36,045 (65.1)	5,903 (29.7)	13,984 (70.3)	2,945 (84.0)	559 (16.0)	12,066 (20.1)	47,951 (79.9)

* 출전: 공장은 釜山府, 《釜山商工案內》, 1934; 인구는 釜山府, 《釜山府勢要覽》, 1922·1934.

지만 숫자가 적었다. 1933년에는 부산 중구의 공장 감소와 절영도, 초량·부산진 구역의 공장 증가가 두드러지는데, 부산 중구의 부지 부족과 지가 상승으로 인하여 외곽 지역인 절영도와 초량·부산진 방면으로 공장 분포가 확산되었기 때문이다. 일본인 공장의 경우 절영도에 공장 설립이 크게 증가하였고, 부산 서구의 조선인 거주지와 초량·부산진 구역으로 공장 분포가 확산되었다. 조선인 공장의 경우 초량·부산진 구역과 부산 서구, 절영도에 공장 설립이 증가하였다. 이처럼 공장 분포는 민족별 거주 분포에 영향을 받지만 일본인 공장의 경우 업종별 입지조건에 따라 넓게 분포하는 경우도 나타난다. 주조업의 경우 청주·소주제조업자는 일본인이고 조선주제조업자는 조선인이지만, 조선주 주조장은 조선인 거주지에 자리 잡은 반면 청주·소주 제조장은 부산 전역에 고루 분포되어 있다.[233]

[표 3-30]에서 좀 더 세밀하게 1933년의 행정구역별·업종별 공장 분포를 보면, 특정한 구역에 집중되는 업종이 있음을 알 수 있다. 조선소 및 기계수리 전문철공소, 벽돌공장, 제염소는 영선정, 고무공장은 좌천정, 인쇄소는 부평정, 정미소는 대창정에 집중되어 있다. 절영도의 영선정에는 부산 지역 공장의 4분의 1이 집중되어 있고 조선소, 철공소, 벽돌공장, 제염소 등의 업종이 밀집되어 있는데, 이는 넓은 부지 또는 소음·분진으로 주택지와 떨어진 부지를 필요로 하는 업종에 적합하였기 때문이다.

[표 3-30] 1933년 행정구역별·업종별 공장 분포

		방직	금속	기계	요업	화학	제재	인쇄	식료품	기타	계	
부산 중구	본정		2				1	3	7(2)	1(1)	14(3)	52 (4)
	대청정	1					1		1		3	
	변천정							1	2	3	6	
	남빈정			1			2		2		5	
	서정		1				6	3(1)	4	4	18(1)	
	행정		1	3			2				6	
부산 서구	부평정	1	2	2		1	6	7(1)	20(1)	9	48(2)	108 (15)
	보수정		1	1	2				9(3)	4	18(3)	
	토성정		1	1			1		8(1)	2(1)	13(2)	
	중도정		2(2)						5(1)	1	8(3)	
	부민정										–	
	곡정	1	1						2(2)		4(2)	
	초장정								6(1)		6(1)	
	대신정	1	1		1	2	1		4(1)		10(1)	
	남부민정								1(1)		1(1)	
절영도	영선정	1(1)	4	36(2)	10	2	3		25(7)	3(1)	84 (10)	84 (10)
부산 동구	대창정	1		2			1	3(1)	11(1)		18(2)	40 (5)
	영정	1(1)	3	6(2)		1	7		2	2	22(3)	
초량 부산진	영주정	1							4(3)		5(3)	63 (17)
	초량동	1	3(1)	1	1	1		2(1)	8(2)	2	19(4)	
	수정정		1	4	1	1			6(1)	2	15(1)	
	좌천정	1(1)	1(1)	1	1	4(2)	1(1)		2(1)	1	12(6)	
	범일정	5				2(1)			5(2)		12(3)	
합계		15(3)	24(4)	58(3)	16	14(3)	33(1)	19(4)	134(30)	34(3)	348(51)	

* 출전: 釜山府, 《釜山商工案內》, 1934년판.
* 비고: 괄호 안은 조선인 공장수임.

IV
전시통제와
군수공업화
(1937~1945)

전시통제와
공업통제

경제통제의 진행과정

1937년 7월 중일전쟁 발발을 계기로 일본은 전시통제체제로 이행하였으며, 조선도 일본의 전시통제체제에 규정되면서 그 일부분으로 편입되었다. 중일전쟁 직후 수입통제와 금융통제에서 시작한 일본의 경제통제는 1939년 9월 제2차 세계대전 발발과 중일전쟁 장기화로 〈국가총동원법〉에 의한 각종 통제법령이 발동되면서 본격화되었으며, 조선에서도 원료, 설비, 노동력 등 공업 전반에 걸친 경제통제가 일본과 동시에 시행되거나 약간의 시차를 두고 시행되었다. 경제통제는 단기적·응급적 통제에서 장기적·본격적 통제로, 일부에 국한된 통제에서 전면적이고 종합적인 통제로 발전하였으며, 이러한 과정에서 통제업무를 담당하는 통제기구가 설립, 정비되었다. 조선경제의 일본 경제통제로의 편입은 일본에서 제정된 경제통제법을 조선에 적용하는 방식으로 이루어졌는데, 대체로 일본의 경제통제법을 칙령勅令으로 조선에서 시행하거나 제령制令으로 일본의 경제통제법을 변경하여 시행하는 방식으로 일본과 시차를 가지면서 경제통제법의 전부 또는 일부가 조선에서 시행되었다.[1] 여기에서는 경제통제의 전개과정을 크게 4개의 시기—경제통제의 개시(1937.9~1938.4) 경제통제의 확립(1938.5~1940.11) 경제통제의 재편(1940.12~1943.9) 경제통제의 파국(1943.10~1945.8)—으로 나누고 각 시기의 경제통제 상황을 살펴보기로 하자.[2]

경제통제의 개시(1937. 9~1938. 4)

1937년 3월 〈중요산업통제법〉의 조선 적용은 조선이 일본의 경제통제 영역에 편입되는 계기가 되었으며, 중일전쟁의 발발은 일본과 식민지 전체를 포괄하는 전시통제로의 길을 열었다. 전시통제의 일환인 경제통제는 중일전쟁 발발 직후 무역·자금에 대한 임시조치를 중심으로 하는 단기적이고 응급적인 통제에서 출발하였다. 1937년 9월에 〈수출입품 등의 임시조치에 관한 법률〉(이하 〈임시조치법〉), 10월에 〈임시자금조정법〉이 시행됨으로써 군수산업에 필요한 자재를 원활하게 공급하고 비군수물자의 수입 및 생산, 소비를 억제하였다. 〈임시조치법〉을 통하여 면화, 양모 등 중요 물자의 수입이 제한되었고, 기호품, 사치품 등 비군수품의 수입이 금지되었다. 이와 더불어 〈임시자금조정법〉으로 군수산업에 우선적으로 자금을 지원하고, 비군수 부문이나 생산과잉된 업종은 자금 공급 및 회사의 신설, 확장이 금지되었다.[3]

자금, 무역에 대한 통제는 중요 물자에 대한 통제로 이어졌다. 면화, 고무, 펄프 등 중요 원료의 수입이 제한됨에 따라 〈임시조치법〉에 기반하여 중요 물자 및 이를 원료로 하는 제품의 생산, 배급, 소비에 대한 통제가 시행되었다. 금, 동, 백금의 사용 제한 및 철강공작물제작업, 비료업에 대한 통제가 시행되었으며, 수입에 크게 의존하는 면화의 경우 1937년 11월 면화통제료 및 수출할려금輸出割戾金 제도[4]가 시행된 데 이어 1938년 4월 〈면제품·스프staple fiber[5] 등 혼용에 관한 규칙〉이 시행되어 국내용 순면제품의 제조가 금지되었다. 중요 물자의 통제 개시와 더불어 물가통제도 시행되었으나 특정 품목의 폭리행위를 규제하는 데 머물렀다.

경제통제의 확립(1938.5~1940.11)

전쟁이 장기화되면서 총동원체제의 수립이 요청됨에 따라 단기적이고 응급적인 통제는 본격적이고 전면적인 통제로 전환하였다. 1938년 5월 경제 전반에 걸친 통제를 규정하는 〈국가총동원법〉이 공포되었고, 9월에 열린 시국대책조사회에서는 대륙침략의 전진병참기지로서 산업의 군사적 재편성 방침이 확립되었다. 〈국가총동원법〉은 물자, 사업 및 자금, 노동력, 물가 등을 포괄적으로 규제하는 전시통제의 기준법으로, 기획원이 주도하는 '물자동원계획'과 '생산력확충계획'을 뒷받침하였다. 〈국가총동원법〉에 기반한 각종 칙령과 하위 법령이 제정, 시행됨으로써 생산, 유통, 소비에 이르는 경제 전반에 대한 종합적인 통제가 이루어졌다. 공업에서는 〈공장사업장관리령〉(1938. 5)을 시작으로 주요 원료의 사용 제한이 확대되고 생산에 대한 통제가 강화되었으며, 회사의 설비, 자금, 경리, 노동력 등 사업 전반에 대한 통제로 나아갔다. 수입제한, 물자통제, 재정확대 등으로 인한 물가상승을 억제하기 위하여 물가통제도 강화되었다. 1938년 10월 〈조선물품판매가격취체규칙〉으로 최고판매가격이 고시되었으며, 1939년 10월에는 〈가격등통제령〉을 공포하여 9월 18일 자로 가격을 고정하고 인상을 금지하였다.[6]

통제의 확대, 강화와 더불어 통제를 시행하기 위한 각종 통제조직이 결성되었다. 1938년 9월 〈조선공업조합령〉을 통하여 업종별 공업조합이 설립됨으로써 생산통제가 시작되었으며, 배급제 실시와 더불어 업종별로 배급조직이 결성되었다. 비료, 면사에서 시작된 배급제는 휘발유, 가죽, 석탄, 면직물, 철강 등으로 확대되었다. 배급통제를 위하여 면사배급통제위원회, 철강통제협의회, 인견사통제위원회, 조선면포통제위원회 등의 배급통제조직이 결성되었으며, 하부기구로서 통제조합 및 배급조합이 각 도별로 결성되었다. 배급통제, 물가통제를 보다 효율적으로 수행하기 위하여 총독부에서는 상공회의소 산하에 상공단체들로 '경제통제협력회'를 결성하고, 이를 회원으로 하는 '조선경제통제연락회'를 설치하였다. 1940년 5월부터 각지의 상공회의소 산하에 23개의 경제통제협력회가 설치되었고, 6월에는 상부기구인 조선경제통제연락회가 조직되었다.[7]

경제통제의 재편(1940.12~1943.9)

1940년 12월 일본에서 신체제운동의 영향 아래 "관민협력에 의하여 계획경제를 수행하며 특히 주요 물자의 생산, 배급, 소비를 관통하는 일원적 통제기구를 정비"하기 위하여 '경제신체제' 확립이 결정됨에 따라, 조선에서도 경제통제체제의 재편성이 추진되었다.[8] 조선상공회의소에서는 경제계의 일원적 조직화를 지향하는 경제신체제 시안試案을 총독부에 건의하는 등 공업, 금융, 상업, 무역 등 각 방면에서 '신체제'

를 표방하는 일원적 조직화가 추구되었다.[9] 총독부는 경제신체제에서 조선의 지역적 특수성을 강조하는 한편, 1941년 2월 〈중소상공업대책안〉을 발표하여 중소공업의 유지, 육성방침을 천명하였다. 총독부는 이미 기업정비가 진행되고 있는 일본과는 달리, "조선의 중소상공업은 이를 유지, 육성하고 부득이한 경우에는 그 관계자의 전업에 만전의 대책을 강구"한다는 기본방침 아래 조직화 촉진, 경영합리화, 대공업·군수공업과의 연계 강화, 공업금융 확대 등의 방책을 제시하였다.[10] 경제신체제는 1941년 3월 〈국가총동원법〉 개정으로 뒷받침되었다. 〈국가총동원법〉 개정은 총동원체제의 일원화 추세에 발맞추어 경제 전반에 대한 통제를 집중화하기 위한 것으로, 물자통제, 노무통제, 사업통제가 강화되고 기업의 설립에서 해산에 이르는 사업 전반에 대한 명령권이 총독부에 부여되었다.

경제신체제 방침에 따라 상공업단체의 일원적 재편성이 추진되었다.[11] 기존의 조선경제통제연락회와 경제통제협력회를 확대, 개편하여 [조선경제통제협력연락회–도道협력회–부府·읍邑·군郡·도島협력회–상공업단체 및 회사·공장]에 이르는 조직체계를 정비하고 이를 국민총력조선연맹과 연계함으로써 행정조직, 관제민간조직, 상공업조직을 망라하는 통제조직의 일원화가 이루어졌다.

기업통제의 경우 일본에서는 〈중요산업단체령〉(1941. 9)에 따라 업종별로 통제회가 설립되었고, 정부가 통제회를 통하여 기업을 통제하는 방식으로 일원적 통제가 이루어졌다. 반면 조선에서는 〈중요산업단체령〉이 시행되지 않고 일원적 통제를 위한 특수회사가 설립되었으며, 1942년 4월부터 철강통제회 조선지부 설치를 시작으로 통제회 지부를

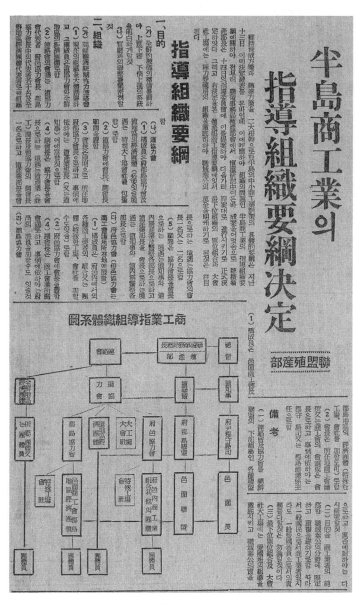

[그림 4-1] 〈상공지도요강〉에 따른 상공업 통제조직(《매일신보每日新報》, 1941.1.17.)

설치하는 방식으로 통제회의 일원적 통제에 편입되었다.[12] 또한 일본과 동시에 〈기업허가령〉(1941. 12)과 〈기업정비령〉(1942. 5)이 제정되었지만, 총독부는 중소공업을 유지·육성할 필요에서 〈기업허가령〉은 운용을 완화하였고, 〈기업정비령〉은 법제의 정비에 머물렀다.[13]

경제통제의 파국(1943.10~1945.8)

1943년 들어 태평양전쟁이 막바지에 다다르자 전시통제는 '생산증강의 백병전'으로 이행하였다. 기존의 '생산력 확충'이 자금·설비·물자·노동력 등의 확충을 통하여 군수생산을 늘리는 것이라면, '생산증강'은 "현재 가지고 있는 생산설비·원료자원·노동력 등의 생산력을 최고도로 움직여 가능한 한 많은 생산물을 생산하는 것"이었다.[14] 일본에서는 1943년 6월 〈전력증강기업정비요강〉에 의하여 기업정비가 단행되었고, 11월에 군수생산을 일원적으로 지도하는 군수성軍需省이 설치되고 〈군수회사법〉(1943. 10)이 시행되어 경제통제는 새로운 단계로 이행하였다. 이에 따라 조선에서도 설비, 물자, 노동력의 군수산업 집중을 강화하는 한편, 1943년 10월 기업정비위원회에서 〈기업정비요강企業整備要綱〉을 확정함으로써 대대적인 기업정비가 시작되었다.[15] 〈기업정비요강〉에 의하면 "반도의 특이성에 비추어 종래 채택해 왔던 유지·육성의 근본방침을 필요한 만큼 수정하여 조선산업의 현황에 적합한 기업정비를 실시"한다는 방침 아래 비군수 부문은 적극적으로 정비하고, 전업·폐업자 및 노동자는 군수산업으로 전환배치하거나 귀농조치하기로 결정하였다. 기업정비를 추진하기 위하여 1943년 12월 조선중요물자영단朝鮮重要物資營團을 설립하고 〈기업정비자금조치령〉을 시행한 후 1944년 3월부터 6월까지 제1차 기업정비가 단행되었으며,[16] 8월부터 제2차 기업정비가 진행되었다.[17] 일본에서 〈군수회사법〉이 시행됨에 따라 조선에서는 1944년 3월부터 '군수생산책임제'를 실시하고, 10월에 〈군수회사법〉을 조선에 적용하였다. 〈군수회사법〉 시행에 따라 군수회사로 지정된 회사는 국가가 직접 관리하는 국책회사로 바뀌었고 회사조직도 '생산책임자—생산담당자—직원·종업원'으로 편성되었다.[18]

공업조합과 공업통제

공업조합의 설립

1930년대 초반부터 설립설이 분분하던 공업조합제도는 〈국가총동원법〉 공포 직후인 1938년 8월 〈조선공업조합령〉이 공포되고 9월부터 시행되었다. 〈조선공업조합령〉의 시행에 따른 식산국장의 담화에 의하면, "같은 업종의 공업자로서 조합을 조직하고, 그 협동단결의 힘에 의하여 공동설비, 검사, 통제, 금융 등의 공동사업을 행하며, 이에 의하여 결함을 덜고 장점을 더욱 발휘하여 대자본에 의한 대공업과 같은 효과를 거두어 중소공업의 개량·발달을 도모하는 것이 공업조합제도의 주요 목적"[19]이라고 천명하였다. 이처럼 공업조합의 원래 목적은 중소공업의 조직화를 통하여 대공업에 위축된 중소공업의 진흥을 도모하는 데 있지만, 전시통제와 더불어 조선에서 시행된 공업조합제도는 공업의 통제에 중점이 두어졌다.

〈조선공업조합령〉은 강력한 통제권과 행정관청의 감독권이 강조되었다. 일본의 공업조합과는 달리 공업조합의 핵심사업인 금융기능이 제외되었고, 상무이사의 임명 및 이사·감사의 해임을 행정관청이 행하는(제28조) 등 행정관청의 개입이 규정되었다. 또한 통제상 필요한 경우에는 제조·가공 설비의 신설 또는 확장을 허가제로 하였으며(제13조), 출자 없이 통제사업만을 행하는 '통제공업조합'을 설립할 수 있도록 하였다(제50조). 조합원은 정해진 관할구역 내에 있는 동업자 3분의 2 이상을 포괄하도록 하였으며(제16조), 필요한 경우에는 해당 관할구역 내의 비조합원에 대해서도 조합의 통제에 따르도록 강제할 수 있었다(제10조). 또한 중소공장으로 조직되는 일본의 공업조합과는 달리 조선에서는 효율적이고 일관된 통제를 위하여 중소공업뿐만 아니라 대공업도 공업조합에 포괄하였다.[20]

〈조선공업조합령〉 시행에 따라 1938년 후반부터 경성, 부산을 중심으로 기존의 동업조합과 임의조합으로 조직된 공업 관련 조합이 법령에 기반한 공업조합으로 재조직되었다. 1939년 2월 경성철공공업조합의 설립인가를 시작으로 각 지역과 업종에 공업조합이 결성되었으며, 1939년 9월에 26개 공업조합을 회원으로 하는 '조선공업조합중앙회'가 결성되었다.[21] [표 4-1]에서 공업조합의 설립 현황을 보면 1938년 말부터 공업조합이 설립되기 시작되어 1943년 말까지 164개의 공업조합과 6개의 공업조합연합회가 설립되었다.

공업조합은 원료난으로 배급통제가 시작된 업종, 군수품 하청에 관계된 업종, 일본과의 조정이 필요한 업종에서부터 설립되기 시작하였다.[22] 면화, 고무, 철강의 수입 제한으로 인하여 배급통제가 시작된 제면업, 면방적업, 인조견직물업, 메리야스업, 철공업, 고무제조업 등의 업종에서 1939년에 공업조합이 조직되기 시작하였다. 또한 일본과의 조정이 문제가 되었던 인견염색업, 법랑철기제조업에서는 1939년에 공업조합이 인가되었으며, 군수품의 하청을 위한 철공업에서도 1939년에 경성, 부산, 대구, 마산의 철공업조합이 인가되었다.[23] 이렇게 통제가 시급한 업종부터 설립되기 시작한 공업조합은 '중소상공업대책안' 시행을 계기로 공업조합 설립을 통한 중소공업의 조직화가 추진되면서 전 업종으로 파급되었다.[24] 1941년의 공업조합 설립 현황을 보면 지역별로는 공업이 발전한 경성, 부산, 평양이 속해 있는 경기도에 40개, 경상남도에 16개, 평안남도에 14개의 공업조합이 설립되었으며, 업종별로는 방직에 27개, 기계기구에 22개, 식료품에 16개, 요업 및 화학에 각기 11개의 공업조합이 설립되었다.[25]

공업조합은 행정관청이 용이하게 통제할 수 있도록 행정구역별로 조직되었다.[26] 행정구역에 따른 공업조합의 조직은 전국을 관할구역으로

[표 4-1] 공업조합 설립 현황

구분 \ 연도	1938	1939	1940	1941	1942	1943	계
전체 공업조합	18	22 (1)	23	55 (4)	37 (1)	17	164 (6)
경성 지역 공업조합	-	11	9	9	4	3	36

* 출전: 朝鮮工業組合聯合會, 《朝鮮工業組合》, 1944.7, 3쪽.
* 비고: (1) 전체 공업조합 현황은 설립연도를 기준으로 한 것이며, 경성 지역 공업조합 현황은 설립 인가연도를 기준으로 한 것임.
    (2) 괄호 안의 숫자는 공업조합연합회의 숫자임.

하는 공업조합, 도道를 관할구역으로 하는 공업조합, 부府·군郡을 관할
구역으로 하는 공업조합으로 나눌 수 있다. 전국을 관할구역으로 하는
공업조합은 전국에 걸쳐 일정 규모 이상의 회사, 공장들로 결성되었다.
조선방적공업조합은 조선방직, 경성방직, 카네보, 도요방적 등 4개의
대규모 방적회사로 구성되었다. 이들 회사는 면사의 배급통제를 위하
여 조선방적동업회를 결성하였다가 면직물의 배급통제가 실시됨에 따
라 1940년 2월 조선방적공업조합으로 재편되었다.[27] 조선인견직물공
업조합과 조선인견염색공업조합은 1936년 임의단체로 결성된 조선인
견직물염색공업조합이 공업조합으로 조직을 변경하면서 직물과 염색
으로 분리되었다.[28] 조선인견직물공업조합은 인견광폭역직기人絹廣幅力
織機를 갖춘 28명의 인견업자로 조직되었으며, 조선인견염색공업조합
은 출폭기幅出機를 갖춘 12명의 염색가공업자들로 조직되었다.[29] 조선
타올공업조합은 조선타올공업, 남선타올공업, 경성타올공업, 청조靑鳥
타올조합 등 4개의 회사, 조합으로 조직되었다. 이들은 1939년 5월 타
올의 배급통제를 위하여 조선타올조합을 결성하였으며, 1940년 3월
조선타올공업조합으로 재편되었다.[30] 조선무도구공업조합朝鮮武道具工
業組合은 경성을 중심으로 한 전국의 10개 검도용구제작업자들로 조직
되었으며,[31] 조선비누공업조합은 전국에 산재한 13개 비누제조업자들
로 조직되었다.[32]

사업자수가 많거나 일정 지역에 집중되어 있는 업종의 경우에는 도
道를 관할구역으로 하거나 부나 군을 관할구역으로 하는 공업조합으
로 조직되었다. 철공업의 경우 경성, 부산, 평양, 군산, 마산, 대구, 포
항, 원산, 함흥에 있던 철공업동업조합을 1939년에 지역별로 8개의 철

공공업조합으로 재편하였다. 메리야스업의 경우 평양메리야스공업조합을 필두로 경기도, 경남, 경북, 충남, 전남, 함남 등 7개 도에 메리야스공업조합을 조직하고 1942년 3월에 조선메리야스공업조합연합회를 결성하였다. 고무제조업의 경우 경기, 경남, 평남에 고무동업조합을 조직하고 중앙에 전조선고무업조합연맹회를 두었는데, 1939년에 경성고무공업조합, 평양고무공업조합, 남선南鮮고무공업조합을 두고 중앙에 조선고무공업조합연합회를 두는 방식으로 재편하였다. 조선업의 경우 전국을 5개 지구로 나누어 공업조합을 결성하고 중앙에 조선공업조합연합회를 두었다가, 1943년 12월에 각 지구의 공업조합을 해소하고 단일한 조선조선공업조합朝鮮造船工業組合을 결성하였다.[33]

공업조합의 통제활동

공업조합은 원래 대공업의 압박에 대응하여 중소공업의 조직화를 도모하는 것으로 공동판매, 공동구입, 공동설비 및 금융사업이 공업조합의 주요 사업이었다. 그러나 〈국가총동원법〉 공포 직후 설립되기 시작한 조선의 공업조합은 통제사업에 중점이 두어졌다. 〈조선공업조합령〉에 따르면 공업조합의 사업은 "⑴ 조합원의 제품, 그 원료 또는 재료 또는 제조 및 가공의 설비에 대한 검사, 기타 필요한 취체取締 또는 사업경영에 대한 제한, ⑵ 조합원의 제품의 가공 또는 판매, 조합원의 영업에 필요한 물건의 공급, 공동설비의 설치 기타 조합원의 영업에 관한 공동시설, ⑶ 조합원의 영업에 관한 지도, 연구, 조사, 기타 조합의 목적을 달성하는 데 필요한 시설"(제3조)이라고 규정하여 공업조합의 일반적인 경제사업보다도 통제사업을 우선시하고 있다. 공업조합의 역할에 대하

여 조선공업조합연합회 상무이사인 니시자키 츠루시西崎鶴司는,

공업조합제도는 초기에 일본 및 조선에서 중소공업의 협동운동을 위한
제도로서 발달하였고, 중일전쟁이 장기화됨에 따라 물자배급기관으로
지정된 이유는 공업조합이 경제통제의 유력한 일환으로서 새로운 통제
사업을 담당하게 되고, 통제사업이 조합의 커다란 부분을 차지하고 사
업상 일대 전환이 이루어졌기 때문이었다. 즉 공업조합의 사업은 통제
사업과 협동사업의 둘로 크게 나눌 수 있지만, 전시하 공업조합의 현실
적 과제는 …… 각 업종에 걸쳐 강화되고 있는 통제에서 국책대행기관
으로서의 역할이 부과되어 있다.[34]

라고 공업조합을 통제사업을 행하는 국책대행기관으로 간주하였다. 충
북 단양금융조합 이사인 다나까 치카오田中千佳夫도 "공업에서 전쟁경
제가 요청하는 생산력 확충의 입장에서, 상업에서 사적 이익의 말살과
배급기능에 의한 공익적 입장에서 …… 가장 합법적으로 통제를 수행
할 수 있는 기관으로서 채용되어진 것이 조선공업조합, 조선상업조합
이다"라고 통제기구로서 공업조합의 역할을 강조하고 있다.[35]

공업조합은 생산에 필요한 물품의 공동구입, 공동판매, 공동설비 운
용, 자금 대부 등 일반적인 경제사업과 더불어 원료·재료의 배급통제,
생산조절, 사업경영의 제한, 설비의 제한, 판매의 통제, 가격협정, 제
품검사 등의 통제사업을 수행하였다.[36] 조선인견직물공업조합의 주요
한 통제사업은 원료의 배급통제와 가격통제인데, 인견사와 스프사의
배정량은 통제위원회에서 결정하였으며, 가격의 협정은 조합원 총회

에서 결정하였다.[37] 조선인견염색공업조합의 주요한 사업은 제품의 검사·규제를 중심으로 가공할 수량과 요금을 통제하는 것이었다. 검사 제도는 다른 공업조합에 비하여 조선인견염색공업조합이 가장 엄격했는데, 조합의 검사를 받지 못한 제품은 공장 밖으로의 반출이 금지되었다. 중앙직물공업조합에서는 조합원이 소유한 직기를 연합회에 등록하게 하고 비등록 직기는 사용하지 못하게 하였으며, 조선피복공업조합에서는 〈조선섬유설비제한규칙〉에 의하여 수속을 마친 설비에 대해서는 등록표를 교부하여 설비의 교체 및 증설을 제한하였다.[38]

공업조합의 통제사업은 배급통제 계통에서 잘 드러난다. 면직물의 경우 1940년 6월 조포, 세포, 쇄금건 3종류의 면직물에 대하여 배급제가 실시되었는데,[39] [그림 4-2]는 면직물의 통제계통을 잘 보여준다. 조선방적공업조합은 '조선면포통제위원회'[40]의 지시를 받아 산하의 면방적공장에게 면직물 생산을 지시, 할당하였으며, 생산된 면직물은 조선면직물도매상조합朝鮮綿織物元卸商組合에 판매하였다. 조선방적공업조합은 감독관청이나 통제기구로부터 배급받은 원면, 스프 및 각종 재료를 조합원에게 배급, 할당하는 한편 조합원의 위탁에 의하여 포장용지, 전분澱粉, 운동화 등을 구입, 공급하였다. 또한 만주로 수출하는 면직물에 대한 검사를 시행하였고, 수출부적합품이나 과잉생산된 조합원의 면직물을 매수하여 판매하기도 하였다.[41]

이러한 통제사업 이외에도 공업조합은 여러 가지 사업을 수행하였는데, 그중 중요한 사업이 군수품 생산이었다. 경기도가구공업조합은 해군무관부의 의뢰를 받아 삼공三共가구제작소에 제작, 납품하였고, 조선돈모豚毛공업조합은 히로시마육군피복지창廣島陸軍被服支廠, 조선육군

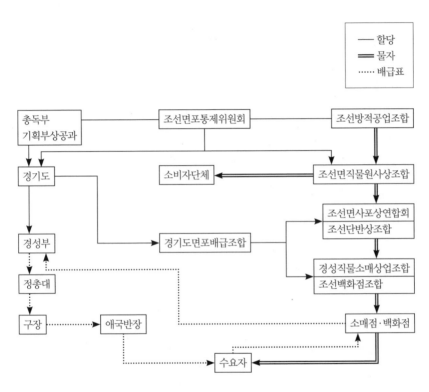

[그림 4-2] 광폭면직물 배급계통

* 출처: 京城商工會議所,《朝鮮に於ける物資の配給統制と配給機構》, 1943, 65쪽.

창고, 인천육군조병창, 해군군수국 등으로부터 수주하였다. 경기도피복공업조합은 산하 11개 공장에서 군수품을 생산하였으며, 조선방적공업조합, 경성철공공업조합, 경기도장유미쟁공업조합 등에서도 군수품 생산을 담당하였다.[42]

통제의 모순

전시통제는 전황이 악화되고 물자난이 가중되는 만큼 강화되었지만 현실을 고려하지 않은 통제는 많은 문제점을 낳았다. 통제법령이 강화되고 증산이 강조될수록 목표와 현실과의 괴리는 커졌다. 이러한 문제점은 생산업자나 배급담당자가 고의로 통제를 위반하려고 했다기보다는 통제 자체의 모순에서 불거져 나왔다.

통제 자체를 근원적으로 동요시키는 요인은 배급물자의 감소였다. 원료나 자재가 확보되지 않고서는 생산이 불가능한 상황에서 업계의 암거래는 일상화되었으며, 배급물자의 감소로 인하여 배급담당자의 정실배급情實配給, 불법반출도 확대되었다. 배급방식이나 배급체계의 혼란도 통제의 혼란과 불법거래를 낳은 원인이었다. 면제품의 경우 배급제가 실시된 1940년 6월부터 1941년 7월까지의 경성부가 받은 면직물 배급량은 월평균 5,500반反으로 1인당 4평방야드yard^2 정도였으나, 그 후 할당량이 격감하여 1인당 2.5평방야드로 감소하였으며, 1942년에는 배급량이 월평균 3,300반으로 격감하여 1인당 배급량은 1.8평방야드에 불과하였다.[43] 또한 면직물 구입 증명서가 1년 치 증명서여서 배급표와 물자 사이에 커다란 차이가 난 결과, 정실배급, 암거래 등의 경제사범을 낳기에 이르렀다.[44] 고무신의 경우 치수를 기재하지 않아 혼란이 일어났고,[45] 강재의 배급은 중량 단위로 이루어졌기 때문에 물자의 낭비가 심하였다.[46] 그 밖에도 통제단체, 배급조합, 총력운동조직, 관공서 등 배급조직이 중복됨으로써 배급의 혼란이 가중되었다. 1942년 5월에 조사된 부정배급 상황을 보면 부정배급 99건 중에서 업자에 의한 부정배급 46건, 통제에 관련된 관공리에 의한 것이 9건, 통제단체 종사자에 의한 것이 4건, 총력운동기관 관계자에 의한 것이 40건이었다.[47]

이러한 통제의 모순과 혼란의 와중에서 암거래가 생겨났으며, 업자의 자구책 또는 무분별한 이윤추구로 통제 위반이 더욱 늘어났다. 이에 총독부는 통제법령 위반자를 단속하기 위하여 경제경찰제도를 도입하였다. 1938년 11월 〈조선경제경찰령〉 시행으로 경제경찰이 신설되고, 경무국 경무과에 경제경찰계가 설치되었다.[48] 경기도에서는 경찰부에 경제보안과를 설치하였으며, 경성부 내 각 경찰서에도 경제보안계를 두었다.[49] 경제경찰의 운용 초기에는 위반자를 적발하기보다 지도에 중점을 두었으나, 1940년 들어 경제사범이 크게 늘어남에 따라 경제검사, 경제경찰을 증원하였으며, 경제경찰 운용도 기존의 지도 위주에서 처벌 위주로 변경되었다.[50]

통제 위반을 단속하기 위하여 경제경찰제도까지 도입되었지만 위반자는 줄지 않았다. 경제사건 위반자의 추이를 보면 매년 위반자가 크게 증가하였다. 경제경찰제가 도입된 1938년과 비교할 때 경제통제 위반자 중에서 법원으로 넘어간 경제사범은 1940년에 29배, 1942년에 128

배로 크게 증가하였다.[51] 1939~40년에 경제사범이 격증한 것은 〈가격
등통제령〉 시행 등 물가통제가 강화되고 생활필수품에 대한 통제가 시
작되었기 때문이며, 경제경찰의 단속방침이 지도 위주에서 처벌 위주
로 바뀐 것도 하나의 요인이 되었다.

시기에 따라 법령별 경제사범도 변화하였다. 1939년에는 〈외국위체
관리법〉 위반이 가장 많았으나, 1940~41년에는 〈가격등통제령〉, 〈외

[표 4-2] 지방법원과 경성지방법원의 경제사건 처분 실태(1937~1943)

구분 \ 연도		1937	1938	1939	1940	1941	1942	1943
지방법원 수리 합계		54 109	206 765 (100)	1,175 3,031 (100)	8,085 21,858 (396)	12,798 32,578 (2857)	44,758 98,220 (4260)	9,111 16,885 (12839)
경성지방 법원수리		8 29	35 146 (100)	123 507 (347)	1,525 3,309 (2266)	2,053 4,187 (2868)	6,580 13,762 (9426)	1,291 2,331
처리	기소	6 17	26 93	78 213	1,132 1,963	1,462 2,402	4,808 8,108	916 1,364
	불기소	2 12	4 40	9 226	215 558	361 927	1,090 3,024	174 453
	중지이송	– 	– 	7 18	104 608	220 785	618 2,480	130 365
	계	8 29	30 133	94 457	1,451 3,129	2,043 4,114	6,517 13,612	1,220 2,182
미처리		– 	5 13	29 50	74 180	10 73	63 150	71 149

* 출전: 1937~41년은 朝鮮總督府法務局,《經濟情報》(5), 1942.3.; 1942~43년은 朝鮮總督府法務局,《經濟情報》(9), 1943.11.
* 비고: (1) 상단은 건수, 하단은 인원수, 괄호안은 1938년=100으로 한 지수.
    (2) 1937년은 7월~12월의 통계이며, 1943년은 1월~6월의 통계임.

국위체관리법〉, 〈수출입품 등의 임시조치에 관한 법률〉 순으로 위반자가 많았다. 1941년 말에 〈기업허가령〉이 시행되면서 1942년에는 〈기업허가령〉 위반자가 크게 늘어났다. 경제사범 중 〈가격등통제령〉 위반이 가장 많은 것은 암거래가 일상화되었기 때문이다. 1942년부터 〈기업허가령〉 위반이 많은데, 이는 1941년 12월 〈기업허가령〉의 시행으로 483개 업종이 허가제로 되었으며, 그중 86개 업종은 설비의 신설, 확장, 개량도 허가를 요하는 업종으로 지정되었기 때문이었다.[52]

이렇게 물자난이 가중되는 가운데 규제가 강화됨에 따라 〈기업허가령〉을 위반하는 업자가 점차 증가하였다. 1943년 5월에 5일간에 걸쳐

[표 4-3] 법령별 경제사범 현황

연도	지역	1위	2위	3위
1939	전국	외국위체관리법(353)	조선산금령(194)	임시조치법(129)
1940	전국	가격등통제령(4,322)	외국위체관리법(1,054)	임시조치법(811)
	경성	가격등통제령(348)	조선산금령(140)	외국위체관리법(43)
1941	전국	가격등통제령(7,658)	외국위체관리법(2,039)	임시조치법(901)
	경성	가격등통제령(455)	?	?
1942	전국	가격등통제령(8,300)	임시조치법(1,995)	기업허가령(1,473)
	경성	가격등통제령(525)	기업허가령(49)	?
1943	경성	가격등통제령(441)	기업허가령(56)	폭리행위취체규칙(31)

* 출전: 전국 통계는 朝鮮總督府法務局, 《經濟情報》(9), 1943.11, 246~247쪽; 1940년 4~9월의 경성 통계는 《殖銀調查月報》, 1940.12, 125쪽; 1941년 1~3월의 경성 통계는 朝鮮總督府法務局, 《經濟情報》(5), 2쪽; 1942년 4~6월, 1943년 1~3월의 경성 통계는 朝鮮總督府法務局, 《經濟情報》(9), 19쪽, 21쪽.
* 비고: (1) 괄호 안은 해당 법령 위반 건수.
　　　(2) 〈임시조치법〉은 〈輸出入品 等의 臨時措置에 관한 法律〉을 말함.

일제단속을 실시한 결과 7,173건의 위반사범을 단속하였는데, 소매상이 4,922건으로 가장 많았고 교통업이 1,312건, 공업이 595건의 순이었다.[53] 경성부의 한 양복재봉업자는 미싱 6대를 무허가로 영업하였다고 적발되는 등[54] 지정사업의 무허가 개시·위탁, 지정사업 설비의 무허가 신설·확장·개량이 금지되었으며, 지정사업을 상속·폐지·위탁 시 보고하지 않아도 〈기업허가령〉 위반이 되었다.

이와 같이 통제는 생산, 유통의 구석구석까지 영향력을 미쳤다. 통제법령이나 통제요강을 통하여 자금, 물자, 설비, 노동력, 물가 등 산업의 모든 부분이 전시통제에 포괄되었으며, 통제조직을 통하여 상부에서 하부까지 통제의 그물망에 포착되었다. 전쟁이 장기화될수록 사회 전반에 걸친 통제는 더욱 강화되었지만, 통제가 강화되면 강화될수록 통제령 위반 또한 일상화되어 갔다.

경성의 공업통제와
군수공업화

공업조합과 생산통제

경성 지역에서는 1938년 말 경성철공공업조합의 설립을 시작으로 공업조합으로의 조직화가 시작되었다. '경성지역 공업조합'[55]은 다른 지역보다 빨리 설립되었는데, 철공, 고무, 인쇄, 과자, 인견직물 등 경성의 대표적 업종에서는 1939년에 공업조합이 설립되었고, 전국 및 경기도를 관할구역으로 하는 공업조합은 1940~41년에 집중적으로 설립됨으로써 주요 업종에서 공업조합 설립이 일단락되었다.

경성 지역에는 경성부를 관할구역으로 하는 공업조합뿐만 아니라 전국을 관할구역으로 하는 공업조합과 경기도를 관할구역으로 하는 공업조합 및 공업조합연합회가 자리하였다. 조선인견직물공업조합, 조선인견염색공업조합, 조선방적공업조합, 조선타올공업조합, 조선피혁공업조합, 조선자동차차체조합 등 전국을 관할구역으로 하는 공업조합은 경성을 포함하여 전국에 분포한 일정 규모 이상의 회사, 공장, 조합들

로 조직되었다. 경기도나 경성부를 관할구역으로 하는 공업조합은 경
성 지역의 회사, 공장, 조합들을 중심으로 조직되었다. 경성철공공업조
합은 1939년 2월 동력기를 이용하는 경성 지역 철공업자 103명을 통합
하여 설립되었다.[58] 경성고무공업조합은 임의단체로 조직된 경기도고
무동업조합이 1937년에 경기도와 함경남도를 관할구역으로 하는 경성
고무공업조합으로 재편되었으며,[59] 경성인쇄공업조합은 동력인쇄기를
갖춘 경성의 인쇄업자 91명으로 조직되었다.[60] 경성가구공업조합은 친

[표 4-4] 경성 지역 공업조합 설립 현황

관할구역	1939	1940	1941	1942	1943
전국	조선인견직물 조선인견염색 조선납촉蠟燭 조선무도구武道具	조선방적 조선제면製綿 조선타올 조선면범포綿帆布 조선공구 조선석감石鹸	조선화방和紡 조선자동차차체 조선피혁 조선타이아재제 조선내화연와 조선돈모豚毛	조선아미노산	조선두면豆麵
경기도	경기도연와 경기도모르타르와瓦	경기도막대소莫大小 경기도피복 경기도초자硝子	경기도와석기瓦炻器 경기도이물履物 경기도제빵	경기도목상木箱 경기도제면製麵 경기도장유미쟁醬油味噌	경기도자동차수리가공 경기도모자
경성부	경성철공 경성고무 경성과자 경성인쇄 경성가구				
계	11	9	9	4	3

* 출전: 朝鮮工業組合聯合會,《朝鮮工業組合》, 1944.7.
* 비고: (1) 설립연도는 인가일자에 따른 것임.
  (2) 경성가구공업조합은 1942년에 경기도를 관할구역으로 한 경기도가구공업조합으로 변경되었고,[56] 조선인견직물공업조합은 1941년 9월 경기도, 충청도, 전북, 황해도, 강원도, 함경도를 관할구역으로 하는 중앙직물공업조합으로 재편됨.[57]

목기관의 성격을 가진 가구상공조합과 가구협동조합을 통합하여 설립하였는데, 일본식·서양식 가구업자 63명으로 조직되었다.[61] 경기도연와공업조합은 1938년 7월에 조직된 경기도연와동업조합을 개편한 것으로, 벽돌제조업자 24명으로 조직되었다.[62] 경기도모르타르와공업조합은 모르타르기와 틀을 500매 이상 가진 경성 지역 제조업자 16명으로 조직되었다.[63] 경기도메리야스공업조합京畿道莫大小工業組合[64]은, 원래 경성부의 종용에 의하여 경성의 양말제조업자 80명을 망라하여 경성양말공업조합京城靴下工業組合을 설립할 예정이었으나,[65] 원료의 공동구입, 제품의 공동판매, 협정가격의 결정 등의 사업을 수행할 강력한 조합이 필요하게 됨에 따라 1940년 7월 임의조합이던 경성군수조합京城軍手組合,[66] 쇼와군수협동조합昭和軍手協同組合, 경성양말업조합京城靴下業組合, 개성양말업조합開城靴下業組合을 통합하여 설립하였다.[67]

경성 지역의 공업조합은 경성 공업의 재편성을 추진하는 매개체였으며, 공업조합을 통하여 경제통제가 개별 공장과 사업장에까지 영향력을 미쳤다. 경성철공공업조합에서는 군수품 하청가공을 비롯하여 조합원의 가공작업에 필요한 물품의 구매사업, 자금 대부 등의 신용사업, 조합에 군수품 하청가공을 위한 지도원을 두고 실지지도를 행하는 지도사업 등의 사업을 시행하였다. 경성고무공업조합에서는 제품의 검사 및 단속, 생고무, 면포 등 주요 원료의 수입량에 따른 제품별 제조의 제한, 기계공장, 열연공장熱錬工場 등 공동설비의 운용, 고무제품의 제조에 필요한 물품의 공동구입, 기업의 합동, 자금의 대부 등의 사업을 행하였으며, 조합원·기술원 강습회, 정신수양 강화, 선진 지역 및 특수고무공장 시찰도 실시하였다. 경성인쇄공업조합에서는 종이, 잉크 등 원료의 구입 및 할당, 자동제본기 등 공동설비의 운용 등의 사업을 시행하였다.[68] 고무화의 경우 1941년 7월부터 배급제가 실시되었는데,[69] [그림 4-3]의 고무화 배급통제 계통은 경성고무공업조합의 생산 및 배급통제의 실상을 구체적으로 보여준다. 조선고무공업조합연합회는 총독부 상공과에서 할당된 생고무를 경성고무공업조합 산하 각 고무공장에 배급, 할당하며, 각 고무공장은 할당량에 따라 책임수량을 생산한 후 이를 조선고무화판매통제회사에 판매하였다. 조선고무공업조합연합회는 산하 조합에서 생산한 각종 고무제품에 대한 검사를 시행하였으며, 소속 조합에서 위탁한 원료·재료 및 각종 물자를 구입, 공급하였다. 또한 소속 조합에서 생산한 제품 중 중국으로 수출하는 고무화와 작업화는 조선고무화판매통제회사를 통하여 판매하였다.[70]

공업조합은 주요 업종에서 일정한 기준 이상의 제조업자들로 결성되었으며, 공업조합이 포괄하지 못하는 영세공업자를 '공업소조합工業小組合'으로 조직하였다. 그러나 공업소조합의 설립이 부진하였기 때문에[71] 공업조합은 경성 지역 제조업자의 일부를 조직하는 데 그쳤다. 공업조합으로 포괄된 제조업자의 규모도 업종마다 차이가 있었다. 인쇄업같이 규모가 큰 업종의 경우 102명의 인쇄업자 중 91명이 경성인쇄공업조합으로 조직되어 89퍼센트의 조직율을 보였으나, 영세업자가 많은 철공업의 경우 358명의 철공업자 중 103명이 경성철공공업조합으로 조직되어 조직율은 29퍼센트 정도에 머물렀다. 그 밖에 공업조합에 포괄되지 않은 많은 영세업자들이 임의조합을 조직하거나 개별 경영을 유지하였다. 1940년 11월의 경성상공회의소 조사에 의하면 공업조합 이외에도 경성귀금속세공업조합(168명), 경성시멘트블럭제조조합

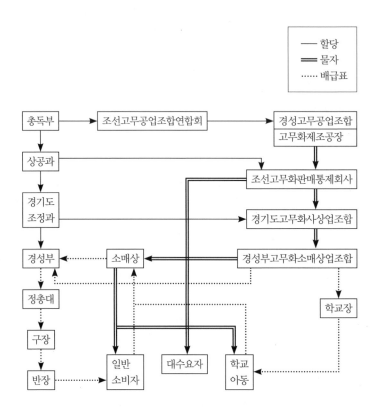

[그림 4-3] 고무신 배급계통

(京城商工會議所,《朝鮮に於ける物資の配給統制と配給機構》, 1943, 130쪽.)

(57명), 경성등제품藤製品상공조합(4명), 경기도주조조합京畿道鑄造組合(34
명), 경성활판제조조합(30명), 경성기업조합京城機業組合(40명), 조선유과
자제조업조합朝鮮油菓子製造業組合(35명) 등의 임의조합이 조직되어 있었
다.[72] 그리고 1941년 초에는 경성건구업동업조합京城建具業同業組合(29
명), 경성제유업동업조합(42명), 경성목형동업조합京城木型同業組合(7명),
경성철공업동업조합(13명), 경성인쇄동업조합(35명), 경성양말동업조합
(31명) 등의 동업조합이 조직되어 있었다.[73]

군수공업화와 기업정비

군수공업화와 중소공업

중일전쟁 발발 이후 정책적 지원과 군수호황에 편승하여 군수공업에
속한 중소공업은 확대되었다. 경성부에서는 군수품 하청을 위하여 군
수공장 시찰 및 기술자 양성을 추진하였다. 1937년 12월 경기도와 조
선공업협회의 알선으로 경인 지역의 철공업자, 고무공업자 33명은 평
양의 육군병기제조소, 병기본창출장소兵器本廠出張所, 육군항공지창陸軍
航空支廠을 둘러본 뒤,[74] 경기도를 관할구역으로 하는 통제공업조합을
설립하여 군수품 하청을 받기로 결정하였다.[75] 경성부에서는 1938년 1
월 산업조사위원회를 개최하여 철공조합의 강화, 확충을 도모하고 이
를 위한 공동작업장 설치 및 군수품 제작을 지도할 지도원 배치, 군수
공업에 종사할 숙련 노동자 양성, 조합의 지도 및 군부와의 연락·통제
를 담당할 기술원 설치 등 군수공업 육성방침을 결정하였다.[76] 이에 따

라 경기도의 보조와 업자의 경비 분담으로 30개의 철공소를 포괄하는 공동작업장을 설치하였으며, 50명의 노동자를 선발하여 평양의 군수공장에 기술교육을 위탁하였다.[77] 또한 1939년에는 공업지도소를 설치하여 민수공업에서 나온 실업자를 군수 관련 기술자로 양성하였으며, 민수공업 노동자 100명을 5개의 군수공장에 위탁하여 기술 습득 후 전업하도록 하였다.[78]

군수공업에 대한 적극적인 지원 아래 경성 지역에서는 1938년을 전후하여 군수하청 생산이 시작되었다. 군의 하청은 행정기관의 감독, 알선하에 공업조합을 통하여 발주하거나 지정공장을 통하여 행해졌는데, 주로 부품의 제작, 가공 같은 단순작업이었다.[79] 조선피혁, 조선계기朝鮮計器는 육해군으로부터 수주하였으며, 국산자동차공업國産自動車工業, 경성철공조합은 육해군 공장으로부터 하청을 받았다.[80] 1938년에는 기계기구공업 관련 공장 가운데 육군에서 주문하는 군수품을 제작하는 공장이 5개소, 군수품을 가공하는 공장이 9개소 있었다.[81] 1940년

[표 4-5] 경성 지역 공장 현황(1937~41)

	방직	금속	기계	요업	화학	제재	인쇄	식료	전기	기타	계
1937	76	91	147	48	118	181	114	437	1	298	1,511
	40,884	4,266	11,599	3,495	12,114	4,367	6,278	49,899	1,137	6,484	140,522
1939	105	110	287	67	160	288	102	549	1	698	2,367
	83,168	9.254	22,444	5,772	34,691	15,595	9,098	81,461	?	23,242	285,800
1941	94	117	372	79	157	384	136	511		924	2,774
	73,725	5,274	30,416	8,824	33,631	15,584	16,120	66,769		34,742	285,084

* 출전: 京城商工會議所,《京城における工場調査》, 각년판.
* 비고: (1) 상단은 공장수, 하단은 공장생산액(단위: 천 원), 관영공장은 제외.
   (2) 1941년은 민수공업만의 통계임.

에도 경성철공공업조합을 비롯한 14개 공장이 군수 하청을 담당하였다.[82] 그 밖에 경기도장유미쟁공업조합, 경기도가구공업조합, 조선피복공업조합, 조선방적공업조합, 조선돈모공업조합 등에서도 군수품을 생산하였다. 같은 업종에서도 군수품을 생산하는 공장은 생산과 설비를 확대하는 반면 민수품을 생산하는 공장은 원료난으로 생산이 감소하였다. 철공업의 경우 민수품 공장은 원료난으로 조업단축이 불가피했던 반면, 원료를 우선적으로 배급받은 군수품공장은 설비를 확장하였다.[83] 작업용 장갑제조업에서도 민수품 공장은 원료 배급이 60퍼센트나 감소하여 가동을 중단하였지만 군수품공장은 조업을 확대하였다.[84]

중일전쟁 발발 이후 공업조합으로 편재와 군수공업 육성은 경성 지역 공업을 어떻게 변화시켰을까? 경성 지역의 공업 현황을 파악할 수 있는 것은 1941년까지인데,[85] 중일전쟁 발발에서 1941년에 이르는 공업 현황을 통하여 공업 구성의 변동을 살펴보기로 하자. [표 4-5]는 1937~41년의 공장 현황을 정리한 것인데, 1941년의 통계가 군수공업을 제외한 민수공업만의 통계라는 점에 유의한다면 경성 지역 공업의 대체적인 추이를 살펴볼 수 있다. 전체적인 추이를 보면 1937~39년에는 공장수와 생산액 모두 크게 증가하였으며, 1939~41년에도 공장수와 생산액 증가는 계속되었다.[86] 업종별 추이를 보면 1937~39년에는 인쇄업을 제외한 전 업종에서 공장수가 증가하고 모든 업종에서 생산이 확대되었다. 특히 기계기구공업, 제재·목제품공업, 기타 공업의 증가가 현저한데, 기계기구공업은 자동차 조립·수리업이 크게 증대하였으며, 기타 공업은 국민복, 학생복 및 각종 제복을 만드는 양복재봉업이 크게 증가하였다. 제재·목제품공업의 확대는 군수공업의 발흥에

따른 공장의 신설 및 증설, 주택난 완화를 위한 교외주택의 건설, 군수
인플레를 탄 점포의 신설 및 증설로 인한 것이었다.[87] 반면 1939~41년
에는 업종별로 상반된 추이를 보여준다. 금속공업, 식료품공업의 생산
이 격감하고 방직공업의 생산이 감소한 반면 기계공업, 요업, 인쇄공
업, 기타 공업의 생산이 증대하였다. 금속공업은 주물의 제조 제한 및
수요 감소로 주물제조업과 시계수리업이 크게 위축되었으며, 방직공
업은 면화의 수입통제로 면직물업과 양말제조업의 생산이 크게 감소하
였기 때문이었다. 식료품공업의 생산 격감은 정미업 때문인데, 1937년
에 123개이던 정미소는 1939년에는 75개, 1941년에는 33개로 감소하
였으며, 생산액은 4년 사이에 3분의 1로 대폭 감소하였다.[88] 반면 기계
기구공업은 군수품공장이 제외되었기 때문에 실제보다 훨씬 과소평가
되었음을 고려하더라도, 철도차량·광산기계 제작업, 대연기代燃機제작

[표 4-6] 규모별 공장 현황(1937~41)

규모 \ 연도	1937		1939		1941	
5명 미만	337 (22.4)	1,324 (88.0)	1,068 (45.2)	2,124 (89.9)	926 (33.4)	2,441 (88.0)
5~30인	987 (65.6)		1,056 (44.7)		1,515 (54.6)	
31~100인	131 (8.7)		171 (7.2)		249 (9.0)	
101인 이상	49 (3.3)		68 (2.9)		84 (3.0)	
계	1,504 (100)		2,363 (100)		2,774 (100)	

* 출전: 京城商工會議所, 《京城における工場調査》, 각년판.
* 비고: 1937년에 7개 불명, 1939년에 4개 불명.

업[89]이 증대하였으며, 기타 공업은 국민복, 작업복 및 각종 제복을 만드는 양복재봉업과 제화업이 크게 증가하였다. 특히 양복재봉업의 증가가 현저한데, 1937년에 95개이던 양복점·피복공장이 1941년에는 488개로 급증하였으며, 생산액도 6배나 증가하였다.[90]

[표 4-6]에서 규모별 공장 현황을 보면, 중일전쟁 발발 이후 공장수가 크게 증가하였지만 중소공장의 증가로 1937~41년 4년 동안 중소공업의 비중은 97퍼센트를 유지하고 있다. 군수품공장을 고려하더라도 경성 지역에서는 포탄 절삭가공切削加工이나 부품가공 같은 가공작업을 하는 중소공장이 대부분이었다.[91] 중소공장 현황을 좀 더 세분해서 살펴보면, 노동자가 5명 미만인 영세소공장과 5~30명의 노동자를 고용하는 소공장의 변동이 크다는 사실이 눈에 띈다. 즉 1937~39년에는 소공장이 정체하고 영세소공장이 대폭 증가한 반면, 1939~41년에는 이와 반대로 소공장이 대폭 증가하고 영세소공장이 감소하였다. 이는 1937년부터 영세소공장이 집중적으로 설립되고, 그 이후에 영세소공장의 공장 규모가 확대되고 있음을 보여준다.

이러한 변동 양상을 구체적으로 살펴보기 위하여 [표 4-7]에서 소공장의 업종별 추이를 살펴보자. 1937~39년에 방직공업, 기계공업, 기타공업을 제외한 나머지 업종의 소공장은 감소한 반면 영세소공장은 각업종별로 고르게 증가하였다. 특히 양말제조업, 시계수리업, 양철세공업, 자전차조립·수리업, 수레제조업, 기계제작·수리업, 시멘트제품제조업, 제약업, 서양식·일본식 가구업, 양복재봉업 등의 업종에서 공장수가 크게 증가하였다. 1939~41년에는 제재·목제품공업, 인쇄공업을 제외한 나머지 업종의 영세소공장은 감소한 반면 소공장은 방직공업을 제외한 모든 업종에서 공장수가 증가하였다. 특히 철도용품·광산기계제작업, 서양식·일본식 가구제조업, 국민복·작업복제조업에서 공장수 증가가 현저하였다. 철공업자의 경우 선반, 밀링 1~2대를 가진 소공업자가 배급 감소를 군수공업 하청으로 대처한 결과 10~20대 설비를 가진 공업자보다 호황을 누렸다.[92]

한편 [표 4-8]에서 민족별 공장 추이를 보면, 조선인 공장이 현저하게 증가하고 있음을 알 수 있다. 1937~39년에 조선인 공장이 전반적으로 크게 증가하여 일본인 공장수를 능가하게 되는데, 특히 기계공업, 제재·목제품공업, 기타 공업에서 빠른 증가를 보였다. 이러한 추세는 1939~41년에 들어 조선인 고무공장, 정미소, 직물공장의 감소로 다소 둔화되지만 기계기구공업, 제재·목제품공업, 기타 공업을 중심으로 한 증가 추세는 지속되었다. 공장수 추이를 생산액 추이와 비교해 보면, 1939년의 조선인 공장 비중이 59퍼센트인데 비하여 생산액 비중은

[표 4-7] 노동자 30인 이하 공장의 업종별 현황(1937~41)

구분	업종	방직	금속	기계	요업	화학	제재	인쇄	식료	기타	계
5인 미만	1937	7	6	14	6	22	30	7	171	74	337
	1939	28	40	92	24	50	115	10	303	406	1,068
	1941	13	39	80	20	26	116	12	232	388	926
5~30인	1937	44	71	108	29	72	172	82	239	200	987
	1939	57	47	148	28	72	155	68	219	262	1,056
	1941	55	65	232	40	87	241	85	240	470	1,515

* 출전: 京城商工會議所, 《京城における工場調査》, 각년판.

43퍼센트인 반면, 1941년의 조선인 공장 비중이 60퍼센트로 다소 높아지지만 생산액 비중은 30퍼센트로 크게 낮아진다.[93] 이러한 변화를 앞의 규모별 추이와 연관시켜 보면 1937~39년에 증가한 영세소공장이나 1949~41년에 증가한 소공장은 대부분 조선인 공장이었을 것이다.

이러한 조선인 소공장의 증가는 전시통제기에 조선인 공업이 몰락했다는 기존의 통념과 배치되는 것이다. 앞의 공장 현황에 따르면 경제통제 초기에 조선인 영세소공장이 난립하였으며, 통제가 강화되는 가운데 조선인 소공장의 증가는 계속되었다. 전시통제기에 조선인 소공장이 증가한 이유는 무엇일까? 경제통제 초기에는 전시특수를 타고 군수

[표 4-8] 업종별 · 민족별 공장수 현황(1937~41)

연도 업종	1937				1939				1941			
	계(A)	조(B)	일	B/A(%)	계(A)	조(B)	일	B/A(%)	계(A)	조(B)	일	B/A(%)
방직	76	44	32	57.9	105	74	31	70.5	94	54	40	57.4
금속	91	43	44	47.3	110	56	53	50.9	117	61	53	52.1
기계	147	65	82	44.2	287	178	109	62.0	372	232	140	62.4
요업	48	17	31	35.4	67	32	35	47.8	79	46	33	58.2
화학	118	72	46	61.0	160	110	50	68.8	157	90	67	57.3
제재	181	76	102	42.0	288	164	122	56.9	384	231	150	60.2
인쇄	114	44	67	38.6	102	35	67	34.3	136	63	73	46.3
식료	437	247	89	56.5	549	289	238	52.6	511	257	242	50.3
기타	299	105	188	35.1	698	460	235	65.9	924	622	291	67.3
계	1,511	713	781	47.2	2,367	1,398	941	59.1	2,774	1,656	1,089	59.7

* 출전: 京城商工會議所, 《京城における工場調査》, 각년판.

관련 업종이나 시국 관련 업종에 뛰어들었지만 통제가 강화되는 상황에서도 공장 설립이 계속된 것은 일본인 업자의 감소와 더불어 '업자業者의 권리화權利化'[94] 때문이었다.

물자통제의 강화로 원료·재료가 부족한 상황에서 업자가 증가하는 것을 보고 당시에는 "업자가 하나의 권리화" 하는 경향이 현저하다고 하는데, 이는 공장을 가지고 있는 것 자체가 특혜였음을 말한다. 생활필수품이 부족해도 군수품 공급이 계속되어야 하는 상황에서 원료 공급만 원활하다면 생산된 제품의 판로는 언제나 열려 있었다. 이러한 상황에서 공장을 운영하고 있다는 것은 원료를 배급받을 수 있고 제품을 생산할 수 있다는 것을 의미한다. 더욱이 통제 위반이 일상화된 상황에서 무허가로 설비를 확장하거나 암거래하는 경우에는 더욱 이윤이 많았을 것이다. 국민복, 작업복의 수요가 증가함에 따라 양복재봉업자가 법령을 위반하면서 설비를 확장한 것은 하나의 사례에 불과하다.[95] 일본인 업자의 감소도 조선인 공장이 증가하는 요인이 되었다. 1939년

[표 4-9] 가내공업 현황(1936~40)

구분 연도	가내공업 ①		가내공업 ②		
	생산액	비중	생산호수	생산액	비중
1936	7,628천원	8.4퍼센트	?	?	
1937	8,263천원	6.4퍼센트	2,691호	12,957천원	10.0퍼센트
1938	9,102천원	5.8퍼센트	?	?	
1939	10,320천원	5.3퍼센트	2,026호	8,496천원	4.4퍼센트
1940	10,320천원	4.9퍼센트	?	?	

* 출전: 가내공업 ①은《京城府産業要覽》, 각년판, 가내공업 ②는《殖銀調査月報》, 1940.7, 177쪽.
* 비고: 가내공업 ①의 생산액=공업생산액-공장생산액, 비중=가내공업생산액/공업생산액.

부터 사업을 접고 일본으로 돌아가는 일본인 중소상공업자가 늘어나기 시작하는데, 1939년부터 1942년 10월까지 상업자 8,462명과 공업자 1,864명이 전폐업하였다.[96] 공업자의 전폐업 원인을 보면 통제경제의 강화(356명), 조선인의 경제력 증대 및 민족적 압박(129명), 경영자의 응소應召·상이傷痍·전사戰死(87명) 등으로, 통제 강화로 인한 전폐업이 가장 많았다.[97] 일본인 중소공장이 많은 경성과 부산에서도 비슷한 양상을 보였을 것인데, 통제의 강화로 인한 일본인 중소공업자의 감소는 조선인 중소공업자에게 유리한 조건을 제공하였다.

가내공업은 전시통제 속에서도 일정한 규모가 유지되었다. 1930년대 후반의 가내공업 현황을 보면, 공장 생산의 증가로 공업 생산에서 차지하는 비중은 감소하지만 생산액과 생산호수는 1930년대 초반과 비슷한 수준을 유지하였다. [표 4-9]에서 가내공업 생산의 추세를 보면 《경성부산업요람京城府産業要覽》의 통계와 《식은조사월보殖銀調査月報》의 기록이 서로 상반되는데, 간접적으로 가내공업 생산액을 계산한 가내공업 수치(가내공업 ①)보다 경성부 권업과에서 직접 조사한 가내공업 수치(가내공업 ②)가 실제적인 추세를 보여준다고 할 수 있다. 1939년까지 전시통제로 인한 원료난 및 수요 감소 등으로 인하여 생산액은 3분의 1가량 감소하였지만 생산호수가 크게 감소하지 않은 것으로 미루어, 전시통제기 들어서도 가내공업은 몰락하지 않고 자신의 영역을 유지하고 있었다.

민수공업의 위축과 기업정비

전쟁의 장기화로 전시통제가 전면화됨에 따라 원료·자재의 입수난, 가

[표 4-10] 1940년 공업 관계 조합의 운영 실태

업종 구분	경성 철공	경성 가금속	경성 모르타르인와	경성 붕대제조	경성등 제품	경성 제유업	경기주조	경성 인쇄	경성 제면	경성 활판제조	경성기업 조합	조선 유과자	경기 마대소	경성 과자
업자수	100	168	16	57	4	41	34	83	6	30	40	35	108	440
원재료 입수	3할 곤란	6할 곤란	6할 곤란	9할 곤란	7할 곤란	6할 곤란	엄수곤란	3할 곤란	5할 곤란	5할 곤란	2할 곤란	7할 곤란	6할 곤란	6할 곤란
조업 상황	2할 감소	3할 감소	6할 감소	8할 감소	7할 감소	4할 감소	2할 감소	2할 감소	4할 감소	4할 감소	3할 감소	5할 감소	6할 감소	6할 감소
제품의 전환	유	무	무		재산 곤란	무			무	무	무		무	
가격과 생산비	이윤 감소		재산 곤란	재산 곤란		적정			재산 곤란	재산 곤란	이윤 감소	재산 곤란	재산 곤란	
판매 상황	1할 감소	3할 감소	3할 감소	8할 감소	5할 감소	다소감소	2할 증가	2할 감소	4할 감소	3할 감소	7할 감소	5할 감소	6할감소	5할감소
종업원 이동	3할 증가	2할 증가	3할 증가	1할 증가	5할 증가			3할증가	4할증가	4할증가	2할 증가	2할 증가	5할 증가	1할증가
종업원 획득	5할 곤란	2할 곤란	4할 곤란	3할 곤란	2할 곤란			2할곤란	2할곤란	3할곤란	2할 곤란	2할곤란	5할곤란	1할곤란
금융 상황	불량	두절	불량	곤박	곤박			불변		양호		곤박	곤박	불변
주요인	①②③	①③	①②	①	①	①	①	①②	①②	①③	①②	①②	①③	①②
업무 축소	2할 5할	전원失業	4할 4할	4할 7할	7할			불변 2할	2.6할 2.6할		불변	1할	불변 5할	3.5할

* 출전: 《朝鮮府內に於ける工業状態調査》, 《經濟月報》, 1941.2.
* 비고: (1) 주요인에서 ①-원재료 부족 ②-배급기구 정비 ③-사용제한경.
(2) 업무 축소에서 상단은 설비의 축소 정도, 하단은 종업원의 축소 정도임.

격 앙등, 자금 핍박, 구매력 감소 등으로 인하여 '민수공업民需工業'[98]은 커다란 타격을 받았으며, 1940년을 정점으로 민수공업을 중심으로 한 공업 전반이 위축되기 시작하였다. 1940년 경성상공회의소에서 실시한 공업상태 조사는 14개 공업 관련 조합 중에서 이미 상당수 조합이 심각한 불황에 처해 있음을 알려준다.[99] [표 4-10]에서 공업 관련 조합의 원료, 노동력, 자금 상황을 살펴보면, 대부분의 조합이 중일전쟁 발발 전과 비교하여 원료·재료를 구하기가 어려워졌으며, 종업원의 이동도 20~30퍼센트가량 증가하여 노동력 획득에 어려움을 겪고 있다. 절반 정도의 조합이 금융의 어려움으로 금융 완화와 저리자금 융통을 희망하고 있으며, 생산비의 증가에도 불구하고 가격통제로 인하여 수지를 맞추기 어려운 상황이었다. 이 때문에 경성시멘트블럭조합이 80퍼센트 조업단축에 들어간 것을 비롯하여 6개 조합이 50퍼센트 이상 조업을 단축하고 있는 상태였다. 특히 〈사치품등제조판매제한규칙〉(1940.7)으로 사치품 생산이 전면 금지됨에 따라 경성귀금속세공업조합은 조합원 모두가 실업한 상태였다.[100]

비슷한 시기에 행해진 《경성일보》의 희생상공업자犧牲商工業者 조사에 의하면, 정미업, 양철제품제조업, 인쇄업, 유기제조업, 종이상자제조업, 금은세공업, 가구제조업, 제화업, 양복재봉업 등의 업종에서 상당수의 실업자가 발생하였다. 그중에서도 정미업은 경성부 내 177명의 정미업자 중 도의 지정을 받은 15명을 제외하고는 배급받은 쌀을 소매하는 등 반실업 상태였다. 양철제조업은 재료를 구하기 힘들어 수선으로 생계를 유지하였으며, 인쇄업도 용지 이입이 40퍼센트 정도 감소하여 주문을 받을 수 없었다.[101] 이러한 상태에서 일부 업종에서는 전업자가 생겨났다. 전원 실업 상태인 유기제조업자들은 총독부와 경성부의 보조로 경성유기조합공작소京城鍮器組合工作所를 설치하고 군수품 및 광산용기계의 부품 제작으로 전환하였다. 종이상자제조업자들은 야채상, 잡화상, 음식점 등으로 전업하였으며, 금은세공업자들도 군수품이나 대용품으로의 전업이 불가피한 상태였다.[102]

이러한 상황에서 총독부와 경성부는 군수공업으로 전환하는 중소공업에 대하여 각종 시설 및 편의를 제공하고 보조금을 지급하였다.[103] 또한 경기도 상공지도소, 경성부 전업상담소, 경성상공회의소 상공상담소 등의 전업 지도기관을 설립하고 직업소개소를 국영으로 전환하는 등 군수공업이나 수출품 및 대용품 공업으로 전업에 주력하였다.[104] 그렇지만 전업, 기업합동은 제한적으로 이루어졌을 뿐 대부분의 제조업자들은 전업을 고려하지 않았다. 1941년 12월 조선경제연구소의 설문조사에 의하면 공업에 종사하는 자영업자 967명 중 31명(3퍼센트)만이 전업을 준비 중이고 220명(23퍼센트)만이 전업에 관심을 보일 뿐, 나머지 716명(74퍼센트)은 전업을 고려하지 않았다.[105] 전반적인 상황이 어려운 데도 불구하고 전망이 불투명한 전업보다는 최저한의 생활을 통한 현상유지를 선호하였기 때문이다.[106] 기술의 상이함, 기존의 작업 습관 때문에 전업도 용이하지 않았으며, 군수공업으로 전환이 상대적으로 용이한 철공업조차도 재료 부족과 기술 부족으로 업종 전환이 곤란하였다.[107]

전시통제로 인한 침체는 1942년 들어서도 마찬가지였다. 경성부 총력과의 조사에 의하면 1942년 초에 생산자재의 강력한 배급통제와 군수공업으로의 중점 배급으로 인해 공장의 30퍼센트 정도가 격일 휴업을 하는 실정이었다.[108] 1942년 9월에 행해진 조선금융조합연합회의 중소상공업 실태조사에 따르면,[109] 고무의 수입 두절로 반휴업 상태에 있던 고무제품제조업이 동남아시아로부터 생고무가 다시 들어옴에 따라 다소 배급이 증가되었을 뿐 여타 업종의 원료난은 계속되었다. 양철제품제조업은 1941년에 비해 배급이 5분의 1로 감소하였고, 군수軍手제조업, 양말제조업도 면사 배급이 50퍼센트 정도 감소됨에 따라 그만큼 생산이 감축되었다. 군수제조업에서는 설비의 50퍼센트 정도가 유휴 상태였고, 양말제조업에서는 동업자 간에 공장을 합동하여 종래

[표 4-11] 1942년 중소공업 운영 실태

구분 \ 업종	건구 제조	가구 제조 판매	제유	양철 제품	목형 제조	고무	군수 제조	양말 제조	철공
업자수	35	95	2	175	21	22	16	45	150
원재료 입수	곤란	곤란	곤란	1/5 배급	점차 곤란	배급 증가	5할 감소	5할 감소	불원활
조업상황	변화 없음	여의치 않음	여의치 않음	6~7할 단축	양호	3할 유휴	5할 유휴	6할 유휴	여의치 않음
제품의 전환	곤란	곤란	곤란	없음		일부 전환	없음	없음	곤란
판매 상황	변화 없음	양호	제품 부족	제품 부족	변화 없음	6~7할 증가	5할 감소	4.5할 감소	시장 공급 소
종업원 이동	변화 없음	2명 응소應召	변화 없음	23명 감축	증대	적음	없음	적음	많음
금융상황	원활			양호		점차 양호	수요 少	양호	자금 융통 무

* 출전: 朝鮮金融組合聯合會, 《第五次時局下中小商工業者實情調査書》, 1942.

의 수동기를 동력기로 대체하였다.[110] 목제품제조업의 경우 군수용 목제품을 제조하는 업종만 생산이 확대되었을 뿐, 일반적인 가구제조업, 건구제조업은 재료의 사용 제한과 목재의 구입 곤란으로 생산이 여의치 않았다. 그 밖의 다른 업종에서도 원료·재료의 입수난으로 조업 상황은 여의치 않았다. 이러한 사정 때문에 일부 고무제품제조업자는 포화布靴 제조로 설비를 전환하였으며, 양철제품제조업자 중 절반 이상은 재료 배급이 없을 때에는 다른 일에 종사하였다. 유기 제조가 금지된 유기제조업자는 전원 전업하였다. 그 밖에 군수제조업, 양말제조업에서도 2~3명의 전업자가 생겨났다.[111]

민수공업에 대한 전면적인 정리가 단행된 것은 1944년 기업정비가 시행되면서부터였다. 1941년 이후 중소공업의 유지·육성 방침에 크게 벗어나지 않는 범위에서 기업합동이나 법인화가 이루어졌으나, 전황이 악화됨에 따라 민수공업의 정비에 착수하였다. 기업정비의 진행과정은 1944년 3월 '제1차 조선기업정비' 시행 이전과 이후로 나누어 볼 수 있다. 제1차 조선기업정비 실시 이전에는 물자통제로 인한 생산 위축을 극복하기 위하여 공업조합을 중심으로 기업합동이 진행되었다. 제혁업의 경우 1942년 3월 총독부는 조선제혁공업조합에게 〈조선에서의 제혁공업 정비요강〉에 기초한 제혁업의 정비를 지시하였다.[112] 이에 조선제혁공업조합에서 정비통합을 실시한 결과, 전국의 31개 피혁공장은 11개 공장으로 통합되었으며, 경기도의 12개 피혁공장은 2개로 통합되었다.[113] 고무제품제조업의 경우 1942년 6월 경성고무공업조합에서 공장설비의 개선과 고무제품의 품질향상을 위하여 차공장借工場의 기업합동을 종용하였지만 고무공업자들은 이를 거부하였다.[114] 메리야스업의 경우 총독부에서는 1943년 5월 조선막대소공업조합을 통해 메리야스업을 정리, 통합하기로 하고, "중소공업자의 대기업자로의 흡수합병과 함께 중소기업의 기업합동에 중점을 둔다"는 방침 아래 정리통합을 단행하기로 결정하였다.[115] 제1차 정비 결과 전국의 메리야스공장은 반으로 줄어들었으며, 정비에 수반하여 조선메리야스공업회사를 비롯하여 소조합, 유한회사가 설립되었다.[116] 1944년 3월까지 전국의 723명의 메리야스업자가 174명으로 감소하였다.[117] 제약업에서는 생약화학연구소生藥化學研究所를 비롯한 5개의 제약회사를 통합하여 경성약품공업회사를 설립하였다.[118]

1944년 3월 들어 노무 동원, 설비 회수를 위한 제1차 기업정비가 단행되었다. 경기도에서는 경기도기업정비위원회를 설치하고 실태조사를 시행한 후, 5월부터 기업정비에 착수하였다.[119] 정비업종은 상공업 13개 업종이었으며, 경기도, 경성부, 경성상공회의소가 분담하여 기업정비를 지도하였다.[120] 과자제조업의 경우 1943년도의 월평균 사탕배급량을 기준으로 경성, 부산, 평양에서는 1,000근 미만의 사업자, 지방에서는 500근 미만의 사업자를 정비하기로 정하고, 조선과자제조공업조합에서 자치적 정비를 실시한 결과 전국 2,300여 사업자 중 남은 사업자는 450여 명에 불과하였다.[121] 고무제품제조업에서는 차공장을 정비, 통합한 결과, 경성 지역의 11개 고무공장은 3개로 통합되었다.[122] 가구업에서는 경성 지역을 비롯한 부府 지역에서 3분의 1, 지방에서 4분의 1 정도로 감소하였으며,[123] 피복제조업도 동력미싱 10대 이상을 가진 업자를 남기고 3분의 1 정도로 감축할 예정이었다.[124] 정미업에서는 1944년 2월 정미소를 조선식량영단朝鮮食糧營團에 통합함에 따라 전국 1만 5,400여 개의 정미소는 1,400개로 통합되었으며, 전동기, 정미기, 기타 부속설비 등의 과잉유휴설비는 군수 부문으로 돌려졌다.[125] 그 밖에 제사업, 진면제조업, 아미노산공업, 인쇄업, 피복제조업, 나막신 제조업 등의 업종에서 기업정비가 계획 중이었다.[126]

제1차 기업정비는 6월 말에 완료할 계획이었지만 일부에서만 정비가 시행되었기 때문에 7월부터 제1차 지정업종에 대한 '제2차 기업정비'가 시작되었다.[127] 제면업의 경우 조선제면공업조합에서 조면기 10대 이하의 업자에 대한 통합을 진행하여 52명의 제면업자를 20명으로 감축하였다. 모자제조업의 경우 수요의 70퍼센트 정도를 충당하고 있는 경기도의 모자제조업자 48명을 3분의 1로 줄일 예정이었다.[128] 또한 전국의 직물공업조합은 1944년 8월 조선직물공업조합으로 통합되었다. 조선직물공업조합은 직물업자 중 동력직기 30대, 족답기 30대, 수직기 40대 이상을 가지는 공장으로 조직하되, 본부를 경성에 두고 경기, 강원, 황해, 함남, 함북의 업자를 포괄하는 한편, 다른 지역에는 지부를 설치하였다.[129] 기업정비를 통하여 영세한 소공장은 대폭 정비되었다. 조합에 가입하지 않은 영세소공장이나 가내공업자는 정비 대상에서 제외되어 폐업당하거나 또는 정비 대상으로 선정되어 통폐합되었다.[130] 1941년에 2,774개이던 경성 지역의 공장은 제1차 기업정비가 끝나는 1944년 6월에는 2,337개로 감소하였다.[131] 기업정비로 정리된 공장의 노동력은 군수방면으로 돌려졌으며, 정리된 공장의 설비는 조선중요물자영단에서 회수하여 군수 및 시국산업으로 전용되었다.

군수공업화의 한계

공업조합을 통한 공업 재편과 군수공업화는 경성 지역 공업에 커다란 변동을 초래하였다. 대공장과 중소공장이 공업조합으로 편성됨에 따라 조선인견직물공업조합같이 대규모 인견직물공장과 중소규모 인견직물공장이 동일한 공업조합에 포괄되었으며, 군수 하청의 형태이지만 하청관계도 일부 성립되었다. 또한 군수공업화로 인한 민수공업의 위축과 군수공업의 확대로 공업 구성에도 적지 않은 변화가 있었다. 그렇지만 이러한 변화는 외형적인 것에 불과했으며, 1930년대에 형성된 공업구조는 커다란 변동 없이 유지되었다.

경성 지역의 공업단체 및 제조업자들이 공업조합으로 재편성되었지만 대공업과 중소공업의 분리는 여전하였다. 조선방적공업조합은 대공장만으로 조직되었으며, 조선인견직물공업조합은 대공장과 중소공장이 함께 조직되었지만 공업조합 내부의 이질성으로 인하여 통제가 제대로 이루어지지 않았다. 조선인견직물공업조합은 경기도, 경북, 경남, 전남, 평남 등지에 있는 33개의 인견직물공장으로 조직되었으며, [표 4-12]에서 보듯이 역직기가 10대인 소규모 공장부터 역직기가 1,000

[표 4-12] 조선인견직물공업조합 공장의 설비별 분포 상황

직기대수		10	11 -20	21 -30	31 -40	41 -50	51 -60	61 -70	101 -110	141	300	319	368	860	1,048
공장 수	조	-	3	5	2	2	2	1	1	-	1	-	-	-	-
	일	1	2	3	1	1	1	2	-	1	-	1	1	1	1
	계	1	5	8	3	3	3	3	1	1	1	1	1	1	1

* 출전: 〈發展途上의 工業組合을 찾아서(11)〉, 《朝鮮日報》 1939.7.13.

대 이상인 대규모 공장까지 포괄되어 있었다. 조선인견직물공업조합은 이처럼 다양한 규모의 공장을 하나의 조합 속에 포괄하고 있었기 때문에 원료, 생산, 가격, 검사 등에 대한 전반적인 통제가 시행되지 못하였다. 통제위원회를 통하여 원사原絲의 배정만 통제하였을 뿐 공동판매, 자금 융통 같은 조합의 기본적인 사업마저도 제대로 이루어지지 않았다.[132] 이처럼 통제사업은 물론이고 기본적인 사업마저 시행되지 못한 것은, 원료 공급, 생산, 판매, 금융 등에 걸쳐 재생산과정이 서로 다른 대공장과 중소공장이 하나의 공업조합으로 조직되었기 때문이었다. 당시 언론에서는 이러한 어려움에 대하여,

인견직물업은 중소공업이라기보다 대공업에 접근되어 있는 현상에서 대공업을 통제, 지도하기에 금일의 공업조합은 그 기구가 적합하지 못한 점에 인견직물공업조합이 업자에 대하여 강력한 통제를 하지 못하는 원인이 있는 것이다. …… 금융에서는 각 업자는 종래부터 각자가 거래하는 금융기관이 있고, 규격에서도 종래부터 각자가 특징있는 제품을 만들고, 검사도 본 조합으로서는 손대기 어려울 정도이며, 공동판매에 이르러서는 도요면화東洋棉花의 독점판매망이 오래전부터 부동의 지위를 고수하고 있다.[133]

라고 공업조합의 문제점을 제기하고 있다. 조합으로서는 이러한 차이를 무시하고 획일화된 통제를 시행할 수 없었으며, 결국 대공장은 조합에서 탈퇴하고 조선인견직물공업조합은 중앙직물공업조합中央織物工業組合으로 개편되었다.[134]

기계기구공업에서 군수 하청의 형태로 하청생산이 이루어졌지만 포탄 절삭가공 및 부품 가공작업에 불과하였다. 근본적으로 대공업과 중소공업이 자본, 기술 면에서 유기적 연관이 없었고, 이러한 분리를 극복할 어떠한 대책도 없었기 때문에 수직적 하청관계는 거의 형성되지 않았다. 예를 들면 설비 면에서 경성 지역이 전체 선반의 39퍼센트를 보유하였지만[135] 2~3개의 대표적인 대공장을 제외하면 기계기구제작공장 전부가 소형 보통선반을 보유하고 있었는데,[136] 이러한 설비로는 고도의 정밀도를 요하는 병기 및 군수용 부품 생산은 불가능하였고, 가공작업이나 민수용 주물 제작이 고작이었다.

　군수공업화는 민수공업의 감소와 군수공업의 확대라는 외형적 변화를 낳았지만 기존의 공업구조를 변화시키는 데에는 이르지 못하였다. 군수공업화는 군수공업의 설비와 노동력을 확대하거나 민수공업의 설비와 노동력을 군수공업으로 이전하는 것에 불과하였으며, 기업정비 역시 경금속, 철강 및 군수공업으로 기존의 설비와 노동력을 전용하는 것이었다. 따라서 공업조합을 통한 공업 재편과 군수공업화는 업종별 구성만 변화시켰을 뿐 공업구조에까지 영향을 미치지 못하였다. 대공업과 중소공업이 분리되고 소공업·가내공업의 층이 두터운 식민지 이중구조는 1940년대에도 여전히 유지되었다. 공업 변동의 중심은 여전히 중소공업이었으며, 가내공업은 일정한 영역을 유지하고 있었다. 공업조합 외부에 여전히 많은 중소공장과 가내공업 사업장들이 임의조합이나 개별 경영의 형태로 존속하고 있었으며, 공업조합으로 조직되었다고 하더라도 경성가구공업조합같이 수공업적 기반을 벗어나지 못한 경우도 있었다.[137]

공업지대 조성

공업지구 조성과 경인공업지대

중일전쟁의 발발은 경성에 공업지구가 지정되고 나아가 경성과 인천의 공업지구를 연결하는 경인공업지대 조성에 착수하게 된 직접적인 계기가 되었다. 1930년대 중반에 경성과 인천을 통합적으로 발전시키자는 '경인일체京仁一體'론이 제기되고 공업의 합리적인 배치를 위하여 공업지대를 설정해야 한다는 견해가 대두되었다. 또한 〈조선시가지계획령〉에 의하여 1936년 3월 경성시가지계획, 1937년 4월 인천시가지계획이 나왔지만, 공업지구와 공업지대 조성이 구체화되지 않았다.[138] 중일전쟁으로 만주와 일본을 연결하는 '대륙 루트'의 요충지이자 산업 거점으로서 경인 지역의 지리적 이점 및 병참기지로서의 중요성이 부각됨에 따라 국토계획 차원에서 공업지구 설정이 제기되었다. 이에 총독부는 1938년 9월 〈조선시가지계획령〉을 개정하여 '일단의 공업용지 조성'을 부가하고, 공업용지 조성 시 토지 수용이 가능하도록 하였다.[139]

공업지구 지정은 '지역지구제地域地區制'에 의한 공업 지역의 지정이나 '일단의 공업용지조성지구'의 지정이라는 방식으로 이루어졌다.[140] 경성에서는 시가지계획이 시행된 지 3년 후인 1939년 9월에야 지역지구제가 시행되고 공업 지역이 설정되었다. 지역지구제 내의 용도지역제에 따르면 시가지는 주거 지역, 상업 지역, 공업 지역 및 미지정 지역의 4개 지역으로 구분되었는데, 용산지구, 영등포지구, 용두지구, 사근지구를 중심으로 한 665만 8,075평방미터가 공업 지역으로 지정되었다.[141] 인천에서의 공업지구 설정은 '일단의 공업용지 조성'에 의하

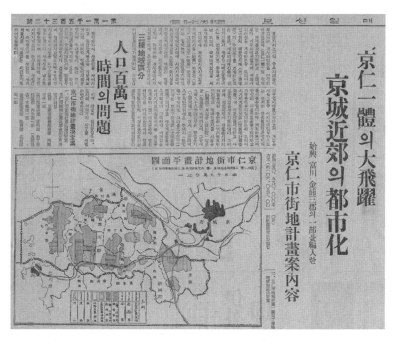

[그림 4-4] 경인시가지계획 평면도(《매일신보每日新報》, 1939.10. 3)

여 이루어졌다. 시가지계획이 시행된 지 2년 후인 1939년 11월 일지출
정日之出町, 학익정鶴翼町, 송현정松峴町, 송림정松林町의 일부인 160만
5,000평방미터가 '일단의 공업용지조성지구'로 지정됨으로써 공장 설
립이 활발하게 진행되고 있던 동인천 지역과 북인천의 매립지가 공업
지구로 지정되었다.[144]

경성과 인천의 공업지구 설정과 더불어 경성과 인천의 중간 지역에
도 공업지대가 조성되기 시작했다. 경기도에서는 1939년 들어 부평에
약 200만 평의 부지를 선정하여 공업지대 조성에 착수하였고,[145] 총독
부에서는 이를 확대하여 1940년 1월 경성과 인천 사이의 광범위한 지
역을 포괄하는 '경인시가지계획京仁市街地計劃'을 공포하였다.[146] 경인
시가지계획은 경성시가지계획 구역의 남서쪽 경계에서 인천시가지계
획 구역의 북동쪽 경계에 이르는 방대한 지역으로, 행정구역상으로 경
기도 시흥군 일부, 부천군 일부, 김포군 일부를 포함하였다. 공업용지
조성 지역은 구로지구 174만 평, 시흥지구 19만 평, 소사지구 95만 평,
부평지구 272만 평, 서곶지구 239만 평, 계양지구 94만 평, 양천지구
106만 평 등 모두 998만 평에 달하였다. 그리고 공장 설립에 따른 공장
노동자의 주택 문제를 해결하기 위하여 공업용지의 주변에 주택지를
설정하였으며, 중심부인 부평역 부근을 토지구획정리지구로 정하여 시
가지를 조성하도록 하였다. 〈경인시가지계획결정안京仁市街地計劃決定
案〉에서는 경인시가지계획의 배경에 대하여,

경성, 인천 부근은 반도 정치, 경제의 중추부일 뿐만 아니라 황해를 두고
중국 대륙에 근접하여 대외적으로 가장 중요한 지위를 점하며, 인천축

항공사 및 한강수력전기공사의 진척과 더불어 각종 대공장의 건설이 잇달아 일대 공장지로서 발전할 기운이 있다. 그러나 경성, 인천의 각 시가지계획구역 내에는 이미 지가가 높을 뿐 아니라 대공장 건설의 여지가 없어서 자연 경인 간의 지역에 진출하는 정세이니, 현상 그대로 방치하면 무통제한 시가지가 출현하여 교통, 보건위생상 우려할 만한 사태를 야기할 우려가 있을 뿐만 아니라 경제적으로도 불리불편不利不便이 적지 않기 때문에 속히 시가지계획을 수립하여 건전한 시가지의 발전을 기도함은 긴급한 의무이다.[147]

라고 경인시가지계획이 독점자본 계통 대공장의 진출을 염두에 둔 것임을 드러내고 있다.

공업단지 조성이 빨리 진척된 곳은 영등포였다. 영등포 지역의 토지구획정리사업은 1937년 3월부터 시행하여 1939년 말까지 완공할 예정이었으며, 토지구획정리로 조성된 용지 155만평은 대부분이 공장용지였다.[148] 경성부에서는 1938년 초 도시계획과 내에 '토지상담소'를 설치하여 토지구획정리지구 내 토지의 처분, 주택지 및 공장지의 매매 알선 등의 업무를 담당하게 하였으며, 4월에 공장지분양조합工場地分讓組合을 설립하여 공장, 회사의 부지를 알선하였다.[149] 1940년 초 지가 상승으로 용두지구 및 사근지구의 공업지구 조성이 착공 불가능해지자 경성 지역에서의 공장 건설 및 일본에서의 공장 이주는 영등포지구로 집중되었다.[150] 영등포지구에서 1939년 12월 공장분양지 계약 희망자 169명 중 경성 지역이 82명, 국내 기타 지역이 30명, 일본이 57명이었으며,[151] 1940년 6월 현재 140건 50만 평 중 72건 37만 평이 계약 완료되었다.[152] 이후 경성부 도시계획과에서는 총독부 기획과와 조선상공회의소의 협조를 얻어 영등포지구로의 일본공장 유치계획을 세우고 공장유치운동을 적극적으로 전개하였다. 일본에서 기업정비가 진행됨에 따라 조선으로 공장 이주가 증가하여 1942년 1월 일본에서의 공장지 분양 상담이 752건에 달하였으며, 분양 계약은 94건에 이르렀다.[153]

그러나 전시통제의 강화로 인한 물자 부족, 인력 부족으로 공업단지 조성은 예정대로 진척되지 않았다. 영등포의 공업단지 조성은 물론이고 인천과 부평을 중심으로 한 중간 지역의 공업단지 조성이 지연되거나 축소되었다. 영등포 지역의 공업지구 조성공사는 1939년 말까지는 완공할 예정이었으나 자재난과 고용난으로 공사가 지연되어 1942년 3월에야 준공되었다.[154] 인천의 공업지구는 1940년 4월에 실시계획에 대한 인가가 났으나 1942년 3월에 실시계획 인가가 다시 나는 것으로 보아 공업단지 조성이 상당히 지연된 것으로 보인다[155] 경인시가지계획도 축소되었다. 1940년 4월 경인시가지계획에 포함되었던 부천군의 서곶면, 남동면, 부내면, 문학면 등 4개 면이 인천부에 편입되었고,[156] 1944년 1월 경인시가지계획 지역 중 인천부에 편입된 지역을 인천시가지계획 구역으로 편입시켰다.[157] 중간 지역의 공업단지 조성도 부평지구로 크게 축소되었으며, 1940년 8월에 부평지구의 실시계획이 인가되었고, 1942년 1월에야 부평지구 내의 일부 토지가 공업용지 조성을 위하여 수용되었다.[158]

공업 배치의 확산

공업의 효율적인 배치와 공장부지의 확보를 위해 경성에서는 영등포 지역과 동대문 외곽의 용두, 사근 지역에 공업지구를 조성하였으며, 이에 따라 경성의 공업 발전을 주도하는 지역은 구공업지구인 용산에서

[표 4-13] 경성 지역 구역별·업종별 공장 현황(1937~41)

연도	업종	방직	금속	기계	요업	화학	제재	인쇄	식료	기타	계
1937	구경성	33	49	79	14	74	122	101	250	249	971(100)
	동부	24	7	5	6	14	20	3	51	15	145(100)
	용산	12	31	58	16	24	36	9	120	32	338(100)
	영등포	7	4	5	12	6	3	1	16	3	57(100)
1939	구경성	48	62	149	17	120	150	91	335	563	1,535(158)
	동부	33	8	27	17	15	52	3	45	38	238(164)
	용산	18	33	93	21	17	72	8	135	85	501(148)
	영등포	6	7	18	12	8	14	–	16	12	93(163)
1941	구경성	39	61	188	33	109	213	116	340	711	1,810(186)
	동부	36	10	49	17	19	89	5	46	95	366(252)
	용산	11	31	92	13	18	55	13	105	84	422(125)
	영등포	8	15	43	16	11	27	2	20	34	176(309)

* 출전: 京城商工會議所, 《京城における工場調査》, 각년판.
* 비고: '구경성舊京城'은 용산을 제외한 부역 확장 이전의 경성 지역을 말함.

신공업지구인 영등포로 이동하게 되었다. [표 4-13]에서 1930년대 후반 경성 지역의 지역별 공장 현황을 살펴보면, 구경성 지역과 용산 지역보다 동부 지역과 영등포 지역의 공장 증가가 훨씬 빠름을 알 수 있다. 특히 기존의 공업중심지였던 용산 지역은 다른 지역에 비해서 공장수의 증가가 둔화되고 1939~41년에는 공장수가 크게 감소한 반면, 새로운 공업중심지로 부각된 영등포 지역은 공장수가 빠르게 증가하였다. 특히 1937년 영등포의 공장수는 경성 전체의 4퍼센트에 불과하였지만 생산액은 전체 생산액의 37퍼센트에 달하여 대규모 공장이 설립되었음을 알 수 있다.[159]

[표 4-14]에서 당시 '남경성 공업지대'로 불리웠던 영등포 지역의 공

[표 4-14] 1937~41년 영등포의 업종별 공장 현황

연도	업종	방직	금속	기계	요업	화학	제재	인쇄	식료	기타	계
1937	공장수	7	4	5	12	6	3	1	16	3	57
	생산액	36,073	254	3,136	291	1,068	704	5	10,876	53	52,460
1939	공장수	6	7	18	12	8	14	–	16	12	93
	생산액	66,730	624	6,693	1,197	3,875	4,471	–	17,992	21	101,603
1941	공장수	8	15	43	16	11	27	2	20	34	176
	생산액	61,749	1,016	3,951	3,532	5,036	3,588	10	23,538	1,439	103,858

* 출전: 京城商工會議所, 《京城における工場調査》, 각년판.

업 현황을 살펴보면, 1937~41년 사이에 공장수가 3배 이상 증가하였으며, 업종별로는 방직공업, 식료품공업, 기계기구공업, 화학공업, 제재·목제품공업의 순으로 비중이 크다. 방직공업은 영등포 지역 전체 생산액의 3분의 2가량을 차지할 정도로 비중이 큰 업종이다. 기존의 경성방직, 카네가후치방적, 경기염직, 쇼와공업에다 도요방적 경성공장이 1937년 10월에, 다이닛폰방적大日本紡績 경성공장이 1939년 8월에 조업을 개시함에 따라 영등포는 방직공업의 중심지로 부상하였다. 설비 면에서 1939년에 영등포 지역 방직공장의 역직기는 모두 5,780대로 조선 전체 역직기의 41퍼센트를 점하였다.[160] 식료품공업은 전체 생산액의 약 20퍼센트 정도를 점하는데, 맥주제조업과 제분업의 비중이 컸다. 국내의 맥주 생산을 독점하는 양대 맥주회사인 조선맥주와 쇼와기린맥주는 식료품공업 생산의 약 50~60퍼센트를 차지하였으며, 1937년 3월 조업을 개시한 닛신제분日淸製粉 계통의 조선제분 영등포공장도 자본금 200만 원의 대규모 회사였다.[161]

무엇보다 영등포 지역의 특징은 기계기구공업에서 찾아볼 수 있다. 기존의 용산공작이 기관차제조공장을 설립하여 차량제조 일관작업을 행하는 등 사업을 크게 확장하였으며,[162] 조선전선, 닛폰정공日本精工 등 상당한 규모의 회사들이 설립되었다. 화학공업에서는 기존의 조선피혁 외에 조선탄닌이 설립되었다. 이렇게 중화학 부문이 확대됨에 따라 영등포는 방직공업, 식료품공업을 중심으로 하는 경공업과 기계기구공업을 중심으로 하는 중화학공업이 결합된 대표적인 공업 지역으로 성장하였다.

영등포 기계기구공업은 부평 지역으로 확장되었다. 부평평야가 기계기구 공업지대로 등장하게 되는 것은 1938년 히로나카상공弘中商工 부평공장이 들어서면서부터였다.[163] 히로나카상공에 이어 도쿄자동차공업이 진출하고 국산자동차國産自動車가 자동차부품공장을 건설함에 따라 부평은 자동차 및 철도차량 제작기지가 되었다. 도쿄자동차공업은 닛산日産계통의 히타치제작소日立製作所가 운영하는 회사로, 1941년 디젤자동차공업주식회사로 이름을 바꾸고 디젤자동차의 조립 및 광산용 대형차, 군수용 차량을 조립하였다.[164]

부평이 중공업 중심지로 부각되게 되는 것은 닛폰고주파중공업日本高周波重工業 경인공장과 더불어 각종 병기를 생산하는 인천육군조병창仁川陸軍造兵廠이 부평에 들어서면서부터였다.[165] 특수강을 생산하는 닛폰고주파중공업은 성진공장 확장에 이어 부평에 약 200만평 규모의 공장 건설계획을 세웠으나, 이후 경영난으로 이는 중단되었다.[166] 인천육군조병창은 각종 병기 및 탄약을 생산하는 대규모 공장으로, 월간 생산능력은 소총 4,000정, 총검 2만 정, 소총탄환 70만 발, 포탄 3만 발, 군도 2,000정, 차량 200량 등이며, 전시 말기에는 배와 무전기까지 생산하였다.[167] 인천육군조병창은 포탄이나 수류탄 제작 같은 일부 공정을 전국 각지의 철공소나 철공공업조합에 하청하였으며, 병기 제작에 필요한 재료는 경인 지역의 중화학공장에서 지원받았다.[168] 그 밖에 구로지구의 간토기계제작소關東機械製作所 및 소사지구의 니코사조선착암기공장日興社朝鮮鑿岩機工場 등 상당한 규모의 광산용 기계제작공장이 설립되었다.

식민지 공업의 한계

경인공업지대의 중심 업종은 방직공업, 기계기구공업, 식료품공업이지만 향후 공업의 전망을 보여주는 핵심적인 업종은 기계기구공업이다. 기계기구공업의 기술수준은 경인공업지대의 기술 현황과 수준을 보여주는 동시에 군수공업화의 한계를 드러낸다. 먼저 [표 4-15]에서 1940년 기계기구공업의 생산 현황을 살펴보면, 전체 기계기구공업 생산액 중 차량류가 전체의 20퍼센트로 가장 비중이 크며, 광산용 기계 17퍼센트, 각종 부품·부속품 11퍼센트, 선박 7퍼센트 순이었다. 경인공업지대는 전체 기계기구공업 생산액의 55퍼센트를 차지하였고, 차량류, 광산용 기계, 전기기계 생산을 거의 독점하고 있었다.[169] 이처럼 일본자본의 진출, 국내자본의 공장 설립으로 기계기구 생산이 크게 증대했음에도 불구하고 기계기구공업의 자급율은 25퍼센트 정도에 머물렀으며, 기타 차량 및 부속품, 제조가공용 기계, 도량형기 등을 제외한 대부분의 품목이 이입에 의존하고 있었다.

업종별 실태를 살펴보면 기계기구공업의 열악함이 잘 드러난다. 기계기구공업의 핵심인 공작기계, 정밀기계는 전량 일본으로부터의 이입에 의존하였으며, 대규모 기계공장 중 정밀을 요하지 않는 기계 및 기계부분품을 자가용으로 제작하는 곳도 있지만 시험제작에 불과한 상태였다.[170] 철도차량의 경우 화차貨車 제작에서 객차와 기관차 제작으로 나아갔지만 차체 제작에 머물렀다. 용산공작, 닛폰차량제조 같은 대공장도 일관생산체제를 갖추었지만 기관차의 제관작업製罐作業이나 조립에 불과할 뿐 기관차의 중요부분품은 이입에 의존하였다.[171] 자동차도 차체 조립은 일찍부터 시작되었지만 간단한 부품 제작을 시작한 수준이었다. 1942년 초까지도 디젤자동차공업은 샤시, 부품 등 거의 모든 재료를 일본 본사에서 가져와서 조립하는 형편이었다.[172] 이후 국산자동차가 부평에 공장을 설립하여 스프링 등 부품 제작에 착수하였으며,

[표 4-15] 1940년 기계기구공업의 품목별 생산·무역 현황(단위: 천원)

품목	생산	이입	수입	이출	수출	국내소비	자급율
기관 및 부속품	97	2,765		−	320	2,579	3.7퍼센트
원동기	1,609	21,975	69	−	888	22,765	7.1퍼센트
공작기계	−	8,244	254	−	94	8,404	−
제조가공용 기계	24,936	94,559	9,764	10,895	2,305	116,059	19.6퍼센트
철도기관차	−	36,268	2,041	−	492	37,817	−
시계		1,728	33		15	1,746	
도량형기	1,153	840	−		35	1,958	60.0퍼센트
의료기구	51	1,661	2		250	1,464	3.5퍼센트
제도 및 측량기	−	578	−	−	−	578	−
사진기		347	2			349	
축음기	−	2,207	2	−	141	1,888	−
전신전화기	15	5,249	2		87	5,179	0.3퍼센트
기타 학술기구	−	7,691	37	1,036	187	6,505	
총포 및 부속품	−	89	5	7	12	75	
철도차량	−	25,421	738	1,252	4,435	20,472	−
자동차 및 부속품	15	5,744	−	−	1,061	4,698	0.3퍼센트
선박	5,575	5,907	7	497	20	10,966	50.8퍼센트
기타차량·부속품	15,933	4,495	−	−	2,972	17,456	91.3퍼센트
자전차·부속품	−	18,097	1,314	−	76	19,335	−
기타기계	26,315						
계	75,699	243,685	14,307	13,687	13,396	306,608	24.7퍼센트

* 출전: 朝鮮銀行調查部, 《朝鮮經濟年報》, 1948년판, I~105쪽.
  《朝鮮經濟統計要覽》(朝鮮銀行調查部, 1949)에서 일부 보충).
* 비고: 기타 기계는 생산통계품목 중 무역통계에 기록되지 않은 일체의 품목을 말함.

조선이연금속朝鮮理硏金屬 대전공장에서도 피스톤링 제작을 시작하였다.[173] 대규모 기계제작업체인 히타치제작소도 수십만 평의 부지를 확보하고 일반기계류의 자급을 계획하였지만 인천공장 건설에 착수한 지 3년이 지난 1943년까지도 4기의 전기로를 설치하고 주강鑄鋼제품을 생산하는 정도에 그쳤다.[174]

이러한 기계기구공업의 낮은 기술수준은 경성의 공업지구 및 경인공업지대가 병참기지 역할을 수행하는 데 커다란 결함이 되었다. 또한 전황의 악화에 따른 일본-조선 간 수송 곤란, 일본 기계공장이 군수 동원됨에 따른 기계류의 이입 곤란 등은 기계기구공업의 기술력 향상과 자급체제 지향을 시급하게 만들었다. 이에 따라 기존 설비의 이용, 계획생산의 수행, 일본에서 선진기술의 도입, 일본에서 유력 기계공업자의 유치 등의 대책이 시행되었다.[175] 일본에서의 기술 도입은 일본 재벌의 국내공장 매수, 일본의 우수업체와의 기술제휴 등의 방식으로 이루어졌다. 미쓰비시중공업三菱重工業은 1942년 원자재 입수난에 빠진 히로나카상공 부평공장을 매수하여 히로나카중공업弘中重工業을 설립하였으며,[176] 미쓰비시전기三菱電氣는 조선중앙전기朝鮮中央電氣 인천공장을 매수하였다.[177] 그리고 고바야시광업小林鑛業과 닛폰제철은 절반씩 출자하여 간토기계제작소의 설비를 기반으로 조선중기공업朝鮮重機工業을 설립하였다.[178] 히로나카중공업은 아사히경금속朝日輕金屬과 기술제휴하였으며,[179] 경금속공업용 기계를 제작하는 조선화공기朝鮮化工機는 도쿄의 이시이철공소石井鐵工所 및 쓰키시마기계月島機械와 기술제휴하였다.[180] 이와 더불어 일본 기계공업 자본의 경인 지역 진출도 계속되었다. 1944년 들어 경성 지역으로는 통신기기를 생산하는 오키전기沖

電氣, 공업용 미싱을 생산하는 조선미싱, 이화학理化學기계를 생산하는 이와시야제작소鰯屋製作所 등이, 인천에는 자전거를 생산하는 조선자동차, 와이어로프를 생산하는 도쿄제강東京製鋼 등이 진출하였다.[181]

이러한 시도에도 불구하고 전황의 악화로 인한 원료·자재난은 더욱 심화되었고, 기계기구공업의 자급율은 한층 저하되었다. 1940년에 25퍼센트 정도이던 자급율은 1944년에 가면 10퍼센트 정도로 더욱 낮아지는데,[182] 이는 '조대공업粗大工業'[183]에 집중된 기계기구공업만 확대되었을 뿐 공작기계나 정밀기계의 생산으로 나아가지 못했음을 보여주는 것이다. 기계기구공업의 한계는 몇몇 대공장에 국한된 문제가 아니라 기계기구공업의 재생산구조 전반에 걸친 문제였다. 원료 면에서 강재의 대부분을 이입에 의존하였기 때문에 전시통제로 철강의 공급이 제한될 경우 원료의 제약을 벗어날 수 없었다. 설비면에서 선반의 경우 98퍼센트 정도가 보통선반이었고, 보통선반 중에서도 절반 이상이 1.8미터 이하의 소형선반이었다. 대형선반은 2~3개 대공장에만 설치되어 있었고, 정면반正面盤, 자동선반, 고속도선반 등 특수선반은 극소수였다.[184] 또한 단압鍛壓 설비 및 주조鑄造 설비도 크게 미흡하였으며, 특히 주조설비가 되어 있지 않은 중소주물업자는 전문주물업자에게 기계부품 제작을 주문해야 했다.[185] 이러한 설비의 결여로 대공업과 중소공업 간의 하청관계가 결여되었으며, 광범위하게 존재하는 군소 기계공장은 군수품 하청 생산을 담당하거나 민수용 주물 제작에 머물렀다.[186] 군수공업화는 식민지 공업이 자신의 한계를 돌파할 수 있는 계기를 제공하였지만, 군수공업화 역시 식민지 공업의 일부분으로 편성됨으로써 식민지 공업의 굴레에서 탈피하지 못하였다.

부산의 공업통제와
군수공업화

군수기지 부산항과 군수공업화

중일전쟁이 발발하면서 부산은 일만경제블럭을 연결하는 통로이자 전쟁 수행을 위한 전진기지로서 부각되었다. 경제통제가 확대되고 식민지 전반에 대한 일원적 통제로 나아감에 따라 대일무역 의존도가 높아지고 부산항이 차지하는 비중이 높아졌다. 부산항의 이출입 무역 상황을 보면 중일전쟁 발발 이후부터 1940년까지 이입초과 기조가 더욱 확대되었으며, 부산항 무역의 전반적인 확대와 더불어 전체 무역의 30퍼센트를 초과할 정도로 부산항의 비중이 높아졌다.

더구나 1941년 미국의 대일 자산동결과 수출금지 조치에 이은 태평양전쟁의 발발로 일본이 장악한 '대동아공영권' 외부와의 무역이 두절됨에 따라 군수물자의 통로이자 병참기지로서 부산항의 전략적 중요성이 부각되었으며, 연합군의 공세 속에서 해상 운송이 위협받게 되자 일본과 지근거리에 있는 부산항의 역할이 더욱 증대되었다.

군수물자를 중심으로 부산항을 오가는 물동량이 크게 늘어나고 부산
항의 전략적 중요성이 부각되면서 부산항의 확장이 이루어졌다. 부산
부의 시가지 확장과 공장부지 조성을 위하여 1934년에 시작한 적기만
赤崎灣 매축사업이 1937년에 완공되었으며, 1944년까지 추가매축공사
를 실시하여 일본군 군수창고와 조병창을 두었다. 기존의 제1, 제2부
두가 축조된 이래 부두는 더이상 확장되지 않았지만 1941년에 제3부
두, 1943년에 제4부두가 축조되었다.[187] 부산항 확장과 더불어 시가지
계획에 따른 시가지 정비가 진행되었고, 부역府域 확장이 이루어졌다.
1937년에 확정된 부산시가지계획에는 절영도와 새로 편입된 부전동釜
田洞 일대가 공업 지역으로 설정되었으며, 1938년부터 영선, 범일, 부
전지구에 대한 토지구획정리사업이 시행되고 군수공장이 들어서기 시
작하였다. 1942년 10월 제2차 부역 확장으로 동래읍 전부, 동래군 남
면 전부, 동래군 사하면 전부, 동래군 북부 일부가 부산부에 포괄되었

[표 4-16] 부산항의 수이출입 현황(1935~1943)

구분 연도	수이출輸移出		수이입輸移入		무역수지	부산항의 비중
	금액	대일무역	금액	대일무역		
1935	120,105	95.0	205,180	96.4	-85,075	26.9
1937	156,398	90.0	250,181	96.9	-93,783	26.2
1939	284,908	91.3	447,601	97.7	-162,693	30.6
1941	273,339		548,517		-275,178	33.0
1943	353,892		590,942		-237,050	46.0

* 출전: 朝鮮銀行調査部, 《朝鮮經濟年報》, 1948年版, 제3부, 46~47쪽.
* 비고: 부산항의 비중은 '부산항의 수이출+수이입/조선 전체의 수이출+수이입'.

다. 부산부의 제2차 부역 확장은 일본의 대륙 진출과 병참기지를 위한 산업발전책이었다.[188]

이러한 부산항의 확장, 정비 및 부역 확장을 통하여 군수물자 기지로서 부산의 역할이 부각되었다. [표 4-17]에서 공업의 추세를 보면, 중일전쟁 발발 초기에는 다소 침체되었지만 1930년대 말에 전시 특수와 군수공업의 발흥으로 공업 생산이 확대되었다. 1936년에서 1938년까지 공장수는 거의 변동이 없고 생산액만 다소 증가하였는데, 중일전쟁 발발을 전후한 공업의 정체는 정미업의 위축으로 인한 것이었다. 1936년을 기점으로 일본으로 미곡 이출이 감소하면서 부산의 정미업 생산이 감소하였는데,[189] 1937년의 정미업 생산은 1936년에 비하여 약 30퍼센트 감소하였다.[190] 공업 생산의 증대는 1938년부터 시작되는데, 이는 군수공업 중심의 중화학공업 발흥에 의한 것이었다.

남선공업지대의 중심지인 부산은 섬유 등 경공업 유망지역일 뿐 아

[표 4-17] 부산의 공업 현황(1936~1940, 1944)

구분 연도	공장수	생산액 (천원)	노동자수		
			계	조선인	일본인
1936	389	55,604	14,833	13,855	978
1937	395	58,057	15,179	14,370	806
1938	385	69,288	14,988	14,146	842
1939	421	107,512	22,751	–	–
1940	581	–			
1944	749	–	33,467	–	–

* 출전: 釜山府, 《釜山の産業》, 1938, 1940, 1942.; 1944년은 《朝鮮經濟統計要覽》, 1949.
* 비고: 1940년은 1941년 3월 현황이고 1944년은 1944년 6월 현황임.

니라 조선공업과 고무공업 특화지역으로 지목되었다. 대표적인 것이 1937년에 자본금 150만 원으로 설립된 조선중공업주식회사이다. 조선중공업은 대형선박의 제조, 수리를 담당하였으며, 조선 전체 조선능력의 25퍼센트, 수리능력의 78퍼센트를 보유하고 있었다.[191] 조선중공업은 1939년에 생산력확충계획 대상기업으로 선정되었으며, 1940년에 조선중공업에 강재를 공급하기 위하여 자본금 200만 원으로 조선전기제강주식회사가 설립되었다. 고무제조업에서는 기존의 삼화고무 이외에도 1939년에 자본금 150만 원의 아사히고무주식회사와 자본금 50만 원의 조선호모조대주식회사朝鮮護謨調帶株式會社가 설립되었다. 대규모 고무공장의 설립으로 고무신 생산에서 고무벨트를 비롯한 고무제품 생

[표 4-18] 부산의 업종별 공업 현황(1936 · 1939)

구분\업종	1936		1939	
	공장수	생산액	공장수	생산액
방직	23	10,150(18.3)	25	36,575(34.0)
금속	20	673(1.2)	26	2,618(2.4)
기계	64	1,617(2.9)	93	6,714(6.2)
요업	18	2,103(3.8)	24	3,661(3.4)
화학	10	4,323(7.8)	22	7,087(6.6)
제재	31	2,166(3.9)	42	3,387(3.2)
인쇄	19	630(1.1)	19	966(0.9)
식료품	121	27,404(49.3)	107	36,836(34.3)
기타	83	6,538(11.8)	37	3,029(2.8)
계	389	55,604(100)	421	107,512(100)

* 출전: 釜山府, 《釜山の産業》, 1938, 1942.

산으로 확대되었다. 또한 1939년에는 유지油脂를 생산하는 자본금 150만 원의 조선제유주식회사 부산공장이 설립되었다. 대규모 공업회사가 설립됨에 따라 1941년에 자본금 100만 원 이상의 공업회사는 9개로 늘었고, 공업회사 전체 자본금의 80퍼센트를 차지하였다.[192]

군수공업 중심의 중화학공업이 발흥함에 따라 1939년 이후 공업 생산이 증대하면서 업종별 구성이 변화하였다. [표 4-18]에서 1936년과 1939년의 공업 현황을 비교해 보면, 방직공업의 비중 증가와 식료품공업의 비중 감소가 두드러진다. 방직공업에서는 직물업, 특히 면직물업과 인견직물업의 생산이 크게 증가하여 1939년에는 공업 생산의 34퍼센트를 차지하였다. 반면 정미업의 비중 감소로 식료품공업의 비중은 49퍼센트에서 34퍼센트로 감소하였다. 미곡 이출의 감소에도 불구하고 정미 생산은 유지되었지만, 방직공업을 비롯한 여타 업종의 생산 증가로 식료품공업의 상대적 비중이 저하하였다. 또한 군수공업이 발흥함에 따라 금속·기계공업의 비중이 높아졌다. 1936년에 공업 생산의 4.1퍼센트를 차지하던 금속·기계공업이 1939년에는 8.6퍼센트로 증가하였는데, 조선업의 증대를 필두로 선철주물업, 전구제조업, 자동차차체제조업 등의 생산이 확대되었다.[193]

공업조합과 공업통제

경제통제가 시행되고 〈조선공합조합령〉이 공포됨에 따라 부산에서도 업종별로 공업조합이 결성되었다. 〈조선공합조합령〉 공포 직후인 1938

년 8월, 부산상공회의소에서는 경제통제로 희생되는 중소상공업자의 구제를 위하여 중소공업자를 주체로 한 공업조합을 결성하고, 공업조합에서 군수공업, 수출공업, 대용공업을 직접 경영하거나 하청을 받도록 하는 '중소상공업 구제 등의 구체안'을 건의하였다.[194] 이후 동업조합이나 임의조합이 결성되어 있는 업종을 중심으로 공업조합으로 재조직할 것을 결정하고,[195] 1939년 3월에 부산기계철공업조합과 부산메리

[표 4-19] 부산 지역 공업조합 설립 현황

조합명	소재지	인가일자	조합원수	연생산액
부산기계철공업조합	수정정 247~7	1939.3.24.	41	3,000,000
부산메리야스공업조합	초량정 378	1939.3.28.	31	1,086,727
조선전구공업조합	대교통 4~20	1939.3.31.	30	952,936
남선조선공업조합	영선정 1260	1939.3.31.	25	1,808,521
남선고무공업조합	수정정 43	1939.3.31.	10	6,412,646
조선법랑철기공업조합	대교통 4~21	1939.3.31.	7	2,279,000
조선연사어망공업조합	대교통 2~78	1939.3.31.	3	2,231,300
경남피복공업조합	대청정2정목14	1940.7.31.	63	
조선파스너협동조합	대창정 4~16	1940.8.6.	93	
부산과자공업조합	부평정3~58	1940.11.27.	119	
경남직물공업조합	대교통 2~58	1941.3.12.	29	
경남주물공업조합	부산공회당내	1941.5.1.		
경남초자공업조합	보수정3~57	1941.8.8.	8	
경남가구공업조합	영정1~20	1942.2.17.	80	
경남인쇄공업조합	서정4~8	1942.5.15.	96	
경남장유미쟁공업조합	서정1~20	1942.5.23.	58	

* 출전: 釜山府,《釜山の産業》, 1940, 36쪽; 조선공업조합중앙회,《朝鮮工業組合》3~3, 1944.7.

야스공업조합 설립 인가를 시작으로 주요 업종에서 공업조합이 설립되었다.

공업조합의 설립 추이를 보면 1939년에 부산의 주요 업종을 중심으로 공업조합이 먼저 설립되었고, 1940년 중반부터 경상남도의 사업자를 포괄하는 지역별 공업조합이 설립되었다. 이에 따라 1942년까지 피복, 직물, 주물, 유리, 가구, 인쇄, 양조 등의 업종에 지역별 공업조합이 설립됨으로써 업종별 조직화가 일단락되었다. 철공업에서는 1938년 4월 동업조합인 부산철공업조합이 결성되었고,[196] 이를 기반으로 1939년 3월 철공업자 41명이 부산기계철공업조합을 조직하였다. 고무제조업에서는 경기와 평남에서 고무동업조합이 설립되면서 1937년 1월 부산, 대구, 여수, 군산, 목포 등의 고무공업자 9명이 남선고무동업조합을 결성하였고, 1939년 3월에 남선고무공업조합으로 전환되었다.[197] 조선전구공업조합은 1935년에 결성된 조선수출전구동업조합을 기반으로 전구제조업자 30명으로 조직되었으며, 조선법랑철기공업조합은 1934년에 결성된 조선법랑철기수출조합을 기반으로 법랑철기제조업자 7명으로 조직되었다. 조선업에서는 부산의 조선업자 25명으로 부산조선공업조합을 조직하였으며, 지역별 조선공업조합이 결성되면서 남선조선공업조합南鮮造船工業組合으로 바뀌었다가, 1943년 12월에 조선업의 단일조합인 조선조선공업조합朝鮮造船工業組合으로 통합되었다.

부산 지역의 공업조합은 일반적인 경제사업과 통제사업을 수행하였다. 부산메리야스공업조합은 각종 면사, 기계유 등 원료의 구입, 제품의 검사, 제품의 판매, 염색가공을 위한 공동설비의 운용, 자금의 대부 등의 사업과 함께 배급통제 등의 통제사업을 행하였다. 부산기계철공업조합은 군수품 하청사업이 중심이었다. 인천육군조병창, 평양제조소, 진해해군공작부로부터 포탄가공 하청계약을 맺고 공동설비를 운용하였으며, 군수하청공장의 통합을 추진하였다. 남선고무공업조합은 통제사업이 중심이었다. 제품의 검사와 더불어 생고무와 약품의 배급통제, 가격협정, 공동구입의 제한, 제품 품종의 제한, 거래선의 지정 같은 통제사업을 시행하였다. 경남피복공업조합에서는 제품의 검사, 제품의 판매, 면사 등 원료의 공급, 노동자의 이동 방지, 기업합동의 추진 등의 사업을 시행하였으며, 조선법랑철기공업조합에서는 제품의 검사, 제품의 판매, 원재료인 박철판薄鐵板의 배급 등의 사업을 시행하였다.[198]

공업조합으로 조직화와 더불어 각 부분에서 군수공업으로의 재편이

[표 4-20] 부산의 업종별 공장 현황(1937~41)

구분 / 업종	1937		1939		1941.3	
	공장수	생산액	공장수	생산액	공장수	생산액
방직	22	11,915	25	36,575	63	?
금속	18	664	26	2,618	154	?
기계	82	2,163	93	6,714		
요업	22	3,263	24	3,661	26	?
화학	10	6,122	22	7,087	25	?
제재	31	2,215	42	3,387	48	?
인쇄	19	727	19	966	30	?
식료품	116	22,243	107	36,836	129	?
기타	75	8,745	37	3,029	106	?
계	395	58,057	421	107,512	581	?

* 출전: 釜山府, 《釜山の産業》, 1938, 1942.

추진되었다. [표 4-20]에서 1937년에서 1941년 초반까지 업종별 공장 현황을 살펴보면 금속, 기계공업이 크게 확장되었다. 금속, 기계공업은 공업 생산에서 차지하는 비중이 1937년의 4.9퍼센트에서 1939년의 8.6퍼센트로 증가하였으며, 1941년 초까지 공장수가 크게 증가하였다. 금속, 기계공업의 생산 확대는 군수공업화의 영향 때문인데, 부산공작소, 부산조선철공공작소조합, 부산기계철공업조합, 동양공작소 등이 군수품 하청을 담당하였다.[199] 또한 1939년 이후 방직, 기타 공업에서 공장수가 크게 증가하였는데, 이는 방직공업에서는 양말이나 작업용 장갑을 생산하는 메리야스계통 공장이 증가하였고, 기타 공업에서는 국민복, 작업복을 생산하는 피복공장이 크게 증가하였기 때문이다.

[표 4-21] 부산의 중소공업 실태(1942.9)

구분 / 업종	가구·건구 제조	군수軍手 · 양말제조	고무	철공업	무력업 (鉎力業)	목형	인쇄
업자수				75	48	9	
원재료 입수	배급감소	5할 배급	변화없음	배급감소	배급감소	지장없음	2할감소
조업상황	소자본가 휴·전업	5할 조업	지장없음	단축	단축	단축	변화없음
제품의 전환	없음	없음	없음	없음	있음	있음	없음
판매상황	감소	제품부족	2할 증가	감소	감소	2~3할감소	변화없음
종업원 이동	변화없음	전출 있음	변화없음	적음	적음	없음	없음
금융상황		원활	원활	원활			원활

* 출전: 朝鮮金融組合聯合會, 《第五次時局下中小商工業者實情調査書》, 1942.

군수 생산의 증가 속에서 조선인 공장의 비중이 증가하였다. 1935년에 조선인 공장이 48개에 불과하였고 그중 절반이 식료품공업에 속하였지만, 1941년 초에는 메리야스업과 피복제조업으로 확대되면서 조선인 공장이 89개로 늘어났다. 조선인 공장은 철공업, 전구제조업, 양조업, 메리야스업, 피복제조업에 집중되었으며, 군수물자를 제조하거나 하청받아 작업하는 소규모 공장이 다수였다.

전쟁이 장기화되고 배급통제가 강화됨에 따라 1940~41년을 정점으로 공업 생산 전반이 위축되기 시작하였다. [표 4-21]에서 1942년 9월에 행해진 조선금융조합연합회의 중소상공업 실태조사를 보면 원재료 배급 감소 및 조업 단축이 확산되고 있었다. 원료의 배급이 원활한 고무제조업을 제외한 나머지 업종은 배급이 감소하고 조업단축이 시행되었다. 특히 원료 면사의 사용제한으로 군수·양말제조업은 대규모 군수품공장을 제외하고는 50퍼센트가량 원료 배급이 줄어들었고 조업 또한 공장의 절반 정도에 그쳤다.[200]

부산 및 경남의 기업정비는 1944년 3월부터 시작되었다. 2월에 경남 경제통제협력회 주최로 부산상공회의소에서 기업정비협의회가 개최되었다. 소매업과 공업을 포함하여 정비되는 업자는 8,000명, 관련 부문의 노동자는 약 3만 명 정도로 추산되었으며, 이들은 "적당한 지도, 훈련을 거쳐 중요 산업 부문으로 진향振向할 것"이라고 하였다.[201] 3월부터 제1차 기업정비가 시행되었다. 제1차 기업정비에서 부산부의 기업정비 업종은 제약업, 유비油肥제조업, 유리제품제조업, 제조업製繰業, 진면眞綿제조업, 양곡가공업, 소주제조업, 아노미산제조업, 인쇄업이었고, 부산부 및 경상남도의 공동관리하는 업종은 견인견직물업, 메리

야스업, 피복제조업, 가구제조업, 나막신下駄제조업, 과자제조업, 제면업製麵業이었다.[202]

결론

이 책에서는 식민지 자본주의의 근대적/식민적 형성이라는 관점에서 러일전쟁에서 태평양전쟁에 이르는 식민지 공업의 형성, 변형 과정과 더불어 식민 본국과 연결된 식민지 공업의 재생산구조를 검토하였다. 지금까지 살펴본 내용을 식민지 공업의 형성, 식민지 공업의 구성과 성격, 식민지 공업의 한계로 나누어 정리하고, 약간의 문제제기를 덧붙이고자 한다.

1.

식민지 공업으로서 조선 공업은 러일전쟁 이후 화폐와 철도를 매개로 한 조선경제의 식민지 자본주의로의 전환을 기반으로 하여 형성되었다. 식민지 공업은 러일전쟁에서 1910년대 후반에 이르기까지 이질적 기반을 가진 업종들, ① 일본에 식량 및 원료를 공급하기 위한 업종, ② 식민지 경제의 인프라 구축에 필요한 업종, ③ 일본인 거류민을 대상으로 생활용품을 생산하는 업종, ④ 전통적인 수공업에서 유래한 업종들로 구성되었다. 식민지 공업의 형성은 전통적인 생산체계가 해체되고 식민 본국과 연결되는 새로운 생산체계가 만들어졌음을 의미하는 한편, 개항 이후 식산흥업정책을 중심으로 추진되었던 공업화 시도와의 단절을 의미한다.

조선경제는 개항을 계기로 한 외국산 면직물의 유입으로 분업체계 전반에 걸친 변동이 초래되었으며, 조선정부는 부국강병을 실현하기 위한 식산흥업에 착수하였다. 1880년대 관영공장 설립에 이은 1890년대 관료 주도의 회사 설립 및 내장원 산하의 관영공장 설립 등 정부 주도의 공업화가 모색되었지만 산업정책의 부재와 외세의 개입으로 좌절되었다. 이러한 과정에서 한성과 동래 등의 도시 및 일본인 거류지를 중심으로 소비재 업종에서 공장 설립이 확산되었으나, 식민화와 더불어 기존에 설립된 공장과 전통적 수공업이 식민지 공업의 일부로 재편되었다.

원료가공업과 관영공업을 주축으로 하는 식민지 공업은 러일전쟁 이후 도시의 일본인 거류지를 중심으로 발흥하였으며, 1910년대 후반의 대전호황과 1920년대 초반의 공황을 거치면서 나타난 조선인 공장의 일본인 공장 따라잡기 및 대전호황으로 팽창된 일본인 공장의 영세화를 겪으면서 정착되었다. 이러한 과정을 거쳐 형성된 식민지 공업의 특징은 식민지 본국에 식량 및 원료를 공급하기 위한 가공업의 비중이 컸고, 관영공업 부문이 식민지 경영의 중요한 기반이 되었으며, 소공업과 가내공업의 두터운 층이 식민지 공업의 토대를 형성하였다는 점이다.

1910년대 경성부 설치와 동래에서 부산부의 분리는 경성과 부산에서 식민지 지역공업이 출현하는 계기가 되었다. 러일전쟁 이후 새롭게 발흥한 경성과 부산의 소비재 공업은 대전공황과 전후공황을 거치면서 정착하였다. 이입품의 영향력 아래 형성된 경성과 부산의 소비재공업은 소공업과 가내공업이 중심이었으며, 가내공업은 공장공업과 중복되는 업종이 많았는데, 이는 가내공업이 중소공업의 두터운 저변으로 존재하였음을 보여준다.

2.

러일전쟁에서 1920년대 전반에 걸쳐 발흥, 정착된 식민지 공업이 재편되는 계기는 1929년의 '대공황'이었다. 대공황으로 지배체제의 위기에 직면한 총독부는 산미증식에서 농공병진으로 경제정책을 전환하였으며, 공업부문에서는 총독부 주도로 일본자본 유치가 추진되고 경쟁이 심한 업종에 대해 경제통제를 시행하였다. 일본 민간자본의 투자 증대와 독점자본의 진출로 인한 생산 확대로 공황에서 벗어나면서 원료가공업과 관영공업이 중심이었던 식민지 공업은 일본 독점자본이 주도하는 방직 및 화학공업으로 중심이 이동하였다.

일본 독점자본이 주도하는 식민지 공업의 재편은 경성과 부산에서 지역공업의 '조공업' 지대화와 식민지 이중구조의 형성으로 나타났다. 1930년대 들어 일본 독점자본의 진출로 소비재 생산이 증대함에 따라 경성과 부산은 소비재 생산지로 변화하였다. 이에 따라 1920년대 후반에서 1930년대 초반에 걸쳐 이입품의 중심이 대중소비재에서 고급소비재 및 중화학공업제품으로 옮겨갔으며, 일본에서 정공업제품을 생산, 이출하고 조선에서 조공업제품을 생산하는 '정공업-조공업' 분업 관계가 형성되었다. 식민 본국과 식민지를 연결하는 분업체계 속에서 경성을 중심으로 일본에서 진출한 독점자본 계통 대공장과 기존의 대공장이 식민지 공업의 주도적인 부문으로 자리 잡음에 따라 식민지 이중구조가 창출되었다.

자동기계와 일관생산체계를 도입한 대공장과 동력을 도입하는 단계에 있던 중소공업·가내공업 사이에는 생산설비 면에서 현격한 격차가 있었다. 이러한 격차는 작업과정과 노동력의 고용 및 관리에 걸친 차이를 낳았으며, 원료 공급, 노동력 수급, 제품의 생산 및 유통 전반에 걸친 이중구조를 형성하였다. 식민지 이중구조의 특징은 대공업과 중소공업이 상호 연관을 맺지 못한 채 분리되어 있으며, 중소공업과 가내공업의 토대가 두텁다는 점이다. 대공업과 중소공업 간의 하청연관이 이루어지지 못하는 대신, 중소공업 내부에서 특수한 형태의 생산연관이 생겨났다. 또한 지역 공업의 토대를 형성하고 있는 중소공업과 가내공업은 열악한 설비와 낮은 기술에 기반해 있었기 때문에 상인이나 관련 업자들이 소자본으로 공장 경영에 뛰어드는 것이 용이하였으며, 그 결과 업자 간의 치열한 경쟁, 경영의 불안정, 경영난에 이르는 악순환을 초래하였다.

3.

중일전쟁 발발과 더불어 조선경제가 일본의 전시통제체제에 편입되면서 식민지 공업의 전시 재편성이 시작되었다. 무역, 자금에서 시작된 통제는 국가총동원법의 발동에 따라 원료, 자금, 노동력 등 공업 전반에 대한 통제로 확대되었으며, 공업의 재편성은 공업조합으로의 조직화를 통하여 통제사업 및 군수하청을 추진하는 방식으로 진행되었다. 공업조합은 대공장을 포함하여 일정 규모 이상의 사업자들로 조직되었고, 행정관청에 의한 통제가 용이하도록 행정구역별로 조직되었다. 전시통제와 군수공업화로 군수부문은 확대되었지만, 물자통제로 인한 원료난, 조업단축, 판매부진 등으로 민수부문은 타격이 컸으며, 1940년을 정점으로 공업 생산 전반이 위축되었다.

경성과 부산에서는 각 지역의 대표적인 업종을 중심으로 공업조합이 설립되었다. 기존의 동업조합이나 임의단체가 공업조합으로 재편되었으며, 공업조합을 중심으로 원료, 생산, 판매 등에 대한 통제와 더불어 군수하청 생산이 이루어졌다. 경성 지역에서는 1941년까지 군수 관련 중소공장을 중심으로 생산이 확대되었으며, 특히 조선인 소공장의 증가가 현저하였다. 경성과 부산의 공업 생산은 1940~41년을 정점으로 점차 축소되었으며, 군수부문으로 집중, 원료난 등으로 인하여 조업단축과 전업이 부득이하였다. 1944년 들어 기업정비가 실시되면서 민수부문에 대한 대폭적인 정리가 단행되고 정리된 공장의 설비는 군수 부문으로 돌려졌다. 이처럼 공업조합을 통한 재편과 군수공업화로 공업전반에 커다란 변화가 있었지만, 1930년대의 식민지 이중구조는 커다란 변동 없이 유지되었다. 한국인 소공장의 증가로 중소공업의 절대적 비중 또한 유지되었으며, 가내공업도 1940년 초반까지 자신의 영역을 유지하였다.

4.

경성과 부산에서 발흥한 공업의 지역적 양상을 잘 보여주는 것은 공장의 공간적 분포다. 경성부의 설치는 궁궐과 관청을 중심으로 편성된 한성부의 공간질서를 해체하고 일본인이 건설한 남촌과 군사기지이자 철도기지인 용산을 중심으로 재편성하는 것이었으며, 종로 시전을 중심으로 형성된 수공업 중심지를 해체하고 남촌과 용산이 식민지 공업의 중심지로 부상하는 계기가 되었다. 민족별 거주지가 청계천을 경계로 '북촌'과 '남촌'으로 분리되고 상업 지역도 민족별로 분리됨에 따라 1920년대에는 공장 분포가 민족별로 분리되었다. 동래에서 부산을 분리하여 부산부를 설치한 것은 동래부를 중심으로 편성된 전통적인 공간질서를 해체하고 일본인 전관거류지와 부산항을 중심으로 재편성하는 것이었다. 이에 따라 일본인 공장은 일본인 전관거류지였던 부산 중심지와 절영도를 중심으로 설립되었으며, 소수에 불과한 조선인 공장은 외곽지이자 조선인 거주지인 초량·부산진 방면에 들어섰다.

1920년대의 공장 분포는 1930년대 들어서 외곽지로 공장 설립이 확산되면서 변화하는 양상을 보인다. 경성의 경우 중심부에서는 공장 분포의 민족별 집중이 강화된 반면, 외곽지인 동부 및 영등포로 공장 설립이 확산됨에 따라 공장 분포의 민족별 집중은 약화되는 경향을 보였다. 부산의 경우 중심부의 공장 설립은 정체되고 외곽지인 서구 일부,

절영도, 초량·부산진 방면으로 공장의 확산이 두드러졌다. 일본인 공장이 중심부에서 외곽지로 확산되고 조선인 공장이 외곽지를 중심으로 확산되면서 공장 분포의 민족별 집중은 약화되었다.

전시통제 아래 도시에는 시가지계획에 따라 공업지구가 지정되고 병참기지 구축을 위한 광역의 공업지대가 조성되면서 공장 배치의 조건이 변화하였다. 경성에서는 용산지구, 영등포지구, 용두지구가 공업 지역으로 지정되고 공업단지 조성에 착수하였으며, 총독부는 경성과 인천 사이의 넓은 지역을 대상으로 경인시가지 계획을 수립하고 경인공업지대 조성에 나섰다. 영등포는 경공업과 중화학공업이 결합된 경성의 대표적인 공업지역으로 떠올랐으며, 경인공업지대에도 군수공업 관련 공장이 들어서기 시작하였다. 경성 공업은 영등포 지역을 매개로 경인공업지대와 연결되고 재배치가 모색되었지만 전시통제의 강화로 인한 인력과 물자 부족으로 공업단지 조성은 예정대로 진행되지 못하고 중단되었다.

5.

마지막으로 1930년대 '공업화' 및 '전시공업화'의 위상 및 한계를 조망해 보자. 1930년대 공업화의 지역적 특질을 보여주는 것이 도시 지역의 공업구조이다. 도시 지역에 형성된 식민지 이중구조는 대공업의 재생산과정과 중소공업·가내공업의 재생산과정이 분리되어 있으며, 원료, 생산, 시장 등의 측면에서 일본과의 연관 속에서 존재하였다. 또한 이입품을 통해 일본과 '정공업-조공업' 관계가 형성되면서 도시 지역은 조공업지대로 자리 잡았다. 이러한 공업구조는 1930년대 공업화의 한 단면을 보여주는 것으로 이를 통하여 공업화의 위상을 가늠할 수 있다. 즉 도시 지역 공업의 재생산구조가 일본(을 통한 원료·반제품·완제품의 이입)을 필수적인 부분으로 포함하고 있듯이 공업화 역시 일본경제의 재생산구조에 종속된 일부로 존재하였다. 1920년대까지는 식량 및 공업원료 공급지로 기능하였지만 1930년대 들어 일본경제의 재생산구조 속에서 자본투하지이자 조공업제품 생산지로 자리매김되었다.

이러한 공업화의 위상이 바로 공업화의 한계로 놓여진다. 1930년대 공업화가 일본경제의 재생산구조 속에 깊숙히 종속되는 한편 일본제국주의 경제권 내의 조공업제품 생산지로 기능하는 것이라면, 공업화를 통하여 공업 생산은 확대되었지만 그 결과, 일본경제의 재생산구조 속으로 종속이 강화되었으며, 잉여의 유출도 강화되었다. 나아가 조선 공업의 전망은 일본과의 종속관계 속에서 그 위치와 역할이 부여되었으며, 일본과의 연관관계가 끊어지지 않는 한 식민지 공업은 일본경제에 종속된 형태로 일본경제의 변동에 규정받을 수밖에 없다.

전시공업화의 일단을 보여주는 경인공업지대의 기계기구공업은 이러한 한계를 여실히 보여준다. 병참기지화정책의 일환으로 추진된 경인공업지대의 기계기구공업은 차량류, 광산용 기계, 전기기계 등 기계기구 생산을 증대시켜 기계기구의 자급율이 25퍼센트에 이르렀다. 그러나 기계기구공업의 핵심인 공작기계, 정밀기계 생산은 전혀 이루어지지 않았으며, 기관차, 자동차 생산도 조립에 불과할 뿐 중요 부품은 이입에 의존하였다. 1943년경부터 수송 곤란으로 자급체제 확립이 시급하게 됨에 따라 기술 향상을 위한 각종 대책이 시행되었다. 그렇지만 일본으로부터 기술 이전은 조공업粗工業에 국한되었으며, 하청관계도 군수하청에 국한될 뿐이었다. 이러한 기계기구공업 실태는 기계기구공업의 발전이 단순한 기술 이전의 문제가 아니라 기계기구공업의 재생산구조 전반에 걸친 문제라는 것을 보여준다. 경인공업지대의 기계기구공업은 경성 공업을 확대한 것에 불과했기 때문에 도시 지역 공업의 한계를 그대로 지니고 있었다. 즉 조공업제품 생산지라는 구조와 기능이 변하지 않는 한 원료의 종속, 설비의 결여, 기술인력의 부족이라는 재생산구조에서 나오는 한계는 여전할 것이며, 이러한 구조하에서 공작기계, 정밀기계로의 발전은 근본부터 가로막혀 있었다.

6.

이상의 내용 정리와 더불어 이 글이 갖는 한계를 언급하면서 마무리하기로 한다. 먼저 식민지 공업의 재생산구조를 분석하기 위하여 식민지 공업 개념을 제기하였지만 동아시아에 존재하는 다른 식민지 공업의 사례를 검토하지 못하였다. 글을 전개하면서 타이완의 사례를 언급하기는 했지만 식민지 공업의 유사한 사례로 충분히 검토하지 못하였다. 앞으로 식민지 공업의 개념화를 위해서는 타이완, 몽골, 베트남 등 식민지 경험을 가진 지역의 식민지 공업에 대한 분석이 이루어져야 할 것이다. 둘째, 이 글에서 피상적 검토에 그친 재생산과정에 대한 이론적 구성과 실증적 분석이 진전될 필요가 있다. 재생산과정에 대한 분석은 논쟁적인 부분이고 이론적 구성이라는 난관이 가로놓인 분야이다. 이에 대한 이론적 검토와 더불어 자료 발굴을 통한 실증적 분석으로 진전시키는 작업이 이루어져야 할 것이다. 셋째, 지역 공업에 대한 다양한 사례 연구가 필요하다. 이 글에서는 경성과 부산의 지역 공업을 사례로 들었지만 대표성을 가지는 사례가 되기에는 부족하였다. 앞으로 평양, 대전, 목포, 함흥 등 더욱 다양한 도시 공업의 사례가 추가되어 지역 공업에 대한 분석이 진전될 필요가 있다. 이들 한계에 대해서는 앞으로 자료 발굴과 후속 연구를 통해서 보완하고자 한다.

주

서론

[1] 산업화란 생산활동의 분업화와 기계화로 2차 산업과 3차 산업의 비중이 높아지는 산업구조의 변동과 그에 따른 사회변화를 말한다. 산업화는 공업의 비중 확대가 핵심이라는 점에서 공업화工業化와 동일한 의미로 사용되기도 한다. 근대화는 산업화를 토대로 전통사회(봉건사회)에서 근대사회(자본주의사회)로 이행하는 과정을 말하며, 경제 영역에서의 산업화를 비롯하여 정치 영역에서의 민주화, 사회 영역에서의 합리화 등 전반적인 변화를 포괄한다.

[2] 로버트 J. C. 영, 《포스트식민주의 또는 트리컨티넨탈리즘》, 박종철출판사, 2005, 66~67쪽.

[3] 근대화론에 대한 정리는 다음을 참고함. 정일준, 〈미제국의 제3세계 통치와 근대화 이론〉, 《경제와 사회》 57, 2003; 안종철, 〈1960년대 한국에서의 "근대화론" 수용과 한국사 인식〉, 《인문논총》 74-2, 2017.

[4] 강동조, 〈종속이론: 라틴아메리카 지식인들의 자기 발견〉, 《역사와 경계》 9, 2014.

[5] 디페시 차크라바르티, 《유럽을 지방화하기》, 그린비, 2004, 82쪽.

[6] 로버트 J. C. 영, 《아래로부터의 포스트식민주의》, 현암사, 2013, 40~41쪽.

[7] 디페시 차크라바르티, 앞의 책, 488~489쪽.

8   브로델과 월러스틴의 세계체제 분석에 관해서는 백승욱, 《자본주의 역사 강의》, 그린비, 2006, 제1강과 제4강 참조.

9   디페시 차크라바르티, 앞의 책, 제2장 참조.

10 위의 책, 498쪽.

11 Tani E. Barlow, 〈Introduction: On "Colonial Modernity"〉, *Formations of Colonial Modernity in East Asia*, Duke Unicersity Press, 1997; Tani E. Barlow, 〈Debates over Colonial Modernity in East Asia and Another Alternative〉, *Cultural Studies* Vol. 26, No. 5, September 2012.

12 신기욱·마이클 로빈슨, 〈서론: 식민지 시기 한국을 다시 생각하며〉, 《한국의 식민지 근대성》, 삼인, 2006, 42~59쪽.

13 1998년 미국 듀크대학에서 열린 '남아시아 서발턴 연구그룹'과 '라틴아메리카 서발턴 연구그룹'의 공동 학술대회에서 서발턴 연구의 유럽중심주의적 시각을 비판하면서 서발턴을 포스트모던 비평으로 이해하는 학자들과 서발턴을 탈식민적 비평으로 이해하는 학자들로 나뉘어졌고, 서발턴을 탈식민적 비평으로 이해하는 학자들을 중심으로 '라틴아메리카 근대성/식민성 연구기획'이 결성되었다. 강성호, 〈유럽중심주의와 포스트모더니즘을 넘어서-라틴아메리카 '근대성·식민성 연구그룹'의 탈식민 전략〉, 《역사비평》 84, 2008. 8, 341~342쪽. 라틴아메리카 근대성/식민성 연구기획은 이후 '근대성/식민성/탈식민성 기획Modernity/Coloniality/Decoloniality(MCD) project'으로 명칭을 변경하였다.

14 Anival Quijano and Immanual Wallerstein, 〈Americanity as a concept, or the Americas in the modern world-system〉, ISSJ, No. 134, 1992, p. 549.

15 월터 D. 미뇰로, 《라틴아메리카, 만들어진 대륙》, 그린비, 2010, 41, 102쪽.

16 디페시 차크라바르티, 앞의 책, 495~498쪽.

17 월터 D. 미뇰로, 《서구 근대성의 어두운 이면》, 현암사, 2018, 77~79쪽.

18 김진균·정근식, 《근대 주체와 식민지 규율권력》, 문화과학사, 1997.

19 배성준, 〈식민지 근대화 논쟁의 한계에 서서〉, 《당대비평》, 2000; 조형근, 〈한국의 식민지 근대성 연구의 흐름〉, 《식민지의 일상, 지배와 균열》, 문화과학사, 2006.

20 정근식, 〈서장: 식민지 일상생활 연구의 의의와 과제〉, 《식민지의 일상, 지배와 균

열》, 문화과학사, 2006, 40쪽.

21 윤해동, 《식민지의 회색지대》, 역사비평사, 2003; 윤해동 외, 《식민지 공공성: 실체와 은유의 거리》, 책과함께, 2010.

22 김진송, 《현대성의 형성: 서울에 딴스홀을 허하라》, 현실문화연구, 1999; 신명직, 《모던뽀이, 경성을 거닐다─만문만화로 보는 근대의 얼굴─》, 현실문화연구, 2003; 김철 외, 《문학 속의 파시즘》, 삼인, 2001.

23 조형근, 〈비판과 굴절, 전화 속의 한국 식민지 근대성론: 구조, 주체, 경험의 삼각구도를 중심으로〉, 《역사학보》 203, 2009. 9; 윤대석, 〈문학(화)·식민지·근대〉, 《역사비평》 78, 2007. 2; 김백영, 〈식민지 근대 연구의 새로운 발견적 도구로서 식민지 공공성〉, 《경제와 사회》 91, 2011. 9.

24 신기욱·마이클 로빈슨, 앞의 책, 50쪽.

25 김진균·정근식, 앞의 책, 21쪽.

26 도면회, 〈자주적 근대와 식민지적 근대〉, 《국사의 신화를 넘어서》, 휴머니스트, 2004.

27 윤해동, 〈식민지 근대와 대중사회의 등장〉, 《국사의 신화를 넘어서》, 휴머니스트, 2004, 235쪽.

28 조형근, 〈한국의 식민지 근대성 연구의 흐름〉, 《식민지의 일상, 지배와 균열》, 문화과학사, 2006, 50쪽.

29 조형근, 앞의 글, 77쪽.

30 월러스틴은 유럽의 자본주의 세계경제를 구성하는 기축적 노동분업에 기초한 무역네트워크와 유통과정에 의존하는 원거리 무역네트워크를 구분하고, 사치품 교역이 중심인 동아시아의 조공무역 네트워크는 자본주의 세계경제와 구조적 연계성을 가지지 못한다고 보았을 뿐이다. 강성호, 〈근대 자본주의 세계체제와 유럽〉, 《유럽중심주의 세계사를 넘어 세계사들로》, 푸른역사, 2009, 206쪽.

31 원공업화proto─industrialization는 1970년대 멘델스F. Mendels에 의하여 주창된 것으로, 시장을 겨냥한 농촌수공업의 확대는 인구 증가를 낳았고, 인구 증가는 저임금 상태를 유지시켜 농촌수공업의 확대에 기여함으로써 근대적 공업이 출현하는 조건을 창출하였다고 주장하였다. 원공업화는 산업혁명을 탄생시킨 원동력을 농촌수공

업에서 찾으려는 시도이지만, 원공업화를 통하여 공장공업의 조건을 창출하지 못한다는 비판에 직면하였다.

32 스미스적 성장은 인구증가의 속도가 경제성장의 속도보다 빠르기 때문에 발생하는 절대 빈곤의 상태(맬더스의 덫Malthusian Trap)를 벗어나서 경제성장의 속도가 인구증가의 속도를 앞지르면서 생활수준의 개선이 이루어지는 성장을 가리킨다.

33 케네스 포메란츠, 《대분기: 중국과 유럽, 그리고 근대 세계경제의 형성》, 에코리브르, 2016, 제3부.

34 Kaoru Sugihara, The Second Noel Bulletion Lecture: Labor-Intensive Industrialisation in Global History, *Australian Economic History Review* 47(2), 2007.

35 스기하라 가오루, 《아시아간 무역의 형성과 구조》, 전통과 현대, 2002, 445쪽.

36 안정옥, 〈동아시아 현대 이행의 장기사적 쟁점: 역사적 시간(성), 동아시아 경로, 다중현대(성)〉, 《담론201》 21-1, 2018, 17쪽.

37 강성호, 〈근대 자본주의 세계체제와 유럽〉, 《유럽중심주의 세계사를 넘어 세계사들로》, 푸른역사, 2009, 227쪽.

38 안정옥, 앞의 글, 18~21쪽.

39 Peer Vries, *Escaping Poverty: The Origins of Modern Economic Growth*, Vienna University Press, 2013, pp 214~220.

40 스기하라 가오루, 앞의 책, 3~5쪽.

41 아카마츠 카나메赤松要가 제기한 안행형 발전 모델은 냉전기 동아시아에서 일본을 선두주자로 하여 형성된 단계적 산업발전 및 분업형태를 설명하는 대표적 패러다임이었다.

42 스기하라 가오루, 앞의 책, 135쪽.

43 이옥순, 《이옥순 교수와 함께 읽는 인도현대사》, 창비, 2007, 16~23쪽.; 스벤 베커트, 《면화의 제국》, 휴머니스트, 2018, 447~451쪽.

44 생사, 견직물에 대한 일본의 수입대체에 대해서는 강진아, 〈16~19세기 동아시아 무역권의 세계사적 변용〉, 《동아시아의 지역질서》, 창비, 2005.

45 정영구, 〈전통 중국의 설탕-면화교역과 근대세계체제〉, 《동양사학연구》 139, 2017.

46 '따라잡기' 용어는 '캐치 업 효과catch up effect'에서 나온 것이다. '캐치 업 효과'는

일반적으로 가난한 상태에서 출발하는 국가들이 부유한 상태에서 출발하는 나라들보다 더 빨리 성장하기 때문에 가난한 국가의 국민소득이 보통 부유한 나라의 국민소득을 따라잡는다는 것을 의미한다. 이러한 '캐치 업 효과'를 20세기 아시아의 후발국의 공업화과정에 적용하여 '따라잡기형 공업화'라고 개념화하기도 한다. 따라잡기형 공업화의 특징은 ①후발주자로서 선진국의 기술과 지식체계를 이용할 수 있으며, ②처음에는 천연자원이나 농산물을 수출하다가 점차 수입대체로 나아간다는 점이다.

47 조반니 아리기, 《베이징의 애덤 스미스-21세기의 계보-》, 도서출판 길, 2009, 435~442쪽.

48 조병한, 〈해방 체제와 1870년대 이홍장의 양무운동〉, 《동양사학연구》 88, 2004. 9, 143~147쪽.

49 野村 實, 《日本海軍の歷史》, 吉川弘文館, 2002, 43~44쪽.

50 최덕규, 〈거문도사건(1885~1887)에 대한 두 시각〉, 《사회과교육》 55-2, 63~67쪽.

51 최덕규, 《제정러시아의 한반도정책, 1891~1907》, 일조각, 2008, 53~59쪽.

52 스기하라 가오루, 앞의 책, 207~208, 222~223쪽

53 서정익, 《일본근대경제사》, 혜안, 2003, 87, 116~117쪽

54 다니모토 마사유키, 〈메이지 일본 경제발전의 복층성-'근대' 대 '재래'의 이원론을 넘어서〉, 《일본비평》 19, 2018. 8, 19~20쪽.

55 이케다 마코토 외, 《중국공업화의 역사》, 신서원, 1996, 57, 72쪽.

56 김지환, 〈일차대전시기 중국 공업 경제의 발전과 그 성격: 면방직공업의 사례를 중심으로〉, 《내일을 여는 역사》 55, 2014, 155, 161쪽.

57 위의 글, 164쪽.

58 高村直助, 〈資本蓄積(1) 輕工業〉, 《日本帝國主義史》, 東京大學出版會.

59 스벤 베커트, 앞의 책, 476~477쪽

60 《조선총독부통계연보》의 장별 구성에 따르면 1908년부터 1933년까지 공업은 상업과 더불어 '상업 및 공업' 장에 포함되었으며, 1934년부터 공업이 하나의 장으로 분리되었다.

61 高橋龜吉, 《現代朝鮮經濟論》, 千倉書房, 1935, 4-11, 334~340쪽.

62 全國經濟調查機關聯合會朝鮮支部 編, 《朝鮮經濟年報》, 改造社, 1939, 74쪽; 鈴木武雄, 《朝鮮の經濟》, 日本評論社, 1941, 91, 220~221쪽.

63 《朝鮮經濟年報》, 1939, 74~75쪽: 鈴木武雄, 《朝鮮經濟の新構想》, 東洋經濟新報社京城支局, 1942.

64 〈기형의 산업혁명〉, 《동아일보》 1933. 1. 7.

65 이여성·김세용, 《숫자조선연구》 제5집, 1935. 4.

66 인정식, 〈조선사회의 기본적 분석〉, 《삼천리》 11-7, 1939. 6; 인정식, 〈반도경제에서 점하는 조선인기업의 현세〉, 《삼천리》 12-9, 1940. 10.

67 배석만, 〈해방 후 지식인층의 신국가 경제건설론〉, 《지역과 역사》 7, 2000,

68 전석담·이기수·김한주, 《현대조선사회경제사》, 신학사, 1948, 127~128쪽.

69 전석담, 《조선경제사》, 박문출판사, 1949, 294~299쪽.

70 권태섭, 《조선경제의 기본구조》, 동심사, 1947, 218~219쪽.

71 조기준, 〈한국경제사학회의 창립과 활동〉, 《이화사학연구》 3, 1968.

72 조기준, 〈한국민족자본의 성립에 관한 연구-개항부터 한일합방까지-〉, 《아세아연구》 6-1, 1963. 5. 이 논문은 1962년 하버드대학 연경학회에서 연구비를 지원받은 '한국재벌사연구'의 일부분이다.

73 최호진, 〈한국공업의 근대화과정-이조후기로부터 1960년대까지〉, 《연세경영연구》 4-1, 1966, 598쪽.

74 위의 글, 601~612쪽; 최호진, 《한국경제사개론》, 보문각, 1962, 417쪽.

75 김의환, 〈부산 근대공업 발달사(상)〉, 《항도부산》 6, 1967, 389~396쪽.

76 조기준, 《한국자본주의성립사론》, 대왕사, 1977, 34-45, 391~459쪽(초판은 동아출판사, 1973).

77 조기준, 《한국기업가사》, 박영사, 1973; 조기준, 《한국의 민족기업》, 한국일보사, 1975.

78 고승제, 《한국 경영사 연구》, 한국능률협회, 1975.

79 황명수, 《한국기업가사 연구》, 단국대학교 출판부, 1976.

80 '내재적 발전론'은 한국사를 주체적, 발전적으로 재구성하고자 한 한국사학계의 연구성과를 기반으로 하면서도 경제사학계의 자본주의 맹아론과 북한학계의 자본주

의 관계의 발생·발전에 대한 연구성과 및 일본에서 이루어진 '내재적 발전론'의 연구성과에 영향을 받으면서 형성되었다. 이영호, 〈'내재적 발전론' 역사인식의 궤적과 전망〉,《한국사연구》152, 2011. 3, 249~253쪽.

81 수탈론의 구도를 잘 보여주는 것은 중고등학교 한국사 교과서의 식민지시대 서술이고, 1970년대 말에 완성된 국사편찬위원회의 한국사 서술이다. 국사편찬위원회 편,《한국사》21(근대-3·1운동 전후의 사회와 경제), 1984. 참조.

82 권태억, 〈한말·일제초기 서울지방의 직물업〉,《한국문화》1, 1980; 권태억, 〈경성직뉴주식회사의 설립과 경영〉,《한국사론》6, 1980.

83 권태억,《한국근대면업사연구》, 일조각, 1989.

84 小林英夫, 〈1930年代朝鮮'工業化'政策の展開過程〉,《朝鮮史研究會論文集》3, 1967.

85 梶村秀樹, 〈日帝時代(前半期)平壤メリヤス工業の展開過程−植民地經濟體制下朝鮮人ブルジョアジの對應の一例〉,《朝鮮史研究會論文集》3, 1967; 梶村秀樹, 〈日帝時代(後半期)平壤メリヤス工業の展開過程−植民地經濟體制下朝鮮人ブルジョアジの對應の一例〉,《朝鮮史研究會論文集》5, 1968.

86 小林英夫, 〈一九三〇年代日本窒素肥料株式會社の朝鮮への進出について〉,《植民地經濟史の諸問題》, アジア經濟研究所, 1973; 糟谷憲一, 〈戰時經濟と朝鮮における日窒財閥の展開〉,《朝鮮史研究會論文集》12, 1975.

87 가지무라 히데키는 "내재적 발전론이란 일국사를 정체적, 타율적인 것으로 보지 않고 국내적 계기의 법칙적 전개에 즉하여 발전하여 온 것으로 취급하려는 방법론이라고 정의"하였는데, 그의 정의에서 한국사를 주체적·내재적 관점에서 재구성하려던 한국의 내재적 발전론과의 차이를 읽을 수 있다.

88 홍종욱, 〈가지무라 히데키梶村秀樹의 한국 자본주의론: 내재적 발전으로서의 '종속발전'론〉,《아세아연구》55-3, 2012. 9.

89 한국 사회성격 논쟁에서 고타니 히로유키小谷汪之의 '식민지반봉건사회구성체론'을 수용한 일부 경제사연구자들이 식민지시대 지주제를 대상으로 실증작업을 수행하였기 때문에 식민지 사회성격 논쟁이 한국사회성격 논쟁의 일부로 전개될 수 있었다.

90 서울사회과학연구소 경제분과, 《한국에서의 자본주의발전—시론적 분석—》, 새길, 1991, 제1부 제3장, 제4장 참조.

91 이진경, 〈민주주의혁명과 민족자본가계급〉, 《민족자본가 논쟁》, 벼리, 1988, 17~36쪽.

92 이영학, 〈한국 근대 연초업에 대한 연구〉, 서울대학교 박사학위 논문, 1990(본 논문은 《한국 근대 연초산업 연구》(신서원, 2013)로 간행됨); 이승렬, 〈일제하 조선인 고무공업자본〉, 《역사와 현실》 3, 1990; 이승연, 〈1905~1930년대 초 일제의 주조업 정책과 조선주조업의 전개〉, 《한국사론》 32, 1994.

93 전우용, 〈1930년대 '조선공업화'와 중소기업〉, 《한국사론》 23, 1990.

94 김인호, 《태평양전쟁기 조선공업연구》, 신서원, 1998.

95 《근대조선공업화의 연구—1930~1945년—》(일조각, 1993)의 서문과 《근대조선의 기본구조》(비봉출판사, 1989)의 서문 참조.

96 이영훈, 〈한국자본주의의 맹아문제에 대하여〉, 《한국의 사회경제사》 5, 한길사, 1987; 이영훈, 〈한국사에 있어서 근대로의 이행과 특질〉, 《경제사학》 21, 1996.

97 '낙성대경제연구실'은 1998년에 '낙성대경제연구소'로 확대, 개편되었다.

98 安秉直, 〈日本窒素における朝鮮人勞動者階級の成長に關する研究〉, 《朝鮮史研究會論文集》 25, 1988; 안병직, 〈식민지조선의 고용구조에 관한 연구〉, 《近代朝鮮의 經濟構造》, 비봉출판사, 1989.

99 주익종, 〈일제하 평양의 메리야스공업에 관한 일 연구〉, 서울대 박사학위논문, 1994.

100 金落年, 《日本帝國主義下の朝鮮經濟》, 東京大學出版會. 2002(본 책은 《일제하 한국경제》(해남, 2003)로 번역됨).

101 堀和生, 《朝鮮工業化の史的分析—日本資本主義と植民地經濟—》, 有斐閣, 1995.

102 조석곤, 〈수탈론과 근대화론을 넘어서: 식민지시대의 재인식〉, 《창작과 비평》 25-2, 1997. 6; 조석곤, 〈식민지 근대화론과 내재적 발전론 재검토〉, 《동향과 전망》 38, 1998. 7; 정연태, 〈'식민지 근대화론' 논쟁의 비판과 신근대사론의 모색〉, 《창작과 비평》 27-1, 1999. 3.

103 전우용, 〈19세기 말~20세기 초 한인 회사 연구〉, 서울대 박사학위논문, 1997(본 논문은 《한국 회사의 탄생》(서울대학교출판문화원, 2011)으로 간행됨).

[104] 오미일, 〈한말~1920년대 조선인 자본가층의 형성 및 분화와 경제적 지향〉, 성균관대학교 박사학위논문, 1998(본 논문은 《한국 근대 자본가 연구》(한울 아카데미, 2002)로 간행됨).

[105] 김경남, 〈1920, 30년대 면방대기업의 발전과 노동조건의 변화—4대 면방대기업을 중심으로—〉, 《역사와 경계》 25, 1994; 김경남, 〈1930, 40년대 면방직공업 재편성의 본질〉, 《지역과 역사》 2, 1996.

[106] 배성준, 〈일제하 경성 지역 공업 연구〉, 서울대 박사학위논문, 1998.

[107] 김진균, 정근식 외, 《근대주체와 식민지규율권력》, 문화과학사, 1997.

[108] 윤해동, 《식민지의 회색지대》, 역사비평사, 2003.; 윤해동 외, 《식민지 공공성: 실체와 은유의 거리》, 책과함께, 2010.

[109] 안병직 편, 《한국경제성장사: 예비적 고찰》, 서울대학교 출판부, 2001; 김낙년 편, 《한국의 경제성장: 1910~1940》, 서울대학교 출판부, 2006; 김낙년, 《한국의 장기통계: 국민계정 1911~2010》, 서울대학교 출판부, 2012; 김낙년 외, 《한국의 장기통계(Ⅰ·Ⅱ)》, 해남, 2018.

[110] 박명규·서호철, 《식민권력과 통계: 조선총독부의 통계체계와 센서스》, 서울대학교 출판부, 2003.

[111] 송규진, 〈조선총독부의 통계행정기구 변화와 통계자료 생산〉, 《사림》 54, 2015.

[112] 김인수, 〈일제하 조선의 농정 입법과 통계에 대한 지식국가론적 해석—제국 지식체계의 이식과 변용을 중심으로—〉, 서울대 박사학위논문, 2013.

[113] 조형근, 〈통계지식과 경제적 상상—1910년 전후 시장조사서를 중심으로—〉, 《사회와 역사》 107, 2015.

[114] 김윤희, 〈1920년대 초 '민족경제'와 통계지식: 담론적 실천과 효과를 중심으로〉, 《역사와 담론》 80, 2016, 66~67쪽.

[115] 허수열, 《개발 없는 개발: 일제하 조선경제 개발의 현상과 본질》, 은행나무. 2005.

[116] 허정도, 《전통도시의 식민지적 근대화—일제강점기의 마산—》, 신서원, 2005; 김백영, 《지배와 공간: 식민지도시 경성과 제국 일본》, 문학과지성사, 2009; 김승, 《근대 부산의 일본인사회와 문화변용》, 선인, 2014.

[117] 오미일, 《제국의 관문—개항장 도시의 식민지 근대—》, 선인, 2017.

[118] 박영구,《근대 부산의 제조업 1900~1944: 통계와 발전》, 부산발전연구원, 2005.

[119] 김승, 〈식민지시기 부산지역 주조업의 현황과 의미〉,《역사와 경계》95, 2015. 6.

[120] 배석만·김동철, 〈일제시기 일본경질도기주식회사의 기업경영 분석〉,《지역과 역사》29, 2011.

[121] 김동철, 〈부산의 유력자본가 香椎源太郎의 자본축적 활동과 사회활동〉,《역사학보》186, 2005; 배석만, 〈일제시기 부산의 대자본가 香椎源太郎의 자본축적 활동〉,《지역과 역사》25, 2009.

[122] 전성현, 〈식민지와 조선-일제시기 大池忠助의 지역성과 식민자로서의 위상〉,《한국민족문화》49, 2013.

[123] 이가연, 〈부산의 '식민자' 후쿠나가 마사지로의 자본축적과 사회활동〉,《석당논총》61, 2015.

[124] 배석만,《한국 조선산업사: 일제시기편》, 선인, 2014.

[125] 류상윤, 〈고도성장기 이전 한국 중소직물업의 전개과정, 1910~1960〉, 서울대학교 박사학위논문, 2009.

[126] 김선웅, 〈전시체제기 인조섬유공업의 식민지적 분업구조〉,《한일관계사연구》60, 2018. 5.

[127] 배석만, 〈조선 제철업 육성을 둘러싼 정책조율과정과 청진제철소 건설(1935~1945)〉,《동방학지》151, 2010. 9; 배석만, 〈태평양전쟁기 조선제철주식회사의 설립과 경영(1941~1945)〉,《사학연구》100, 2010. 12.

[128] 이상의 쟁점에 대해서는 김낙년, 〈식민지시기 조선 공업화에 관한 제 논점〉,《경제사학》35, 2003; 이승일 외,《일본의 식민지지배와 식민지적 근대》, 동북아역사재단, 2009. 참조.

[129] Walter D. Mignolo, 〈The Geopolitics of Knowledge and the Colonial Difference〉, *South Atlantic Quarterly* 101(1), December 2002, pp. 83~85.

[130] 일본의 공업 분류에 대해서는 山田文雄,《中小工業經濟論》, 有斐閣, 1943의 제1장 참조. 有澤廣巳, 森喜一, 川端巖 등은 대공업을 직공수 200인 이상으로 잡으면서 일본의 경우에는 타당하다고 말하는데, 이는 독점단계에 들어선 일본의 경우에는 맞을지 모르지만 이제 막 공업화가 시작된 한국에서는 100인 이상이라는 기준도

과도할 수 있다.

131 森喜一은 중소공업을 '①대공업으로 발전하는 중소공업, ②농촌의 가내공업에서 발달한 問屋制 가내공업, ③공장공업이 발달하는 가운데 대공업과 영역을 나누어 성립한 근대적인 돈야제 가내공업, ④대공업에 부속하고 대공업의 분산적 형태에 의한 하청제 공업 ⑤내직內職'의 5형태로 분류하며, 山田文雄도 중소공업을 '①내직, ②가내공업, ③하청공업'의 3형태로 분류하고 있다. 山田文雄, 앞의 책, 13, 18쪽.

132 경성상업회의소의 가내공업 조사에서는 공업을 '家庭手工業', '家庭機械工業', '工場手工業', '工場機械工業'의 4가지 유형으로 분류하고, 가정공업의 범주를 가정수공업, 가정기계공업, 공장수공업을 포괄하는 것으로 설정하였다. 여기에서 '가정수공업'은 가정에서 가족 노동력 및 소기구小機具를 사용하여 행하는 공업이고, '가정기계공업'은 가정 혹은 가정에 인접한 소건물에서 소마력 기계를 사용하여 행하는 공업이며, '공장수공업'은 넓은 건물에서 여러 명의 노동자가 집단으로 행하는 수공업이다. 京城商業會議所,《家庭工業調査》, 1927, 1~5쪽.

133 '자본 구성'은 마르크스주의에서는 자본의 유기적 구성을 의미하는데, 가변자본(생산수단의 가치)과 불변자본(노동력의 가치)의 비율을 말한다. 또한 경영학의 재무분석에서는 자기자본과 타인자본의 구성 비율을 의미한다. 이때 자기자본은 자본금과 잉여금으로 구성되며, 타인자본은 차입금, 사채, 지급어음, 외상매입금 등으로 구성된다.

134 김백영,《지배와 공간: 식민지도시 경성과 제국 일본》, 문학과지성사, 2009, 73~75쪽.

135 하시야 히로시橋谷弘는 일본의 식민지 도시를 세 가지 유형 — 일본의 식민지 지배와 함께 새롭게 형성된 도시, 재래 사회의 전통적 도시 위에 중첩되어 형성된 도시, 기존의 대도시 근교에 새롭게 형성된 도시 — 로 구분하고 있는데, 셋째 유형은 만주 지역에서 나타난다. 하시야 히로시,《일본제국주의, 식민지 도시를 건설하다》, 모티브, 2005, 17~19쪽.

136 김백영, 앞의 책, 제5장 〈역사 도시와 군사기지의 병립: 러일전쟁과 표주박형 이중도시의 탄생〉.

137 조선시대에는 종각 이북 양궁 사이를 '북촌'이라고 인식하였고, 조선 후기에는 청계천을 중심으로 북쪽의 권문세가들의 주거지를 '북촌'이라고 불렀고, 남산 기슭의 선비마을을 '남촌'이라고 불렀다. 1914년 행정구역 개편에 따라 청계천 이북 지역에는 동洞 명칭을 사용하고, 청계천 이남 지역은 주로 정町 명칭을 사용함으로써 청계천을 경계로 조선인과 일본인의 공간이 구분되었다. 이에 따라 조선시대 북촌/남촌과는 다른 북촌/남촌이 탄생하였다. 이준식, 〈일제강점기 경성부의 공간구조 변화와 인구변동—1925~1935년의 민족별 거주지 분리를 중심으로-〉,《향토서울》69, 2007, 316쪽.

138 권태섭,《조선경제의 기본구조》, 동심사, 1947, 218~219쪽.

139 박현채,《민족경제론의 기초이론》, 돌베개, 1989, 133~134쪽.

140 서울사회과학연구소 경제분과,《한국에서의 자본주의 발전》, 새길, 1991, 54쪽.

141 木村健二, 〈明治中後期における製造業業種分類項目の再編成〉,《明治期製造業における工業生産の構造》, 一橋大學經濟研究所日本經濟統計情報センタ, 1990.

Ⅰ. 개항과 공업화의 모색(1876~1904)

1 《비변사등록》239책, 헌종 13년(1847) 1월 25일.

2 문포, 해남포의 판매권을 둘러싸고 포전布廛과 저포전苧布廛의 분쟁, 서양목, 당목의 분속을 둘러싼 백목전白木廛과 청포전靑布廛의 분쟁, 서양산 직물의 전관권을 둘러싼 면주전綿紬廛, 모자전帽子廛, 입전立廛 사이의 분쟁이 발생하였다. 고동환, 〈개항전후기 시전상업의 변화—綿紬廛을 중심으로-〉,《서울학연구》32, 2008. 8, 120~121, 129쪽.

3 적의翟衣는 왕비, 세자빈, 세손빈 등 왕실의 적통을 잇는 비빈이 의례 때 착용하는 예복이고, 명복明服은 왕실의 종친 및 관원이 명절, 경축일 또는 국가 대사 등 의례 때 착용하는 예복인 조복朝服을 말한다.《조선왕조실록》영조 22년(1746년) 4월 16일;《조선왕조실록》영조 22년 4월 21일.

4 《조선왕조실록》고종 3년(1866) 8월 16일;《조선왕조실록》고종 3년(1866) 10월 18

일;《조선왕조실록》고종 3년(1866) 10월 20일.

5 《조선왕조실록》고종 11년(1874) 7월 15일.

6 김미성, 〈조선 후기 시전의 노동력 고용과 工錢·雇價 지출〉, 《한국문화》 82, 2018. 6, 346~351쪽.

7 절초切草는 담뱃잎을 칼로 가늘게 썬 것으로, 절초전切草廛은 절초를 판매하는 시전의 일종이다.

8 이엄耳掩은 귀마개를 말하는데, 이엄전耳掩廛은 귀마개를 판매하는 시전의 일종이다.

9 도자전刀子廛은 방물전方物廛이라고도 하며, 작은 손칼과 금·은 패물 등을 판매하는 시전의 일종이다.

10 잡철전雜鐵廛은 주조품과 단조품을 비롯한 각종 철제기구를 판매하는 시전의 일종이다.

11 공인계貢契는 대동법 시행 이후 공물청부를 목적으로 결성된 계를 말한다. 공인계는 선혜청에서 공가를 지급받아 공물을 납부하였다.

12 김미성, 앞의 글, 342쪽.

13 澤村東平, 《近代朝鮮の棉作綿業》, 未來社, 1985, 31쪽.

14 카네킨은 포르투갈어 canaquin에서 유래한 것으로, 32번수 정도의 가는 면사로 짠 얇은 면직물이다. 개항 이전에는 서양목西洋木이라고 불리웠다.

15 澤村東平, 앞의 책, 34~35쪽.

16 한랭사는 거칠고 아주 얇은 면직물로서, 여름 의류인 마직물의 대용품으로 사용되었다. 영국에서는 lawn, 미국에서는 cheesecloth라고 불렀다.

17 모슬린은 평직으로 짠 얇은 면직물을 말한다. 직물의 이름은 처음 만들어진 이라크의 도시 모술Mosul에서 유래하였다.

18 澤村東平, 앞의 책, 58~61쪽.

19 1904년에 인천 3개소, 한성 1개소, 부산 29개소, 진남포 5개소, 목포 3개소, 마산 2개소, 원산 1개소 등 개항장에 모두 44개의 일본인 경영 정미소가 설립되었다. 앞의 책, 67~69쪽.

20 천축포天竺布는 굵은 면사로 짠 두터운 면직물로서 인도에서 들어왔다고 해서 '천축天竺'이라는 명칭으로 불리웠다. 16~20번수의 면사를 사용하는 천축포는 30~40번

수의 면사를 사용하는 카네킨에 비하여 두터웠지만 카네킨과 더불어 일상에서 널리 사용되었다.

21 澤村東平, 앞의 책, 63~64쪽.

22 다니모토 마사유키, 〈메이지 일본 경제발전의 복층성-'근대' 대 '재래'의 이원론을 넘어서〉, 《일본비평》 19, 2018. 8, 19쪽.

23 村上勝彦, 〈日本資本主義による朝鮮綿業の再編成〉, 《日本帝國主義と東アジア》, アジア經濟研究所, 1979, 165~170쪽.

24 澤村東平, 앞의 책, 54~58쪽.

25 森彌三郎, 〈露領浦潮及韓國諸港商況調査報告書〉, 1903(澤村東平, 앞의 책, 62쪽에서 재인용).

26 나애자, 〈개항기 유통구조연구의 현황〉, 《역사와 현실》 3, 1990. 5, 289~291쪽.

27 《독립신문》, 1897. 8. 7. 논설.

28 〈論商會〉, 《漢城周報》, 1886. 1. 26.

29 〈論學政第二〉, 《漢城周報》, 1886. 2. 1.

30 〈論礦第一〉, 《漢城周報》, 1886. 6. 31.

31 식산흥업殖産興業은 일본에서 1880년대에 사용하기 시작한 용어로서, 1870년대에서 1880년대까지 국가권력에 의한 공장제공업의 창출과정을 가리킨다.

32 기존의 연구에서는 식산흥업정책보다 식산흥업운동이라는 개념을 사용하며, 통상세 시기 — 개항 초기 회사설립운동, 대한제국시기 식산흥업운동, 통감부 시기의 식산흥업운동 — 로 구분한다. 홍순권, 〈상권수호와 식산흥업운동〉, 《한국사》 11, 한길사, 1994, 111~123쪽.

33 김정기, 〈1880년대 기기국·기기창의 설치〉, 《한국학보》 10, 1978, 115~116쪽.

34 위의 글, 115~116쪽. 번사창翻沙廠은 흙로 만든 거푸집에 쇳물을 부어 주조하는 곳이고, 숙철창熟鐵廠은 용광로를 이용하여 쇠붙이를 녹이는 곳이고, 목양창木樣廠은 화본畫本에 의하여 총기 모형을 만드는 곳이고, 동모창銅冒廠은 총포의 뇌관을 만드는 곳이다. 기기창 건물 중에서 현재 번사창 건물만이 남아 있는데, 1984년 5월 개수작업 중에 발견된 이응익李應翼의 상량문에 따르면 번사창 건물은 1883년 5월에 착공되어 1884년 5월에 준공되었다.

35 육군제약소陸軍製藥所는 동경포병공창東京砲兵工廠 산하의 이타바시화약제조소板橋 火藥製造所를 가리킨다. 이타바시화약제조소는 1876년에 설립되었고, 1879년에 동 경포병공창의 관할이 되었으며, 1923년에 육군조병창陸軍造兵廠의 관할이 되었다.

36 김정기, 앞의 글, 117쪽.

37 《통상휘편通商彙編》에 나오는 순화국順和局과 〈연화연무국장정〉에 나오는 연화연무 국蓮花烟務局은 별도의 기구인 것으로 보인다. 순화국은 엽권연초를 제조하는 관영 기구이고, 연화연무국은 연초상인이 통상아문의 허가를 받아 설립한 연초 판매기구 이다. 《통상휘편通商彙編》. 1883年 下半季 〈仁川港之部〉; 〈蓮花烟務局章程〉, 규장각 소장(經古380.16-Y43).

38 오진석, 〈대한제국기 인공양잠회사와 잠업과시험장〉, 《향토서울》85, 2013, 125~126쪽.

39 이광인, 〈한성순보와 한성주보에 대한 일고찰〉, 《역사학보》38, 1968, 29쪽.

40 권태억, 〈한말·일제 초기 서울지방의 직물업〉, 《한국문화》1, 1980, 147~148쪽.

41 《각사등록各司謄錄》, 총관공문總關公文 5, 1891. 10. 14.

42 육군참장 백성기白性基는 상소에서 "군부에서 포공국을 설치한 것은 본래 포공기계 를 제조하기 위해서였습니다. 그런데 이 몇 해 째 하나의 군기도 만들지 못하고 경 비만 허비하고 있으며, 지금은 폐기되어 일 없는 국이나 다름없으니 어찌 한심하지 않습니까"라고 포공국 설치 이후 병기 제조의 한심한 현실을 지적하고 있다. 《고종 실록》고종 37년(1900) 4월 17일.

43 《황성신문》1899. 5. 5. 논설.

44 이헌창, 〈甲午·乙未改革期의 産業政策〉, 《한국사연구》90, 1995, 59쪽; 전우용, 《19 세기 말~20세기 초 한인 회사 연구》, 서울대학교 박사학위논문, 1997, 33쪽.

45 일본의 경제성장과 동아시아 신흥공업국의 경제성장을 뒷받침하는 이론인 '발전 국가론'은 사회 내부의 분파로부터 자율성을 갖는 강력한 정부가 시장에 대한 개입 을 통하여 정부가 설정한 목표에 국가의 자원을 집중적으로 동원함으로써 경제성장 을 달성할 수 있다는 것이다. 발전국가론은 국가의 시장 개입이 성공하기 위해서 국 가의 자율성과 경제성장을 이끌기 위한 제도적 메커니즘을 강조하지만, 여기에서는 정부가 설정한 목표에 따라 투자를 유도하고 전략산업을 집중적으로 육성하는 국

가의 역할에 주목하기로 한다. 사사다 히로노리, 《일본 발전국가의 기원과 신화》, 한울, 2014.

46 石井寬治, 《日本經濟史》, 東京大學出版會, 1991, 124쪽.

47 古島敏雄, 《産業史》 Ⅲ, 山川出版社, 1966, 187~188쪽; 石井寬治, 앞의 책, 126쪽.

48 池田誠 外著, 《中國工業化의 歷史》, 신서원, 1996, 57쪽.

49 존 K 페어뱅크·데니스 트위체트, 《캠브리지 중국사》 10, 새물결, 2007, 873~879쪽.

50 조사시찰단은 일본의 재정, 경제 분야를 시찰하면서 메이지정부의 재정 적자에 관심을 보였으며, 어윤중은 주일 중국공사 何如章과 일본의 재정난에 대한 의견을 나누었다. 또한 귀국해서 고종에게 복명하는 내용에서도 일본의 재정 문제가 중요하게 인식되었다.

51 구선희, 《한국근대 대청정책사 연구》, 혜안, 1999, 37~48쪽.

52 김정기, 앞의 글, 98, 111~117쪽.

53 국사편찬위원회, 《한국사》 39, 탐구당 2003, 28~29쪽.

54 이헌창, 앞의 글.

55 《독립신문》 1897. 10. 9. 논설.

56 《皇城新聞》 1900. 3. 7. 논설.

57 《독립신문》 1898년 5월 21일 자 잡보; 《農商工部來去文》 6, 조회 제11호(1898. 7. 2) 〈槪 織造勸業場事務敎師請來事〉.

58 이영학, 〈대한제국의 경제정책〉, 《역사와 현실》 26, 1997, 84~90쪽.

59 《皇城新聞》 1900. 6. 27.; 《皇城新聞》 1901. 3. 26.

60 권태억, 앞의 글, 154쪽.

61 이영학, 《한국 근대 연초산업 연구》, 신서원, 2013, 89쪽.

62 김은숙, 〈번자회사의 사원 개별운영체제와 彩器〉, 《한국사연구》 159, 2012.

63 오진석, 〈1897~1900년 서울지역 마차회사의 설립과 경영변동〉, 《역사학보》 197, 2008. 3.

64 오진석, 〈광무개혁기 근대산업육성정책의 내용과 성격〉, 《역사학보》 193, 2007. 3, 45~48쪽.

65 위의 글, 51~53쪽.

66 〈平安北道雲山金礦合同改定件, 抄錄〉, 1899, 奎23194.

67 정재정, 《일제침략과 한국철도(1892~1945)》, 서울대학교출판부, 1999, 81~84쪽.

68 오진석, 〈1898~1904년 한성전기회사의 설립과 경영변동〉, 《동방학지》 139, 2007.

69 대한제국기 식산흥업정책에 대해서는 오진석, 〈광무개혁기 근대산업육성정책의 내용과 성격〉, 《역사학보》 193, 2007. 3, 참조.

70 1901년 8월 기계창 확장이 병기 수리에 한정된 것이라는 주한일본공사의 보고에서 미루어 볼 때, 기계창에서 병기 제조는 실현되지 못한 것으로 보인다. 〈프랑스에서 직공織工 50명을 고용한다는 풍설風說에 관한 報告〉(1901. 8. 27), 《駐韓日本公使館記錄》 16.

71 대한제국기에 설립된 회사의 경우 설립한 해에는 설립 소개나 회사, 공장의 광고가 나오지만 곧 광고가 나오지 않는 것으로 보아 공장 운영이 중단된 것으로 보인다.

72 향연합자회사는 《한국실업지침韓國實業指針》(岩永重華, 1905)에는 공장 현황이 나오지만 《통감부통계연보統監府統計年報》(統監府, 1908)에는 보이지 않는다.

73 오진석(2008. 3), 앞의 글, 64~69쪽

74 오진석(2007. 3), 앞의 글, 71~72쪽.

75 1904년 9월에 제정된 〈군기창관제軍器廠官制〉에서는 군부 산하의 군기창에 총포제작소, 탄환제조소, 화약제조소, 제혁소, 직조소를 두었으나, 1905년 3월의 군제개편에서는 총포탄환제조소와 화약제조소로 축소되었다.

76 1906년에 농상공학교가 폐교되고 농과는 수원농림학교, 상과는 선린상업학교, 공과는 관립공업전습소로 분리되었다. 관립공업전습소는 동숭동에 새 교사를 신축하고 염직, 도기, 금공, 목공, 응용화학, 토목의 6개 학과를 설치하였다. 1910년에 경성공업전습소로 개칭되었고, 1922년 경성공업학교로 개편되었다.

77 전우용, 앞의 책, 126쪽.; 이헌창, 앞의 글, 71쪽; 오진석(2007. 3), 앞의 글, 70~72쪽.

78 이윤상, 〈대한제국의 재정운영과 근대국가의 근대적 기초〉, 《내일을 여는 역사》 19, 2004, 226~228, 231~232쪽.

79 오진석(2007. 3), 앞의 글, 63~64, 66~68쪽.

80 石井寬治, 앞의 책, 132~136쪽.

81 이케다 마코토 외, 《중국공업화의 역사》, 1996, 54~57쪽.

82 홍준화, 〈운남·대한 신디케이트차관과 열강의 개입(1901~1902)〉,《한국사학보》28, 2007. 8.

83 홍준화, 〈대한제국기 일본차관 교섭과 그 성격(1898~1904)〉,《한국사학보》38, 2010, 182~185쪽.

84 《才物譜》4, 人譜.

85 《經國大典註解》後集 上 吏典.

86 《성종실록》, 성종 13년(1482) 4월 15일.

87 '工業' 뿐만 아니라 '農業', '商業', '産業', '經濟' 같은 용어도 《서양사정西洋事情》에서 소개되는 신생 한자어이다. 백로,《근대이행기 동아시아의 신생 한자어 연구》, 인하대학교 한국학과 박사학위논문, 2012, 71, 102쪽.

88 〈論學政第二〉,《漢城周報》1886. 2. 1.; 〈論礦第一〉,《漢城周報》1886. 6. 31.

89 俞吉濬,《西遊見聞》, 交詢社, 1895, 107쪽.

90 이노우에 가쿠고로井上角太郎(1860~1938)는 《한성순보》 발간 시 번역자였기 때문에 일본에서 번역된 새로운 용어를《한성순보》및《한성주보》에 도입하여 사용하였을 것이다.

91 《고종실록》고종 32년(1895) 3월 25일.

92 《皇城新聞》1899. 11. 1.

93 《獨立新聞》1899. 4. 4. 論說.

94 《皇城新聞》1899. 10. 2. 論說.

95 《皇城新聞》1906. 4. 20. 雜報.

96 內部警務局,《民籍統計表》, 1910.

97 俞吉濬, 앞의 책, 529~530쪽.

98 《大朝鮮獨立協會會報》7, 1897. 2. 28.

99 ①《皇城新聞》1899년 10월 2일 자 論說, ②《皇城新聞》1902년 8월 9일 자 雜報, ③《皇城新聞》1903년 1월 10일 자 論說 〈論工藝獎勵之術〉, ④《大韓每日申報》1906년 11월 17일 자 論說 〈論工業〉. ①과 ②에서 '공예'와 '공업'은 대체가능한 용어로 사용되고 있으며, ③과 ④에서는 각기 '공예'와 '공업'을 논설의 제목으로 삼고서 본문에서는 공예와 공업을 혼용하고 있다.

100 공예가 미술공예로 전환되는 과정에 대해서는 최공호, 〈공예 용어의 근대적 개념 전개〉, 《미술사학》 17, 2003. 8, 142~144쪽.

101 佐藤賢司, 〈工藝概念の再考と工藝敎育(I)〉, 《上越敎育大學硏究紀要》 17-1, 1997; 市川祐樹, 〈'工藝'および'職人'槪念の歷史的變遷に關する考察〉, 《地域政策硏究》 10-1, 2007. 7.

102 佐藤賢司, 앞의 글, 428~429쪽.

103 初田亨, 〈勸工場の設立とその後の變遷〉, 《日本建築學會論文報告集》 329, 1983.

104 이효정, 〈19세기 말 메이지 일본 신문에 드러난 조선 사절단의 모습〉, 《동북아문화 연구》 57, 2018. 12, 84쪽.

105 《독립신문》 1896. 9. 15. 논설.

106 《皇城新聞》 1899. 11. 1. 잡보.

107 백로, 앞의 글, 124쪽.

108 《西遊見聞》, 520쪽.

109 《西遊見聞》, 498쪽.

110 《독립신문》 1897. 10. 9. 논설.

111 《독립신문》 1899. 3. 3. 논설.

112 〈農商工部分課規程改正(1899. 9. 14)〉, 《한말근대법령자료집》 2, 572쪽.

113 《독립신문》 1899. 5. 22. 논설.

114 《皇城新聞》 1905. 10. 23. 광고.

115 《皇城新聞》 1903. 2. 19. 광고.

116 "一. 龍山 堂峴에 煉瓦工場을 新設하고 日本에서 熟練한 技師와 職工을 雇入하여 煉瓦의 土管 製造, 販賣를 위함 …… 一. 鐵道工事의 請負한 機械工具를 完備하고 工事를 迅速히 成功하되 工事는 直營이오 工費는 매일 支撥함. 南大門工場에 役軍을 方將所用함", 《皇城新聞》 1903. 10. 17. 광고.

117 《皇城新聞》 1903. 10. 17. 광고.

118 《통감부통계연보》 (1907년판), 1908, 286쪽.

119 葛西大和, 〈日本の産業革命期を中心とした'工場'に關する統計資料とその活用方法について〉, 《東北日本における環境変化に關する硏究》, 1994. 80~85쪽.

[120] 김미성, 〈조선 후기 시전의 노동력 고용과 공전·고가 지출〉,《한국문화》82, 2018. 6, 342~344쪽; 고동환, 〈조선 후기 서울의 생업과 경제활동〉《서울학연구》19, 109~110쪽.

[121] 망건에 달아 당줄을 꿰는 작은 고리. 금, 옥, 뼈, 뿔 등의 재료로 만들었다.

[122] 최완기, 〈조선시대 종로에서의 생산활동과 그 의미〉,《사학연구》55·56, 1998. 09, 313, 318쪽; 고동환, 앞의 글, 109쪽.

[123] 한성에 유입되는 외국 공산품을 파악하기 위해서는 경성세관을 통관한 공산품의 현황을 파악해야 하지만 경성세관국 출장소가 1907년 8월부터 일반 화물의 통관 수속을 개시하기 때문에 그 이전의 시기는 인천항으로 수입되는 공산품의 현황을 통하여 대략의 현황을 파악할 수 있다.

[124] 오두환, 〈개항기의 상품생산과 경제구조의 변모〉,《경제사학》9, 1985, 154~155쪽.

[125] 이헌창, 〈1882~1910년간 서울시장의 변동〉,《서울상업사》, 398~400쪽.

[126] 러일전쟁 이전 일본인 거류지 형성에 관해서는 전우용, 〈종로와 본정-식민도시 경성의 두 얼굴-〉,《역사와 현실》40, 2001.; 박찬승, 〈서울의 일본인 거류지 형성과 정-1880년대~1903년을 중심으로-〉,《사회와 역사》62, 2002. 참조.

[127] 일본인 거류민의 직업은 상업 및 교통업 63호(잡화상 15, 양반물상(양품) 11, 과자상 10, 주류상 5, 무역상 5, 약종상 3, 두부상 2, 시계상 2, 회사출장점 2, 우유상 2, 조매(쌀판매) 2, 회조업(선박운송) 4) 제조업 44호(鍼力細工 2, 와제조 1, 단야직(대장장이) 1, 인쇄업 1, 사입직(재봉) 2, 대공직 35, 칠유직 2) 서비스업 39호(이발업 4, 탕옥 1, 음식점 14, 여관 겸 요리점 4, 석대업 1, 흥행사 2, 유희장 2, 질옥(전당포) 11) 기타 47호(세탁업 3, 통옥 1, 목만(톱질꾼) 2, 석공 1, 별갑직 1, 별갑직 1, 좌관(미장이) 20, 중매인 13, 의사 3) 등으로 구성되었다. 경성부 편,《京城府史》2, 1934, 597쪽.

[128] 朝鮮總督府,《京城商工業調査》, 1913, 76~110쪽.

[129] 거류지 직업조사에 따르면 재봉업 11명, 단련직鍛鍊職 10명, 와직瓦職 5명, 제화업 5명, 된장제조업 3명, 활판업 2명, 주조업 2명, 통조림제조업 2명, 타면打綿제조업 1명, 비누제조업 1명, 유리직 1명, 지물직指物職 1명, 인력거제조업 1, 타면기제조업 1명, 청량음료제조업 1명, 성냥제조업 1명 등이며, 과자상도 33명인데 이들 중 일부는 제빵제과를 겸하였을 것이다. 京城居留民團役所,《京城發達史》, 1912, 111쪽.

[130] 《帝國新聞》1902. 10. 22;《皇城新聞》1902. 10. 23.

[131] 《皇城新聞》1906. 4. 20. 雜報;《皇城新聞》1906. 5. 12. 雜報.

[132] 입모笠帽는 비가 올 때 갓 위에 덮어쓰는 고깔 모양의 장식이다. 갓모, 갈모, 우모雨帽라고도 불렀다.

[133] 《管內情況調查報告(京城領事館)》, 1904. 11. 16.

[134] 《京城商工業調查》, 33~47쪽.

[135] 권태억, 앞의 글, 153~154쪽.

[136] 직기의 개량은 수직기→밧탄기(flying shuttle)→족답기→역직기의 과정을 거친다. 족답기足踏機는 1802년 영국에서 발명된 것으로, 다리의 운동만으로 조작할 수 있어서 개량직기 중에서 가장 생산력이 높았다.

[137] 이한구, 〈염직계의 비조, 김덕창 연구─동양염직주식회사를 중심으로─〉, 《경영사학》8, 1993, 235쪽.

[138] 담뱃잎을 '연초煙草' 또는 '엽연초葉煙草'라고 하고, 엽연초를 칼로 잘게 썬 것을 '각연초刻煙草', 얇은 종이로 말아놓은 것을 '권연초卷煙草' 또는 '궐연'이라고 한다.

[139] 이영학, 《한국근대 연초산업 연구》, 2013, 신서원, 98~109, 123~125쪽.

[140] 岩永重華, 《韓國實業指針》, 寶文館, 1905, 212~213쪽.

[141] 오강객주五江客主란 용산, 마포, 서강, 양화진, 한강진의 객주를 말한다. 한강에서 물자가 하역되는 5개 포구를 오강五江이라고 불렀다.

[142] 현미기籾摺機는 벼의 왕겨를 제거하는 기계이다. 곡식을 가공하는 과정을 도정搗精이라고 하는데, 벼의 왕겨를 벗기는 것을 현미기, 현미에 남아 있는 강층糠層을 벗기는 기계를 정미기라고 한다.

[143] 《京城商工業調查》, 26쪽.

[144] 김동철, 〈조선 후기 동래 지역의 유통기구와 상품〉, 《역사와 경계》 97, 2005. 12, 213~214쪽.

[145] 위의 글, 222~223, 226~230쪽.

[146] 《東萊府誌》에 수록된 공장은 쇄장 7명, 와장 2명, 목수 3명, 총장 2명, 입자장 9명, 입사장 1명, 유기장 5명, 유장 2명, 각수 3명, 보인 10명, 모의장 1명, 두석장 1명, 야장4명, 은장·연마장 15명, 장도장 4명, 피장 10명, 당혜장 3명, 조포장 3명, 점석

장 10명, 책장 5명, 포진장 4명, 궁인 16명, 시인 7명 등이다.《東萊存誌》, 1740.

147 1868년(고종 5년)에 동래부에 소속된 장인은 쇄장 4명, 책장 2명, 조포장 3명, 연마장 2명, 당혜장 2명, 칠장 3명, 목수 4명, 인거장 3명, 야장 4명, 각수 1명으로 모두 28명이었다. 김철권, 〈개항기·일제강점기의 부산 시가지 변천에 관한 연구—일본 전관거류지를 중심으로—〉, 동아대학교 석사학위논문, 1998, 18쪽.

148 1877년 1월 조선과 일본 간에 체결된 조약의 명칭을 조선 측에서는 '부산구조계조약釜山口租界條約', 일본 측에서는 '부산항거류지차입약서釜山港居留地借入約書'으로 각기 다르게 명명하였다. 일반적으로 토지차입 방법에 따라 '조계'가 국가 간의 협정을 통한 토지 영차인 반면 '거류지'는 개인 간의 소유권 교섭을 통한 토지 영차라고 할 수 있다. 일본 측이 거류지 명칭을 고수한 반면 조선 측은 조계 명칭을 고수하였는데, 일본 측이 자유로운 거주와 통상의 공간으로 '거류지'를 상정한 반면 조선 측은 외국인의 거주와 통상의 자유를 제한하는 공간으로 조계를 상정하였다. 전관거류지 명칭이 공식화된 것은 1906년 부산이사청 설치가 계기였다. 전성현, 〈'조계'와 '거류지' 사이—개항장 부산의 일본인 거류지를 둘러싼 조선과 일본의 입장 차이와 의미—〉,《한일관계사연구》62, 2018. 11.

149 제공諸工은 일본의 메이지시대 초기에 새롭게 생겨난 시계공, 직물공, 도자기공, 제봉공, 제화공, 염색공을 비롯하여 우산, 의자, 차량을 제작하는 직공을 지칭하는 용어이다. 年一,〈諸工職業競〉, 1879.

150 《通商彙編》, 1881.

151 차철욱, 〈부산 북항의 매축과 시가지 형성〉,《한국민족문화》22, 2006.

152 이사벨라 비숍, 이인화 역,《한국과 그 이웃나라들》, 살림, 1994, 32, 34쪽.

153 이헌창, 〈한국 개항장의 상품유통과 시장권〉,《경제사학》9, 1985, 146~147쪽.

154 内部警務局,《民籍統計表》, 22~24쪽.

155 《朝鮮總督府慶尙南道統計年報》, 1921년판, 210~211쪽.

156 연관제조조합은 동래군의 유력가 김형찬金炯贊 외 10인이 설립한 것으로, 자본금 5만 원에 60개의 소공장을 포괄하며, 생산된 제품을 경성, 평양을 비롯하여 중국까지 수출하였다.《매일신보》, 1918. 1. 12.

157 《釜山港勢一般》, 1905, 189~190쪽;《釜山日本人商業會議所年報》, 1907, 189~191쪽.

158 《釜山日本人商業會議所年報》, 1907, 189~190쪽.

159 《釜山港勢一般》, 1905, 188~191쪽.

Ⅱ. 식민지 자본주의와 식민지 공업의 형성

1 손준식, 〈일본의 대만 식민지 지배−통치정책의 변화를 중심으로−〉, 《아시아문화》 18, 2002. 8, 10~17쪽.

2 이하의 서술은 배성준, 〈대만과 조선에서 '식민지 화폐영역'의 형성〉, 《동양사학연구》 121, 2012. 12. 참조

3 식민지에서 식민지 본국의 은행권이 유통되지 않고 식민지의 중앙은행이 발행하는 중앙은행권이 유통되는 지역을 '식민지 화폐영역'으로 개념화하였다. 식민지 조선의 화폐단위인 '원圓'은 일본의 화폐단위인 '엔円'과 동일하지만, 일본은행권과 조선은행권의 차이를 고려하여 식민지 조선의 화폐단위를 '원'으로 명명하기로 한다.

4 정화준비正貨準備는 중앙은행이 발행한 은행권을 태환하기 위하여 정화(금괴 또는 금화, 은화)를 보유하는 일을 말한다.

5 조선총독부는 식민지 기반시설 구축을 위한 개발자금을 조선은행으로부터의 차입금에 의존하였고, 1911년 3월 조선은행공채법이 공포됨에 따라 조선은행이 조선사업공채를 소화하였다. 또한 중일전쟁시기 조선은행권은 일본의 전쟁비용 지출로 발생한 중국과 만주의 인플레이션이 조선을 거쳐 일본으로 파급되는 것을 막는 방파제로서의 역할을 수행하였다.

6 〈공황〉, 《경제학사전》, 74~77쪽.

7 정재정, 《일제침략과 한국철도》, 서울대학교출판부, 1999, 35~36쪽.

8 石井寬治, 《日本經濟史》, 東京大學出版會, 1991, 130쪽.

9 原田勝正, 《鐵道と近代化》, 吉川弘文館, 1998, 130~131쪽.

10 정재정, 앞의 책, 109~110쪽.

11 홍연진, 〈부관연락선과 부산부〉, 《부관연락선과 부산》, 논형, 2007, 18~22쪽.

12 위의 글, 31쪽.

13 부산상공회의소 · 부산경제연구원 편, 《부산경제사》, 1989, 378, 422, 425쪽.

14 羽鳥敬彦, 《朝鮮における植民地幣制の形成》, 未來社, 1986, 164쪽.

15 〈조선은행법〉(1911. 3. 28.)에는 조선총독의 총재 · 이사 임명권, 주주총회 소집권, 업무 감독 및 감시권을 명시하였으며, 〈은행령〉에 따르면 은행의 설립, 운영, 해산과 관련된 사항은 물론 업무 전반에 대하여 조선총독의 감독을 받도록 하였다. 〈농공은행령〉(1914. 5. 22.)에는 조선총독의 영업구역 설정 및 지점 설치 인가권, 업무 감독권이 명시되어 있으며, 〈지방금융조합령〉(1914. 5. 22.)에 따르면 조선총독은 금융조합의 설립 및 해산에 대한 인가권을 가지며, 조선총독과 지방장관의 업무 감독권이 규정되어 있다.

16 波形昭一, 《日本植民地金融政策史の研究》, 早稻田大學出版部, 1985, 427~450쪽.

17 송규진, 〈조선의 관세문제와 식민지관세법의 형성〉, 《사학연구》 99, 2010. 9, 206, 211~217쪽.

18 〈關稅撤廢와 朝鮮産業〉, 《東亞日報》 1920. 7. 10~12.

19 京城商工會議所, 《二十五年史》, 1941, 167~172쪽.

20 전성현, 〈1920년 전후 조선 상업회의소와 조선 산업정책의 확립〉, 《역사와 경계》 58, 2006. 3, 182~198쪽.

21 〈産業調査委員會 決定事項〉, 《朝鮮經濟雜誌》, 1921. 10.

22 선철의 이출은 미쓰비시제철의 겸이포제철소가 1917년에 준공되어 연간 10만 톤의 선철을 생산하여 일본시장에 공급한 것에서 연유한다.

23 金子文夫는 일본에서 식민지 쌀에 대한 의존도가 높아진 것은 저임금=저미가 유지 이외에도 일본 자본주의의 산업구조 변화, 농촌에서 도시로 인구이동, 쌀의 1인당 소비수준의 상승 등의 일반적 요인을 지적하고 있다. 金子文夫, 〈資本輸出と植民地〉. 《日本帝國主義史》 1, 380쪽.

24 이민재, 〈식민지 조선의 연료 이용 정미기의 보급과 1920~30년대 무연료 정미기 발명〉, 《민속학연구》 44, 2019. 6, 224~226쪽.

25 김동철, 〈경부선 개통 전후 부산지역 일본인 상인의 투자 동향〉, 《한국민족문화》 28, 2006. 10, 21~24쪽.

26 木村健二, 《在朝日本人の社會史》, 未來社, 1989, 12쪽.

27 1913년 경기도 공장통계는 개별 공장의 현황을 파악할 수 있고 공장통계 기준이 변화한 직후의 통계라는 점에서 중요하다. 1912년까지는 '①원동력을 사용하는 공장, ②직공·도제를 포함하여 1일 평균 10인 이상을 사용하는 공장'을 대상으로 공장통계가 작성되었지만, 1913년부터는 '① 원동력을 사용하는 공장 ② 1개년 생산액이 5,000원 이상인 공장 ③ 직공·도제를 포함하여 1일 평균 5인 이상의 직공을 사용하는 공장'을 대상으로 공장통계가 작성되었다. 또한 민영공장을 대상으로 하고 관영공장은 제외하였다.

28 조선인 공장의 설립 추이에서 유의해야 할 점은 오랫동안 존속해 오던 수공업 제조장이 1910년대 들어 비로소 공장통계에 수록된다는 것이다. 이는 조사의 미비로 통계에 누락되었을 수도 있고 공장통계의 기준에 미달하던 제조장이 규모나 설비가 확충되었을 수도 있다.

29 〈회사령〉이 시행되었지만 공장의 대다수가 법인화되지 않았기 때문에 회사령의 영향은 미미하였다. 《京畿道統計年報》(1913)에 나오는 공장 중에서 법인(주식회사, 합자회사, 합명회사 포함)은 18개(7.3퍼센트)에 불과하다.

30 수원에는 1908년에 정미소가 처음 들어섰고, 1912~13년에 정미소, 염직조합, 제사조합, 철공조합, 제지공장, 전기회사가 설립되었다.

31 《朝鮮總督府統計年報》, 1913. 160~162쪽.

32 石井寬治, 앞의 책, 283~284쪽; 大石嘉一郎, 《日本資本主義百年の步み》, 東京大學出版會, 2005, 96~98쪽.

33 대전호황은 경기국면의 변화에 따라 대전호황기(1915년 초~1918년 상반기), 휴전반동(1918년 하반기~1919년 초), 전후 붐기(1919년 중반~1920년 초)로 나누어진다. 橋本壽郎, 〈景氣循環〉, 《日本帝國主義史1: 第1次大戰期》, 393쪽.

34 宇野三郎, 〈朝鮮工業의 促進〉, 《半島時論》, 1917. 6, 19쪽

35 오미일도 1910년대 중후반 이후 조선인에 의하여 주도된 공장 창립과 뒤이은 일본 독점자본의 진출로 조선공업은 "가내공업단계로부터 공장공업단계로 전환하였다"고 규정하면서, 조선인 공장의 공업화 수준에 대해서 "공장공업이라고 하나, 그것은 기관수·마력수 수치에서 알 수 있듯이 대량생산체제의 기계제 공장공업이 아니라 수동식이나 반자동식 기계설비의 공업이 주류를 점하였다"고 평가하였다. 오미일,

〈1910년대 중후반 산업자본의 형성〉,《한국근현대사연구》20, 2002, 89쪽.

36 橋本壽郎, 앞의 글, 420쪽.

37 1923년 조선의 공장수는 3,442개이고 공장당 노동자수는 19.8명인데 비하여, 타이완의 공장수는 3,027개이고 공장당 노동자수는 13. 6명이었다. 溝口敏行·梅村又次,《旧日本植民地經濟統計－推計と分析－》, 東洋經濟新報社, 1988, 51쪽.

38 조선총독부 철도국의 기원은 러일전쟁 직후에 설립된 통감부 철도관리국(1906. 7~1909. 6)이다. 이후 통감부 철도청(1909. 6~1909. 12), 철도원 한국철도관리국(1909. 12~1910. 9), 조선총독부 철도국(1910. 10~1917. 7), 남만주철도주식회사 경성관리국(1917. 8~1925. 3), 조선총독부 철도국(1925. 4~1943. 11)으로 변천하였다.

39 사탕수수는 생산지인 타이완의 제당회사에서 원료당과 경지백당耕地白糖으로 가공되며, 원료당은 일본의 정제당회사에서 재가공과정을 거쳐서 정제당으로 판매되었다. 경지백당은 생산지에서 정제한 저품질의 백설탕으로, 타이완이나 일본에서 판매되었다.

40 커즈밍,《식민지시대 대만은 발전했는가: 쌀과 설탕의 상극, 1895~1945》, 일조각, 2008, 97쪽, 107~116쪽.

41 위의 책, 115~119쪽.

42 朝鮮總督府鐵道局,《朝鮮鐵道史》, 1929, 565쪽.

43 위의 책, 568~569쪽.

44 동아연초주식회사는 영미연초회사에 대응하기 위하여 일본정부가 한국과 만주의 판매기관을 통합하여 자본금 100만 원으로 설립하였다. 본점을 도쿄에 두었으며, 1909년 서울 진출을 시작으로 잉커우營口와 평양, 전주, 상하이, 다롄 등지에 분공장을 설립하였다.

45 동아연초는 경성전매지국 인의동공장 및 태평통공장, 조선연초는 경성전매지국 의주통공장, 동서연초상회는 경성전매지국 서대문공장으로 재편되었다.

46 김낙년,〈식민지기 대만과 조선의 공업화 비교〉,《경제사학》29, 2000, 86쪽.

47 허수열,《개발 없는 개발》, 146~149쪽.

48 朝鮮總督府,《京城商工業調査》, 1913, 4~6쪽.

49 화혜장靴鞋匠은 가죽신을 만드는 장인으로, 목이 있는 신발을 만드는 화장靴匠과 목

이 없는 신발을 만드는 혜장靴匠을 통칭하여 화혜장이라고 불렀다.

50 일한와사주식회사는 1908년 자본금 300만 원으로 설립되었다. 도쿄에 본사를 두고 경성에서 가스업을 운영하였으며, 1909년 한미전기주식회사韓美電氣株式會社를 인수하여 전기사업을 겸하면서 일한와사전기주식회사日韓瓦斯電氣株式會社로 이름을 바꾸었다. 1911년에 자본금을 600만 원으로 증자하고 마산, 인천, 진해에 지점을 설치하는 등 전기사업을 확대하면서 1915년에 경성전기회사京城電氣株式會社로 개칭하였다. 京城電氣株式會社,《二十年沿革史》, 1929.

51 朝鮮總督府,《京城商工業調査》, 1913,〈精米業現況〉;《京畿道統計年報》, 1913, 298쪽.

52 朝鮮總督府,《京城商工業調査》, 1913,〈四十四年中煙草製造現況〉.

53 1910년 1월 이정규李正珪, 김성기金聖基 등 17, 8명에 의해 경석직뉴합자회사京城織紐合資會社로 설립되었다가 1911년에 자본금 10만 원의 주식회사로 조직을 변경하였다.

54 《京城商工業調査》, 1913, 35~40쪽.

55 도시사의 관점에서 한성에서 경성으로의 재편에 대해서는 김백영,《지배와 공간: 식민지도시 경성과 제국 일본》, 문학과지성사, 2009, 제5장〈역사 도시와 군사기지의 병립〉참조.

56 조선시대에는 종각 이북 양궁 사이를 '북촌'이라고 인식하였고, 조선 후기에는 청계천을 중심으로 북쪽의 권문세가들의 주거지를 '북촌'이라고 불렀고, 남산 기슭의 선비마을을 '남촌'이라고 불렀다. 1914년 행정구역 개편에 따라 청계천 이북 지역에는 동洞 명칭을 사용하고, 청계천 이남 지역은 주로 정町 명칭을 사용함으로써 청계천을 경계로 조선인과 일본인의 공간이 구분되었다. 이에 따라 조선시대 북촌/남촌과는 다른 북촌/남촌이 탄생하였다. 이준식,〈일제강점기 경성부의 공간구조 변화와 인구변동-1925~1935년의 민족별 거주지 분리를 중심으로-〉,《향토서울》69, 2007, 316쪽.

57 전성현,〈일제 초기 '조선상업회의소령'의 제정과 조선인 상업회의소의 해산〉,《한국사연구》118, 2002, 98~104쪽.

58 《朝鮮總督府統計年報》, 1915,〈工場現況〉.

59 《(始政五年記念)朝鮮物産共進會報告書》第二卷, 1916.

60 〈京城府內에 失業三千〉,《朝鮮日報》, 1921. 6. 15.;〈財界反動來の京城工業界に及ぼ
したる影響(上)〉,《朝鮮經濟雜誌》62, 1921. 2, 3쪽.

61 〈年頭に際して〉,《朝鮮經濟雜誌》61, 1921. 1, 1쪽.;〈財界反動來の京城工業界に及
ぼしたる影響(上)〉,《朝鮮經濟雜誌》62, 1921. 2, 5~6쪽.

62 조선인 공장 중 1919~22년에 큰 감소를 보인 것은 직물업, 제혁업, 가구제조업, 재
봉업, 제화업이었다. 〈京城工場表〉,《朝鮮經濟雜誌》58, 1920. 10.;《京城工場表》,
1923년판.

63 전매국 연초공장 4개소의 생산액 1만4,632천 원을 제외한다면 1922년 일본인 공장
의 1공장당 생산액은 4만 3,000원으로, 일본인 공장과 조선인 공장의 격차는 더욱
축소된다.

64 〈京城出入重要商品槪況(下)〉,《朝鮮經濟雜誌》, 1924. 7, 15쪽.

65 朝鮮商工會議所,《朝鮮工業基本調查槪要》, 1934, 앞의 책, 211쪽.

66 〈贅澤品輸入稅の改正〉,《朝鮮經濟雜誌》, 1924. 8.;〈贅澤品等の輸入情況〉,《朝鮮經
濟雜誌》, 1924. 11.

67 금속제품도 철도건설용 재료, 교량건설용 재료, 철제품 등 생산재의 비중이 증가하
는 경향을 보인다.《朝鮮貿易年表》, 각년판.

68 〈京城出入重要商品槪況(下)〉,《朝鮮經濟雜誌》, 1924. 7, 9쪽.;〈朝鮮に於ける醬
油〉,《朝鮮經濟雜誌》, 1927. 11, 8~9쪽.

69 〈ゴム靴及底對支輸出狀況〉,《朝鮮經濟雜誌》, 1929. 8, 29쪽.

70 1927년의 비누 이입액 268,800원 중 약 90퍼센트가 화장비누이고 세탁비누는 10퍼
센트에 불과하였다.〈朝鮮に於ける石鹼の需給槪況と京城の消費狀況〉,《朝鮮經濟雜
誌》, 1929. 1, 10쪽.

71 권태억, 앞의 책, 254~258쪽.

72 京城商業會議所,《家庭工業調査》, 1927, 8쪽.《家內工業ニ關スル調査, 第九號》(경
성부, 1937)에서는 강제병합 당시 총독부 상공과 기사技師인 都澤正章의 설명이라고
한다.

73 《경성공장표》(1923)에서 100명 이상의 노동자를 고용하고 있는 공장은 모두 24개이
다. 그중에서 경성감옥 공장(기와, 300명), 서대문감옥 공장(면직물·재봉, 673명)은

감옥이란 특성상 제외하였으며, 大梅商店工場(죽제품, 130명), 笠原商店出張所(재봉업, 162명), 越智茂次郎 공장(봉투제조, 120명), 吉備商會(망류, 160명), 桑木亦次郎 공장(짚신, 200명)은 가내공업적인 형태를 확대한 것에 불과하기 때문에 제외하였다.

74 정재정, 《일제의 한국철도 침략과 한국인의 대응(1892~1945)》, 서울대학교 국사학과 박사학위논문, 65~70쪽.

75 탁지부인쇄국은 1910년 10월 조선총독부인쇄국으로 귀속되었으며, 1912년 4월 總督官房 서무국 소관 인쇄소로 변경되었다. 《京城府史》 2, 284~285쪽.

76 《京城商工要鑑》, 62쪽.；《朝鮮銀行會社錄》, 1923년판, 206~207쪽.

77 전매국 공장은 경성, 대구, 전주, 평양에 있었는데, 1922년에 경성지국에 仁義洞工場, 義州通工場, 太平通工場, 전주지국에 본공장과 분공장, 대구지국 공장, 평양지국 공장이 운영되고 있었다. 朝鮮總督府專賣局, 《朝鮮總督府專賣局年報》, 1922, 61쪽.

78 恩賜授産京城製絲場은 송병준宋秉畯이 신슈 오구치구미信州小口組와 제휴하여 설립한 대성잠업소大成社蠶業所를 1915년에 경기도가 매수하여 은사수산장恩賜授産場으로 만든 것이다. 《大陸之京城》, 494쪽.

79 권태억, 〈경성직뉴주식회사의 설립과 경영〉, 《한국사론》 6, 1980, 301~302쪽.

80 《京畿道統計年報》, 1913년판, 306쪽.；《朝鮮銀行會社要錄》, 1921년판, 52쪽.

81 《朝鮮銀行會社錄》, 1921년판, 291쪽.

82 《京畿道統計年報》, 1913년판, 298쪽.；《朝鮮銀行會社要錄》, 1921년판, 140쪽.

83 《朝鮮銀行會社要錄》, 1923년판, 86~87쪽.

84 《朝鮮總督府統計年報》, 1911년판.；《大陸之京城》, 564쪽.；《朝鮮銀行會社要錄》, 1921년판, 147쪽.

85 〈朝鮮工業の現在及び將來〉, 《朝鮮經濟雜誌》 83, 1922. 11, 2쪽.

86 대선제분주식회사, 《대선제분 50년》, 2009, 18쪽.

87 〈京城の工産と工場〉, 《朝鮮經濟雜誌》, 1928. 9, 11쪽.；朝鮮商業會議所, 《朝鮮工業基本調査概要》, 1934, 219쪽.

88 《京城工場表》, 1923년판.

89 모물업毛物業이란 옷감에 모피를 대어 모자, 장갑, 귀가리개 등 방한품을 만드는 업종을 말한다.

90 《大陸之京城》, 469~470쪽. 조선인에게 쌀을 공급하는 조선인 정미소는 벼를 원료로 10퍼센트 정도 도정한 반백미半白米를 만들어 공급하며, 일본인에게 쌀을 공급하는 일본인 정미소는 현미玄米를 원료로 20퍼센트 정도 도정한 정미精米를 만들어 공급하였다.

91 〈京城の家內工業と副業〉, 《朝鮮經濟雜誌》, 1922. 11.; 〈京城의家內工業(上)(下)〉, 《每日申報》, 1922. 12. 12~13.

92 경성 및 각지의 가내공업에 대한 체계적인 조사는 1926년 5월부터 10월까지 약 6개월간 총독부 기사技師 미야코자와 마사아키都澤正章에 의하여 실시되었고, 1927년 2월에 경성상업회의소에서 《家庭工業調査》로 발간되었다. 이어 경성 및 인접 지역의 가내공업에 대한 조사가 이종익李鍾翼에 의하여 실시되어 1927년 말에 완성하였으며, 조사한 68품목 중 16품목을 《朝鮮經濟雜誌》에 게재하였다. 京城商業會議所, 《家庭工業調査》, 1927.; 〈京城在來家庭工業調査〉, 《朝鮮經濟雜誌》, 1928. 6.

93 〈手工業 補助金〉, 《每日申報》 1913. 12. 25.; 〈小工業奬勵策〉, 《每日申報》 1916. 3. 31.; 〈家庭工業奬勵〉, 《每日申報》 1916. 4. 20.

94 〈京城の家內工業と副業〉, 《朝鮮經濟雜誌》, 1922. 11, 4쪽; 〈小工業の奬勵加に就て〉, 《朝鮮經濟雜誌》, 1923. 6. 30, 35쪽.

95 《家庭工業調査》, 10, 30쪽.

96 1926년의 조사도 일정한 비중을 차지하고 있는 일부 가내공업 업종에 대한 조사라는 점에 주의할 필요가 있다. 1926년의 공산액 조사에 의하면 136개 업종에 103,205호가 가내공업에 종사하고 있었다. 〈京城の工場と工産〉, 《朝鮮經濟雜誌》, 1927. 8.

97 좌조생사座繰生絲는 좌조기座繰器로 켠 명주실을 말하는데, 좌조기는 치차齒車 장치가 있는 목제의 간단한 조사용 도구임.

98 《家庭工業調査》, 9~12쪽.

99 위의 책, 12, 47~49, 52~53쪽.

100 《京城府史》 2, 723쪽.

101 中間人, 〈外人의 勢力으로 觀한 朝鮮人 京城〉, 《開闢》, 1924. 6, 50쪽.

102 경성 북부는 청계천 이북 및 도성 내부, 경성 남부는 청계천 이남 및 태평통 이동,

경성 서부는 도성 밖 및 용산龍山 이북을 가리킨다. 용산은 용산출장소 관내(青葉町 1丁目, 岡崎町, 三坂通 이남)를 말하는데, 용산 서부는 마포麻浦, 청엽정青葉町, 이촌동二村洞을 중심으로 한 조선인 거주지, 용산 동부는 한강통漢江通, 원정1정목을 중심으로 한 일본인 거주지를 가리킨다.

103 김태웅, 〈1910년대 한성부 유통체계의 변동과 한상의 쇠퇴〉, 《서울 상업사》, 태학사, 2000, 470~473쪽.

104 中間人, 앞의 글, 50쪽.

105 권태억, 앞의 글, 301쪽.

106 1913년 2월에 발포한 〈시가지건축취체규칙市街地建築取締規則〉 제6조에 의하면 "악취, 유독가스 또는 다량의 매연 혹은 분진을 발산하는 공장, 기타 공안위생상 위해를 미칠 염려가 있는 건물은 제1조의 시가지 중 특히 지정한 지역내가 아니면 이를 건설할 수 없다"고 하여 공장의 입지를 제한하고, 준공업지대에 해당하는 제6조의 지역을 '①서대문정차장에서 한강철교에 이르는 철도 본선로 이동의 지역을 제외한 성벽 외의 지역 ②성벽 내 혜화동, 동숭동, 이화동, 충신동, 종로6정목, 황금정6정목, 황금정7정목(단 황금정6정목, 황금정7정목 내 전차선로 이남의 지역은 제외)'으로 지정하였다. 《官報》 1913. 2. 25, 1914. 5. 30.

107 《大陸之京城》, 12~17쪽.

108 금은세공업소는 금은방, 제화공장은 제과점, 양복재봉공장은 양복점, 제빵제과업은 제과점, 가구제조업은 가구점을 겸하는 경우가 많았다.

109 차철욱, 〈부산 북항의 매축과 시가지 형성〉, 《한국민족문화》 22, 2006; 남윤순·김기수, 〈부산항 제1부두의 건립과 변화과정에 대한 건축학적 고찰〉, 《석당논총》 73, 2019, 403~405쪽.

110 김승, 〈개항 이후 부산의 일본거류지 사회와 일본인 자치기구의 활동〉, 《지방사와 지방문화》 15-1, 2012. 5, 349~351쪽.

111 조선총독부, 《官報》, 1924. 12. 8.

112 김승, 〈개항 이후 부산의 일본거류지 사회와 일본인 자치기구의 활동〉, 《지방사와 지방문화》 15, 2012. 5, 312쪽.

113 釜山府, 《釜山府勢要覽》, 1921, 18~21쪽.

114 장선화, 〈1920~30년대 부산의 공업발전과 도시구조의 변화〉, 《지역과 역사》 6, 2000, 87쪽.

115 당시의 공장통계는 부산이사청 관내에 있는 공장을 대상으로 한 것인데, 초량의 양조장과 비누공장, 부산진의 양조장 2개소를 제외한 나머지 공장은 전관거류지에 있는 일본인 공장이었다.

116 부산상공회의소 부산경제연구원 편, 《부산경제사》, 1989, 453~454쪽.

117 《朝鮮總督府統計年報》, 1911, 863, 868쪽.

118 《釜山要覽》, 1912, 291~292쪽.

119 《釜山要覽》, 1912, 293~295쪽.

120 부산항에서 미곡의 수이출액은 1917년의 9,052천 원에서 1918년의 27,585천 원으로 급증하였다. 《조선무역연표》, 1917·1918년판.

121 《부산경제사》, 580~585쪽.

122 1920년 일본경질도기는 조선경질도기를 해산하고 두 회사를 하나로 합쳐서 자본금 750만 원의 새로운 회사 일본경질도기(주)를 설립하였다. 배석만·김동철, 〈일제시기 일본경질도기주식회사의 기업경영 분석〉, 《지역과 역사》 29, 2011, 395쪽.

123 동의연초상회同義煙草商會는 노동자 16명을 고용하였고, 각연초와 궐련초를 생산하였다. 《朝鮮總督府統計年報》, 1916, 70~71쪽.

124 《釜山港經濟一斑》, 1916, 55쪽.

125 《慶尙南道統計年報》, 1921, 171~198쪽.

126 공산액 통계에 의하면 공장수 또는 제조호수로서 1926년에는 2,317호, 1927년에는 2,343호, 1928년에는 2,388호, 1929년에는 2,408호가 있었다고 파악하고 있는데, 이는 공장수와 가내수공업 호수가 포괄된 수치로 보인다. 釜山府, 《釜山府勢要覽》, 1931, 80~81쪽.

127 釜山商業會議所, 《釜山日本人商業會議所年報:明治42年》, 1909, 270~272쪽.

128 토성정土城町은 보수천 서쪽의 조선인 거주지에 위치하고 있다. 1921년 토성정의 일본인은 979명, 조선인은 412명이다. 釜山府, 《釜山府勢要覽》, 1922, 22쪽.

Ⅲ. 대공황과 식민지 공업의 재편

1 原郎, 〈景氣循環〉,《日本帝國主義史》2, 東京大學出版會, 1987, 386~393쪽; 大石嘉
  一郎,《日本資本主義百年の歩み》, 東京大學出版會, 2005, 164~165쪽.
2 〈市內中小商工業者 傾家倒産者續出〉,《每日申報》 1931. 3. 11.; 〈失業者六萬四千 乞
  人만五百餘名〉,《朝鮮日報》, 1931. 2. 15.
3 《朝鮮總督府統計年報》, 각년판.
4 京城府,《京城彙報》, 1932. 7, 7~14쪽.
5 〈朝鮮人商工業界 甦生對策을 講究〉,《朝鮮日報》 1931. 5. 30.
6 〈朝鮮商工業者救濟座談會〉,《經濟月報》, 1932. 7.
7 朝鮮工業協會,《鮮內工業の現狀と工業組合法實施の要否》, 1933, 1쪽.
8 〈中小商工業者 救濟方策決定〉,《朝鮮日報》 1932. 7. 29.
9 고태우, 〈1930년대 조선총독부의 궁민구제토목사업과 지역개발〉,《역사와 현실》
  86, 2012. 12, 253~254쪽.
10 齋藤 實, 〈國産品の愛用に就て〉,《朝鮮經濟雜誌》, 1930. 9.; 兒玉秀雄, 〈國産品の愛
  用と國民の自覺〉, 앞의 책.; 松村松盛, 〈國産品の愛用運動〉, 앞의 책.; 松村松盛, 〈國
  産愛用に就て〉,《朝鮮經濟雜誌》, 1930. 10.
11 〈國産愛用 先つ鮮産〉,《京城日報》 1930. 9. 17~18.; 〈本協會員を中心とする時局問
  題に關する官民懇談會〉,《朝鮮工業協會會報》, 1930. 11, 13쪽.
12 김경일,《일제하 노동운동사》, 창작과비평사, 1992, 538~540쪽.
13 방기중, 〈1930년대 조선 농공병진정책과 경제통제〉,《동방학지》 120, 2003, 81~83쪽.
14 全國經濟調査機關聯合會朝鮮支部 編,《朝鮮經濟年報》, 改造社, 1939, 71~74쪽.; 鈴
  木武雄,《朝鮮の經濟》, 日本評論社, 1942, 93~95쪽.
15 金子文夫, 〈資本輸出と植民地〉,《日本帝國主義史》2, 東京大學出版會, 1987,
  343~344쪽.
16 오선실, 〈1920~30년대 식민지 조선의 전력시스템 전환〉,《한국과학사학회지》 30-
  1, 2008, 11~14쪽.
17 방기중은 농공병진정책이 "일본 경제통제와는 다른 차원에서 식민지 유형의 독자

적인 경제통제를 수반하고 있다"는 점에 주목하였다. 그렇지만 농공병진정책의 경제통제가 자원 개발과 생산력 증대에 목표를 둔 '개발통제'이고 독점 강화에 토대를 둔 관 주도의 '관치통제'라는 성격을 강조하였을 뿐 경제통제에 대한 구체적인 분석으로 나아가지는 못하였다. 방기중, 앞의 글, 86~90쪽.

18 伊藤正直, 〈金解禁と昭和恐慌〉, 《近代日本經濟史を學ぶ(下)》, 有斐閣, 1977.; 大石嘉一郎, 〈戰後日本資本主義の歷史的位置と戰後改革〉, 《日本經濟の展開過程》, 1989, 27~28쪽.

19 〈朝鮮紡績界の飛躍(1~3)〉, 《朝鮮新聞》 1936. 2. 28~3. 1.

20 〈朝鮮に於ける大工業の勃興と其の資本系統〉, 《朝鮮工業協會報》, 1935. 5, 3쪽.

21 《京城日報》 1934. 8. 10.

22 木部崎 弘, 〈朝鮮に於ける麥酒界の現勢〉, 《朝鮮實業俱樂部》, 1935. 9, 18쪽.

23 財政經濟時報社, 《日本纖維工業總覽》, 1926년판, 298~300쪽.

24 오선실, 앞의 글; 오진석, 〈1920~30년대 초 전력통제정책의 수립과정〉, 《사학연구》 108, 2012. 12.

25 오진석, 앞의 글, 177~181쪽.

26 〈鮮內のゴム工業 受難期に直面〉, 《朝鮮民報》 1933. 8.; 〈고무工業界의 悲運 二十七個工場休業〉, 《中央日報》 1933. 9. 10.; 〈全く行詰つた朝鮮の護謨工業〉, 《釜山日報》 1933. 12. 14.

27 〈南鮮ゴム工業の統制案早急に實現〉, 《京城日報》 1933. 4. 10.

28 〈護謨工業-京仁三十七工場統制成る〉, 《京城日報》 1934. 5. 10.

29 〈永登浦に人絹工場〉, 《京城日報》 1935. 8. 18.

30 〈朝鮮の人絹事業-鮮內自給自足から徐に對外發展を目指〉, 《京城日報》 1935. 1. 18.; 〈統制法を繞る內鮮工業の相剋(九)-人絹染色工業の卷〉, 《京城日報》 1935. 12. 21.

31 〈統制法を繞る內鮮工業の相剋(九)-人絹染色工業の卷〉, 《京城日報》.

32 〈人絹染色統制で內地染色代表內鮮〉, 《朝鮮新聞》 1935. 9. 10.; 〈統制法を繞る內鮮工業の相剋(十)-人絹染色工業の卷〉, 《京城日報》 1935. 12. 22.

33 〈人絹染色の統制ヂレンマ〉, 《釜山日報》, 1935. 9. 18.; 〈人絹染色の協定缺裂か〉, 《釜山日報》 1935. 9. 27.

34 〈人絹染色同業組合認可さる〉,《釜山日報》1937. 1. 23.

35 《釜山商工案內》, 1934, 117쪽.

36 〈輸出旺盛な琺瑯鐵器〉,《京城日報》1935. 3. 19.

37 〈統制法を繞る內鮮工業の相剋(八)-琺瑯鐵器工業の卷〉,《京城日報》1935. 12. 20.

38 〈琺瑯鐵器協議會 局面打開成功〉,《京城日報》1936. 2. 21.

39 〈洗濯石鹼統制〉,《京城日報》1933. 2. 8.

40 〈統制法を繞る內鮮工業の相剋(完)-其他諸工業の卷〉,《京城日報》1935. 12. 27.

41 〈機業協會を强化 中樞機關に決定〉,《京城日報》1936. 5. 30.

42 〈朝鮮工業組合令制定に對する要望事項〉,《朝鮮工業協會會報》, 1934. 5, 10쪽.

43 〈朝鮮商工會議所第三回定期總會決議錄〉,《經濟月報》, 1934. 7, 94~97쪽.

44 〈朝鮮工業組合令制定に對する要望事項〉,《朝鮮工業協會會報》, 1934. 5.

45 조선공업조합연합회朝鮮工業組合聯合會에서는 공업조합법의 시행이 보류된 이유로
① 당시 산업조합의 개조안이 제창되고 있었고, ② 산업조합의 업적에 비추어 공업
조합의 장래 발전에 대한 불안감이 있었고, ③ 공업조합의 금융사업 겸영에 관하여
금융조합과 업부분야 경쟁이 고려되었기 때문이라고 밝히고 있다.〈朝鮮工業組合制
度の沿革〉,《朝鮮工業組合》, 1944. 7, 2쪽.

46 〈統制法を繞る內鮮工業の相剋(完)-其他諸工業の卷〉,《京城日報》1935. 12. 27.

47 방기중, 앞의 글, 85쪽.

48 1912~28년의 공장 기준은 노동자수 5인 이상이거나 원동기를 갖거나 1년 생산액
이 5,000원 이상이었으며, 1929년부터 노동자수 5인 이상으로 변화하였다. 또한
1923~28년에는 관영공업이 포함되어 있지만 1929년부터 관영공업이 제외되었다.

49 《朝鮮總督府統計年報》, 1936년판.

50 1936년 정미업 생산액(231,682천 엔)은 1929년 정미업 생산액(180,604천 엔)에 비하
여 약 1. 3배 증가하였다.《朝鮮總督府統計年報》, 1929, 1936년판.

51 기계류는 원동기, 방직기계, 인쇄기계, 정미기 같은 일반기계 및 부분품을 지칭하는
것이며, 정밀기계, 공작기계 같은 핵심 기계류는 포함되지 않았다.《朝鮮貿易年表》,
1936년판.

52 타이완에서는 1920년대 중반에 재래미보다 품질이 좋은 신품종인 봉래미蓬萊米가

개발, 보급됨으로써 타이완 쌀의 일본 이출이 급증하였다. 1930년대에는 생산된 타이완쌀의 40~50퍼센트가 이출되었다. 커즈밍, 앞의 책, 97~98쪽.

53 《朝鮮經濟年報》, 70~71쪽.

54 〈工産槪算額異同〉, 《調査月報》 8-9, 1937. 9, 119쪽.

55 朝鮮總督府殖産局, 《朝鮮工場名簿》, 1930, 1936년판.

56 경성방직주식회사의 생산품목을 보면 조포粗布(상표명: 太極星, 天桃), 금건金巾(報喜鳥, 染報喜鳥), 세포細布(雙燕, 天桃1000番), 면모스린(報喜鳥票모스린), 프란넬(山蔘), 능지능지(不老草) 등을 생산하였다. 《朝鮮纖維要覽》, 88~89쪽.

57 이입품의 압박 속에서 새로운 시장을 개척해야 하는 경성방직은 동일한 품질의 이입품에 비하여 1반反당 1~2원 낮은 가격으로 판매해야 했으며, 총독부의 보조금을 받아 겨우 사업을 꾸려나갈 수 있었다. 朝鮮綿絲布商聯合會, 《朝鮮綿業史》, 1929, 91~92쪽.

58 1923년 조포와 세포의 이입량 중에서 동양방적의 제품이 43.8퍼센트, 종연방적의 제품이 10.5퍼센트로 두 회사의 제품이 전체 이입량의 54.3퍼센트를 차지하였다. 朝鮮綿絲布商聯合會, 앞의 책, 64~67쪽.

59 조포는 공장에서 기계로 제직된 광폭의 면직물로, 농가에서 수직기로 제직된 소폭의 무명에 대비되는 명칭이다. 시중에서는 광목廣木이라고 불렀다. 조포에 대비되는 세포는 경사經絲, 위사緯絲 모두 20~26번수의 가는 실을 사용하여 제직한 면직물을 말한다. 세포는 조포와 금건canaquin의 중간 정도 재질을 가진 면직물이다.

60 〈朝鮮に於ける人絹の需給槪況〉, 《經濟月報》, 1932. 9, 56~57쪽.; 財政經濟時報社, 《日本纖維工業總覽》, 1934, 40~42쪽.

61 宮林泰司, 《朝鮮の織物に就て》, 1935, 30쪽.

62 1935년경 경성의 기존 직물공장 중에서 약 75퍼센트 정도가 인조견직물 또는 인조견교직물 생산으로 전환하였다. 京城府産業調査會, 《織物工業ニ關スル調査》, 1937, 3~5쪽.

63 염색가공을 위한 운송비 및 기타 경비를 가산하면 일본에서 이입되는 제품보다 반反당 1원 내지 1원 50전가량이 비싸기 때문에 일본제품과 경쟁이 불가능하였다. 〈內地人絹を朝鮮から防遏〉, 《京城日報》 1931. 3. 20.; 〈人絹織物工場 朝鮮進出は至難〉,

《湖南日報》1931. 7. 1.

[64] 〈朝鮮の人絹布, 下級品は自給可能か〉,《釜山日報》1935. 8. 6.

[65] 〈發展途上의 工業組合을 찾아서(14)〉,《朝鮮日報》1939. 7. 18.

[66] 금속제품은 못류, 철도건설용재료, 전선지주支柱 및 전선지가용支架用재료, 가옥건축용재료, 교량건설용재료, 절연전선, 공장구工匠具, 농구, 난로, 물통, 솥 등으로 구성되는데, 이 중에서도 못류, 전선지주 및 전선지가용재료, 가옥건축용재료, 절연전선 등의 비중이 크다.《朝鮮貿易年表》, 각년판.

[67] 京城府産業調査會,《鐵工業ニ關スル調査》, 1935, 13~18쪽.

[68] 고무저포화는 밑창에 고무를 사용하고 윗창은 천을 사용한 신발을 말한다.

[69] 京城府産業調査會,《ゴム工業ニ關スル調査》, 1935, 12쪽.

[70] 고무저포화의 제조에 사용되는 범포帆布에는 5퍼센트의 이입세가 부과되기 때문에 일본제품에 비하여 불리하다. 石井市重郎, 〈朝鮮に於けるゴム工業の概況〉,《朝鮮工業協會會報》, 1934. 3, 10쪽.

[71] 조선총독부 상공과商工課의 이시이 시시게로石井市重郎는 조선 내 고무공업의 발흥으로 이입대체가 이루어졌다고 보기보다는 오사카, 고베의 고무신 생산업자가 수익이 적은 조선시장을 내버려두고 유리한 해외시장의 개척에 주력하였기 때문이라고 평가하였다. 石井市重郎, 앞의 글, 10쪽.

[72] 조선산 고무신은 일본산 고무신에 비하여 품질은 다소 떨어지지만 신발의 형태가 조선인의 기호에 맞고 가격도 10전가량 저렴하였다. 〈朝鮮に於ける護謨工業〉,《朝鮮經濟雜誌》, 1925. 1, 21쪽.

[73] 〈朝鮮の硝子工業と其の需給〉,《朝鮮經濟雜誌》, 1927. 9, 11쪽.

[74] 《大陸之京城》, 521쪽; 〈朝鮮の硝子工業と其の需給〉,《朝鮮經濟雜誌》, 1927. 9, 8~9쪽.

[75] 정공업精工業과 조공업粗工業 개념은 원래 독일의 공업 분류 개념으로, 일본에서 이를 수용하여 공업을 분류하였다. 이때 정공업(Feingewerbe)과 조공업(Grobewerbe)은 생산에 이용되는 노동수단이나 장치가 상대적으로 정밀한가 조잡한가에 따라서 구분되었다.(黃炳晙,《工業經濟學》, 신구문화사, 1955, 35~36쪽.) 여기에서 宇垣一成이 제기하고 高橋龜吉이 뒤받침하고 있는 조공업 개념은 '일본=정공업지대', '조선=조공업지대', '만주=농업・원료지대'로 재편하는 일선만경제블럭 구상 속에서 의미

를 가지는 것이다. 또한 1930년대 초반이라는 국한된 시기를 의미할 뿐 아니라 宇垣一成으로 대표되는 세력의 정치적 의미까지 포함하고 있다(이승렬, 앞의 글, 148~168쪽). 본고에서는 당시의 조공업 개념에서 시기적 맥락과 정치적 의미를 배제하고 공업 분류 개념으로 사용하며, 조공업을 ①정공업에 대비되는 일반적인 개념, ②경공업 위주의 노동집약적인 공업, ③기술수준의 저위성으로 부가가치가 낮은 제품을 생산하는 공업을 의미하는 개념으로 정의하고자 한다.

76 자동직기는 제직 도중에 씨실이 끊어지더라도 운전을 정지하지 않고 씨실을 자동적으로 보급하도록 씨실 보급장치와 날실 절단장치를 갖추었다.

77 강이수, 〈일제하 면방 대기업의 노동과정과 여성노동자의 상태〉, 《한국사회사연구회논문집》 28, 1991, 64쪽.

78 김경남, 〈1920·30년대 면방 대기업의 발전과 노동조건의 변화〉, 《부산사학》 25·26, 1994, 132~140쪽.

79 다조조사기 multi-end reeling machine는 노동자 1인이 20개 이상의 얼레를 담당하여 실을 켜는 기계를 말한다.

80 藤井光男, 《戰間期日本纖維産業海外進出史の研究》, ミネルヴァ書房, 1987, 75~76, 538쪽.

81 위의 책, 556, 559~560쪽.

82 〈灼熱下の工場を行く(四)-局鐵京城工場の卷〉, 《朝鮮每日新聞》, 1931. 8. 26.; 崔永秀, 〈鐵道局工場參觀記〉, 《新東亞》, 1933. 9.

83 용산공작도 原寸職場, 罫書職場, 組立鉚鈲職場, 鍛冶屋職場, 仕上職場, 木工職場, 塗裝職場, 기관차직장 등으로 각 공정이 분리되어 기계에 의한 일관작업이 이루어졌다. 〈灼熱下の工場を行く(二)-龍山工作の卷〉, 《朝鮮每日新聞》, 1931. 8. 24.

84 京城府産業調査會, 《鐵工業ニ關スル調査》, 71~73쪽.; 京城府, 《工場工業ニ依ル生産狀況調査》, 1934, 30쪽.

85 〈朝鮮産業大觀(三)-朝鮮麥酒株式會社〉, 《京城日報》, 1934. 4. 5.; 〈朝鮮産業大觀(五)-昭和麒麟麥酒株式會社〉, 《京城日報》, 1934. 4. 18.

86 1921년에는 70개의 정미소 중 50개의 정미소가, 1927년에는 44개의 정미소 중 43개가 전동력화하였으며, 1928년부터는 모든 정미소가 전동력화하였다. 《京城府産

業要覽》, 1932년판.

87 京城府産業調査會, 1935, 《精米工業ニ關スル調査》, 15~17쪽. 일부 정미소에서는 정미기 이외에도 籾摺機, 昇降機, 砂取機, 撰石機 등의 설비를 갖추고 있었다.

88 1920년 초에 3분의 2가량의 인쇄소가 전동기를 사용하였고, 1920년대 후반이 되면 전동기를 사용하는 인쇄소가 90퍼센트를 넘게 된다. 《京城府産業要覽》, 1932년판.

89 京城府, 《工場工業ニ依ル生産狀況調査》, 1934, 34쪽.

90 '練'공정은 고무 원료에 각종 배합제를 혼합하여 고무신 재료를 만드는 과정이다. 이 공정은 촉진제를 사용하는 '소련素練'과 배합제를 사용하는 '본련本練'으로 나누는데, 촉진제를 사용하여 고무를 연하게 만들고 각종 배합제를 섞은 후 롤러의 간격을 조절하여 용도에 따라 두께가 다른 고무를 만든다. 《ゴム工業ニ關スル調査》, 40~46쪽.

91 가류加硫는 고무제품 생산에서 생고무에 유황을 혼합하고 열을 가하여 경화시키는 공정을 말한다.

92 '차공장借工場'과 '대공장貸工場'은 고무제품제조공장에만 보이는 특이한 생산방식으로, '차공장'은 고무신 생산기술을 가진 기술자가 독립한 후 노동자를 고용하여 휴업 중이거나 조업 단축 중인 공장의 일부를 임대하여 고무신을 제조하는 공장을 말하며, '대공장'은 이러한 차공장에게 공장 및 설비의 일부를 대여한 공장을 말한다. 《ゴム工業ニ關スル調査》, 78~80쪽.

93 위의 책, 57~59쪽.

94 《京城府産業要覽》, 1932년판.

95 朝鮮總督府中央試驗所, 《朝鮮の機業》, 1932, 22쪽.

96 京城府産業調査會, 《織物工業ニ關スル調査》, 1937, 59~60쪽.

97 《京城府産業要覽》, 1932년판.

98 《鐵工業ニ關スル調査》, 66~67쪽.

99 《工場工業ニ依ル生産狀況調査》, 28~31쪽.

100 《鐵工業ニ關スル調査》, 76쪽.

101 吉田寬一郞, 《京城府に於ける硝子工業の趨勢に就きて》, 1939. 3, 5쪽.

102 《工場工業ニ依ル生産狀況調査》, 25, 33쪽.

103 《京城府産業要覽》, 1932·1935년판;《工場工業二依ル生産狀況調査》, 26, 37쪽.

104 경성상공회의소에서는 1930년대 중반에 다시 경성 및 전국 각지의 가내공업을 조사하여 1937년 3월《朝鮮に於ける家庭工業調査》를 발간하였다. 경성부 권업과勸業課에서도 중일전쟁 발발 직후인 1937년 10월《家內工業二關スル調査》를 발간하였다.

105 京城商工會議所,《朝鮮に於ける家庭工業調査》, 1937.

106 京城商業會議所,《家內工業二關スル調査》, 1927.

107 이하의 서술은《朝鮮に於ける家庭工業調査》의 생산품목별 현황에 의함.

108 전동양말기가 처음 도입된 것은 1919년 개성의 송고실업장松高實業場이 설립되면서부터이고, 평양에서는 1925~26년경에 도입되었다. 주익종, 〈일제하 평양의 메리야스공업에 관한 연구〉, 서울대학교 경제학과 박사학위논문, 1994, 127~128쪽.

109 《자본》(김수행 역, 비봉출판사, 1989) 제1권 제4편 참조.

110 면방적업의 기술 및 노동과정에 대해서는 우지형,《한국근세과학기술100년사조사연구―섬유분야―》, 한국과학재단, 1993.; 강이수, 앞의 글, 65~68쪽 참조.

111 〈灼熱下の工場を行く(五)-片倉製絲の卷〉,《朝鮮每日新聞》, 1931. 8. 27.; 〈工場少年巡訪記(三)-朝鮮製絲會社-〉,《어린이》, 1930. 11, 52~53쪽.

112 陸芝修, 〈'製絲勞動'について(1)〉,《朝鮮總督府 調査月報》, 1938. 6, 28쪽.

113 〈朝鮮産業大觀(三)-朝鮮麥酒株式會社〉,《京城日報》, 1934. 4. 5.; 〈朝鮮産業大觀(五)-昭和麒麟麥酒株式會社〉,《京城日報》, 1934. 4. 18.

114 《ゴム工業二關スル調査》, 46~50, 59~63쪽.

115 〈工場少年巡訪記(一)-별표고무工場-〉,《어린이》, 1930. 9, 25~26쪽.;《ゴム工業二關スル調査》, 61쪽.

116 〈工場少年巡訪記(二)-朝鮮印刷會社-〉,《어린이》, 1930. 10, 48~49쪽.

117 吉田寬一郎,《京城府に於ける硝子工業の趨勢に就きて》, 1939, 5, 9쪽.

118 〈建築用의 煉瓦製造業-小資本組織에 대하여-〉,《東亞日報》, 1931. 3. 8~3.17.

119 정동찬 외,《전통과학기술 조사연구(1)》, 국립중앙과학관, 1993, 8~11쪽.

120 〈朝鮮鍮器に就て〉,《朝鮮經濟雜誌》, 1930. 11, 11쪽.

121 정재정, 〈조선총독부 철도국의 고용구조〉,《근대조선의 경제구조》, 1989, 452~453쪽. 철도국의 고용구조 및 고용구조의 시기별 변화에 대해서는 정재정,《일제의 철

도침략과 한국인의 대응》중 제3편 제2장 참조.

122 강이수, 앞의 글, 97~101쪽.

123 〈工場少年巡訪記(三)-朝鮮製絲會社-〉, 《어린이》, 1930. 11, 56쪽.

124 朝鮮總督府學務局社會課, 《會社及工場に於ける勞働者の調査》, 1923, 94~97쪽.

125 《鐘紡製絲四十年史》, 529쪽.

126 강이수, 앞의 글, 103~105쪽.

127 藤井光男, 앞의 책, 639~640쪽.

128 강이수, 앞의 글, 79쪽.

129 〈工場少年巡訪記(三)-朝鮮製絲會社-〉, 《어린이》, 1930. 11, 53쪽.

130 경성직업소개소의 〈管內産業勞動事情調査〉에서는 종업자從業者를 사무종사자, 기술직원, 일반노무자, 호내사용인戶內使用人의 4종류로 구분하고 있다. 따라서 일반노무자란 사무종사자, 기술직원, 호내사용인을 제외한 농림업·광업·공업·상업·통신운수업 등에 종사하는 노동자를 말하는데, 일반노무자 중 공업노동자의 비중은 69퍼센트이다. 京城職業紹介所, 《京城職業紹介所所報》, 1941, 9, 16~17쪽.

131 《鐵工業二關スル調査》, 112쪽.

132 《織物工業二關スル調査》, 65쪽.; 《鐵工業二關スル調査》, 99~100쪽.; 《精米工業二關スル調査》, 23쪽.; 《ゴム工業二關スル調査》, 59쪽.

133 《鐵工業二關スル調査》, 112~113쪽.

134 《織物工業二關スル調査》, 81쪽.

135 吉田寬一郎, 앞의 책, 6쪽.

136 강이수, 앞의 글, 93쪽.

137 《織物工業二關スル調査》, 80~81쪽.

138 《ゴム工業二關スル調査》, 65쪽.

139 《鐵工業二關スル調査》, 121~122쪽.

140 《精米工業二關スル調査》, 26쪽.

141 《織物工業二關スル調査》, 77~78쪽.

142 《ゴム工業二關スル調査》, 64쪽.

143 《鐵工業二關スル調査》, 113, 119쪽.

144 《精米工業ニ關スル調査》, 22~23쪽.

145 《京城府産業要覽》, 1935 · 1938년판.

146 《鐵工業ニ關スル調査》, 7~8쪽.

147 《ゴム工業ニ關スル調査》, 5~6쪽.

148 《京城府産業要覽》, 1932년판·1935년판.

149 《精米工業ニ關スル調査》, 23쪽.

150 기타 공업에 종사하는 여성노동자의 60퍼센트 정도가 재봉업에 속하였다. 《京城府産業要覽》, 1935 · 1938년판.

151 《家内工業ニ關スル調査》.

152 유년노동 혹은 아동노동을 구분하는 기준은 지역과 관습에 따라 다르게 나타난다. 당시의 자료에서 일반적으로 16세 미만을 유년노동자로 분류하고 있기 때문에 편의적으로 이 기준을 따르기로 한다.

153 《京城府産業要覽》, 1938년판.

154 1937년의 경우 전체 여성 유년노동자 2,586명 중 제사업에 534명(20.6퍼센트), 직물업에 1,616명(62.5퍼센트)이 종사하고 있었다. 《京城府産業要覽》, 1938년판.

155 《精米工業ニ關スル調査》, 23쪽.

156 《鐵工業ニ關スル調査》, 100쪽.

157 초기 한국인 양복점은 일본인 양복점에서 도제관계로 배운 한국인 기술자에 의하여 설립되었으며, 이후 양복점의 확대는 도제관계를 통하여 배출된 기술자에 의존하였다. 김진식, 《한국양복100년사》, 73~75쪽.

158 〈工場少年巡訪記(二)-朝鮮印刷會社-〉, 《어린이》, 1930. 10, 53쪽.

159 숙련기간은 업종에 따라 다양하다. 가내공업 72개 업종을 숙련기간에 따라 구분해 보면, 별다른 숙련이 필요없는 것 3개 업종, 숙련기간이 6개월 이하인 것 11개 업종, 1~2년인 것 12개 업종, 3~4년인 것 25개 업종, 5년 이상인 것 15개 업종, 기타 6개 업종이다. 《朝鮮に於ける家庭工業調査》.

160 배성준, 〈1930년대 일제 섬유자본의 침투와 조선 직물업의 재편〉, 《한국사론》 29, 1993, 214, 219쪽.

161 木部崎 弘, 앞의 글, 18~19쪽.

[162] 《ゴム工業ニ關スル調査》, 20~21, 87쪽.

[163] 《鐵工業ニ關スル調査》, 31~33, 128~129쪽.

[164] '이중구조'는 1950년대 후반부터 일본의 산업구조 분석을 위하여 사용하던 개념으로, 일국의 경제 안에 근대적 대기업과 전근대적 소기업·영세기업이 병존하고 양자 간에 커다란 임금 격차가 존재하는 상태를 말한다(이경의, 《중소기업의 이론과 정책》, 지식산업사, 1996, 183~200쪽.; 篠原三代平, 〈日本經濟の二重構造〉, 《産業構造》(日本經濟の分析 6), 春秋社, 1961.; 中村隆英 外編, 《二重構造》(日本經濟史 6), 岩波書店, 1989). 일본경제의 이중구조는 전근대적 영역이 근대적 영역의 기초가 되고 대기업, 중기업, 소기업(영세기업)이 각기 커다란 비중을 차지한다는 점에서 식민지의 경제 구조와 상이하다. 따라서 근대적 대기업과 전근대적 소기업·영세기업이 병존한다는 의미에서 '이중구조' 개념을 취하여 대공장과 중소공장·가내사업장이 분리, 병존하고 있는 식민지 공업구조의 특징을 식민지적 '이중구조'로 개념화하기로 한다.

[165] 朝鮮織物協會, 《朝鮮纖維要覽》, 1943, 88~89, 94쪽.

[166] 《朝鮮の機業》, 22쪽.

[167] 《鐵工業ニ關スル調査》, 10~22쪽.

[168] 구리하라 겐타栗原源太는 일본자본주의의 이중구조를 "독점적 대기업에 의한 중소기업의 하청생산구조를 내실로 하는 일본 특유의 독점본의 재생산구조, 자본축적 구조"라고 정의하고, 이러한 이중구조가 1920년대에 형성되고 1930년대에 확립되었다고 주장하였다. 栗原源太, 《日本資本主義の二重構造─獨占資本形成期から多國籍企業化までの実証分析─》, 御茶の水書房, 1989.

[169] 川端巖, 《中小工業論》, 1941, 197쪽.

[170] 하청 생산이 이루어지는 도쿄의 3개 지역에서 '순수 하청'(하청의 전부를 수주받은 공장에서 생산하는 것)의 비중이 69퍼센트이고 '중간 하청'(하청받은 일부를 다시 外注하는 것)이 15퍼센트였다. 植田浩史, 〈戰時統制經濟と下請制の展開〉, 《戰時經濟》, 1987, 202~203쪽.

[171] 《鐵工業ニ關スル調査》, 76, 171쪽.

[172] 위의 책, 13, 122쪽.

[173] 《ゴム工業ニ關スル調査》, 78~79쪽.

174 《京城における工場調査》, 1939년판.

175 京城商工會議所, 《朝鮮に於ける家庭工業調査》, 1937. 통상적인 가내공업 생산액은 전체 공산액에서 공장공업 생산액과 관영공장 생산액을 차감해서 구한다. 이렇게 계산한 1937년의 가내공업 생산액은 35,786천 엔이다. 그러나 《朝鮮に於ける家庭工業調査》에서 업종별 가내공업 생산액을 합하면 12,957천 엔으로, 통상적인 계산에서 나온 가내공업 생산액의 3분의 1에 불과하다. 이렇게 차이가 크기 때문에 여기에서는 《朝鮮に於ける家庭工業調査》에 나오는 업종별 가내공업 생산액을 사용하여 가내공업의 비중을 구하였다.

176 《精米工業ニ關スル調査》, 18~20. 47쪽.

177 위의 책, 54쪽.

178 《鐵工業ニ關スル調査》, 171쪽.

179 《ゴム工業ニ關スル調査》, 12쪽.

180 《工場工業ニ依ル生産狀況調査》, 20쪽.

181 위의 책, 244~248쪽.

182 《精米工業ニ關スル調査》, 22쪽.

183 《織物工業ニ關スル調査》, 64~65쪽.

184 《鐵工業ニ關スル調査》, 98~99쪽.

185 이하 원료에 대한 서술은 《工場工業ニ依ル生産狀況調査》(京城府, 1934), 95~111쪽 참조.

186 위의 책, 33쪽.

187 위의 책, 30~32쪽. 참고로 겸이포제철소에서 생산되는 선철의 공급지를 보면 1927년에 생산된 133,700여 톤의 선철 중 122,100톤(91.3퍼센트)은 일본으로, 2,100여 톤(1.6퍼센트)은 중국으로, 나머지 9,400여 톤(7.0퍼센트)은 조선 각지로 공급되었다. 〈本邦製鐵事業と朝鮮の鐵床〉, 《朝鮮經濟雜誌》, 1928. 8., 21~22쪽.

188 京城府, 《京城における工場調査》, 1937, 9~27쪽.

189 이혜은, 〈일제침략기 서울의 민족별 거주지분포〉, 《향토서울》 52, 1992, 138~139, 144~146쪽.

190 〈京城商店街としての本町及鐘路通の槪況〉, 《經濟月報》, 1936. 3.

191 京城商業會議所,《京城工場表》, 1923년 및 附錄〈京城隣接地工場表〉.

192 위와 같음.

193 1937년 영등포의 공장수 57개, 생산액 52,460천원으로 공장수는 경성 전체 공장수의 4퍼센트에도 미치지 못하지만 생산액은 경성 전체 생산액의 37퍼센트에 달하였다.《京城における工場調査》, 1939년판.

194 紹農生,〈京城に於ける工業の體系(四)〉,《朝鮮實業俱樂部》, 1935. 9, 25~26쪽.

195 京城府,《躍進京城に於ける工業の槪貌と將來》, 1939, 33쪽.

196 부산부 사회과에서 1929년 말부터 1930년 1월까지 시행한 실업조사에 따르면 조선인 실업자는 3,057명, 일본인 실업자는 188명이었다. 그중에서도 조선인 일용노동자는 조사인원 중 39퍼센트가 실업 상태에 있었다.《朝鮮新聞》 1930. 2. 16.

197 《釜山日報》 1930. 7. 5.

198 《釜山日報》 1932. 3. 13.

199 부산부 직업소개소에서 1933년 6월 말에 시행한 실업조사에 따르면 봉급자 실업은 1,129명(조선인 801명, 일본인 328명), 일용노동자 실업은 1,497명(조선인 1,474명, 일본인 23명), 기타 실업은 419명(조선인 378명, 일본인 41명)이었다.《釜山日報》, 1933. 7. 22.

200 《부산경제사》, 703쪽.

201 《부산경제사》, 692, 698쪽.

202 차철욱,〈일제시대 부산항 설비사업과 사회적 의미〉,《한국학논총》 33,

203 대선양조주식회사大鮮釀造株式會社는 1929년 7월 범일정에 대일본주류양조주식회사 부산공장으로 설립되었으며, 1930년 7월 자본금 100만 원의 대선양조주식회사로 변경되었다.

204 입석상점立石商店은 석유 판매와 납촉蠟燭 제조를 주된 업종으로 하였으며, 1927년에 유조선을 도입하고 1934년 영도에 저유소와 제유공장을 설립하였다. 1931년에 ㈜입석상점으로 조직을 변경하였고, 1934년에 자본금을 50만 원에서 100만 원으로 증자하였다. 立石信吉,《株式會社立石商店二十五年沿革史》, 1936.

205 朝鮮製網株式會社는 마에오카제망前岡製網주식회사의 자매회사로서, 1929년 9월 영선동에 자본금 25만 원으로 설립되었다.

206 《釜山商工案內》, 1935, 28쪽.

207 《朝鮮新聞》, 1934. 6. 23.

208 오진석, 〈1920~30년대 초 전력통제정책의 수립과정〉, 《사학연구》 108, 2012. 12, 168쪽.

209 《發展計劃及送電網計劃書》, 1932, 377~379쪽.

210 朝鮮瓦斯電氣, 《朝鮮瓦斯電氣株式會社發達史》, 1938, 65~69쪽. 이후 총독부의 전기통제 강화에 따라 1937년 남선 지방과 호남 지방의 6개 전기회사(조선와사전기, 대흥전기, 남조선전기, 대전전기, 천안전기, 목포전기)가 합병하여 남선합동전기주식회사南鮮合同電氣株式會社가 설립되었다.

211 〈南鮮ゴム工業の統制案早急に實現〉, 《京城日報》 1933. 4. 10.

212 《釜山日報》, 1934. 1. 31.;《釜山日報》 1934. 8. 22.

213 《釜山商工案內》, 1934, 117쪽.

214 《釜山の産業》, 1935, 91쪽.

215 〈琺瑯鐵器協議會 局面打開成功〉, 《京城日報》 1936. 2. 21.

216 《釜山商工案內》, 1935, 28쪽.

217 와타나베渡邊고무공장은 고베의 와타나베고무공업소에서 기술을 배워서 귀국한 김영준金英俊이 설립하였다. 김영준은 와타나베고무공업소의 와타나베 나오가즈渡邊直一와 합자하여 와타나베고무제조합자회사를 설립하였다. 《釜山日報》, 1935. 8. 26. 《釜山港經濟統計要覽》(1927)의 〈工場名一覽表〉에는 '渡邊고무分工場'으로 되어 있다.

218 《釜山港經濟統計要覽》, 1929, 112~116쪽 및 부록의 〈부산공장일람표〉.

219 1929년 정미소는 62개소, 양조장은 73개소였고, 정미업 생산액은 17,933천 원, 양조업 생산액은 3,158천 원이었고, 1931년 정미소는 36개소, 양조장은 51개소, 정미업 생산액은 11,800천 원, 양조업 생산액은 2,064천 원이었다. 《釜山港經濟統計要覽》, 1929, 112~116쪽;《釜山商工案內》, 1932, 98~115쪽.

220 《釜山の産業》, 1938, 14, 22, 38쪽

221 위의 책, 16~20쪽.

222 부산 공장의 원동력은 1929년의 13,468마력에서 1933년의 26,224마력으로 꾸준히 증가하였다. 《釜山商工案內》, 1934, 114쪽.

223 《釜山の産業》, 1935, 39쪽.

224 1934년의 가내공업 생산액은 1933년에 비하여 약 22퍼센트 증가하였으며, 1936
    년의 가내공업 생산액은 1935년에 비하여 약 39퍼센트 증가하였다. 《釜山の産業》,
    1935, 4쪽; 《釜山の産業》, 1937, 5쪽.

225 김경남, 앞의 글, 132~133쪽.

226 《釜山日報》, 1932. 3. 26.

227 배석만, 〈일제시기 부산의 대자본가 香椎源太郎의 자본축적 활동〉, 《지역과 역사》
    25, 2009, 111~112쪽.

228 《釜山の産業》, 1934, 117쪽; 《釜山の産業》, 1935, 26쪽.

229 주익종, 〈식민지기 조선에서의 고무공업의 전개〉, 《경제사학》 22, 1997, 103~104쪽.

230 釜山稅關, 《釜山港貿易槪覽: 昭和十一年》, 1937, 79~85쪽.

231 1929년과 1937년을 비교하면 정미업에서 남성노동자는 407명에서 195명으로 절
    반가량 감소한 반면 여성노동자는 90명에서 412명으로 크게 증가하였다.

232 대표적인 곳이 본정5정목이다. 1921년에 본정의 조선인 인구는 376명이었지만
    1933년에는 본정5정목에 3,143명의 조선인이 거주하였다. 釜山府, 《釜山府勢要
    覽》, 1922·1934.

233 釜山府, 《釜山商工案內》, 1934, 104~105쪽.

IV. 전시통제와 군수공업화

1 일본 경제통제법의 조선 적용에 대해서는 배성준, 〈일제 말기 통제경제법과 기업통
   제〉, 《한국문화》 27, 2001, 364~366쪽 참조.

2 일본과 식민지를 포괄하는 경제통제는 대체로 중일전쟁기(1937. 7~1941. 7)와 태평
   양전쟁기(1941. 7~1945. 8)로 구분된다. 중일전쟁기는 다시 제2차 세계대전 발발을
   기준으로 2개의 시기로 구분하고, 태평양전쟁기는 미국의 대일 자산동결 및 대일
   전면금수를 기준으로 2개의 시기로 구분한다. 大石嘉一郎은 일본의 전시통제경제
   를 5개의 시기 — 전시통제개시기(1937. 7~1939. 9), 전시통제강화기(1939. 9~1941.

7), 전시통제전환기(1941. 7~1943. 2), 전시통제파정기(1943. 2~1944. 7), 전시통제
해체기(1944. 7~1945. 8) — 로 구분한다. 大石嘉一郎, 〈第二次世界大戰と日本資本
主義〉, 《日本帝國主義史》3, 東京大學出版會, 1994, 15~20쪽.

3 〈臨時資金調整法と朝鮮經濟(2)〉, 《殖銀調査月報》, 1938. 7, 13쪽.

4 면화통제료 및 수출할려금제도는 수입 면화에 대하여 종가從價 1할의 통제료를 징
수하고, 면제품을 수출하는 경우에는 통제료에 상당하는 범위 내에서 장려금을 교
부하는 제도이다.

5 스프는 인조섬유의 일종인 staple fiber의 약어로, 목재펄프 또는 면린트를 원료로 하
여 인견직물과 유사한 방법으로 만들어진다. 인조섬유는 긴 섬유로 방사되는데, 이
를 방적하기 쉽게 적당한 길이로 절단한 것을 스프라고도 한다. 스프는 인견직물에
비하여 품질은 떨어지지만 값이 싸고 각종 섬유와의 혼방이 가능했기 때문에 면이
나 양모의 대용으로 사용되었다.

6 《朝鮮經濟年報》, 1940년판, 80~84쪽.

7 洪鍾玉, 〈經濟統制協力會再編成について〉, 《金融組合》, 1941. 2, 13~14쪽.

8 '경제신체제'는 1940년 8월 고노에내각近衛內閣이 〈基本國策要綱〉을 발표하여 '신
체제' 수립을 표방하고, 이에 기반하여 〈經濟新體制確立要綱〉을 확립하고 경제체제
의 혁신을 추진한 것을 말한다. 방기중, 〈1940년 전후 조선총독부의 '신체제' 인식
과 병참기지강화정책〉, 《동방학지》 138, 2007 참조.

9 《殖銀調査月報》, 1940. 12, 76~79쪽.

10 〈中小商工業對策案の決定〉, 《朝鮮織物協會誌》, 1941. 3.

11 《殖銀調査月報》, 1941. 3, 64~65쪽.

12 조선에서 〈중요산업단체령〉 시행과 통제회 설립이 이루어지지 않은 이유에 대해서
총독부에서는 ①조선에서는 업자에 대한 관의 통제가 아주 강력하여 일본이 지향하
는 합리적 생산배급계획이 이미 실행되고 있고, ②조선에서는 광공업의 수가 아주
단순하며, ③국내의 정치경제의 특수사정에 의한 것이라고 설명하고 있다. 《殖銀調
査月報》, 1941. 8, 36쪽.

13 《金組聯 調査彙報》, 1942. 1, 24~25쪽.: 《殖銀調査月報》, 1942. 8, 20쪽.

14 《朝鮮産業の決戰再編成》, 18쪽.

15 〈企業整備要綱〉,《朝鮮工業組合》, 1944. 1.

16 〈第1次 朝鮮企業整備實施 配給工業三十六種을 選定〉,《每日新報》1944. 2. 27.

17 《殖銀調査月報》, 1944. 8, 21~22쪽.

18 牧山正彦, 〈朝鮮軍需生産責任制度と軍需會社法〉,《朝鮮》, 1944. 9.

19 朝鮮銀行調査課,《朝鮮工業組合令實施と金融組合との關係》, 1938, 1~2쪽.

20 《朝鮮工業組合令實施と金融組合との關係》, 9쪽.

21 〈中央會の足跡〉,《朝鮮工業組合》, 1943. 1, 35~36쪽.

22 〈工業組合設立認可一覽表〉,《朝鮮工業協會會報》, 1939. 4, 5~9쪽.

23 군수품의 하청을 위한 철공업의 조직화는 경성철공공업조합의 설립을 시작으로 1939년 말까지 전국에 걸쳐 진행되었는데, 평양, 대구, 포항, 군산, 원산, 함흥, 부산, 마산 등지에서 철공공업조합 혹은 기계철공공업조합이 설립되었다.《朝鮮工業組合》, 1944. 7, 47~48쪽.

24 《殖銀調査月報》, 1941. 3, 62, 66쪽.

25 《朝鮮工業組合》1, 1942. 7, 39~40쪽.

26 〈中央會の足跡〉,《朝鮮工業組合》, 1943. 1, 39쪽.

27 《殖銀調査月報》, 1940. 2, 106~107쪽.;《朝鮮纖維要覽》, 269쪽.

28 〈發展途上의 工業組合을 찾아서(16)〉,《朝鮮日報》1939. 7. 22.

29 《朝鮮織物協會誌》, 1939. 12, 57쪽.;《朝鮮工業協會會報》, 1939. 4, 6~7쪽.

30 《朝鮮織物協會誌》, 1939. 8, 56쪽.

31 《朝鮮纖維要覽》, 269쪽.

32 《殖銀調査月報》, 1940. 5, 121쪽.

33 《朝鮮工業組合》1, 1942. 10, 40~43쪽.; 〈朝鮮工業組合界の現勢〉,《朝鮮工業組合》, 1944. 7.

34 西崎鶴司, 〈大東亞戰下工業組合の新使命〉,《朝鮮工業組合》, 1943. 1, 15쪽.

35 田中千佳夫, 〈朝鮮中小企業維持育成策と企業協同化への問題〉,《金融組合》, 1941. 9, 38~39쪽.

36 朝鮮銀行調査課, 앞의 책, 8~9쪽.; 〈朝鮮工業組合界の現勢〉,《朝鮮工業組合》, 1944. 7.

37 〈發展途上의 工業組合을 찾아서(12)〉,《朝鮮日報》1939. 7. 14.

38 〈發展途上의 工業組合을 찾아서(19)·(20)〉,《朝鮮日報》1939. 7, 17, 28~29, 45쪽.

39 井坂圭一郎,〈朝鮮産綿布의 配給統制に就て〉,《朝鮮織物協會誌》, 1940. 6. 시행 초기에는 민수용 및 공급면에 국한되었지만, 1941년 7월부터 군수용과 관수용을 제외한 모든 광폭면직물로 확대되었다.《殖銀調査月報》, 1941. 7, 28~30쪽.

40 조선면포통제위원회는 조선총독부 관계관, 생산업자, 판매업자, 대수요자의 대표로 구성되며 위원수는 25명이다. 위원회에서는 품목별 생산량과 도별 배급량을 결정하여 관계단체 및 도에 지시하였다.《朝鮮纖維要覽》, 13쪽.

41 〈朝鮮工業組合界의 現勢〉,《朝鮮工業組合》, 1944. 7, 15~16쪽.

42 위의 글, 15, 45, 88, 112, 126쪽.

43 京城府,《京城府に於ける生活必需品配給統制의 實情》, 1943. 3, 119쪽.

44 西脇權治,〈消費切符制問答〉,《京城彙報》, 1941. 8, 31쪽.

45 위의 글, 32쪽.

46 〈決戰體制下組合의 運營と使命을語る〉,《朝鮮工業組合》, 1943. 4, 47쪽.

47 《經濟治安週報》56, 1942. 5. 30.

48 《殖銀調査月報》, 1938. 12, 66~68쪽.

49 〈京畿道經濟警察〉,《朝鮮日報》1938. 10. 15.

50 〈經濟警察再編成計劃〉,《朝鮮日報》1940. 2. 14. 1940년 7월 전선경제계판검사회의 全鮮經濟係判檢事會議에서 종전의 온정주의를 버리고 검거 및 엄벌주의를 채용하기로 결정하였다.《經濟情報》(9), 1943. 11, 249쪽.

51 경제경찰의 단속에 적발된 경제통제 위반자는 법원으로 넘어간 경제사범에 비해 훨씬 많았던 것으로 보인다. 예를 들면 1942년 5월의 생활필수물자 부정배급 상황에 대한 조사에서 면직물은 단속건수가 622건임에 비하여 논지論旨 38건, 검거 3건에 불과했으며, 고무신은 단속 건수가 725건임에 비하여 유지 37건, 검거 1건에 불과하였다.《經濟治安週報》56, 1942. 5. 30.

52 《金組聯 調査彙報》, 1942. 1, 24쪽;《金組聯 調査彙報》, 1942. 2, 23쪽.

53 〈企業許可令指定業者ノ一齊取締狀況〉,《經濟情報》(9), 161~163쪽.

54 위의 책, 267~268쪽.

55 경성 지역 공업조합이란 경기도 혹은 경성을 관할구역으로 하는 공업조합 및 전국

을 관할구역으로 하는 공업조합 중 경성의 공장을 포함하는 공업조합 36개를 가리킨다. 단 朝鮮琺瑯鐵器工業組合과 朝鮮電球工業組合은 경성에 해당 업종의 공장(법랑철기 1, 전구 4)이 있지만 부산 지역의 업자가 중심이기 때문에 이를 제외하였다.

56 《朝鮮工業組合》, 1944. 7, 88~89쪽.;《經濟月報》, 1939. 7, 113쪽.

57 《官報》, 1942. 3. 23.;《朝鮮纖維要覽》, 239쪽.

58 《朝鮮工業協會會報》, 1939. 4, 5쪽.;〈朝鮮に於ける機械工業の實情と其の對策(五)〉, 《殖銀調查月報》, 1943. 3, 19쪽.

59 《經濟月報》, 1939. 4, 123쪽.;《朝鮮工業協會會報》, 1939. 4, 9쪽.

60 《殖銀調查月報》, 1939. 9, 153쪽.

61 〈發展途上의 工業組合을 찾아서(31)〉,《朝鮮日報》1939. 9. 2.

62 〈發展途上의 工業組合을 찾아서(2)〉,《朝鮮日報》1939. 7. 2.

63 《殖銀調查月報》, 1939. 11, 142쪽.

64 막대소莫大小는 메리야스를 뜻하는 외래어. 직물을 가리키는 스페인어medias 또는 포르투갈어meias가 중국에서 입는 사람에 따라 늘어나거나 줄어든다고 해서 막대소莫大小로 번역되었고, 일본으로 건너간 막대소 용어는 양말과 속옷을 통칭하는 용어로 바뀌었다.

65 《殖銀調查月報》, 1939. 11, 141쪽.

66 군수軍手는 군용수대軍用手袋의 준말인데, 작업용 목장갑을 말한다.

67 《殖銀調查月報》, 1940. 3, 125쪽.

68 〈朝鮮工業組合界의 現勢〉,《朝鮮工業組合》, 1944. 7, 48~49, 59~60, 117~118쪽.

69 京城商工會議所,《朝鮮に於ける物資の配給統制と配給機構》, 1942. 3, 69쪽.

70 〈朝鮮工業組合界의 現勢〉,《朝鮮工業組合》, 1944. 7, 59~60쪽.

71 경성에서는 메리야스업과 직물업에 2개의 공업소조합이 설립되었을 뿐이었다.《官報》, 1942. 2. 20.;《官報》, 1944. 1. 14.

72 〈京城府內に於ける工業狀態調查〉,《經濟月報》, 1941. 2.

73 〈同業者協同組合の現況〉,《金朝聯 調查彙報》, 1941. 7, 15~16쪽.

74 〈京城軍需工業者 軍部作業廳を視察〉,《平壤每日》1937. 12. 15.

75 〈軍需品下請の統制工業組合結成〉,《朝鮮新聞》1937. 12. 23.

76 〈"軍需京城"을 目標로 産業調查委員會〉,《每日新報》1938. 1. 23.

77 〈軍需工業助成策으로 共同作業場設置〉,《每日新報》1938. 1. 25.;〈軍需工業下請策으로 먼저 熟練工을 養成〉,《每日新報》1938. 4. 17.

78 〈平和産業犧牲者救濟策 京城에 工業指導所〉,《朝鮮日報》1939. 1. 23.;〈平和産業轉業委托生百名〉,《朝鮮日報》1939. 7. 6.

79 德山 新,〈時局下의 中小工業問題〉,《朝鮮》, 1940. 11, 42~43쪽.

80 〈鮮內軍需品下請工業の將來と之が助長發展策に就て〉,《朝鮮工業協會會報》, 1938. 2, 4쪽.

81 《朝鮮工場名簿》, 1940년판.

82 《朝鮮工場名簿》, 1942년판. 주요 생산품목에는 군수품이라고 나오지 않고 '기타 기계기구'로 나오지만 1938년 현황과 비교할 때 이들 공장은 군수품을 생산하는 공장으로 추정된다.

83 朝鮮金融組合聯合會, 앞의 책, 64~65쪽.

84 〈時局下に於ける中小商工業者の實情〉,《金組聯 調査彙報》, 1942. 5, 13~14쪽.

85 京城商工會議所에서 발행하는《京城における工場調査》와《京城商工會議所統計年報》에는 1941년까지, 경성부가 발행하는《京城府産業要覽》과 조선공업협회에서 발행하는《朝鮮工場名簿》에는 1940년까지 경성의 공장 현황이 수록되어 있다.

86 《京城商工會議所統計年報》의 공업 생산액 조사를 보면 1937년 129,675천 원(100), 1938년 157,486천 원(121), 1939년 194,273천 원(150), 1940년 211,415천 원(163), 1941년 284,576천 원(219)으로 계속 증가하고 있다.

87 《殖銀調査月報》, 1939. 4, 92~93쪽.

88 《京城における工場調査》, 1943년판.

89 대연기代燃機란 대용연료기관代用燃料機關을 줄인 말로, 가솔린 이외의 연료를 사용하는 기관을 말한다.

90 《京城における工場調査》, 1943년판.

91 경성, 신의주, 평양, 목포, 대구, 부산 등지의 15~16개 조합이 포탄 절삭가공 하청을 하고 있었다.〈鮮內砲彈削下請工業の將來〉,《朝鮮工業協會會報》, 1939. 4, 2쪽.

92 前川勘夫,〈朝鮮の中小商工業對策に關する若干の指標的調査(下)〉,《調査月報》, 1943. 8, 16쪽.

93 《京城における工場調査》, 1942년판·1943년판.

94 〈決戰體制下組合の運營と使命を語る〉, 《朝鮮工業組合》, 1943. 4, 50~51쪽.

95 《經濟情報》(9), 268쪽.

96 1939년부터 1942년 10월까지 전국 일본인 중소공업자의 전폐업 상황은 다음과 같다.

구분 연도	일본 귀환		만주·중국 이주		전폐업		계	
	호수	인원	호수	인원	호수	인원	호수	인원
1939	38	122	10	48	56	182	104	352
1940	94	357	51	96	71	108	196	561
1941	95	298	13	54	86	377	194	729
1942	37	129	18	48	11	45	66	222
계	264	906	72	246	224	712	560	1,864

출전: 朝鮮總督府法務局, 《經濟情報》(9), 243~244쪽.

97 〈朝鮮に於ける經濟統制立に其の違反の現狀に就て〉, 《經濟情報》(9), 244~245쪽.

98 '민수공업'이란 당시 자료에서는 '평화산업平和産業'이라고 불렸는데, 이때 평화산업
은 비군수공업非軍需工業이란 아주 통상적인 의미로 사용되었다. 본고에서도 비군수
공업이란 통상적인 의미로 민수공업을 사용하고자 한다. 그렇지만 각종 조사나 통계
에서 군수공업과 민수공업을 명확히 구분하기가 곤란한데, 군수공업이 직접적인 병기
생산뿐만 아니라 군복, 식료품, 건설용 자재 등 일상생활용품도 포함하기 때문이다.

99 경성상공회의소에서는 경성부 내의 공업 관련 조합 중 비교적 시국의 영향을 받고
있는 23개 조합 1,600명의 조합원을 대상으로 〈조사사항〉을 배포한 결과, 16개 조
합 1,005명의 조합원이 회답하였다. 여기에서는 공업과 관련이 없는 경성건축청부
업조합, 조선토목건축업협회를 제외한 14개 조합의 현황을 정리하였다.

100 〈京城府內に於ける工業狀態調査〉, 《經濟月報》, 1941. 2, 5~6쪽.

101 《殖銀調査月報》, 1940. 12, 108~109쪽.

102 위의 책, 109~110쪽.

103 《殖銀調査月報》, 1938. 10, 67쪽.; 《殖銀調査月報》, 1938. 12, 90~91쪽.

104 《殖銀調査月報》, 1940. 12, 110쪽.

105 朝鮮經濟研究所, 《京城府內中小商工業實態調査報告(第一分冊)-轉廢業問題に就い
て-》, 1942. 8, 85~86쪽. 조선경제연구소는 경성제대 교수 스즈키 다케오鈴木武雄

에게 경성부내 중소상공업 실태조사를 위촉하였으며, 스즈키는 국민총력경성제국
대학연맹 사회조사부의 학생들을 동원하여 1941년 12월 하순 조사표를 배포하였
다. 조사 대상의 최고한도를 상업은 10만원, 공업은 20만원으로 정하고 8,424개의
조사표를 배부한 결과 3,221개(51.1퍼센트)의 조사표를 회수하였다. 제시하는 수치
는 공업 개인(1,047개), 공업회사(44개), 공업조합(12개) 중에서 공업 개인에 대한 것
이다. 朝鮮經濟硏究所,《京城府內中小商工業實態調査報告(第一分冊)-轉廢業問題
に就いて-》, 1942. 8, 1~7쪽.

106 〈京城府內に於ける工業狀態調査〉,《經濟月報》, 1941. 2, 6쪽.

107 朝鮮金融組合聯合會, 앞의 책, 64~65쪽.

108 《殖銀調査月報》, 1942. 2, 32쪽.

109 조선금융조합연합회에서는 1938년부터 매년 경성, 대구, 부산, 평양, 신의주, 청진
등에 대해서 부내의 도시금융조합 및 금융조합연합회 지부로 하여금 부내의 중소
상공업자의 실태를 조사하였다.

110 朝鮮金融組合聯合會,《第五次時局下中小商工業者實情調査書》, 1942, 87~90쪽.

111 위의 책, 6~7, 79, 85, 89, 91쪽.

112 위의 책, 68쪽.

113 朝日皮革工場은 渡邊皮革工場에 통합되었으며, 나머지 9개 공장은 하나의 공장으
로 통합되었다. 警務局經濟警察課,《經濟治安週報》57, 1942. 6. 8.

114 《經濟治安週報》60, 1942. 6. 29.

115 《殖銀調査月報》, 1943. 5, 27쪽.

116 《殖銀調査月報》, 1943. 8, 41~42쪽.

117 《殖銀調査月報》, 1944. 7, 24쪽.

118 《殖銀調査月報》, 1944. 1, 36쪽.

119 〈企業整備 五月實施〉,《每日新報》1944. 4. 5.

120 〈業者는 반드시 申告하라〉,《每日新報》1944. 5. 6.; 〈京畿道內企業整備〉,《每日新
報》1944. 5. 23.

121 〈殘置菓子業者 四百五十軒程度〉,《每日新報》1944. 7. 16.

122 〈朝鮮工業組合界の現勢〉,《朝鮮工業組合》, 1944. 7, 60쪽.

123 〈家具工業整備〉,《每日新報》1944. 3. 29.

124 〈半島企業整備의 推進狀況(三)〉,《每日新報》1944. 7. 9.

125 〈精米業營團直營〉,《每日新報》1944. 3. 29.;《殖銀調査月報》, 1944. 4, 36쪽.

126 〈半島企業整備의 推進狀況(二)〉,《每日新報》1944. 7. 8.;〈半島企業整備의 推進狀況(三)〉,《每日新報》1944. 7. 9.

127 《朝鮮》, 1944. 8, 80~82쪽.;《殖銀調査月報》, 1944. 8, 21~22쪽. 공업 부문은 6개 업종으로 나와 있지만 실제로 제시된 업종은 식육가공업, 경화유·지방산·글리세린제조업(이상 총독부 소관업종), 제면업, 반모가공업, 모자제조업(이상 총독부·도 共管업종)의 5개 업종이다.

128 〈二次企業整備와 民間業界의 現狀〉,《每日新報》1944. 7. 12.

129 〈朝鮮織物工組創立〉,《每日新報》1944. 7. 30.

130 경기도 기업정비위원회에서는 정비 대상에서 제외될 경우 이유 여하를 불문하고 폐업당하며, 폐업당하는 경우 보상금도 받지 못하게 되므로 영업의 규모, 기간을 불문하고 조금이라도 영업실적이 있으면 해당 조합에 신고하도록 하였다. 〈業者는 반드시 申告하라〉,《每日新報》1944. 5. 6.

131 南朝鮮過渡政府 中央經濟委員會,《南朝鮮産業勞務力及賃金調査》, 1948, 10쪽.

132 〈發展途上의 工業組合을 찾아서(13)〉,《朝鮮日報》1939. 7. 15.

133 위와 같음.

134 〈朝鮮工業組合界의 現勢〉,《朝鮮工業組合》, 1944. 7, 18쪽.

135 〈朝鮮에 於ける 機械工業의 實情과 其의 對策(六)〉,《殖銀調査月報》, 1944. 4, 4쪽.

136 〈朝鮮에 於ける 機械工業의 實情과 其의 對策(八)〉,《殖銀調査月報》, 1944. 6, 6쪽.

137 경성가구공업조합은 전통가구제조업자를 배제하고 일본식·서양식 가구제조업자로 결성되었지만 이들 일본식·서양식 가구제조업도 가구점과 가구공장을 겸하는 소규모의 것이 대부분이었다. 〈發展途上의 工業組合을 찾아서(31)〉,《朝鮮日報》1939. 9. 2.

138 손정목,《일제강점기 도시계획연구》, 일지사, 1990, 198, 284, 291쪽.

139 鈴木武雄,〈朝鮮에 於ける 都市計劃과 國土計劃〉,《朝鮮》, 1940. 2, 12쪽;〈京仁市街地計劃에 就て〉,《朝鮮》, 1939. 11, 80쪽.

140 〈京仁市街地計劃に就て〉, 《朝鮮》, 1939. 11, 80쪽; 鈴木武雄, 〈朝鮮に於ける都市計劃と國土計劃〉, 《朝鮮》, 1940. 2, 12쪽.

141 《官報》, 1939. 9. 18.

142 《官報》, 1937. 3. 24; 《官報》, 1939. 3. 22.

143 경성부, 위의 책, 33~38쪽; 《殖銀調查月報》, 1940. 2, 135쪽.; 《殖銀調查月報》, 1942. 4, 34쪽.

144 《官報》, 1939. 11. 18.

145 《朝鮮經濟年報》, 1940년판, 477~478쪽.

146 〈京仁市街地計劃決定案〉, 《朝鮮》, 1939. 11.

147 위의 글, 83쪽.

148 《殖銀調查月報》, 1940. 7, 132쪽; 〈永登浦區整地工事〉, 《朝鮮日報》 1940. 5. 29.

149 《殖銀調查月報》, 1939. 3, 124~125쪽.; 《金組聯 調查彙報》, 1939. 9, 86쪽.

150 《殖銀調查月報》, 1940. 7, 132쪽.

151 《殖銀調查月報》, 1940. 1, 121쪽.

152 손정목, 앞의 책, 290쪽.

153 이주 공장을 출신 지역별로 보면 오사카 118건, 도쿄 57건, 고베 25건, 후쿠오카 14건, 나고야 17건 등이며, 업종별로는 철공업 13건, 주조업 8건, 고무공업 8건, 창고업 7건, 산소공업 4건, 목공업 3건, 제련업 2건 등으로 경공업이 60퍼센트 정도를 차지하였다. 《殖銀調查月報》, 1942. 4, 34쪽.

154 《殖銀調查月報》, 1942. 4, 34쪽.

155 《官報》, 1940. 4. 19.; 《官報》, 1942. 5. 29.

156 인천시, 《인천시사》 (상), 1993, 413~414쪽.

157 《官報》, 1944. 1. 8.

158 《官報》, 1942. 1. 8.

159 京城商工會議所, 《京城における工場調查》, 1939년판.

160 船越順治, 〈朝鮮に於ける力織機の調查〉, 《朝鮮織物協會誌》, 1939. 10, 34쪽.

161 《朝鮮産業の決戰再編成》, 136쪽.

162 《朝鮮産業の共榮圈參加體制》, 112쪽.

163 히로나카상공주식회사弘中商工株式會社는 1916년경 기계판매상인 홍중상회로 출발
하여 1937년에 광산용 기계 제작을 중심사업으로 하는 홍중상공주식회사로 되었으
며, 부평공장을 설립하여 주물에서 조립, 가공에 이르는 일관생산체제를 정비하고
철도차량 제작으로 전환하였다. 위의 책, 113쪽.《朝鮮産業の決戰再編成》, 102쪽.

164 《朝鮮産業の決戰再編成》, 104쪽.

165 〈朝鮮に於ける機械工業の實情と其の對策(二)〉,《殖銀調査月報》, 1943. 12, 3쪽.

166 《朝鮮産業の共榮圈參加體制》, 82~83쪽.

167 朝鮮軍殘務整理部,《朝鮮軍槪要史》, 54쪽.

168 《인천시사》(상), 418쪽.

169 1939년 경기도의 기계기구공업 비중이 전체의 55퍼센트를 차지하였다. 川合彰武,
《朝鮮工業の現段階》, 1943, 237쪽.

170 《第84回帝國議會說明資料》

171 〈朝鮮に於ける機械工業の實情と其の對策(四)〉,《殖銀調査月報》, 1944. 2, 5쪽. 인천
의 日立製作所에서 철도차량용 차륜을 생산하지만 고도의 기술을 요하는 외륜은 住
友製鋼 등 일본의 재벌기업 계통의 대공장에 의존하는 형편이었다. 앞의 글, 10쪽.

172 《朝鮮産業の共榮圈參加體制》, 116쪽.

173 〈朝鮮に於ける機械工業の實情と其の對策(四)〉,《殖銀調査月報》, 1944. 2, 12쪽.;
《朝鮮産業の決戰再編成》, 104쪽.

174 《朝鮮産業の決戰再編成》, 42, 105쪽.

175 《第86回帝國議會說明資料》. 기존 설비의 이용에 대해서는 교대제의 채용, 근무시
간의 연장 등에 의한 능률 증진, 기업정비를 통한 비능률공장 설비의 중점공장에의
통합 촉진 및 계열의 정비에 의한 이용분야의 조정, 전문공장제의 채용 등이 제기
되었으며, 계획생산의 수행에 대해서는 생산통제 및 발주조정제도에 의한 계획생
산의 확보 등이 제기되었다.

176 《朝鮮産業の決戰再編成》, 102쪽.

177 《第86回帝國議會說明資料》.

178 〈朝鮮に於ける機械工業の實情と其の對策(六)〉,《殖銀調査月報》, 1944. 4, 12쪽.

179 《第86回帝國議會說明資料》.

180 〈朝鮮に於ける機械工業の實情と其の對策(六)〉,《殖銀調査月報》, 1944. 4, 12쪽.

181 《第86回帝國議會說明資料》.

182 위와 같음.

183 《朝鮮産業の決戰再編成》, 42쪽. '조대공업粗大工業'이란 '조공업粗工業'과 동일한 의미로 사용되었는데, '정공업精工業'에 대비되는 생산설비가 조잡하고 기술수준이 낮은 공업을 말한다.

184 〈朝鮮に於ける機械工業の實情と其の對策(八)〉,《殖銀調査月報》, 1944. 6, 6쪽.

185 위의 글, 7쪽.

186 朝鮮銀行調査部,《朝鮮經濟年報》, 1948년판, I-105쪽.

187 차철욱, 〈일제시대 부산항 설비사업과 사회적 의미〉,《한국학논총》 33, 2010, 373~378쪽.

188 전성현, 〈일제강점기 행정구역 확장의 식민성과 지역민의 동향–부산부 부역 1, 2차 확장을 중심으로–〉,《지방사와 지방문화》 19-1, 2016, 125~129쪽.

189 조선에서 수이출되는 미곡은 1936년 250,954천 원, 1937년 232,459천 원, 1938년 311,963천 원, 1939년 174,632천 원으로 계속 감소하였다.《朝鮮貿易年表》, 각년판.

190 《釜山の産業》, 1938, 1942.

191 배석만, 〈해방후 한국전쟁기 부산 지역 공업구조의 변화〉,《항도부산》 16, 2000, 12쪽.

192 《釜山の産業》 1942, 71~88쪽의 회사표 참조.

193 《釜山の産業》 1938, 1942.

194 《동아일보》 1938. 8. 5.

195 《釜山日報》 1938. 11. 27.

196 〈釜山鐵工業組合組織さる〉,《釜山日報》 1938. 4. 12.

197 〈"南鮮ゴム同業組合"創立〉,《釜山日報》 1937. 1. 19.

198 〈朝鮮工業組合界の現勢〉,《朝鮮工業組合》 3-3, 1944. 7.

199 釜山府,《釜山の産業》, 1942.

200 朝鮮金融組合聯合會,《第五次時局下中小商工業者實情調査書》, 1942, 211~212쪽.

201 〈總員約三萬名 道內企業整備三月から〉,《釜山日報》 1944. 2. 23.

202 〈第一次整備業種及所管官署〉,《釜山日報》 1944. 3. 1.

부표

공업 분류 기준표

A. 방직공업	B. 금속공업	C. 기계기구공업
[1] 제사업	[1] 금속정련	[1] 원동기
[2] 제면업	[2] 주물업	[2] 전기기기
[3] 면직물	[3] 볼트·너트제조업	[3] 농업기기
[4] 견직물	[4] 금망金網제조업	[4] 토건기기
[5] 마직물	[5] 양철제품	[5] 광산기기
[6] 모직물	[6] 기타 판제품	[6] 도량형기
[7] 교직물	[7] 유기제조업	[7] 전구
[8] 인조견직물	[8] 금은세공업	[8] 기타기기
[9] 기타 직물	[9] 건축용장식물	[9] 철도차량
[10] 메리야스제품	[10] 철제품	[10] 자동차
[11] 기타 편조물編組物	[11] 시계수리	[11] 자전거
[12] 염색(표백)	[00] 기타	[12] 기타차량
[00] 기타		[13] 조선업
		[14] 수리업
		[00] 기타

D. 요업	F. 제재·목제품공업	I. 전기·가스공업
[1] 도자기제조업 [2] 유리제조업 [3] 와·연와제조업 [4] 시멘트제품 [5] 석회제조업 [6] 법랑철기 [00] 기타	[1] 제재업 [2] 건구·가구 [3] 목제품 [00] 기타	[1] 전기업 [2] 가스업
	G. 인쇄업	**J. 기타공업**
	[1] 인쇄업 [2] 제본업	[1] 지제품 [2] 죽제품 [3] 석공품 [4] 칠기漆器제조업 [5] 첩疊가공업 [6] 기타 가공품 [7] 제화업 [8] 양복·재봉업 [9] 제모업 [10] 모필제조업 [11] 연초제조업 [00] 기타
E. 화학공업	**H. 식료품공업**	
[1] 제약업 [2] 염료(·도료) [3] 비누·화장품 [4] 유지油脂제조업 [5] 고무제품 [6] 제지업 [7] 연탄제조업 [8] 비료제조업 [9] 제혁업 [10] 전기도금 [00] 기타	[1] 정곡업 [2] 주조업 [3] 양조업 [4] 제분업 [5] 제빙업 [6] 제면업 [7] 청량음료 [8] 제빵·제과 [9] 축산품 [10] 수산품 [11] 기타 가공품(두부) [12] 제염업 [13] 누룩제조업 [00] 기타	

참고문헌

1. 자료

1) 문서, 간행자료

內部警務局,《民籍統計表》, 1910.

朝鮮總督府,《京城商工業調查》, 1913.

阿部辰之助,《大陸之京城》, 1917.

京城商業會議所,《京城工場表》, 1921.

京城商業會議所,《京城工場表》, 1923.

京城府,《商工累年統計書》, 1925.

河野可登,《京城商工要覽》, 1926.

京城府,《京城の工産と工場》, 1926.

京城商業會議所,《家庭工業調查》, 1927.

京城府,《京城の工場と工産》, 1929.

朝鮮工業協會, 1930~1942《朝鮮工場名簿》

朝鮮工業協會,《朝鮮に於ける工業動力の現狀と其の改善策》, 1931.

朝鮮總督府中央試驗所,《朝鮮の機業》, 1931.

京城府,《京城府勸業要覽》, 1931.

京城電氣株式會社,《朝鮮に於ける電氣事業と其の統制》, 1933.

朝鮮商工會議所,《朝鮮工業基本調査概要》, 1934.

京城府,《京城府史》1~3, 1934(제1권)·1936(제2권)·1941(제3권).

京城商工會議所,《京城商工業振興の一策》, 1934.

京城商工會議所,《京城及隣接邑面に於ける工業の大要》, 1934.

京城府,《工場工業ニ依ル生産狀況調査》, 1934.

京城府産業調査會,《精米工業ニ關スル調査》, 1935.

京城府産業調査會,《ゴム工業ニ關スル調査》, 1935.

京城府産業調査會,《鐵工業ニ關スル調査》, 1935.

朝鮮工業協會,《朝鮮に於ける電氣統制計劃と其の歸趨》, 1935.

朝鮮電氣協會, 1936,《朝鮮の電氣事業を語る》

賀田直治,《京城商工業繁榮の道》, 1936.

京城府,《家庭工業ニ關スル調査》, 1937.

京城府産業調査會,《織物工業ニ關スル調査》, 1937.

京城商工會議所,《朝鮮に於ける家庭工場調査》, 1937.

京城商工會議所,《京城に於ける工場調査》, 1937~43.

朝鮮銀行調査課,《朝鮮工業組合令實施と金融機關との關係》, 1938.

京城府,《京城府勸業一般》, 1938.

朝鮮瓦斯電氣,《朝鮮瓦斯電氣株式會社發達史》, 1938.

赤尾正夫,《朝鮮に於ける工業資源調査》, 1939.

京城府,《躍進京城に於ける工業の槪貌と將來》, 1939.

吉田寬一郎,《京城府に於ける硝子工業の趨勢に就きて》, 1939.

全國經濟調査機關聯合會朝鮮支部, 1939~1942《朝鮮經濟年報》

京城商工會議所,《京城商工會議所二十五年史》, 1941.

京城商工會議所,《伸びる京城》, 1941.

京城電氣株式會社,《京仁工業地帶の電力》, 1941.

京城職業紹介所,《京城職業紹介所所報》(特輯號), 1941.

京城商工會議所, 《朝鮮に於ける物資の配給統制と配給機構》, 1942.

朝鮮金融組合聯合會, 《第五次時局下中小商工業者實情調査書》, 1942.

朝鮮總督府法務局, 《經濟情報》 5, 1942.

東洋經濟新報社, 《朝鮮産業の共榮圈參加體制》, 1942.

朝鮮經濟硏究所, 《京城府內中小商工業實態調査報告第1分册:轉廢業問題に就て》, 1942.

川合彰武, 《朝鮮工業の現段階》, 1943.

朝鮮織物協會, 《朝鮮纖維要覽》, 1943.

山田文雄, 《中小企業經濟論》, 有斐閣, 1943.

東洋經濟新報社, 《朝鮮産業の決戰再編成》, 1943.

朝鮮總督府法務局, 《經濟情報》 9, 1943.

朝鮮貿易協會, 《朝鮮貿易史》, 1943.

山內敏彦 外, 《朝鮮經濟統制法全書》, 1944.

朝鮮銀行調査部, 《朝鮮經濟統計要覽》, 1949.

朝鮮銀行調査部, 《朝鮮經濟年報》, 1949.

朝鮮總督府, 《第64回帝國議會說明資料》.

朝鮮總督府, 《第68回帝國議會說明資料》.

京城府, 《京城府勢一斑》.

京城府, 《京城府産業要覽》.

朝鮮總督府, 《朝鮮總督府統計年報》.

京畿道, 《京畿道統計年報》.

慶尙南道, 《慶尙南道統計年報》.

京城商業會議所, 《京城商業會議所統計年報》.

京城商工會議所, 《京城商工會議所統計年報》.

《釜山港勢一般》, 1905.

《釜山日本人商業會議所年報》, 1907.

釜山商業會議所, 《釜山要覽》, 1912.

《釜山港經濟一斑》, 1916.

釜山府, 《釜山府勢一斑》, 1918.

釜山府,《釜山府勢要覽》, 1921~1936.

釜山商業會議所,《釜山港經濟槪覽》, 1923·1929.

《釜山港經濟統計要覽》, 1927·1929.

釜山府,《釜山》, 1927.

《釜山商工案內》, 1932·1935.

《釜山の産業》, 1935·1938·1940·1942.

釜山稅關,《釜山港貿易槪覽: 昭和十一年》, 1937.

釜山商工會議所,《統計年報》, 1938.

2) 신문, 잡지

京城商業會議所,《朝鮮經濟雜誌》《經濟月報》.

朝鮮工業協會,《朝鮮工業協會會報》.

朝鮮工業組合聯合會,《朝鮮工業組合》.

朝鮮織物協會,《朝鮮織物協會誌》.

殖産銀行調査課,《殖銀調査月報》.

朝鮮貿易協會,《朝鮮貿易年表》.

朝鮮金融組合聯合會,《金組聯 調査彙報》.

京城府,《京城彙報》.

東亞經濟時報社,《朝鮮銀行會社要錄》.

朝鮮總督府,《朝鮮》.

朝鮮總督府,《朝鮮總督府官報》.

朝鮮實業俱樂部,《朝鮮實業俱樂部》《朝鮮實業》.

警務局經濟警察課,《經濟治安週報》.

《朝鮮社會事業》

《漢城周報》

《東亞日報》

《朝鮮日報》

《京城日報》

《每日申報》

《帝國新聞》

《朝鮮商工新聞》

《新聞切拔》

2. 연구논저

1) 저서

권태억, 《韓國近代綿業史硏究》, 一潮閣, 1989.

김경일, 《일제하 노동운동사》, 문학과지성사, 2005.

김근배, 《한국 근대 과학기술인력의 출현》, 문학과지성사, 2005.

김인호, 《태평양전쟁기 조선공업 연구》, 신서원, 1998.

김경일, 《일제하 노동운동사》 창작과 비평, 1992.

박영구, 《근대 부산의 제조업, 1900~1944: 통계와 발전》, 부산발전연구원, 2005.

손정목, 《일제강점기 도시계획연구》, 일지사, 1990.

―――, 《일제강점기 도시사회상연구》, 일지사, 1996.

―――, 《일제강점기 도시화과정연구》, 일지사, 1996.

우지형, 《한국근세과학기술100년사조사연구 −섬유분야−》, 한국과학재단, 1993.

안병직·中村 哲 공편, 《근대조선공업화의 연구 −1930~1945년−》, 일조각, 1993.

안병직 외편, 《근대조선의 경제구조》, 비봉출판사, 1989.

이영학, 《한국 근대 연초산업 연구》, 신서원, 2013.

이태진 외, 《서울상업사연구》, 서울학연구소, 1998.

전우용, 《한국 회사의 탄생》, 서울대학교 출판문화연구원, 2011.

정동찬 외, 《전통과학기술 조사연구(1)》, 국립중앙과학관, 1993.

정재정, 《일제침략과 한국철도: 1892~1945》, 서울대학교출판부, 1999.

정태헌, 《일제의 경제정책과 조선사회 –조세정책을 중심으로–》, 역사비평사, 1996.

潭史金宗炫敎授停年紀念論叢刊行委員會, 《工業化의 諸類型(2)–한국의 역사적 경험》, 經文社, 1996.

부산상공회의소·부산경제연구원 편, 《부산경제사》, 1989.

小林英夫, 《大東亞共榮圈の形成と崩壞》, 御茶の水書房, 1975.

梶村秀樹, 《朝鮮における資本主義の形成と展開》, 龍溪書舍, 1977.

東京大學社會科學研究所 編, 《戰時日本經濟》, 東京大學出版會, 1979.

橋本壽朗, 《大恐慌期の日本資本主義》, 東京大學出版會, 1984.

澤村東平, 《近代朝鮮の棉作綿業》, 未來社, 1985.

波形昭一, 《日本植民地金融政策史の研究》, 早稻田大學出版部, 1985.

羽鳥敬彦, 《朝鮮における植民地幣制の形成》, 未來社, 1986.

近代日本研究會 編, 《戰時經濟》, 山川出版社, 1987.

藤井光男, 《戰間期日本纖維資本海外進出史の研究》, ミネルヴァ書房, 1987.

中村 哲 外編, 《朝鮮近代の歷史像》, 日本評論社, 1988.

木村健二, 《在朝日本人の社會史》, 未來社, 1989.

河合和男·尹明憲, 《植民地期の朝鮮工業》, 未來社, 1991.

堀 和生, 《朝鮮工業化の史的分析 –日本資本主義と植民地經濟–》, 有斐閣, 1995.

原 朗 編, 《日本の戰時經濟》, 東京大學出版會, 1995.

宣在源, 《植民地と雇用制度 1920·30年代朝鮮と日本の比較史的考察》, 東京大學校 博士學位論文, 1996.

原田勝正, 《鐵道と近代化》, 吉川弘文館, 1998.

大石嘉一郎, 《日本資本主義百年の步み》, 東京大學出版會, 2005.

石井寬治, 《日本經濟史》, 東京大學出版會, 1991.

이케다 마코토 외, 《중국공업화의 역사》, 1996.

커즈밍, 《식민지시대 대만은 발전했는가: 쌀과 설탕의 상극, 1895~1945》, 일조각, 2008.

2) 논문

강이수, 〈일제하 면방 대기업의 노동과정과 여성노동자의 상태〉, 《한국사회사연구회논문집》 28, 1991.

권태억, 〈경성직뉴주식회사의 설립과 경영〉, 《韓國史論》 6, 1980.

───, 〈한말·일제 초기 서울지방의 직물업〉, 《한국문화》 1, 1980.

권혁태, 〈일제하 조선의 농촌직물업의 전개와 특질〉, 《한국사학보》 1, 1996.

김경일, 〈일제하 고무노동자의 상태와 노동운동〉, 《한국사회사연구회논문집》 9, 1987.

김동철, 〈조선 후기 동래지역의 유통기구와 상품〉, 《역사와 경계》 97, 2005.

김정기, 〈1880년대 기기국·기기창의 설치〉, 《한국학보》 10, 1978.

김혜수, 〈일제하 식민지공업화정책과 조선인자본〉, 《梨大史苑》, 1992.

박찬승, 〈서울의 일본인 거류지 형성과정-1880년대~1903년을 중심으로-〉, 《사회와 역사》 62, 2002.

방기중, 〈1930년대 조선 농공병진정책과 경제통제〉, 《동방학지》 120, 2003.

배석만·김동철, 〈일제시기 일본경질도기주식회사의 기업경영 분석〉, 《지역과 역사》 29, 2011.

배성준, 〈1930년대 일제 섬유자본의 침투와 조선 직물업의 재편〉, 《韓國史論》 29, 1993.

───, 〈전시체제기 섬유공업의 통제와 공업조합〉, 《한국민족운동사연구》(于松趙東杰先生停年紀念論叢 2), 1997.

송규진, 〈조선의 관세문제와 식민지관세법의 형성〉, 《사학연구》 99, 2010.

오선실, 〈1920~30년대 식민지 조선의 전력시스템 전환〉, 《한국과학사학회지》 30-1, 2008.

오진석, 〈1898~1904년 한성전기회사의 설립과 경영변동〉, 《동방학지》 139, 2007.

───, 〈광무개혁기 근대산업육성정책의 내용과 성격〉, 《역사학보》 193, 2007.

유준범, 〈1930년대 '京城'지역 공장 노동자의 구성〉, 《韓國史論》 34, 1995.

이민재, 〈식민지 조선의 연료 이용 정미기의 보급과 1920~30년대 무연료 정미기 발명〉, 《민속학연구》 44, 2019.

이상의, 〈1930년대 일제의 노동정책과 노동력수탈〉, 《한국사연구》 94, 1996.

이승연, 〈1905~1930년대 초 일제의 주조업 정책과 조선주조업의 전개〉,《韓國史論》 32, 1994.

이한구, 〈염직계의 비조, 김덕창 연구—동양염직주식회사를 중심으로—〉,《경영사학》 8, 1993.

이헌창, 〈한국 개항장의 상품유통과 시장권〉,《경제사학》 9, 1985.

———, 〈甲午·乙未改革期의 産業政策〉,《한국사연구》 90, 1995.

전성현, 〈1920년 전후 조선 상업회의소와 조선 산업정책의 확립〉,《역사와 경계》 58, 2006.

———, 〈일제강점기 행정구역 확장의 식민성과 지역민의 동향—부산부 부역 1, 2차 확장을 중심으로—〉,《지방사와 지방문화》 19-1, 2016.

전우용, 〈1930년대 '조선공업화'와 중소공업〉,《한국사론》 23, 1990.

———, 〈19세기 말~20세기 초 韓人會社 연구〉, 서울대학교 국사학과 박사학위논문, 1997.

———, 〈종로와 본정—식민도시 경성의 두 얼굴—〉,《역사와 현실》 40, 2001.

정재정, 〈일제의 한국철도침략과 한국인의 대응(1892~1945)〉, 서울대학교 국사학과 박사학위논문, 1992.

———, 〈식민지공업화와 한국의 경제발전〉,《일본의 본질을 다시 묻는다》, 한길사, 1996.

정태헌, 〈일제하 주세제도의 시행 및 주조업의 집적집중과정에 대한 연구〉,《국사관논총》 40, 1992.

주익종, 〈일제하 평양의 메리야스공업에 관한 연구〉, 서울대학교 경제학과 박사학위논문, 1994.

차철욱, 〈부산 북항의 매축과 시가지 형성〉,《한국민족문화》 22, 2006.

———, 〈일제시대 부산항 설비사업과 사회적 의미〉,《한국학논총》 33, 2010.

權赫泰, 〈日本帝國主義と朝鮮の蠶絲業—植民地特質としての'二重構造'〉,《朝鮮史研究會論文集》 20, 1983.

찾아보기

이 저서는 2014년 대한민국 교육부와 한국학중앙연구원(한국학진흥사업단)의
한국학총서사업의 지원을 받아 수행된 연구임(AKS-2014-KSS-1230001)

한국 근대 산업의 형성 03__
한국 근대 공업사 1876~1945

2021년 1월 29일 초판 1쇄 발행
2022년 8월 19일 증보판 1쇄 인쇄
2022년 8월 22일 증보판 1쇄 발행

글쓴이	배성준
펴낸이	박혜숙
펴낸곳	도서출판 푸른역사

　우) 03044 서울시 종로구 자하문로8길 13

　전화: 02)720-8921(편집부) 02)720-8920(영업부)

　팩스: 02)720-9887

　전자우편: 2013history@naver.com

　등록: 1997년 2월 14일 제13-483호

ⓒ 배성준, 2022

ISBN 979-11-5612-223-4 94900

(세트) 979-11-5612-195-4 94900

· 잘못 만들어진 책은 교환해드립니다.